教育部哲学社会科学系列发展报告
MOE Serial Reports on Developments in Humanities and Social Sciences

中国能源发展报告2017

China Energy Outlook 2017

主　编　林伯强

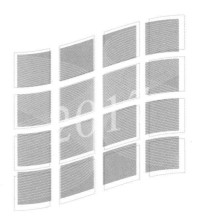

北京大学出版社
PEKING UNIVERSITY PRESS

图书在版编目(CIP)数据

中国能源发展报告.2017/林伯强主编.—北京:北京大学出版社,2017.12
(教育部哲学社会科学系列发展报告)
ISBN 978-7-301-28967-9

Ⅰ.①中… Ⅱ.①林… Ⅲ.①能源发展—研究报告—中国—2017 Ⅳ.①F426.2

中国版本图书馆 CIP 数据核字(2017)第 297058 号

书　　　名	中国能源发展报告 2017 ZHONGGUO NENGYUAN FAZHAN BAOGAO 2017
著作责任者	林伯强　主编
责任编辑	王树通
标准书号	ISBN 978-7-301-28967-9
出版发行	北京大学出版社
地　　　址	北京市海淀区成府路 205 号　100871
网　　　址	http://www.pup.cn
电子信箱	zpup@pup.cn
新浪微博	@北京大学出版社
电　　　话	邮购部 62752015　发行部 62750672　编辑部 62752021
印　刷　者	北京大学印刷厂
经　销　者	新华书店
	730 毫米×980 毫米　16 开本　20.5 印张　400 千字 2017 年 12 月第 1 版　2017 年 12 月第 1 次印刷
定　　　价	60.00 元

未经许可,不得以任何方式复制或抄袭本书之部分或全部内容。
版权所有,侵权必究
举报电话: 010-62752024　电子信箱: fd@pup.pku.edu.cn
图书如有印装质量问题,请与出版部联系,电话: 010-62756370

前　言

2016年9月G20峰会期间,中国向联合国递交了《巴黎气候变化协定》(《巴黎协定》)的批准文书。该协定是于2015年末在巴黎气候变化大会上通过,旨在应对全球气候问题的国际法律文本,明确了"把全球平均气温较工业化前水平升高控制在2摄氏度之内,并把升温控制在1.5摄氏度之内"的具体目标。可以预见,如果未来《巴黎协定》生效,在减排压力的推动下,中国政府的低碳经济转型和能源结构调整力度将进一步加大。

除了来自国际上的低碳压力,中国国内能源利用效率和环境污染现状也令人堪忧。中国每千克油当量创造的GDP,只有日本的53%、意大利的41%。不仅如此,中国东部地区单位面积的煤炭消耗为全球平均水平的12倍,单位面积的环境负荷是全球平均水平的6倍。2017年新年的第一周,许多地方包括部分南方省市都陷入雾霾之中,虽然有气候的原因,但北方冬季雾霾与燃煤取暖有很大关系,应该是个不争的事实。冬季北方许多城市周边、农村等地区没有集中供暖,大量采用分散燃煤小锅炉等方式取暖,污染物排放量很大。

出于国际减排目标和国内治理雾霾等环境问题的诉求,政府一直在努力推进能源结构调整,促进行业节能减排。现阶段任何致力于清洁低碳发展的政策都具有减排效应。而如何通过市场机制和宏观调控,更有效地提高能源效率和进行节能减排,是中国政府采取应对措施的重要方面。

具有针对性的减少碳排放机制,应首推碳税和碳交易。碳税采取的是价格干预,试图通过相对价格的改变来引导经济主体的行为,以降低排放数量。而碳交易则通过数量干预,在规定排放配额下,由市场交易来决定排放权的分配。碳税短期效果更好,能促使国内高碳、能源密集型产业尽快实现较大减排。而中长期看,基于总量控制的市场碳交易,应该是实现碳减排成本最低、效率最明确的政策工具。

在传统能源方面,能源发展"十三五"规划提出"2020年能源消费总量控制在50亿吨标煤内"和"实现2020年天然气比重提升至10%"的目标。从政策层面鼓励和引导天然气的发展和使用,特别是考虑到雾霾治理的需要,北方许多省市近几年相继出台政策整改燃煤锅炉和电厂"煤改气",推动天然气供热和发电。但由于天然气价格优势并不明显,工商业用户和大部分居民"煤改气"动力不足。

对此,一方面,政府要通过行业体制改革和价格改革推动生产、促进市场竞争。在完善天然气定价改革的同时,加快"管住中间,放开两头"的体制改革,增加输气管网长度,实现政府监管自然垄断的管网输配气价格,逐步放开天然气气源和销售价格,促进天然气市场竞争多元化。另一方面,面临国际低油气价格,中国政府仍需要推动非常规天然气生产,鼓励页岩气、煤层气等非常规能源的开采和开发,保持一定比例的煤制油、煤制气。

对于清洁能源,政府需要着力解决"弃风弃光"问题和生物质能发展滞后的问题。中国弃风弃光的核心矛盾在于发电与负荷的空间不匹配。为此,中国新能源需要从模仿、学习向创新、开拓转变,走出一条自己的发展之路;需要在大环境下审视弃风弃光问题;需要根据能源发展"十三五"规划,大力发展抽水蓄能、调峰气电、热电灵活性改造等消纳手段;新能源发电特别是光伏发展重点应逐步向分布式倾斜,向东中部地区倾斜。

中国生物质能源成本相对较高,非粮生物质液体燃料的技术还不成熟,国家在相关领域的科研支持和投入还相对较小,技术发展比较缓慢。在生物质能源发展的鼓励政策上,政府必须十分慎重和具有选择性。在扶持发展生物能源的过程中,政府除了应当把握不能"与粮争地"的基本原则,还必须用相应的财税扶持政策鼓励生物质能源的技术进步和推广。

除此之外,还要大力发展城市轨道交通和推广电动汽车的使用。城市轨道交通将分散的出行方式集中化,提高了运输量和运行速度,既有利于缓解城市交通拥堵和雾霾治理,又有益于减少石油消费,保障国家能源安全。而新能源汽车相对传统汽车有利于减少石油消费和环境保护。

当前中国的"一带一路"建设正在逐步实施,推动中国不断深化与周边各国和区域的战略合作。在能源领域,加强与沿线国家的能源合作是"一带一路"构想的重要着力点,具体包含传统能源领域尤其是油气资源合作以及清洁能源方面的合作。国家能源局发布的《2016年能源工作指导意见》中,明确提出加强国际能源合作,加快推进重大能源装备"走出去"。在相关领域开展合作将使双方资源优势和技术设备优势形成互补,这对清洁能源的开发利用和实现绿色经济转型和节能减排而言,是一个良好的契机。

《中国能源发展报告2017》力图全方位地研究和报告上述重要和热点问题。主要分为两个部分:第一部分为行业能源发展与利用,第二部分介绍2017年能源热点问题。其中,第一部分包括第一章至第三章,主要介绍轻工业、重工业、服务业及其子行业的能源发展和利用情况以及能源效率、反弹效应、节能潜力和碳排放问题的研究;第二部分包括第四章至第八章,主要介绍可再生能源、中国新能源汽车、居民电力消费与电价、碳交易等。

《中国能源发展报告》系列从 2010 年起获得教育部哲学社会科学系列发展报告资助。本书还得到福建省能源经济与能源政策协同创新中心资金、厦门大学繁荣计划特别基金、福建省新华都商学院的资助,新华都能源经济与低碳发展研究院在数据采集、分析处理、模型建立等方面提供了大力支持。

本书是团队合作的结果,厦门大学管理学院、能源政策研究院、能源经济与能源政策协同创新中心以及厦门大学中国能源经济研究中心的陈星、陈先鹏、陈语、陈宇芳、杜之利、葛佳敏、龚旭、贺家欣、李振声、刘畅、刘奎、柳炜升、谭睿鹏、田鹏、王爱伦、仵金燕、吴微、张广璐、张珊珊、赵红丽、郑清英、朱俊鹏、Shirley Lin 等博士研究生、硕士研究生参与了编写。厦门大学能源经济与能源政策协同创新中心及中国能源经济研究中心的所有教师、科研人员、行政人员、研究生为本书编写提供了诸多的帮助。特别感谢我的博士生刘畅和陈子月所做的大量组织和出版协调工作。北京大学出版社编辑对本书的出版做了大量细致的工作,深表感谢。我们深知所做的努力总是不够,不足之处,望读者指证。

林伯强
2017 年 6 月于厦门

目　录

第一部分　行业能源发展和利用

第 1 章　重工业能源发展利用 ……………………………………………… 003
1.1　重工业能源发展利用 …………………………………………… 003
1.2　重工业——高耗能行业能源发展和利用 ……………………… 012
1.3　重工业——有色金属工业能源发展和利用 …………………… 026
1.4　重工业——机械工业的能源发展利用 ………………………… 044

第 2 章　轻工业能源发展利用 ……………………………………………… 052
2.1　轻工业的能源发展和利用 ……………………………………… 052
2.2　轻工业——纺织业能源发展利用 ……………………………… 070
2.3　轻工业——造纸行业能源发展利用 …………………………… 080

第 3 章　服务业能源发展利用 ……………………………………………… 093
3.1　服务业能源发展利用 …………………………………………… 093
3.2　服务业——商业部门的能源发展和利用 ……………………… 104

第二部分　2017 年能源热点问题

第 4 章　能源热点问题之——可再生能源发展 …………………………… 125
4.1　风电行业发展 …………………………………………………… 125
4.2　生物质能发展 …………………………………………………… 138

第 5 章	能源热点问题之——新能源汽车	159
5.1	环境与能源安全约束下新能源汽车的发展路径	159
5.2	电动汽车购买意愿研究	177
5.3	电动汽车发展对电网的影响	191

第 6 章	能源热点问题之——居民电力消费与电价	198
6.1	中国居民电力消费	198
6.2	节能减排背景下的居民用电行为与节电意识	200
6.3	中国居民电价与阶梯电价政策	209
6.4	阶梯电价政策目标实现	212

第 7 章	能源热点问题之——碳交易市场	223
7.1	中国碳交易市场的发展	223
7.2	中国碳交易试点地区运行概况	228

第 8 章	能源热点问题之——其他问题	249
8.1	中国能源消费和环境污染	249
8.2	产业结构升级与能源转型	265

参考文献 … 275

附录 1 中国能源领域相关数据 … 283

附录 2 2016 年国内能源大事记 … 303

附录 3 2016 年国际能源大事记 … 311

第一部分
行业能源发展和利用

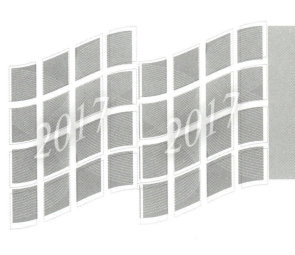

第1章 重工业能源发展利用

1.1 重工业能源发展利用

1.1.1 重工业能源消费现状

重工业指为国民经济各部门提供物质技术基础的主要生产资料的工业。"重工业"是"轻工业"的对称,提供生产资料的部门称为重工业,生产消费资料的部门称为轻工业。重工业包括钢铁、冶金、机械、能源(电力、石油、煤炭、天然气等)、化学、材料学等工业,是为国民经济各部门提供技术装备、动力和原材料的基础工业。它为国民经济各部门(包括工业本身)提供原材料、燃料、动力、技术装备等劳动资料和劳动对象,是实现社会再生产和扩大再生产的物质基础。一个国家重工业的发展规模和技术水平,是体现其国力的重要标志。

从产业链的角度来讲,重工业在产业链中多为上游行业,主要为整体经济运行提供能源和原材料。这就意味着能耗高是重工业的主要特征。从统计数据来看,中国重工业的能源消费量占全国能源消费总量的比重接近65%,重工业终端电力消费量占全社会用电总量的比重也超过60%。

进入21世纪以来,伴随着经济的快速增长,中国一次能源消费总量也在迅速增长。2009年,中国正式超过美国,成为世界上最大的能源消费国。2015年,中国一次能源消费总量约为30.14亿吨油当量,占世界总量的22.92%。而美国的一次能源消费自2005年达到23.50亿吨油当量的峰值之后,整体上保持平稳并略微下降;与此同时,美国一次能源消费占世界的比重则自2000年以来一直保持快速下降的趋势。2016年美国一次能源消费总量约为22.80亿吨油当量,占世界总量的17.35%(图1-1)。

中国的能源消费以化石能源为主,迅速增长的能源消费和以化石能源为主的能源结构,导致中国因能源消费而产生的二氧化碳迅速增长。2015年,中国二氧化碳排放量约为91.54亿吨,占当年世界二氧化碳排放总量的27.3%。随着人们对全球气候变暖问题的日益关注,中国面临着巨大的节能减排压力。

中国的能源消费主要集中在重工业,重工业的能源消费占全国能源消费总量的65%以上。新中国成立以来,中国建成了门类齐全的工业体系,但行业之间的不同特点往往导致行业之间的能源消费和能源强度存在着巨大的差异。这就要

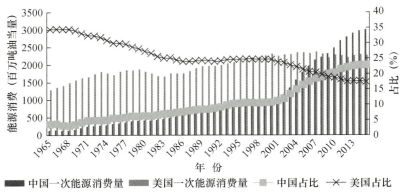

图 1-1 中国和美国一次能源消费及世界占比

求我们在制定节能减排政策的过程中,应该针对不同行业的不同特点做出对应的安排,不能一概而论。

近年来,能源替代被认为是解决人类发展过程中面临的资源约束与环境压力、实现可持续发展的重要途径之一。能源替代分为内部替代和外部替代:前者主要是能源结构优化,包括改变各能源品种在一次能源消费结构中的比重以及可再生能源的开发利用等;后者指包括能源、资本和劳动在内的社会资源有效配置,通常在能源相对价格变化的基础上,通过调节其他要素投入比重来实现能源投入的边际生产最优化进而达到节约能源的目的。由于内部替代受资源禀赋和技术成本等因素的影响较大,因而人们往往更关注于对能源与其他投入要素之间的外部替代问题。

1.1.2 重工业能源替代问题[①]

在大多数能源经济问题的实证研究中,采用技术进步中性假设的常替代弹性生产函数(Constant Elasticity of Substitution,CES)最为常见。但是考虑到实际经济系统中各种投入要素对产出的影响并不仅仅与该投入要素的变化相关,而且各种投入要素的技术进步也不相同。显然 CES 不能全面反映投入要素间的相互作用和关系。因此针对能源替代问题的研究大多采用超越对数生产函数来进行。

超越对数生产函数(Translog Production Function,TPF)是一种变弹性生产函数,可以视为任何形式生产函数的二阶泰勒级数近似。但是 TPF 和 CES 在估计能源与其他投入要素之间的替代关系时存在多重共线性的问题。因为 TPF 假设所有的投入要素都是内生的,这样在使用线性回归方法进行分析时会与其假设

---

① 本节在参考"Lin Boqiang and Liu Kui,2017. Energy substitution effect on China's heavy industry: perspectives of a translog production function and ridge regression. Working Paper"的基础上修改完成。

相冲突,进而导致对能源与其他要素之间的替代弹性的估计产生偏差。

从原理上来看,多重共线性并不影响最小二乘法估计量的无偏性和最小方差性(高斯-马尔科夫定理,Gauss-Markov Theory),但是虽然最小二乘估计量在所有线性估计量中是方差最小的,但是这个方差却不一定小,而实际上可以找到一个有偏估计量,这个估计量虽然有较小的偏差,但它的精度却能够较大程度地高于无偏估计量。

岭回归分析就是根据这个原理,通过引入有偏常数而求得回归估计量的一种能统一诊断和处理多重共线性问题的特殊方法。在多重共线性问题十分严重的情况下,两个共线性的系数之间的二维联合分布是一个山岭状曲面,曲面上的每一个点均对应一种残差平方和,点的位置越高,相应的残差平方和越小,因此山岭的最高点和残差平方和的极小值相对应,相应的参数值便是参数的OLS估计值。

岭回归实质上是一种改良的最小二乘估计法,通过放弃最小二乘法的无偏性,以损失部分信息、降低精度为代价,获得回归系数更为符合实际、更可靠的回归方法,对病态数据的耐受性远远强于最小二乘法。

超越对数生产函数模型由克里斯滕森(Christensen et al.,1973)最早提出,一个包含两个投入要素的生产函数的超越对数生产函数形式为

$$\ln(y) = \theta_0 + \theta_1 \ln(x_1) + \theta_2 \ln(x_2) + \theta_3 \ln(x_1)^2 \\ + \theta_4 \ln(x_2)^2 + \theta_5 \ln(x_1) \times \ln(x_2) \tag{1-1}$$

超越对数生产函数属于变弹性生产函数模型,具有易估性和包容性两大优点。易估计的原因在于它是一个简单线性模型,可以直接采用单方程线性模型的估计方法进行估计。包容性则是指它可以近似任何形式的生产函数,如令 $\theta_3 = \theta_4 = \theta_5 = 0$,可转化为 Cobb-Douglas 生产函数,再如令 $\theta_3 = \theta_4 = -0.5\theta_5$,则可转化为常替代弹性生产函数。因此可利用超越对数生产函数有效研究生产函数中各个投入要素之间的相互影响以及各种技术进步的差异。

取中国重工业的年工业增加值(y)作为被解释变量,行业能耗(e)、资本存量(k)及全部从业人员数(l)作为解释变量,我们构建了如下模型:

$$\ln(y) = \theta_0 + \theta_k \ln(x_k) + \theta_l \ln(x_l) + \theta_e \ln(x_e) + \theta_{kk} \ln(x_k)^2 \\ + \theta_{ll} \ln(x_l)^2 + \theta_{ee} \ln(x_e)^2 + \theta_{kl} \ln(x_k) \times \ln(x_l) \\ + \theta_{ke} \ln(x_k) \times \ln(x_e) + \theta_{le} \ln(x_l) \times \ln(x_k) \tag{1-2}$$

要素产出弹性的定义是在技术水平和要素价格不变的前提下,某一要素投入量的相对变动所引起的产出量的相对变动。不同要素之间替代弹性的定义为:在技术水平和要素价格不变的前提下,边际技术替代率的相对变动所引起的生产要素投入比例的相对变动。在模型(1-2)的基础上,可以推算出不同要素间的替代弹性。

在经济增长、效率分析等方面的研究中,资本存量(k)十分重要,其质量对研

究结论往往具有决定性的作用,特别是资本存量这种不可直接观察,只能通过估算获得的变量。目前学术界针对资本存量估算的研究十分丰富,这些研究主要基于戈德史密斯(Goldsmith,1951)开创的永续盘存法。

本文在研究过程中引用陈诗一(2011)的研究结果,根据前文中对重工业的定义,对其所包含的子行业数据加总进而得出重工业的资本存量,并基于同样的研究方法推算了2009—2014年的数据,从而得到完整的1990—2014年重工业资本存量数据,数据统一用1990年不变价表示。

重工业能源消费数据同样来自于对其所包含的子行业各自能源消费数据加总,1995—2011年各子行业的能源消费数据来自《中国统计年鉴》和《中国能源统计年鉴》。由于统计口径变化,1990—1994年统计年鉴中关于行业划分标准与1995年之后有所不同,1995年之后行业划分更加详细。因此1990—1994年重工业能源消费数据来自对区间内重工业所包含的两位数行业数据加总,缺失行业的能源消费数据已包含在其他行业当中。从数据平稳性来看这样的处理方式是合理的。

陈诗一(2011)对1980—2008年工业分行业的工业增加值及从业人员都有详细的统计,本文研究中所采用的工业增加值及从业人员数据同样来自其研究结果,并采用相同的方式对2009—2014年的相关数据进行了估算。

正如前文所述,超越对数生产函数的假设,给实证模型的参数估计带来了多重共线性的问题,导致普通最小二乘估计失效。从表1-1的检验结果来看,重工业的产出同资本、劳动和能源三种投入要素之间存在着显著的多重共线性问题。为了解决模型出现的多重共线性的问题,我们使用岭回归代替普通最小二乘法。

表1-1　多重共线性检验

		y	k	l	e
y	皮尔逊相关系数	1	0.991**	0.827**	0.976**
	显著性水平		0	0	0
	观测值	35	35	35	35
k	皮尔逊相关系数	0.991**	1	0.854**	0.989**
	显著性水平	0		0	0
	观测值	35	35	35	35
l	皮尔逊相关系数	0.827**	0.854**	1	0.874**
	显著性水平	0	0		0
	观测值	35	35	35	35
e	皮尔逊相关系数	0.976**	0.989**	0.874**	1
	显著性水平	0	0	0	
	观测值	35	35	35	35

注:** 表示在1%水平下具有显著的多重共线性。表中各变量的含义依次为,y是重工业增加值,k是重工业资本存量,l是重工业劳动投入,e是重工业能源投入。

表 1-2 不同 k 值下的可决系数以及系数估计结果

k	RSQ	$\ln k$	$\ln l$	$\ln e$	$\ln k \ln k$	$\ln k \ln l$	$\ln k \ln e$	$\ln l \ln l$	$\ln l \ln e$	$\ln e \ln e$
0.00	0.9984	15.1871	5.7819	−21.2592	−6.4124	−35.1092	36.2057	−5.0518	38.2264	−26.5467
0.05	0.9911	0.0983	−0.1029	0.1913	0.1529	0.0765	0.2100	−0.0784	0.1581	0.2573
0.10	0.9885	0.1282	−0.0760	0.1773	0.1594	0.0905	0.1898	−0.0620	0.1379	0.2150
0.15	0.9862	0.1354	−0.0570	0.1683	0.1579	0.0955	0.1784	−0.0470	0.1298	0.1953
0.20	0.9838	0.1370	−0.0423	0.1615	0.1548	0.0980	0.1701	−0.0343	0.1251	0.1828
0.25	0.9815	0.1365	−0.0303	0.1560	0.1514	0.0993	0.1636	−0.0236	0.1219	0.1737
0.30	0.9792	0.1353	−0.0204	0.1514	0.1481	0.1001	0.1583	−0.0146	0.1195	0.1666
0.35	0.9771	0.1338	−0.0120	0.1474	0.1451	0.1005	0.1537	−0.0069	0.1176	0.1608
0.40	0.9750	0.1321	−0.0049	0.1440	0.1422	0.1007	0.1498	−0.0003	0.1160	0.1560
0.45	0.9731	0.1305	0.0012	0.1409	0.1396	0.1007	0.1463	0.0054	0.1145	0.1518
0.50	0.9712	0.1289	0.0066	0.1382	0.1372	0.1007	0.1432	0.0104	0.1133	0.1481
0.55	0.9693	0.1273	0.0113	0.1357	0.1350	0.1005	0.1404	0.0148	0.1122	0.1448
0.60	0.9675	0.1258	0.0154	0.1335	0.1329	0.1003	0.1379	0.0187	0.1111	0.1419
0.65	0.9658	0.1243	0.0191	0.1314	0.1310	0.1001	0.1356	0.0221	0.1101	0.1393
0.70	0.9641	0.1229	0.0223	0.1295	0.1292	0.0998	0.1334	0.0252	0.1092	0.1369
0.75	0.9624	0.1216	0.0252	0.1277	0.1275	0.0995	0.1315	0.0280	0.1083	0.1346
0.80	0.9607	0.1203	0.0279	0.1260	0.1259	0.0991	0.1296	0.0304	0.1075	0.1326
0.85	0.9591	0.1191	0.0302	0.1245	0.1244	0.0988	0.1279	0.0327	0.1067	0.1307
0.90	0.9575	0.1180	0.0323	0.1230	0.1230	0.0984	0.1263	0.0347	0.1060	0.1289
0.95	0.9559	0.1168	0.0343	0.1216	0.1216	0.0981	0.1247	0.0365	0.1052	0.1272
1.00	0.9544	0.1158	0.0360	0.1203	0.1203	0.0977	0.1233	0.0382	0.1045	0.1256

注：RSQ 表示不同 k 值下的可决系数；$\ln k$、$\ln l$、$\ln e$ 分别表示资本存量、劳动投入和能源投入的对数形式。$\ln k \ln k$、$\ln k \ln l$、$\ln k \ln e$、$\ln l \ln l$、$\ln l \ln e$、$\ln e \ln e$ 分别表示 $\ln k$、$\ln l$、$\ln e$ 的乘积项。

敏感性分析表明，结果对于如何选择岭参数的值不是非常敏感。因此，本文通过曲线图和 VIF 来确定最佳 k 值。根据表 1-2 中不同 k 值的 r^2 和岭回归系数的变化，当 k 介于 0.30～0.40 之间时，大多数值变得稳定。当 k 小于 0.30 时，系数值全部不稳定，随 k 变化而变化的幅度较大。

我们还可以从图 1-2 中的超越对数生产函数的变量的岭迹图中看出，当 k 到达 0.35 附近时，岭迹线变得稳定。

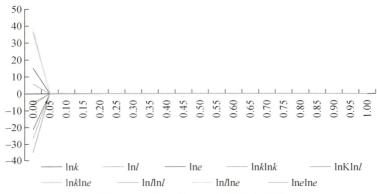

图 1-2　不同 k 值下各变量的岭迹图

注：ln$k$、ln$l$、ln$e$ 分别表示资本存量、劳动投入和能源投入的对数形式。

岭回归结果如表 1-3 所示。相关统计检验显示，岭回归模型结果显著。所有统计测试指标，如调整 R^2，标准误差（SE），回归方程的显著性水平（F 和 $SigF$ 的值）以及方差分析表都反映出它是一个合理的模型。更重要的是，这种模型是否良好不仅取决于岭回归是否有效地克服了多重共线性问题，还取决于估计参数是否合理。从表 1-3 可以看出，由于标准误差较小，系数的统计检验是理想的，其中 66.7% 小于 0.01，且均小于 0.10。因此，岭回归估计是合理的。

表 1-3　岭回归结果

	系　数	标准差	β 系数
ln$k$	0.179 54	0.011 01	0.133 78
ln$l$	−0.046 44	0.061 61	−0.012 04
ln$e$	0.269 51	0.012 93	0.147 41
ln$k$ln$k$	0.009 26	0.000 50	0.145 07
ln$k$ln$l$	0.011 52	0.000 48	0.100 51
ln$k$ln$e$	0.014 83	0.000 68	0.153 73
ln$l$ln$l$	−0.001 60	0.003 64	−0.006 94
ln$l$ln$e$	0.019 45	0.000 72	0.117 58
ln$e$ln$e$	0.023 70	0.001 19	0.160 84
常数项	1.480 61	0.624 12	0.000 00

注：ln$k$、ln$l$、ln$e$ 分别表示资本存量、劳动投入和能源投入的对数形式。

根据岭回归的结果,方程(1-2)可以重新表示为

$$\ln(y) = 1.48061 + 0.17954 \ln(x_k) - 0.04644 \ln(x_l) + 0.26951 \ln(x_e)$$
$$+ 0.00926 \ln(x_k)^2 - 0.00160 \ln(x_l)^2 + 0.02370 \ln(x_e)^2$$
$$+ 0.01152 \ln(x_k) \times \ln(x_l) + 0.01483 \ln(x_k) \times \ln(x_e)$$
$$+ 0.01945 \ln(x_l) \times \ln(x_e) \tag{1-3}$$

根据公式(1-3)中的系数,可以得到各投入要素的产出弹性和投入要素之间的替代弹性。结果见表 1-4。

表 1-4 各要素的产出弹性和要素间替代弹性

年份	资本产出弹性	劳动产出弹性	能源产出弹性	资本劳动替代弹性	资本能源替代弹性	劳动能源替代弹性
1980	0.5115	0.1317	0.7969	0.9406	0.9482	1.0178
1981	0.5123	0.1322	0.7971	0.9407	0.9480	1.0177
1982	0.5148	0.1337	0.8012	0.9411	0.9483	1.0176
1983	0.5181	0.1358	0.8069	0.9415	0.9487	1.0174
1984	0.5220	0.1381	0.8134	0.9420	0.9493	1.0172
1985	0.5260	0.1406	0.8204	0.9425	0.9498	1.0169
1986	0.5303	0.1433	0.8274	0.9430	0.9503	1.0167
1987	0.5340	0.1456	0.8332	0.9435	0.9506	1.0165
1988	0.5378	0.1479	0.8394	0.9439	0.9510	1.0163
1989	0.5405	0.1496	0.8438	0.9442	0.9513	1.0162
1990	0.5428	0.1510	0.8472	0.9445	0.9515	1.0161
1991	0.5457	0.1528	0.8525	0.9448	0.9519	1.0159
1992	0.5484	0.1545	0.8575	0.9451	0.9523	1.0158
1993	0.5513	0.1563	0.8634	0.9454	0.9529	1.0156
1994	0.5543	0.1582	0.8693	0.9457	0.9534	1.0155
1995	0.5586	0.1617	0.8747	0.9461	0.9534	1.0152
1996	0.5612	0.1635	0.8783	0.9464	0.9535	1.0151
1997	0.5629	0.1655	0.8814	0.9466	0.9538	1.0150
1998	0.5623	0.1675	0.8799	0.9466	0.9536	1.0149
1999	0.5627	0.1683	0.8793	0.9466	0.9533	1.0148
2000	0.5636	0.1696	0.8803	0.9467	0.9533	1.0147
2001	0.5655	0.1719	0.8844	0.9469	0.9537	1.0146
2002	0.5672	0.1733	0.8871	0.9471	0.9539	1.0145
2003	0.5723	0.1775	0.8977	0.9475	0.9549	1.0142
2004	0.5789	0.1818	0.9103	0.9481	0.9558	1.0139

（续表）

年　份	资本产出弹性	劳动产出弹性	能源产出弹性	资本劳动替代弹性	资本能源替代弹性	劳动能源替代弹性
2005	0.5825	0.1846	0.9168	0.9484	0.9563	1.0137
2006	0.5871	0.1877	0.9245	0.9488	0.9567	1.0135
2007	0.5916	0.1907	0.9325	0.9492	0.9572	1.0133
2008	0.5964	0.1928	0.9393	0.9496	0.9574	1.0132
2009	0.5994	0.1953	0.9443	0.9498	0.9577	1.0130
2010	0.6041	0.1982	0.9522	0.9502	0.9581	1.0129
2011	0.6059	0.2003	0.9561	0.9503	0.9584	1.0128
2012	0.6072	0.2016	0.9570	0.9504	0.9583	1.0127
2013	0.6101	0.2032	0.9611	0.9506	0.9583	1.0126
2014	0.6121	0.2044	0.9634	0.9508	0.9583	1.0125

重工业是能源密集型和资本密集型产业，部分行业也是劳动力密集型的，这已经被估计产出弹性的结果所证明。一般来说，重工业的生产高度依赖于能源投入和资本投入，而劳动投入的影响却相对较小。这些都是由重工业本身的特点决定的。另外，在重工业快速发展的时期，固定资产的能源消耗和投资将迅速增长。

从表 1-4 中的结果可以看出，1980—2014 年，能源、劳动力和资本的产出弹性一直在增加，表明总体技术水平在不断进步。在所有三种产出弹性中，能源的产出弹性最大，其次是资本，劳动力的产出弹性最小（图 1-3）。虽然劳动力的产出弹性最小，但劳动产出弹性的增长率最高。1980—2014 年期间，资本产出弹性增长 19.67%；能源产出弹性增长 20.89%；劳动力产出弹性增长 55.20%。

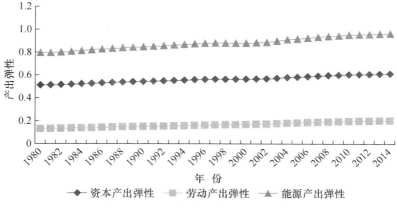

图 1-3　资本、劳动和能源的产出弹性

接下来是资本、劳动和能源之间的替代弹性。从图1-4可以看出,重工业的弹性估计值都是正的。根据方程式的定义,正的替代弹性意味着资本与劳动力、资本与能源以及劳动与能源之间的关系都是可以替代的。另外,资本与劳动力之间的替代弹性几乎和资本与能源之间的替代弹性相同,两者在1980—2014年间为0.94~0.96。结果表明,通过增加资本投入,可以有效节约中国重工业的能源消耗和劳动投入。

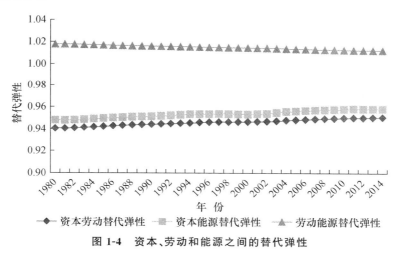

图1-4 资本、劳动和能源之间的替代弹性

劳动力与能源之间的替代弹性相对较高,这意味着中国重工业的劳动和能源替代效率高。劳动和能源的替代性可以解释如下。如果一个工厂投入更多的机器,就会消耗更多的能源,而劳动者的投入可能会减少。随着自动化设备日益普及,能源和劳动力更具可替代性。过去几年来,特别是90年代以后,中国劳动力投入的价格相对较低,农民工的存在也导致了劳动力供给充足。重工业的工厂选择使用更多的劳动投入和较少的资本及能源投入。在这个意义上,中国的劳动力市场在减轻重工业的能源消耗方面发挥了积极的作用。资本与能源之间的可替代关系是相似的。更多的资本投入可以帮助投资更高效的机器,这可以降低给定产出的能源消耗。

近年来,随着劳动力成本和人口老龄化的增加,中国的人口红利逐渐消失,这也可以解释劳动与能源替代弹性的下降。随着资源约束和环境压力的增加,未来的能源替代品将主要依靠资本替代能源和劳动力。资本与能源、资本与劳动力之间略有上升的趋势表明,替代是有效的,这种替代的增加趋势也表明,在更多的资本贡献下,减少能源供应短缺的空间更大。

1.1.3 结论和政策建议

在本文中,建立了包括中国重工业的能源、资本和劳动力等输入因素的超越

对数生产函数模型。通过使用岭回归的方法,分析了每个投入因子的输出弹性和输入因子之间的替代弹性。主要研究结果如下:

首先,能源、资本和劳动力的产出弹性都是正的,这意味着要素投入的增加将导致总产出的增加。此外,1980—2014 年,三大产出弹性都在上升,其增长速度同步增长,表明中国重工业的效率提高。尽管如此,增长幅度相当温和,表明中国重工业的增长回报的影响正在逐渐消失。从绝对值的角度看,能源的产出弹性最大,其次是资本,劳动力的产出弹性最小,表明中国的重工业是能源密集型和资本密集型,而劳动的重要性是相对较小。由此可见,重工业发展与宏观经济环境高度相关,对能源消耗总量有明显的影响。

其次,能源、资本和劳动力之间的替代弹性都是正的,表明所有三个投入因素两两之间互为替代品。劳动和能源之间的替代弹性相对较高(1.0178~1.0125),而弹性绝对值正在下降。随着产业升级和自动化程度不断提高,劳动力成本上升,中国重工业的能源替代效应将在未来下降。资本与能源和劳动力之间的替代弹性在绝对值和趋势上是相似的。资本和能源是重工业的替代品,可以理解如下:当企业选择投入更多的资本来提高能源效率时,给定产出的能源消耗将会下降。但是值得注意的是,机械的运行将消耗能源,因此能源和资本可能是互补的,需要从节能减排的角度来避免。对于政策发展,能源和资本之间的可替代性取决于资本投入的方向,即节能或能源消耗。

第三,由于中国重工业能源消费占一次能源消费总量的 60% 以上,替代效应将带来巨大的节能减排。替代关系的存在表明,重工业面临的能源消耗约束可以通过增加资本投入来改善。通过更多的投资,可以应用节能技术,可以促进资本与能源之间的替代。资本与劳动力之间的替代是相似的。

总而言之,中国的重工业是能源密集型和资本密集型的。更多的资金投入有助于提高能源效率,从而达到节能目标。作为能源和劳动力资本的替代品,涉及中国重工业的更多资本投入。要了解能源与其他投入因素之间的替代关系,以提高中国重工业的发展质量,优化发展模式。

1.2 重工业——高耗能行业能源发展和利用[①]

1.2.1 高耗能行业的发展现状

根据《2010 中国经济和社会发展统计公报》的统计数据显示,中国的高耗能行业主要包括六个,分别是石油加工、炼焦及核燃料加工业,化学原料和化学用品制

---

① 本小节在参考"Lin B, Tan R. Sustainable development of China's energy intensive industries: From the aspect of carbon dioxide emissions reduction[J]. Renewable & Sustainable Energy Reviews, 2017, 77:386—394."和"林伯强,谭睿鹏. 中国高耗能行业能源强度下降的因素探究——基于分解分析的角度[J]. 厦门大学能源经济与能源政策协同创新中心工作论文"的基础上润色而成。

造业,非金属矿物品制造业,黑色金属冶炼及压延加工业,有色金属冶炼及压延加工业以及电力热力的生产和供应业。作为生产基本材料的工业,高耗能行业对中国经济发展和人民生活水平的提高意义重大,其主要产品包括成品油、塑料、化肥、水泥、玻璃、钢、各种不同的有色金属,如铜、铅、锌、镁、铝等以及热力和电力。

中国高耗能行业的能源消耗和占比从1990年至2014年一直维持在较高水平,具体来说,1990年中国高耗能行业的能源消费量为3.96亿吨标准煤,占工业能源总消费量的58.49%以及全中国能源消费量的40%。2014年中国高耗能行业的能源消费量为21.69亿吨标准煤,占工业能源总消费量的73.34%,占全国能源消费量的50.93%。伴随着如此巨大的能源消费量,中国高耗能行业的二氧化碳排放量也居高不下,图1-5显示了1985—2014年中国高耗能行业单位工业增加值的能源消费量和二氧化碳排放量:其横坐标是年份,从1985年至2014年;主纵坐标是单位工业增加值的二氧化碳排放量,单位是万吨二氧化碳/万元;次纵坐标是单位工业增加值的能源消费量,单位是万吨标准煤/万元。可以看出,在分析区间1985—2014年间,中国高耗能行业单位工业增加值的二氧化碳和能源消费量均呈下降趋势。1995年和1996年分别是单位工业增加值的二氧化碳排放量和能源消费量的峰值年份,自那之后,两者均逐年下降。单位工业增加值的二氧化碳排放量的平均值为60.63吨/万元,年均增长率为－4.36%;单位工业增加值的能源消费量的平均值为18.26吨标准煤/万元,年均增长率为－4.41%。至2014年,中国高耗能行业的单位工业增加值能源消费量和二氧化碳排放量均达到历史最低值,分别为18.98吨/万元和5.8吨标准煤/万元。

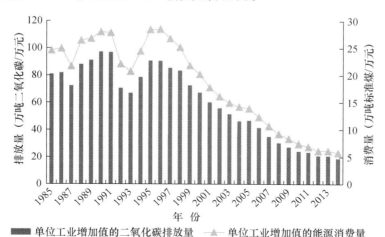

图1-5 中国高耗能行业单位工业增加值的能源消费和二氧化碳排放

能源被大量消费的同时,中国高耗能行业也排放了大量二氧化碳。2014年,中国二氧化碳排放总量为84.2亿吨,高耗能行业二氧化碳排放量为70.9亿吨,占总排放量的84.2%。所以如果想要实现二氧化碳减排的目标,就必须重视中国高耗能行业。

中国目前仍然处于工业化和城市化阶段,仍然需要高耗能行业来提供原材料产品和能源产品。例如,作为非金属矿物品制造业的子行业的水泥行业保证了城市公共基础设施建设的顺利进行。石油加工炼焦及核燃料加工业为现代工业的生产提供血液:石油。黑色金属冶炼及压延加工业生产的钢材是现代经济的基石。

总体来说,中国高耗能行业会继续保持一段快速发展时期,主要原因有:

(1) 中国城市化和工业化还未完成,而城市化和工业化进程都需要大量原材料和能源产品作为基本支撑。近几年来,中国高层提出了"中国梦"的指导思想,社会保障型住房建设进程加快,这在一定程度上促进了非金属材料品制造业和黑色金属冶炼及压延加工业的发展。

(2) 自2014年以来,中国提出了另一发展策略,即"一带一路"。"一带一路"沿线国家基础设施建设投资不足,由于财政约束导致基础设施建设落后。如果关注中国国内,与"一带一路"连接的中国西北部省份的铁路、公路建设远远落后于中国东部沿海地区。"一带一路"发展策略要求中国国内与中亚等国家的基础设施建设能够对接,这就给中国西北部地区的基础设施建设提供了较大空间。这一要求也将促进中国高耗能行业的发展,因为国内基础设施的建设需要高耗能行业的产品,尤其是黑色金属冶炼及压延加工业、有色金属冶炼及压延加工业以及非金属矿物品制造业。

(3) 与发达国家相比,"一带一路"沿线国家的电力消费普遍较低,这给未来电力消费上涨腾出了较大空间。根据国际能源署(IEA)(International Energy Agency,IEA)的统计资料,非OECD国家的人均电力消费2013年仅为1655.52千瓦时;而OECD国家的人均电力消费2013年为7579.49千瓦时,是非OECD国家的4.58倍。这样看来,"一带一路"沿线的非OECD国家电力消费会显著增长。伴随电力消费量的增加,电力市场上的投资也会增加,这为中国电力热力的生产及供应业发展提供了机会。

正因为以上这些原因,有理由相信中国高耗能行业在未来一段时间内能源消费量会持续增加。而自1985年以来,煤炭成为中国高耗能行业最重要的能源消费品种。因为技术的限制,短时间内想要大规模用其他能源替代煤炭并不现实,所以未来一段时间内,煤炭仍将是中国高能耗行业最主要的能源消费品种。而煤炭又是所有化石能源中碳排放系数最高的,所以中国高耗能行业的二氧化碳排放量也将继续增加。

基于此,本报告认为有必要弄清影响中国高耗能行业二氧化碳排放的影响因素。这些因素与二氧化碳排放量的长期均衡关系是否存在?未来的二氧化碳减排潜力如何?中国高耗能行业的减排潜力如何?这些问题都将在本小节进行回答。

1.2.2 中国高耗能行业二氧化碳排放

基于Kaya恒等式,本小节将中国高耗能行业的二氧化碳排放量分为五个因素进行讨论,它们分别是:碳强度效应(CI)、能源结构效应(S)、能源强度效应(EI)、劳动生产率效应(LP)以及产业规模效应(IS)。

其中,碳强度效应等于二氧化碳排放量与化石能源消费总量的比值,表示单位化石能源消费量的二氧化碳排放,因为不同种类的化石能源碳排放系数不一样,化石能源消费量的变化将会导致碳强度的变化;能源结构效应等于化石能源消费量与能源消费总量的比值;能源强度效应等于能源消费总量与工业增加值的比值,表示单位工业增加值的能源消费量,它的变化可以一定程度上反映技术水平的变化;劳动生产率效应等于工业增加值与工作人数的比值,表示单位工作人员带来的工业增加值,它的变化可能从两个不同方向影响二氧化碳排放,即增加或减少,这取决于劳动生产率提高的方式;产业规模效应用工作人数来表示,通常情况下,雇佣的人数越多,表示生产规模越大,二氧化碳排放量也越高。

用对数平均迪氏分解法对中国高耗能行业二氧化碳排放量进行分解,我们以中国每个五年计划为一个时间段,即把分析区间分成1986—1990年,1991—1995年,1996—2000年,2001—2005年,2006—2010年以及2011—2014年。根据政府间气候变化委员会(IPCC)提供的二氧化碳排放计算方法,我们计算了中国高耗能行业由于能源使用所排放的二氧化碳。具体的分解分析结果如图1-6所示。

从图1-6中看出,从1986年到1990年,二氧化碳排放增加了3.26亿吨,碳强度效应、能源强度效应和产业规模效应是导致排放量上升的主要因素,分别使二氧化碳排放量上涨0.63亿吨、1.64亿吨和1.25亿吨。能源结构效应和劳动生产率效应是导致二氧化碳排放量下降的主要因素,分别使其下降了0.24亿吨和0.019亿吨。所以,在这一时期内导致二氧化碳排放上升的主要原因是产业规模的扩张和能源强度的增加。能源强度从1986年的4.23百万吨标准煤每十亿元工业增加值增加至1990年的4.62百万吨标准煤每十亿元工业增加值。在所有上涨因素中,碳强度效应的影响不显著。

从1991年到1995年,二氧化碳排放增加了5.82亿吨,劳动生产率效应和产业规模效应是导致其上升的最重要因素,前者使其增加了4.82亿吨,后者使其增加了2.13亿吨。能源强度效应和碳强度效应对二氧化碳排放量的上升起到了抑制作用,其中前者使其下降0.64亿吨,后者使其下降0.66亿吨。能源结构效应的

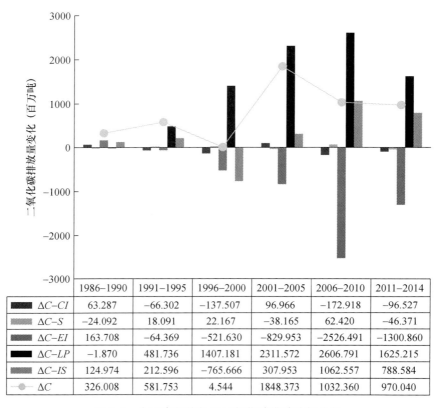

图 1-6 中国高耗能行业二氧化碳排放分解分析

注：1. ΔC-CI，ΔC-S，ΔC-EI，ΔC-LP 和 ΔC-IS 分别表示由于碳强度效应、能源结构效应、能源强度效应、劳动生产率效应以及产业规模效应引起的二氧化碳排放量；2. ΔC 表示二氧化碳排放量。

影响不显著。

在 1996 年到 2000 年这一区间内，二氧化碳排放量增加 0.045 亿吨，这一增加量减少主要是因为这一时期大量小型私人企业和国企破产或倒闭，高耗能行业的生产规模下降。在所有影响因素中，劳动生产率效应的影响最大，使排放量增加了 14.07 亿吨。碳强度、能源强度和产业规模效应也是使排放量上涨的因素，而后两者的影响又比较大，分别使其上涨了 5.22 亿吨和 7.66 亿吨。

从 2001 年到 2005 年，二氧化碳排放总量增加 18.48 亿吨，是 6 个考查时间段内增加量最大的时期。因为自 2002 年后城市化进程加快，需要大量的原材料，如建材和钢材等，这促进了中国高耗能行业的发展。从工业增加值大幅度上升也可以看出这一点。2001 年中国高耗能工业增加值为 3660.2 亿元，2005 年增加到

8675.6亿元，增长了1.37倍。劳动生产率效应使二氧化碳排放量增加了23.12亿吨，行业规模效应和碳强度效应也使其上涨，但增加幅度没有劳动生产率效应大。能源强度效应使二氧化碳排放量下降8.30亿吨，能源结构效应也使其下降，但下降幅度很小。

从2006年到2010年，二氧化碳排放总量增加了约10.32亿吨。同样的，劳动生产率效应是使其上升的最重要因素，它导致排放量增加约26.07亿吨，行业规模效应紧随其后，导致排放量增加约10.63亿吨。能源强度效应是使其下降的最重要因素，它导致排放量下降约25.26亿吨，这一下降可以归因于能源强度的下降，能源强度从2006年的2.09百万吨标准煤每十亿工业增加值下降至2010年的1.25百万吨标准煤每十亿工业增加值。可能的原因有两个：一是"十一五规划"提出要使能源强度与2005年相比下降20%；二是2008年的金融危机对能源强度下降也起到了一定的促进作用。金融危机发生的时候，一些落后技术的工厂会先关闭，继续生产的企业往往具有更先进的生产技术，它们也往往有更低的能源强度。很多落后产能也在这一时期内被淘汰，这也提高了能源效率。能源结构效应和碳强度效应的影响很小，前者使排放量增加了0.62亿吨，后者使排放量减少了1.73亿吨。

最后，从2011年到2014年，二氧化碳排放量增加了约9.70亿吨，劳动生产率效应和产业规模效应使其上升了约16.25亿吨和7.89亿吨。能源强度效应、能源结构效应和碳强度效应分别使其下降了约13.01亿吨、0.46亿吨和0.97亿吨。

通过以上分时间段的分析，可以发现：劳动生产率效应和产业规模效应是中国高耗能行业二氧化碳排放量增加的最重要因素，能源强度的下降是二氧化碳排放量下降的最重要因素。如果在1996—2000年，2000—2005年，2006—2010年以及2011—2014年没有能源强度的显著下降，中国高耗能行业二氧化碳排放总量将会上升更多。在1996—2000区间段内，行业规模效应使二氧化碳排放总量下降，但在其他时间区间内，行业规模使二氧化碳排放总量上升。能源结构效应对二氧化碳排放的影响也不稳定，总体来看，它还是增加了二氧化碳排放量。这是因为中国以煤为主的能源结构在过去这些年并没有得到改变。为了保持经济的高速增长，煤炭具有储量大、价格低的先天优势，成为最理想的化石能源种类。所以能源结构效应的影响可以被忽略，因为其基本保持不变。碳强度效应在1991—1995年，1996—2000年，2006—2010年以及2011—2014年使二氧化碳排放总量下降，但在其他两个时间区间，即1986—1990年和2001—2005年使二氧化碳排放总量上升。所以我们认为碳强度效应是使二氧化碳排放总量上升的原因。

在分析了中国高耗能行业二氧化碳排放量变化的影响因素后，我们进一步用协整理论分析二氧化碳排放量与这些影响因素之间的长期关系,并最终估算未来的节能潜力。之前的分析可以得到劳动生产率、产业规模以及能源强度是最重要的三个影响因素,所以建立这三者与二氧化碳排放量之间的长期均衡关系。最终得到的关系式如下:

$$\ln(CO_2) = 1.209\,542\ln EI + 1.126\,516\ln LP + 0.410\,858\ln IS - 0.338\,14 \quad (1\text{-}4)$$

式中:CO_2 表示二氧化碳排放量,EI 表示能源强度,LP 表示劳动生产率,IS 表示产业规模。把 $\ln CO_2$,$\ln LP$,$\ln IS$ 和 $\ln EI$ 的历史数据代入方程(1-4)后,可以得到中国高耗能行业二氧化碳排放量的模拟排放量,把这一排放量与真实排放量进行对比,可以得到图1-7。可以看出,二氧化碳排放量的真实值与模拟值之间误差较小,方程(1-4)的拟合效果较好。

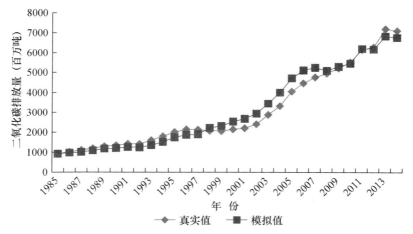

图1-7 中国高耗能行业二氧化碳排放量的真实值与模拟值(1985—2014年)

为了进一步估算中国高耗能行业未来的二氧化碳减排潜力,需要进行情景设置。通常来说,情景设置包括对问题边缘进行定义,对驱动因素进行描述并对未来的不确定性进行刻画。我们以2020—2030年作为研究区间,因为中国的工业化和城市化进程将在2020年基本结束,而在《中美气候变化联合声明》中,中国承诺到2030年左右达到二氧化碳排放峰值。

我们设置了三类不同情景,分别是常规情景(情景1),中等减排情景(情景2)和激进减排情景(情景3)。在情景1中,所有影响因素的增长率与历史相同,在情景2中,很多中等减排措施将被采纳;在情景3中,激进减排措施将被采纳。从1985年到2014年,能源强度平均下降率为4.23%,尤其是在2000—2014年和2005—2014年间,能源强度的平均下降率更是达到了6.63%和8.52%。能源强度的下降有利于二氧化碳的减排,所以在情景1中能源强度的增长率被设定为

−4.23%，在情景2中被设定为−6.63%，在情景3中被设定为−8.52%。劳动生产率在1985—2014和2000—2014年间的增长率分别为11.43%和16.21%，但是，随着中国经济从粗放式发展模式向集约式发展模式转变，未来劳动生产率不太可能再维持如此高的增长率，所以在2020年前，我们设定劳动生产率的增长率为11.43%，2021—2025年为10.93%，2025—2030年为10.43%（每个时期平均下降0.5%）。产业规模在1985—2014年间的平均增长率为2.39%，考虑到中国已经进入工业化进程后期阶段，对高耗能行业的产品需求将会下降，我们设定产业规模在情景1中为2.39%，情景2中为2.19%，情景3中为1.99%（每个情景下降0.2%）。情景设置具体见表1-5。

表1-5 三种情景中各变量增长率的设置

变量	2015—2020	2021—2025	2025—2030
LP	11.43%	10.93%	10.43%
变量	情景1	情景2	情景3
EI	−4.23%	−6.63%	−8.52%
IS	2.39%	2.19%	1.99%

根据各变量历史数据和未来增长率的设定，可以计算未来中国高耗能行业的二氧化碳排放量，具体结果为：2020年，情景1中二氧化碳排放量为114.9亿吨，情景2中为95.1亿吨，情景3中为81.6亿吨。2030年，情景1中二氧化碳排放量为235.9亿吨，情景2中为142.5亿吨，情景3中为94.7亿吨。可以发现在各情景中，中国高耗能行业的二氧化碳排放量都非常高，这说明必须采取减排措施来减少二氧化碳排放。二氧化碳排放潜力是由不同情景下的二氧化碳排放量的差值计算出来的，在中等减排情景下，中国高耗能行业二氧化碳减排潜力2020年为19.8亿吨，2030年为93.4亿吨，这与中国2013年的二氧化碳排放总量差不多。在激进减排情景下，中国高耗能行业二氧化碳减排潜力2020年为33.3亿吨，接近欧盟2013年排放总量；2030年为141.2亿吨，高于中国2013年排放总量。具体如表1-6所示。

表1-6 2020和2030年中国高耗能行业二氧化碳减排潜力

年份	中等减排情景	激进减排情景
	二氧化碳（十亿吨）	二氧化碳（十亿吨）
2020	1.98	3.33
2030	9.34	14.12

中国高耗能行业未来二氧化碳减排潜力巨大，从上面的分析可以看出，能源强度是可以减少二氧化碳排放的最重要因素，未来要采取更多的政策措施来减小中国高耗能行业的能源强度。具体的政策建议包括：

第一，改进中国高耗能行业的生产技术。高耗能行业主要为其他行业提高生产原材料，在产业链中属于上游产业。根据一些专家的估计，中国电机的效率比发达国家要低20%左右（龚炳林，2006），中国每单位GDP所消耗的能源大约为日本和巴西的2倍，英国的3倍（牛东晓和劳咏昶，2014）。火力机组的平均能源效率仅为33.8%，比世界先进水平低6%到7%（王昕，2008）。能源效率低意味着能源强度高，先进的生产技术不仅要在终端生产上使用，而且要在中间环节使用，比如说，生产过程中的热力利用设备要更新。在化学原料及化学用品制造业中，存在大量的热力浪费，然而，传统的热力系统如酒精灯加热、电力加热、蒸气加热、水加热、油加热和砂浴加热效率不高，在生产过程中产生了一些副产品，导致能源浪费。微波加热是一种新型加热方式，因为它会大量降低加热时间和消耗的能源，提高了热力传输效率，满足低碳经济的要求（郑凌玲，2015）。劳动生产率与二氧化碳排放量正相关，说明中国高耗能行业中劳动生产率的提高并不是使用绿色技术实现的，而用绿色技术来实现劳动生产率的提高却是未来减少二氧化碳排放的主要趋势，所以要加大对绿色生产技术研发的支持力度。

第二，有必要对中国高耗能行业的资源进行有效配置，应该根据原材料和能源的分布以及市场需求来配置高耗能行业的资源。这样有可能解决产能过剩问题并减少交通运输成本。

第三，优化高耗能行业企业的内部管理。比如，要建立高耗能行业企业的淘汰机制，达不到排放标准的企业要进行淘汰。能源合同管理也可以逐步使用，这同时可以提高能源效率。

对产业规模来说，它会增加二氧化碳排放，然而，因为中国进入了工业化进程后期，产业规模并不会跟以前一样迅速扩张。高耗能行业会雇佣越来越少的工作人员，但是其产品仍然要满足经济发展的需求，这就要求高耗能行业进行技术的更新。产能过剩是当前中国高耗能行业面临的一个严重问题，所以未来政府要控制高耗能行业的盲目扩张，提高行业准入标准，并对相关行业设立排放限度。

1.2.3 中国高耗能行业能源强度的进一步分解分析

根据上文的分析，能源强度的下降是能够使中国高耗能行业二氧化碳排放量减少的最重要原因，但是并不清楚能源强度下降的深层原因，本小节将进一步对此问题作出回答。

我们将使用将对数平均迪氏分解法（Logarithmic Mean Divisia Index，LMDI）与生产分解分析法（Production Decomposition Analysis，PDA）相结合的方

法。实施过程分为两步:第一步,使用 LMDI 方法将中国高耗能行业的能源强度分解为能源结构效应、产业结构效应和部门能源强度效应三个因素;第二步,使用 PDA 方法将部门能源强度效应分解为技术效率效应、技术进步效应、资本-能源替代效应和劳动-能源替代效应。

对全中国高耗能行业能源强度的分解结果中,除了上述效应外,还多一个地区产出结构效应(在分省分析中,不包括西藏、海南和港澳台)。主要结果如下:

表 1-7　中国高耗能行业能源强度变化的主要因素分解

地　区	能源强度变化	地区产出结构效应	产业结构效应	技术进步效应	技术效率效应	资本-能源替代效应	劳动-能源替代效应	能源结构效应
中国东部	0.2908	1.0116	0.9526	0.2924	0.9840	0.8042	1.3198	0.9910
中国中部	0.2976	0.9168	0.9824	0.3350	0.9875	0.7121	1.3939	1.0067
中国西部	0.5342	1.0103	1.0018	0.3086	0.8678	1.0925	1.7902	1.0128

表 1-7 第 2 列是能源强度的变化值,如果该值小于 1,则意味着能源强度下降。除了云南省,其他省的该值都小于 1,这说明高耗能行业在除了云南省的其他地方能源强度均下降。对其他各效应来说,如果该值大于 1,则说明其导致能源强度上升;如果该值小于 1,则说明其导致能源强度下降。

在其他所有效应中,技术进步效应是对能源强度下降最显著的效应,其在所有省都小于 1。分区域来看,技术进步效应使得东部地区高耗能行业能源强度下降 70.76%,中部地区下降 66.50%,西部地区下降 69.14%。

对技术效率效应来说,其值在 12 个省大于 1,在其他 19 个省小于 1,这说明在这 12 个省中,技术效率下降,在另外 19 个省中,技术效率上升。这个发现与孙广生等(2012)的结论相一致,他们也是发现在 1986—2010 年间,有 12 个省的技术效率下降,且这些省份与本报告省份基本相一致。但幸运的是,对三大区域而言,技术效率效应的平均值小于 1,说明对三大区域而言,技术效率还是使高耗能行业能源强度下降,且下降幅度在西部地区最大,为 13.22%,中部地区为 1.25%,东部地区为 1.60%。一个可能的原因在于,西部地区最初的技术效率远低于中东部,这使得其有很大的提升空间,所以由技术效率效应导致的能源强度下降幅度最大。

对资本-能源替代效应来说,其导致能源强度在 20 个省下降,这说明用更多的资本替代能源可以使能源强度下降。在中东部地区,资本-能源替代效应使得能源强度下降,但是在西部地区,资本-能源替代效应使得能源强度上升,这说明在中东部地区,资本替代了能源,但是在西部地区,能源替代了资本。西部地区能源资源丰富,能源价格也相对较低,所以西部地区的高耗能行业选择在生产过程中投入相对更多的能源。在未来，节能意识在西部地区有待加强，倒逼西部地区加快生产设备的更新，在生产中投入能源效率更高的生产设备。

劳动-能源替代效应几乎在所有省都大于1，这说明该效应不利于能源强度的下降。可能的原因在于，近些年劳动价格一直呈现上涨趋势，但劳动力的供给却在减少，使企业劳动力成本大幅度增加，很多企业选择用能源来替代劳动，这对能源强度的下降不利。各能源品种之间的替代效应与1的差别不大，说明其对能源强度的影响几乎可以忽略。在生产一定量的产品过程中，如果用热值更高的能源品种替代热值较低的能源品种，能源强度将会下降，但是这种情况在中国高耗能行业中并没有发生。中国近些年在逐渐降低煤炭使用量，但是对高耗能行业来说，因为煤炭拥有成本低的优势，以其他能源来替代煤炭这一现象并不十分明显。

行业结构效应在中东部地区小于1，在西部地区大于1，这说明高耗能行业在中东部地区逐渐向低能源强度的高耗能子行业集中，在西部地区并没有如此。

地区产出效应测度的是高耗能行业是否向能源强度较低的地区集中。东部和西部地区这一效应大于1，但是中部地区小于1，说明东部和西部地区的高能耗行业在考查区间内向能源强度较低的地区集中，但在中部地区并没有如此。

分析完各区域高耗能行业能源强度下降的原因后，我们接着分析高耗能子行业能源强度下降的原因。如表1-8所示，非金属制品制造业的年平均能源强度最高，黑色金属冶炼及压延加工业其次，化学原料及化学用品制造业再次，有色金属冶炼及压延加工业最低。能源强度的变化这一列都小于1，说明能源强度在四个子行业都下降了。除了黑色金属冶炼及压延加工业外，技术效率导致能源强度在其他三个子行业都上升。也就是说，技术效率在其他三个子行业并没有上升，这可能与其粗放式发展相关。技术进步效应使得四个子行业的能源强度都下降了，说明四个子行业的技术都有进步。劳动-能源替代效应都大于1，说明四个子行业都在生产过程中用能源替代劳动。除了化学原料及化学用品制造业外，其他三个子行业都用资本替代能源，但是这一替代效应对能源强度的下降作用有限，因为资本能源替代效应值与1相当接近。

表1-8　PDA方法分解分析高耗能子行业能源强度变化

子行业	能源强度	能源强度的变化	技术效率效应	技术进步效应	资本-能源替代效应	劳动-能源替代效应
化学原料和化学用品制造业	2.7891	0.4784	1.0901	0.3122	1.0055	1.6447
非金属制品制造业	3.3927	0.4094	1.1175	0.2289	0.9810	1.5642
黑色金属冶炼及压延加工业	3.1951	0.4281	0.9701	0.3816	0.9713	1.3053
有色金属冶炼及压延加工业	1.8644	0.5785	1.1482	0.2746	0.9119	2.4496

为了使分析更加全面准确,我们接着以 1 年为单位分时间区间分析高能源行业能源强度变化的影响因素。从表 1-9 中可以看出,除了 2007—2008 年以外,能源强度在其他所有年份都有所下降。金融危机导致大量工厂关闭,中国东部地区受到的影响最大,而东部地区又是生产技术最先进的地区。中西部地区受到影响的时间相对滞后,所以中西部地区的工厂可以维持相对较长的生产时间,这会对能源强度的下降产生不利影响。技术效率的下降,用能源替代劳动以及能源结构的变化是 2008 年能源强度上升的主要原因。总体而言,2000—2013 年能源强度下降,下降的年均速度是 7.58%,技术进步效应、技术效率效应、资本-能源替代效应和部门产出结构效应是使其下降的因素,而地区产出结构效应、劳动-能源替代效应和能源结构效应是使高耗能行业能源强度上升的因素。

表 1-9 以 1 年为单位的高耗能行业能源强度下降因素分解分析

时间	能源强度的变化	地区产出结构效应	部门产出结构效应	技术进步效应	技术效率效应	资本-能源替代效应	劳动-能源替代效应	能源结构效应
2000—2001	0.9500	0.9840	1.0066	0.8664	1.0376	1.0141	1.0506	1.007
2001—2002	0.9146	0.9997	1.0025	0.9137	0.9601	1.0036	1.0365	0.9963
2002—2003	0.9170	1.0001	0.9947	0.8175	1.0730	1.0031	1.0479	0.999
2003—2004	0.9568	0.9910	1.0007	0.9358	0.9442	1.0253	1.0607	1.0036
2004—2005	0.9394	1.0019	1.0060	0.8882	1.0084	0.9979	1.0432	0.9991
2005—2006	0.8862	0.9989	0.9931	0.9116	0.9949	0.9515	1.0354	1
2006—2007	0.9294	1.0023	0.9948	0.9121	0.9777	0.9947	1.0514	0.9999
2007—2008	1.0118	0.9952	0.9919	0.9574	1.0340	0.9956	1.0300	1.0064
2008—2009	0.7918	1.0065	0.9892	0.9601	0.9606	0.9069	0.9605	0.9898
2009—2010	0.9413	1.0117	1.0030	0.9318	1.0161	0.9685	1.0181	0.9985
2010—2011	0.9952	1.0216	0.9992	0.9078	0.9602	1.0128	1.1017	0.9984
2011—2012	0.8910	0.9993	1.0009	0.9605	0.9916	0.9677	0.9707	1.0039
2012—2013	0.8897	1.0045	0.9952	0.9150	0.9994	0.9834	0.9874	0.9981
2000—2013	0.3791	1.0340	0.9468	0.3129	0.9386	0.8565	1.5446	1.0007
平均值	0.9242	1.0013	0.9983	0.9137	0.9967	0.9865	1.0303	1.0000

技术进步效应是导致能源强度下降的最重要因素,共导致能源强度下降 68.71%,年均下降 8.63%。用资本替代能源是影响第二大的因素,共导致能源强度下降 14.35%,年均下降 1.35%。2004 年以前,更多的能源来替代资本,但是从 2005 年开始,这一现象反转过来,即对节能的投资开始变得司空见惯。技术效率效应和行业结构效应的影响非常接近。它们分别导致能源强度下降 6.14% 和 5.32%,年均下降 0.33% 和 0.17%。技术效率得到了改进,这说明资源在高耗能

行业中越来越被充分利用,尤其是 2010 年以后。行业结构效应的影响说明高耗能行业在逐渐向能源强度较低的子行业集中。从表 1-10 中可以看出,化学原料及化学用品制造业的产出在四个子行业总产出中的比重下降但是其他三个子行业的比重上升。非金属制品制造业的能源强度低于化学原料及化学用品制造业。劳动-能源替代效应不利于能源强度的下降,即存在用能源替代劳动的现象,其平均每年使能源强度上升 3.03%。能源结构效应的影响很小甚至可以忽略。受限于资源禀赋,煤炭在中国一次能源结构中扮演着最重要角色,其占比一直维持在 70% 左右,在高耗能行业中也是如此。Ma 和 Stern(2008)的研究结论与此类似。

表 1-10 高耗能子行业平均能源强度及产出占比变化

地 区	化学工业	非金属工业	黑色金属工业	有色金属工业
	能源强度			
中国东部	0.954	2.060	2.011	0.931
中国中部	2.779	3.103	3.486	1.904
中国西部	4.465	4.815	4.060	2.684
全中国	2.789	3.393	3.195	1.864
	子行业产出占比变化(%)			
中国东部	−2.20	−0.47	1.77	0.91
中国中部	−5.33	9.05	−2.49	−1.23
中国西部	−5.83	4.41	0.97	0.44
全中国	−3.79	2.63	0.53	0.62

图 1-8 描述了各省(不包括香港、澳门、台湾、西藏和海南)对高耗能行业能源强度下降的贡献度。可以看出,除了新疆做出了负贡献以外,其他各省的贡献均为正。分区域来看,东部地区辽宁省的贡献最大,其贡献度为 9.83%,河北、上海紧随其后,贡献度分别为 9.14% 和 9.01%。天津、福建和北京的贡献度最小。在中部地区,山西、河南和吉林的贡献度排名前三,贡献度分别为 7.28%、5.63% 和 3.48%。在西部地区,贡献度第一和第二的省份之间的差距比另外两个地区大。甘肃和四川排名第一和第二。云南省的贡献度最小,为 0.05%。贡献度小于 1% 的省份全部位于西部,分别为宁夏、内蒙古、青海和云南。相应地,这些省份的高耗能行业能源强度下降幅度很小,而云南省是唯一一个能源强度上升的省份。主要原因是这些省份用能源替代资本。西部能源成本相对劳动成本较低。辽宁、河北和上海的贡献度大于 9%,主要原因是由技术进步和用能源替代劳动。三大地区的平均贡献度分别为 5.56%、3.60% 和 1.42%。

根据上文的分析,为了使中国高耗能行业能源强度继续下降,提出以下政策

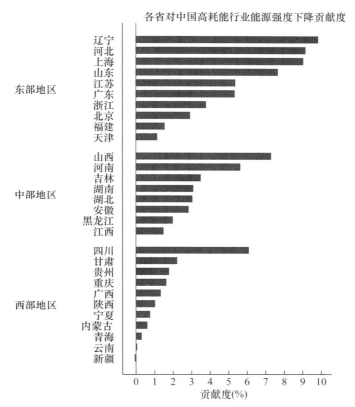

图 1-8 各省对中国高耗能行业能源强度下降的贡献度

建议:第一,继续保持技术进步趋势。中国高耗能行业的生产规模已经很大,例如,2015年中国生产了8.04亿吨粗钢,排名世界第一,占全球钢铁生产量的几乎一半。但是,没有一家中国钢铁企业能够在钢铁企业竞争力方面排名进入世界前十,说明中国钢铁企业生产高质量材料的能力有限。所以,要加强对中国高耗能行业生产技术研发的投资,只有生产技术持续进步,才有可能使其能源强度持续下降。第二,高耗能行业技术效率在有些省份没有得到提高,这与生产要素没有得到充分利用有关,价格扭曲是一重大原因,根据林伯强和杜克锐(2013)的研究,能源价格扭曲使能源效率下降了约10%,所以高耗能行业要逐渐转向集约式发展,能源价格也要逐渐由市场决定。尤其对西部地区而言,要停止用能源替代资本,而提高能源价格是个不错的选择。第三,用资本替代能源,加强对节能设备的投入和节能技术的开发。例如,废热利用技术和废物利用技术要在高耗能行业生产过程中采用,用二氧化碳作为中间生产过程中的原材料来合成其他种类的化工品这一技术要在化学原料和化学用品制造业中推广。第四,高耗能行业的地区布局要合理化。重点发展能源强度较低的高耗能子行业。每个省的生产优势不一样,未来要不断引导一些省生产其自己能源强度最低的高耗能子行业产品。

1.2.4 小结

本节用对数平均迪氏分解法和 Kaya 恒等式对中国高耗能行业二氧化碳排放变化进行分析,并得到影响其变化的最重要的三个因素,即能源强度效应,劳动生产率效应和产业规模效应。基于此,用协整理论建立了中国高耗能行业二氧化碳排放量与这三个因素的长期均衡关系,并进一步用情景分析法预测了未来的二氧化碳排放量和节能潜力。结果显示能源强度下降是中国高耗能行业二氧化碳排放量减少的最重要原因,产业规模和劳动生产率的提高是中国高耗能行业二氧化碳排放量增加的重要因素。这与 Alves 和 Moutinho(2013)、Inglesi-Lotz 和 Pouris(2012)、Kumbaroglu(2011)的研究结论相一致,从而在一定程度上佐证了我们结果的合理性。为了进一步探讨高耗能行业能源强度下降的深层次原因,我们进一步结合 LMDI 方法和 PDA 方法对能源强度做了分解分析,结果表明中国高耗能行业能源强度除了在云南省有所上升外,在其他各省份均有所下降,在中国东部、中部和西部地区的下降幅度分别为 70.92%、61.26% 和 46.58%。技术进步效应是导致能源强度下降的最重要因素,高耗能行业的技术在各省都在不断进步,技术进步使高耗能行业能源强度在东中西部下降幅度分别为 70.74%、64.26% 和 69.16%。技术效率在一些省得到了改进,在另一些省没有得到改进。资本替代能源在东部地区和中部地区有发生,有利于能源强度下降,但是用能源替代资本却在西部地区发生,不利于能源强度下降。部门产出结构效应的影响同资本-能源替代效应的影响类似,在东部和中部地区,高耗能行业在逐渐向低能源强度的高耗能子行业集中。劳动-能源替代效应不利于高耗能行业能源强度的下降,说明几乎所有省用能源替代劳动,这与劳动力成本高息息相关。在西部地区,能源替代劳动使高耗能行业能源强度上升约 79.02%。能源结构效应的影响几乎可以被忽略,因为中国以煤为主的能源结构在短时间内不会改变。最后,除了新疆外,其他各省对中国高耗能行业能源强度下降做出正向贡献,云南省的贡献最小,辽宁、河北和上海的贡献度最大。

1.3 重工业——有色金属工业能源发展和利用[①]

1.3.1 有色金属工业背景介绍

经过三十多年的飞速发展,中国已然成为世界第二大经济体。伴随着经济的

---

① 本小节在参考"林伯强,陈星.中国有色金属工业在技术进步视角下能源与非能源要素的有效替代[J].厦门大学中国能源政策院工作论文,2016"和"林伯强,陈星.中国有色金属工业全要素碳排放效率与碳排放绩效研究[J].厦门大学中国能源政策研究院工作论文,2017"的基础上润色而成。

快速发展，中国亦于2010年超越美国成为世界上最大的能源消费国，到2015年中国的能源消费总量已占世界的22.9%。能源驱动作为经济发展的助推器，一方面给人类社会带来了繁荣和日新月异的发展，但是另一方面大量化石能源的使用又无疑造成了大量温室气体的排放和环境的污染。

能源对于人类生存和社会发展尤为重要，在中国经济和工业的发展中，能源消费大量增长。其中，中国总的能源消费量从2000年的14.6940亿吨标煤增长到了2014年的42.5806亿吨标煤，增长了近190%。工业部门的能源消费量从10.3773亿吨标煤增长到了2014年的29.5686亿吨标煤，工业部门能源消费在中国能源总消费占比在2014年接近70%，并且能源消费总量仍呈上升趋势。中国的能源消费量不仅非常大，而且与其他国家相比，中国有着高碳的能源结构。在一次能源消费结构中，中国在2014年的煤炭消费占比为66%，而同期世界平均水平为30%，美国为19.7%，中国的煤炭消费占比要远高于美国和世界平均水平。对于石油消费量，中国在2014年的占比为17.5%，世界平均水平为32.6%，美国的石油消费占比为36.4%，中国的石油消费比例要低于美国和世界平均水平。同时，中国的清洁能源消费占比却远远地低于美国和世界平均水平，中国清洁能源占比仅为16.5%，美国清洁能源占比为43.9%，世界平均水平为37.4%。中国传统化石能源在能源消费结构中的占比非常高并预计在今后很长时间内仍将不低。中国面对当前的国际国内生态形势和减排承诺，挑战无疑是巨大的。

能源消费的组成与工业经济发展的结构相关，在近几十年中，中国为发展工业耗费了大量的能源与资源。中国当前高能耗、高排放的工业产业结构是在不断发展中所形成的，工业结构的调整与转型也并不能在短时间内改变当前的能源消费结构。在经济和工业发展的限制下，产业结构和工业生产投入结构以及与工业发展所匹配的能源消费结构并不能在短时间内进行调整。中国传统化石能源在能源消费结构中的占比在未来很长时间内仍然会很高，能源消费所带来的碳排放也并不会迅速下降。

有色金属工业是我国重要的工业部门之一，产业关联度高，是其他工业部门不可替代的，在经济建设、国防建设、社会发展等诸多方面发挥重要作用。有色金属工业包括有色金属采选业、有色金属冶炼和压延加工业。有色金属是国民经济发展的重要材料，其在工业化和科学技术发展的过程中比如在航空、航天、汽车、机械制造、建筑等绝大多数的行业必不可少。

中国有色金属行业在改革开放后迅猛发展，特别是2000年后发展更为迅猛，中国成为世界上最大的有色金属生产及消费国。据中国有色金属工业协会统计，

2016年，中国10种常用有色金属①产量达5283.2万吨，占全球总产量的40%以上。1980—2016年，中国十种常用有色金属产量从124.79万吨增至5283.2万吨，年均增长10.96%（如图1-9所示）。伴随有色金属高产量的必然是高的能源消费量，中国有色金属工业2014年消费18 790.31万吨标准煤，占全国能源消费总量的4.41%，相当于比利时和瑞士两个国家（2014年）的能源消费总量。

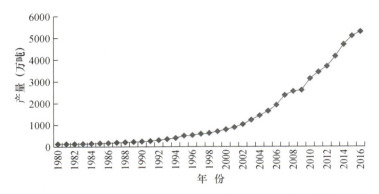

图1-9　1980—2016年十种主要有色金属工业产品产量
数据来源：中国有色金属工业协会．

有色金属工业较高的能源消费量加之较为粗放的能源使用，引起了大量温室气体的排放。有色金属生产过程中温室气体的排放主要通过与生产过程相关的非能源的排放、生产过程中直接地化石燃料的使用和生产过程中电力使用所引起的间接排放三种途径形成。该行业的主要排放途径是生产过程中的化石燃料的使用和电力使用引起的间接的排放，又由于火电占中国电力结构的高比例（2014年火力发电占总发电量的75.2%），这直接决定了中国有色金属工业的高能耗和高排放。中国有色金属工业部门的二氧化碳排放在2000—2014年间增长了4~5倍，并且主要能源消费品种的二氧化碳排放量在2014年突破了3万吨。其中在2014年，有色金属工业二氧化碳排放量最多的省份是河南省，超过了6000万吨，约占全国该行业二氧化碳排放量的20%，另外，内蒙古、山西、山东、青海、陕西、甘肃、云南、广西的二氧化碳排放量也非常多，均超过了1000万吨。北京、上海、河北、天津、黑龙江、吉林、湖北等省份的二氧化碳排放量则相对较少。

中国近几十年的快速发展得益于工业部门的快速发展。但是中国工业部门对GDP的贡献却与其所消费能源、产生的碳排放量不相称。工业部门的发展，消费了大量的能源，由于过多的能源消费，中国工业部门自然就成为了最主要的碳

---

① 铜、铝、铅、锌、镍、锡、锑、汞、镁、钛。

排放与污染物排放源。其中,中国工业部门的二氧化硫排放和烟尘排放占比就达到了总排放的80%和70%。从中国的改革开放政策实施以来,中国工业部门对中国GDP平均贡献了40%,但是却消费了近80%的能源以及85%的二氧化碳排放(Zhou et al.,2016),这都表现了中国较高的能源消费以及碳排放。化石能源的消费和所产生的碳排放,给中国带来了严重的环境问题。尤其是在近几年中,中国各大城市雾霾频发,环境质量指数急剧下降。根据耶鲁大学在2012年发布的环境表现指数,中国在132个国家中排名116位,并且在全球10个污染最严重的城市中,中国就占了7个(Zhou et al.,2016)。为缓解当前生态环境所面临的巨大压力,国际各方应该共同努力来应对气候和环境变化。为了约束各个国家在节能减排与环境保护方面能够做出承诺并付诸实践,在2015年召开的巴黎气候大会中,100多个国家经过协商缔约了巴黎气候协定。其中,巴黎气候大会制定了具体目标:到本世纪末地球温度与19世纪工业革命前相比温度上升控制在2℃以内,并为将其控制在1.5℃内而努力。中国中央政府也承诺将于2030年左右使二氧化碳排放达到峰值,并承诺2030年单位GDP二氧化碳排放比2005年下降60%~65%。

总体来看,中国有色金属工业产业规模庞大并存在产能过剩,我国有色金属精深加工产品总体处于国际产业链中低端,产品精度、一致性、稳定性较差,部分电子、海洋工程、航空用高端有色金属产品还依赖进口。中国有色金属工业行业的产品多是产业链中上游的中低端制造,而许多技术要求较高的产品还需要通过进口来满足。例如在2016年,我国进口集成电路芯片2271亿美元,进口额已连续四年超过2000亿美元,是进口额最大的商品,集成电路材料中70%是有色金属,这说明中国有色金属工业的技术创新能力有待加强。同时,初级产品加工的能耗占整个产业链能耗相当大的比例,产品结构也是行业高能耗的主要原因。面对当前的经济发展形势,中国中央政府提出供给侧结构性改革。通过供给侧改革来解决供给体系生产要素低效率、低质量的"错配"。对供给侧的结构进行深入调整,能够矫正并优化产业投入的要素配置,提高供给结构的适应性和灵活性,提高全要素生产率。针对当前严峻形势,有色金属工业可以通过供给结构的调整来化解过剩产能并推动有色金属工业的规模经济,促进行业加快技术创新,优化资本-能源、劳动-能源投入要素的配置结构。为了行业健康发展、有效降低行业的能耗并提升效率,有必要加快相关节能生产技术研发和设备的升级改造。

1.3.2 有色金属工业的能源利用

图1-10是中国有色金属工业在2000—2014年间分地区的工业总产值(基期=2000年)及其全国占比。在此期间,三个地区的工业总产值增长迅速,东部地区的工业总产值由2000年的1132.29亿元上升到2014年的13797.3亿元,中部地

区由 723.66 亿元上升到 11 468 亿元,西部地区由 725.97 上升到 7492.04,三个地区的工业总产值分别上升了 11.18 倍、14.84 倍和 9.32 倍。通过对比三个地区的全国占比可以发现,东、西部地区的占比下降,中部地区的工业总产值占比明显上升。到 2014 年,东中西部三个地区的工业总产值占比分别为 42.1%、35.0% 和 22.8%。

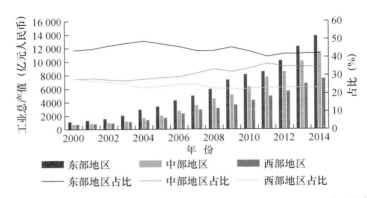

图 1-10　2000—2014 年中国东、中、西部地区工业总产值(基期＝2000 年)及全国占比
数据来源:中国工业统计年鉴、各省市统计年鉴.

在近些年的有色金属工业生产中,资本、劳动和能源作为最主要的生产要素支撑了有色金属工业的生产发展。投入要素(资本、劳动和能源)呈现出明显的上升趋势。如图 1-11 所示,固定资产净值代表资本,在 2014 年达到了 9031.37 亿元人民币,相比 2000 年上升了 5.22 倍。能源消耗在 2014 年达到了 9656.49 万吨标煤,相比 2000 上升了 3.05 倍。劳动人口在 2014 年达到了 262.34 万人,相比 2000 年上升了 0.70 倍。有色金属工业是资本密集型产业,需要高资本、高能源投入。在 2000—2014 年的投入产出要素变化趋势上看,资本一直呈现上升趋势,但是能源消耗在 2008 年有上升放缓趋势,表现出了资本与能源之间在一定程度上的替代。

有色金属工业的技术进步使得产品生产能耗得到部分降低,但是有色金属工业作为重工业部门,能源消耗一直在上升。图 1-12 是中国有色金属工业在 2000—2014 年间主要能源品种的消费情况。有色金属工业生产中,电力是最主要的能源品种。有色金属工业的电力消费是继黑色金属工业和化工业之后最多的行业,占了全国电力消费量的 7.58%(2014 年中国统计年鉴)。该行业电力消费占比很高且在近些年大幅上升,这与产品生产特性有关,部分产品的电解工艺需要电力。电力消费量从 2000 年的 956.62 万吨标煤上升到 2014 年的 5839.18 万吨标煤,电力消耗从 2000 年的 40.2% 上升到 2014 年的 60.46%。煤炭也是有色

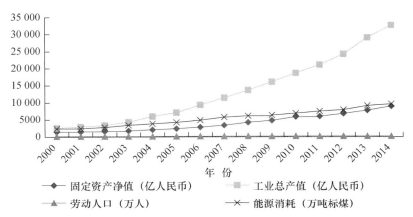

图 1-11　2000—2014 年中国有色金属工业固定资产净值、工业总产值、从业人员及能源消费量
数据来源：中国能源统计年鉴、中国工业统计年鉴、各省市统计年鉴.

金属工业生产中的重要能源品种，煤炭消费从 2000 年的 694.35 万吨标煤上升到 2014 年的 1653 万吨标煤，但是消耗占比却出现了下降，从 29.19% 下降到了 17.12%。其他能源消费品种的占比变化不大，电力与煤炭之间的替代比较明显。

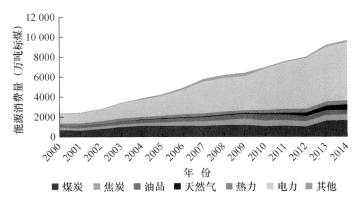

图 1-12　2000—2014 年中国有色金属工业分品种能源消费量
数据来源：中国能源统计年鉴.

图 1-13 则是中国有色金属工业在 2014 年不同能源消费品种的占比。电力占比最高，达到了 60.64%，其次是煤炭占比为 17%，焦炭和天然气占比则在 6% 左右，油品和天然气的占比则为 4% 左右，其他能源消费品种 2%。

不同地区展现了不同的产业结构，有色金属工业在不同地区的能源消费趋势也不尽相同。图 1-14 是中国有色金属工业在 2000—2014 年间三个地区的能源消费情况。中国东、中、西部地区的能源消耗均呈现出了上升的趋势，其中西部地区

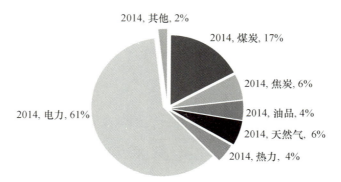

图 1-13　2014 年中国有色金属工业能源消费结构
数据来源：中国能源统计年鉴．

的能源消耗在 2008 年超过中部地区。结合图 1-10 来看，东部地区贡献了有色金属工业最高的工业总产值，能源消耗占比相对中、西部地区却是最低的。中西部地区在高能耗特征下的工业总产值占比贡献却相对较低。造成这种情况的原因主要是不同地区的产业结构不同。有色金属资源主要分布于中西部地区，并且主要是高能耗的初中级加工，而东部地区相对于中西部地而言则以中高级加工为主，东部地区得到了更多的产品附加值。

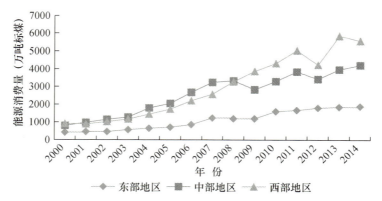

图 1-14　2000—2014 年中国有色金属工业分地区能源消费量
数据来源：中国能源统计年鉴．

中西部地区的能源消耗占比较东部地区高。图 1-15 则展现了 2014 年中国有色金属工业各省的能源消费量情况。其中河南省的能源消费量最高，达到了 2246.077 万吨标煤，其次为内蒙古 1505 万吨标煤，山西、山东、陕西等省份的能源消耗也非常高。能源消耗最低的省市为北京市，其次为黑龙江、河北、上海、天津、吉林和安徽等。通过省份能源消耗的对比来看，中西部地区的省份较为集中地消耗了有色金属工业的能源。东部地区省份的能源消耗则相对较少。

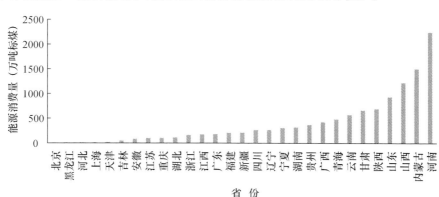

图 1-15　2014 年中国有色金属工业各省份能源消费量
数据来源：中国能源统计年鉴、各省市统计年鉴.

能源强度可以作为评价能源效率的一个单要素指标。图 1-16 则是中国 2000—2014 年间中国有色金属工业分地区能源强度①变化趋势。从总体上来看，中国整体以及东、中、西部三个地区的能源强度均呈现了下降趋势。东部地区的能源强度最低，并由 2006 年的 0.37 吨/万元下降到 2014 年的 0.13 吨/万元。中部地区的能源强度下降趋势最明显，由 2006 年的 1.10 吨/万元下降到 2014 年的 0.36 吨/万元，中部地区的能源强度在 2007 年以前与西部地区比较接近，之后，能源强度便迅速下降，到 2009 年接近于全国水平。对于西部地区而言，能源强度最

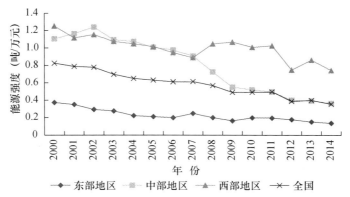

图 1-16　2000—2014 年中国有色金属工业东、中、西部地区能源强度
数据来源：中国能源统计年鉴、各省市统计年鉴.

---

① 这里计算能源强度所用的为平减后以 2000 年为基期的工业总产值数据。

高,但也呈下降趋势,从2006年的1.25吨/万元下降到2014年的0.74吨/万元。在此期间,东、中、西部三个地区的能源强度分别下降了63.4%、66.7%和40.5%。但是在2014年时,三个地区的能源强度差距仍然明显。其中,西部地区的能源强度是中部地区的2.02倍,是东部地区的5.43倍。通过能源强度这个指标以及以上的各种分析我们可以得知,中国有色金属工业不同地区间存在明显的能源消费差异。

有色金属工业作为高能耗、高排放行业,是中国供给侧改革狠抓的重点。为了履行国际减排任务以及促进环境绿色发展,中国政府将节能减排列为中国社会经济发展的重要课题。

以上从不同角度详细分析了中国有色金属工业不同地区的能源结构和能源消费等静态的指标。在下文中,笔者将会构造动态的指标来分析中国有色金属工业能源生产率指标。这个指标可以详细描述能源生产率的变动情况,并且可以将其分解为三个指标来解释引起能源生产率变动的主要原因,分别为技术效率、技术进步和追赶效应。

对于中国有色金属工业,针对其高能耗的特征,我们有必要提升中国有色金属工业的能源生产率。中国的有色金属工业无论是在产品产量还是在能源消费方面的体量都是非常大的,在当前的低碳发展的大背景下,对有色金属工业进行动态能源生产率的研究对于了解行业的能源效率变化趋势有比较重要的意义。

1.3.3 有色金属工业 Malmquist 能源生产率指数

1. Malmquist 能源生产率指数介绍

Malmquist 指数最早是由 Malmquist 于1953年提出。1982年,Cavesetal 将 Shephard 距离函数引入到 Malmquist 指数中。Malmquist 指数在许多学者的研究下不断完善。Malmquist 指数方法通过结合 Shephard 距离函数可以来计算投入产出效率。下式描述了 Malmquist 指数:

$$M_i^t = \frac{D_i^t(IN^t, OUT^t)}{D_i^t(IN^{t+1}, OUT^{t+1})} \qquad (1\text{-}5)$$

$$M_i^{t+1} = \frac{D_i^{t+1}(IN^t, OUT^t)}{D_i^{t+1}(IN^{t+1}, OUT^{t+1})} \qquad (1\text{-}6)$$

其中,IN 表示投入,OUT 表示产出,D 表示 Shephard 距离函数。

作为非参数方法,Malmquist 指数方法有很多优点。首先 Malmquist 指数方法的计算只需要量化的投入产出数据,而不需要价格数据。其次 Malmquist 指数方法可以很容易地分解为多种要素,以便于区分并分析影响要素的变化。再者,向 Malmquist 指数方法中添加投入或者产出数据时不需要考虑使用权重比例问题。

根据以能源消费为导向的 Shephard 距离函数,可以构建 Malmquist 能源生产率指数($MEPI$)。我们可以根据在 t 期的生产技术集 $T(t)$ 以及在 $t+1$ 期的生产技术集 $T(t+1)$ 来构造两期 Malmquist 指数。当 $MEPI>1$ 时,则表示决策单元 $t+1$ 期相对于 t 期的能源生产率变好,$MEPI$ 值越大,则表示变好程度越高;若 $MEPI<1$ 时,则表示决策单元 $t+1$ 期相对于 t 期的能源生产率变差。

$$MEPI_k(t,t+1) = \left\{ \frac{(D_k^t(K^t,L^t,E^t,Y^t) \cdot D_k^{t+1}(K^t,L^t,E^t,Y^t))}{D_k^t(K^{t+1},L^{t+1},E^{t+1},Y^{t+1}) \cdot D_k^{t+1}(K^{t+1},L^{t+1},E^{t+1},Y^{t+1})} \right\}^{1/2}$$

(1-7)

式中:K 代表资本存量,L 代表劳动人口,E 代表能源消费,Y 代表总产出,k 表示第 k 个决策单元,分别表示为不同的省市。

Malmquist 指数的一个优点就是可以将这个指数分解为研究所需要的要素,根据 Zhou et al(2010)的分解方式,可以将 Malmquist 分解为两项,分别为技术效率($EFFCH$)和技术进步($TECCH$)。在这里,组群前沿表示由决策单元组成的一个组群的最优的能源生产率水平,即将中国东、中、西部地区分别作为不同的组群。基于组群前沿,Malmquist 能源生产率的分解过程为

$$\begin{aligned} MEPI_k^G(t,t+1) &= \left\{ \frac{D_k^{Gt}(K^t,L^t,E^t,Y^t) \cdot D_k^{Gt+1}(K^t,L^t,E^t,Y^t)}{D_k^{Gt}(K^{t+1},L^{t+1},E^{t+1},Y^{t+1}) \cdot D_k^{Gt+1}(K^{t+1},L^{t+1},E^{t+1},Y^{t+1})} \right\}^{1/2} \\ &= \frac{D_k^{Gt}(K^t,L^t,E^t,Y^t)}{D_k^{Gt+1}(K^{t+1},L^{t+1},E^{t+1},Y^{t+1})} \\ &\quad \cdot \left\{ \frac{D_k^{Gt+1}(K^t,L^t,E^t,Y^t) \cdot D_k^{Gt+1}(K^t,L^t,E^t,Y^t)}{D_k^{Gt}(K^{t+1},L^{t+1},E^{t+1},Y^{t+1}) \cdot D_k^{Gt}(K^{t+1},L^{t+1},E^{t+1},Y^{t+1})} \right\}^{1/2} \\ &= EFFCH_k^G * TEECH_k^G \end{aligned}$$

(1-8)

在这里,$EFFCH$ 表示的是在 t 和 $t+1$ 期的决策单元技术可行性前沿的比值,表示的是决策单元 $t+1$ 期相对于 t 期的技术效率变化。$TEECH$ 表示的则是决策单元 $t+1$ 期和 t 期相对的技术进步变化。当 $EFFCH>1$ 时,表示的是决策单元在 $t+1$ 期相对于 t 期的技术效率上升,当 $EFFCH<1$ 时,则表示的是决策单元的技术效率下降;当 $TEECH>1$ 时,表示决策单元在 $t+1$ 期相对于 t 期存在技术进步,当 $TECCH<1$ 时,则表示决策单元的技术退步。

共同前沿表示的是所有决策单元中最优的能源生产率,即将中国所有省份的最优能源生产指数作为共同前沿。共同前沿 Malmquist 能源生产率的分解过程为

$$\begin{aligned} MEPI_k^M(t,t+1) &= \left\{ \frac{D_k^{Mt}(K^t,L^t,E^t,Y^t) \cdot D_k^{Mt+1}(K^t,L^t,E^t,Y^t)}{D_k^{Mt}(K^{t+1},L^{t+1},E^{t+1},Y^{t+1}) \cdot D_k^{Mt+1}(K^{t+1},L^{t+1},E^{t+1},Y^{t+1})} \right\}^{1/2} \\ &= \frac{D_k^{Mt}(K^t,L^t,E^t,Y^t)}{D_k^{Mt+1}(K^{t+1},L^{t+1},E^{t+1},Y^{t+1})} \end{aligned}$$

$$\cdot \left\{ \frac{D_k^{Mt+1}(K^t,L^t,E^t,Y^t) \cdot D_k^{Mt+1}(K^t,L^t,E^t,Y^t)}{(D_k^{Mt}(K^{t+1},L^{t+1},E^{t+1},Y^{t+1}) \cdot D_k^{Mt}(K^{t+1},L^{t+1},E^{t+1},Y^{t+1})} \right\}^{1/2} \quad (1-9)$$

$$= EFFCH_k^M * TEECH_k^M$$

在组群前沿和共同前沿下，两种情况下的前沿技术面不同，组群前沿面表示的是区域能源生产率的前沿，共同前沿面是组群前沿面的包络线，决策单元可以通过提高技术水平和技术效率使组群前沿面更接近于共同前沿面。即为$MCPI_k^G$与$MMCPI_k^M$之间存在技术追赶效应，Fare et al.(1994)首次提出追赶效应，有

$$MEPI_k^M = MCPI_k^G \cdot CATCHUP \quad (1-10)$$

根据技术差距率的概念

$$TGR_k^j = \frac{1/D^{t,j}(K_k,L_k,E_k,Y_k)}{1/D^{t,m}(K_k,L_k,E_k,Y_k)},$$

我们可以将$CATCHUP$转变为技术差距率的几何平均数，表示为

$$CATCHUP = \left\{ \frac{\dfrac{D_k^Mt(K^t,L^t,E^t,Y^t)}{D_k^Gt(K^t,L^t,E^t,Y^t)}}{\dfrac{D_k^{Gt}(K^{t+1},L^{t+1},E^{t+1},Y^{t+1})}{D_k^{Mt}(K^{t+1},L^{t+1},E^{t+1},Y^{t+1})}} \cdot \dfrac{\dfrac{D_k^{Mt+1}(K^t,L^t,E^t,Y^t)}{D_k^{Gt+1}(K^t,L^t,E^t,Y^t)}}{\dfrac{D_k^{Mt+1}(K^{t+1},L^{t+1},E^{t+1},Y^{t+1})}{D_k^{Gt+1}(K^{t+1},L^{t+1},E^{t+1},Y^{t+1})}} \right\}^{1/2} \quad (1-11)$$

那么，对于决策单元k，共同前沿能源生产率指数可以分解为

$$MEPI_k^M = EFFCH_k^G \cdot TEECH_k^G$$

$$\cdot \left\{ \dfrac{\dfrac{D_k^Mt(K^t,L^t,E^t,Y^t)}{D_k^Gt(K^t,L^t,E^t,Y^t)}}{\dfrac{D_k^{Gt}(K^{t+1},L^{t+1},E^{t+1},Y^{t+1})}{D_k^{Mt}(K^{t+1},L^{t+1},E^{t+1},Y^{t+1})}} \cdot \dfrac{\dfrac{D_k^{Mt+1}(K^t,L^t,E^t,Y^t)}{D_k^{Gt+1}(K^t,L^t,E^t,Y^t)}}{\dfrac{D_k^{Mt+1}(K^{t+1},L^{t+1},E^{t+1},Y^{t+1})}{D_k^{Gt+1}(K^{t+1},L^{t+1},E^{t+1},Y^{t+1})}} \right\}^{1/2}$$

$$= EFFCH_k^M * TEECH_k^M * CATCHUP \quad (1-12)$$

技术追赶效应($CATCHUP$)表示了组群前沿面向共同前沿面的移动，当$CATCHUP>1$时，表示组群前沿面向共同前沿面靠近，当$CATCHUP<1$时，表示组群前沿面远离共同前沿面。

2. 中国 Malmquist 能源生产率指数

通过计算能源生产率指数以及其分解的技术效率、技术进步和追赶效应指标可以分析有色金属工业2006—2014年的能源生产率指数动态变动情况，以对有色金属工业的能源生产率深入分析。

表1-11为中国有色金属工业各省市在2006—2014年的平均能源生产率、技术效率、技术进步及追赶效应。关于能源生产率指数，除上海和浙江外，其平均数均大于1，说明从整体上看，中国各个省市的能源生产率在2006—2014年间是上

升的。黑龙江能源生产率指数平均值最高,其次为湖南及湖北,上海和浙江的能源生产率指数最低且小于1,说明这两个省份的能源生产率下降。

表1-11 中国有色金属各省市2006—2014年平均能源
生产率、技术效率、技术进步和技术追赶效应

省 市	区域	MMEPI	技术效率	技术进步	追赶效应
北京	东部	1.076 422	1.064 293	1.011 449	1
天津	东部	1.161 721	1	1.161 721	1
河北	东部	1.176 976	1.151 263	1.022 977	1
辽宁	东部	1.153 763	1.133 101	1.019 591	1
上海	东部	0.985 151	0.964 487	1.022 356	1
江苏	东部	1.038 609	0.979 782	1.054 279	1
浙江	东部	0.984 936	0.957 515	1.030 629	1
福建	东部	1.028 478	1.006 857	1.024 553	1
山东	东部	1.163 768	1.135 148	1.023 455	1
广东	东部	1.088 415	1.056 624	1.032 065	1
山西	中部	1.026 413	0.931 057	1.129 6	1
吉林	中部	1.188 916	1.080 125	1.129 6	1
黑龙江	中部	1.251 567	1.137 063	1.129 6	1
安徽	中部	1.138 949	1	1.135 632	1.000 638
江西	中部	1.204 309	1.102 417	1.135 867	1.029 078
河南	中部	1.115 130	0.994 728	0.992 223	1.266 958
湖北	中部	1.218 451	1.120 026	1.141 352	0.982 059
湖南	中部	1.233 568	1.116 566	1.169 732	0.994 419
内蒙古	西部	1.174 902	1.438 948	2.257 181	1.097 756
广西	西部	1.110 438	1.073 012	1.042 956	0.998 296
重庆	西部	1.074 014	1	1.206 254	0.946 996
四川	西部	1.020 909	1.045 112	1.096 132	0.942 822
贵州	西部	1.133 217	1.079 178	1.049 57	0.997 713
云南	西部	1.029 998	0.912 5	1.132 559	1.024 81
陕西	西部	1.060 407	1.224 701	1.123 76	0.903 327
甘肃	西部	1.041 267	1.000 276	1.048 591	0.995 868
青海	西部	1.032 796	0.992 161	1.061 937	0.985 969
宁夏	西部	1.037 004	1.002 734	1.041 041	1
新疆	西部	1.207 356	1.151 672	1.043 992	0.997 393

通过分解能源生产率指数得到技术效率、技术进步和追赶效应指标。对于技

术效率指标,从各省份来看,上海、浙江、江苏、山西、河南、云南及青海的值小于1,说明这些省份的技术效率使得能源生产率下降,其余省份的技术效率值大于1,说明其余省份的技术效率使得能源生产率上升,其中内蒙古的技术效率最高。对于技术进步指标,只有河南省的技术进步指标小于1,为0.992,其余省份的技术进步指标均大于1,这说明了技术进步在各个省份提升有色金属工业能源生产率中的重要作用,其中内蒙古的技术进步指标最高。对于追赶效应指标,大部分省份均小于等于1,说明追赶效应并没有明显提升能源生产率。河南省的技术追赶效应最高。

图1-17展示的是2006—2014年中国有色金属工业东、中、西部地区能源生产率指数。从全国平均水平来看,每年的能源生产率指数均大于1,说明能源生产率逐年上升。中部地区的能源生产率指数也都大于1。东部地区在2007年和2010年的能源生产率指数小于1,说明当年的能源生产率较上年有稍微下降。而西部地区的能源生产率指数变动较为明显。

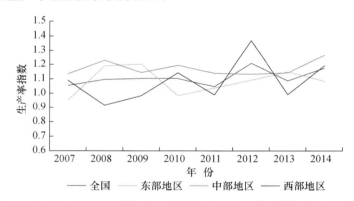

图1-17　2006—2014年中国有色金属工业东、中、西部地区能源生产率指数
数据来源:本文计算.

图1-18展示的是中国有色金属工业2006—2014年分地区的能源生产率指数累加图。从图中可以看出,中部地区的能源生产率上升最为明显,说明在此期间内中部地区的能源生产率得到了最为明显的提升。其次为中国东部地区和西部地区,可以发现,中西部地区的能源生产率指数要低于全国平均水平。

3. 中国能源生产率指数及其分解结果

表1-12和图1-19表示的是中国有色金属工业能源生产率指数分解情况。促使能源生产率上升的主要因素是技术进步,其次为技术效率。对于技术效率,在2009—2010年间的值小于1,其余年份均大于1。对于技术进步,各个年份间的值均大于1。对于追赶效应指标,从图1-19上可以看出,在2006—2014年间,追赶

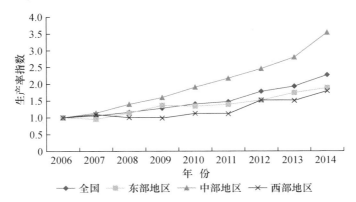

图 1-18　2006—2014 年中国有色金属工业东、中、西部地区能源生产率指数累加图
数据来源：本文计算．

效应并没有明显提升中国有色金属工业的能源生产率。

表 1-12　中国有色金属工业能源生产率指数及其分解因素变动

时间段	能源生产率	技术效率	技术进步	追赶效应
2006—2007	1.054 995	1.044 572	1.048 726	0.977 969
2007—2008	1.096 246	1.047 339	1.162 795	1.087 56
2008—2009	1.103 091	1.102 192	1.139 532	0.950 171
2009—2010	1.101 428	0.969 879	1.124 864	1.018 651
2010—2011	1.047 065	1.039 255	1.151 741	0.962 013
2011—2012	1.207 798	1.137 056	1.156 05	0.968 113
2012—2013	1.086 607	1.078 992	1.027 837	0.979 669
2013—2014	1.173 901	1.091 432	1.145 876	1.101 123

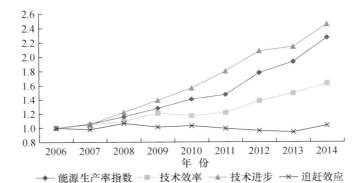

图 1-19　2006—2014 年中国有色金属工业能源生产率指数及因素分解累加图
数据来源：本文计算．

4. 中国东部地区能源生产率指数及其分解结果

对于东部地区的能源生产率及其分解情况,通过表1-13和图1-20可以得知,促进东部地区能源生产率上升的因素是技术效率和技术进步。对于技术效率指标,除了2007,2010和2014年的技术效率值小于1外,其他年份的值均大于1。对于技术进步指标,各个年份的值均大于1,说明在各年中技术进步都促使能源生产率提升。对于追赶效应,各个年份间的值均为1。由于东部地区的组群前沿和共同前沿下的能源生产率相同,所以追赶效应并没有体现在东部地区能源生产率的提升上。

表1-13 中国有色金属工业东部地区能源生产率指数及其分解因素变动

年 份	能源生产率	技术效率	技术进步	追赶效应
2006—2007	0.951 459	0.949 508	1.002 219	1
2007—2008	1.189 48	1.135 451	1.054 285	1
2008—2009	1.202 355	1.131 909	1.062 824	1
2009—2010	0.983 721	0.911 896	1.071 92	1
2010—2011	1.037 938	1.037 938	1	1
2011—2012	1.091 058	1.062 025	1.028 771	1
2012—2013	1.147 798	1.147 798	1	1
2013—2014	1.082 783	0.982 732	1.102 44	1

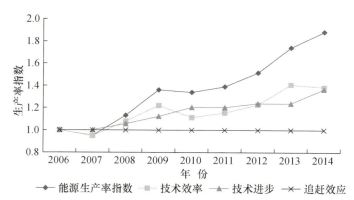

图1-20 2006—2014年中国有色金属工业东部地区能源生产率指数及因素分解累加图
数据来源:本文计算。

5. 中国中部地区能源生产率指数及其分解结果

对于中部地区能源生产率及其分解情况,通过表1-14和图1-21可知,促使中部地区能源生产率上升的主要因素是技术进步,其次是技术效率和追赶效应。对于技术效率指标,在2008年小于1,技术效率下降,其余年份均大于1。对于技术进步指标,各年的值均大于 1,说明技术进步明显促进了中部地区的能源生产率。对于追赶效应指标,在 2008 年明显提升了能源生产率。

表 1-14 中国有色金属工业中部地区能源生产率指数及其分解因素变动

时间段	能源生产率	技术效率	技术进步	追赶效应
2006—2007	1.134 616	1.150 752	1.044 744	0.961 201
2007—2008	1.228 993	0.707 451	1.442 067	1.377 286
2008—2009	1.143 858	1.232 765	1	0.934 979
2009—2010	1.193 213	1.120 352	1.080 368	0.999 744
2010—2011	1.138 318	1.092 397	1.085 963	0.968 363
2011—2012	1.132 318	1.083 951	1.041 734	1.002 166
2012—2013	1.141 366	1.051 055	1.069 044	1.018 086
2013—2014	1.264 623	1.043 26	1.199 686	1.011 326

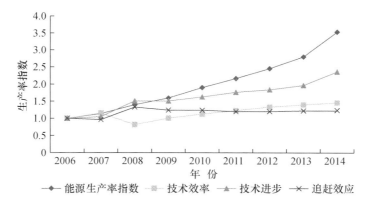

图 1-21 2006—2014 年中国有色金属工业中部地区能源生产率指数及因素分解累加图
数据来源:本文计算.

6. 中国西部地区能源生产率指数及其分解结果

对于西部地区的能源生产率及其分解情况,通过表 1-15 及图 1-22 可知,促进西部地区能源生产率上升的最主要的因素是技术进步,其次是技术效率。追赶效应并没有提升西部地区的能源生产率。技术效率上升的幅度接近于能源生产率上升幅度。对于技术进步,西部地区的技术水平相对于中东部地区较低,有很大的技术进步上升空间,通过各年分解结果,技术进步均大于 1,技术进步对西部地区的能源生产率的提升最为明显。对于追赶效应,仅在 2010 和 2014 年大于 1,其余年份均小于 1,从累加结果上来看,追赶效应没有提升能源生产率。

表 1-15　中国有色金属工业西部地区能源生产率指数及其分解因素变动

时间段	能源生产率	技术效率	技术进步	追赶效应
2006—2007	1.091 213	1.053 771	1.093 900	0.970 136
2007—2008	0.914 945	1.214 428	1.058 333	0.956 450
2008—2009	0.983 203	0.980 214	1.310 745	0.915 920
2009—2010	1.141 680	0.913 157	1.205 355	1.049 358
2010—2011	0.988 998	1.001 804	1.337 525	0.922 862
2011—2012	1.368 821	1.243 888	1.354 898	0.914 360
2012—2013	0.991 154	1.036 758	1.023 176	0.933 246
2013—2014	1.190 756	1.225 286	1.146 229	1.258 360

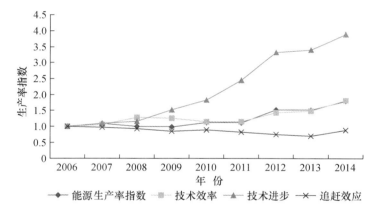

图 1-22　2006—2014 年中国有色金属工业西部地区能源生产率指数及因素分解累加图
数据来源:本文计算.

7. 中国有色金属工业主要政策建议

中国有色金属工业是高能耗、高排放的行业。该行业近些年中经历了快速的扩张,投入了较大的资本,并且消耗了大量的能源。近些年有色金属工业的能源强度有了明显的下降,但是不同区域间的能源强度差异仍然非常大。中国东部地区具有最低的能源强度并且贡献了最高比例的总产值。中国中西部地区资源丰富,有色金属初级加工占比较高,有较高的能源强度,贡献了相对较低的总产值。其中,由于技术和设备的提升,中部地区的能源强度下降最为明显。通过构造能源生产率指数,考察能源生产率的动态变化,发现在 2006—2014 年间的能源生产率指数呈明显的上升趋势。分地区来看,中部地区的能源生产率指数上升最为明显,其次为东部地区,西部地区的能源生产率指数上升幅度最少。通过能源生产率指数的分解结果来看,对于全国以及不同的地区,技术进步都是促使能源生产率指数上升最主要的因素。其次为技术效率变动,而追赶效应对能源生产率的提升没有表现出明显的促进作用。

通过分析中国有色金属工业的现状以及从多个角度分析不同地区的能源消费以及能源生产率,在当前的大背景下,本文提出以下关于中国有色金属工业发展的政策建议:

第一,中国有色金属工业东部地区的技术水平最高,能源强度最低,能源生产率上升最明显,东部地区具备较好的区位优势以及便利的资金支持,在这种形势下,东部地区应继续保持当前的技术发展趋势并加大对产业链末端的高端产品技术的研发。政府应加大对相关有色工业技术和产品的研发扶持,如航空航天、精密仪器所用材料。东部地区企业在自身区位和技术优势下,由高能耗的初级产品加工向低能耗的深加工转型,突破绿色壁垒以保证国际竞争力。

第二,中部地区在2006—2014年间能源生产率指数上升最为明显,能源强度也最为显著。自2006年《中共中央国务院关于促进中部地区崛起的若干意见》起,中部地区有色金属工业在相关多项政策扶持下展现强劲发展势头。中部地区自然资源丰富,应利用好该优势,在提升技术水平和产业装备的同时提高资源利用率。西部地区的能源强度和能源生产率表现都很差,西部地区企业应引进中东部先进生产技术和管理经验,在国家供给侧改革的大背景下,对于落后产能和高耗能企业,地方政府应加强监管,在不影响经济发展的情况下应对相关企业予以关停或者转型。

第三,清洁电力引入。中国有色金属工业在2014年消耗电力4708亿千瓦时,占了全国电力消费的8.5%。中国的中西部地区风电、光电以及西南地区水电特别丰富,有色金属工业企业可以提高使用相关的清洁能源电力的比例并降低火电的使用比例,一方面可以降低有色金属工业生产中的碳排放,另一方面也可以缓解中国的"弃风、弃光"问题。

第四,有色金属产品循环利用和产能转移。有色金属产品属于高载能物质,产品生产高能耗、高排放。国家政策应强化并推广有色金属的再生利用技术及其应用,这样可以大量节能减排。在国家供给侧改革的背景下,可以考虑转移有色金属产能到资源丰富的国家。比如中国当前的铜富氧熔炼技术和电解铝新型结构电解槽技术国际领先,具备出口技术的条件,国家以及相关企业可以在政治和投资环境允许的情况下向资源富裕地区转移技术和产能,优化国内产业结构并实现有色金属产业的节能减排与健康发展。

1.4 重工业——机械工业的能源发展利用
1.4.1 机械工业的发展现状

机械工业是重工业的重要组成部分。为国民经济各部门提供设备的机械工业是制造业的重要基础。根据《中国机械工业年鉴》,机械工业主要包括"非金属矿产品制造业,金属制品制造业,通用机械制造业,专用机械制造业,运输设备制造业,电气机械设备制造业,文化活动和办公室测量仪器和机械制造业"七个子行业。机械生产在工业化、城镇化进程中的经济发展和能源消耗中起着重要的作用。高耗能、重污染、低效率是机械行业的主要特点。中国机械工业的能源消费是近年来促进中国能源总需求快速增加的一个重要组成部分。节能是中国乃至全世界一项长期又紧迫的战略方针。而机械工业因高能耗、高污染,一直在可持续发展方面备受诟病。

21世纪,中国机械工业产值(增加值)从2000年的1308.88亿元增长到2014年的4909.35亿元(以1990年为基准)。这一部门的能源消耗也从2000年的14969.3万吨标准煤升至2014年的54074.3万吨标准煤(见图1-23)。中国积极推进节能减排,是确保机械工业可持续发展的关键。

图1-23 1980—2014年中国机械工业的产出和能源消耗
数据来源:中国机械工业年鉴,中国统计年鉴.

自引入市场经济和实行改革开放政策以来,中国机械工业的能源投入急剧增加。2014年,中国机械行业的能源消费约为540.743亿吨,约占中国能源消费总量的12.7%。其中,在2014年,煤炭的消耗量约为27307万吨标准煤,油品的消耗量约为889万吨标准油,天然气的消费量约为156.1亿立方米,电力消费量约为7362.4亿千瓦时(见图1-24)。

随着工业化和城镇化的逐步推进,中国机械工业的能源消耗量可能在未来十

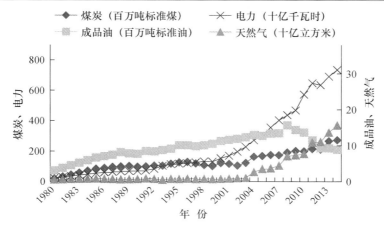

图 1-24　中国机械工业 1980—2014 年的煤炭、石油、天然气、电力消耗量
数据来源：中国统计年鉴.

年甚至更长时间内将保持较高水平。由于使用较多的化石燃料，节能已成为一个非常重要的课题。在本节中，我们试图用更多的资本或劳动力，对能源进行替代来解决这个问题，探索机械行业的能源替代。

由于能源是生产要素之一，能源和非能源按照一定的比例投入生产，可以在一定程度上替代。在可替代性的前提下，通过改变能源和非能源投入因素的结合，实现经济增长和节能的双重目标是有可能的。因此，在机械行业生产中需要进行两点分析。首先，其他投入因素在多大程度上替代能源？其次，替代效果对机械行业的发展和节能有何影响？

在可持续经济发展和环境污染日益加剧的背景下，中国的机械行业面临着能源消耗的制约。在机械行业发展中如何优化资源配置，提高能源效率，降低能源强度已成为关键。本节试图研究 1980—2014 年期间中国机械工业的能源与资本和劳动力之间的替代效应。

1.4.2　机械工业的资本、劳动和能源之间的替代

目前，众多学者通过实证考察能源与非能源要素之间的替代弹性，对上述两个问题进行了积极地探索。一般认为：能源与非能源要素之间主要存在替代、互补、不确定三种相互作用关系，即在保持同样的经济发展水平下，增加非能源要素投入对能源消费量产生三种不同的作用，分别为减少、增加和不确定。

本文利用超越对数生产函数对中国机械工业在 1980—2014 年间能源与资本、劳动之间的替代关系进行了研究，并据此给出了相应的政策建议。

Translog 函数属于二次响应面函数，具有易于估计的优点。首先，可以通过使用线性模型方法来估计基于输入输出（或价格）数据的超文本函数模型，这比非

线性 CES 函数更容易处理。其次,在多因素情况下,各种因素之间的替代弹性由数据完全确定,没有任何其他限制。相反,一级 CES 生产函数假定任何一对元素之间的替代弹性是相同的。多级 CES 生产函数可以放宽这一假设,但是以引入嵌套结构为代价,并大大增加了模型的复杂性。第三,过时序功能可以是诸如 Cobb-Douglas 或 CES 生产函数的任意函数的二阶泰勒近似。第四,可以通过实际数据估计的产出弹性和替代弹性等具体参数而不需要先行假设。因具有上述优点,泛函函数被广泛用于揭示投入要素的替代效应。

Translog 生产功能作为 Cobb-Douglas 或 CES 生产功能的延伸,在演示后很快变得流行起来。核心改进在于,它允许替代弹性随投入要素的比例而变化,而不同投入对之间的替代弹性可能不同。另外,放松均匀性和输入分离性也是一个重要的优点。

替代弹性是测量投入对之间替代关系的关键指标。替代弹性定义为投入对比率的百分比变化,对应于技术替代边际率比率的 1% 变化。Lerner 指出,替代弹性的直观含义是等量曲率。

我们可以计算每年投入要素诸如资本,劳动力和能源的产出弹性,绘制这些产出弹性如图 1-25 所示,这表明资本的产出弹性最高,能量的产出弹性最低。所有输入因素的输出弹性一般呈上升趋势。资本的平均产出弹性约为 0.517,劳动和能源的平均产出弹性分别约为 0.487 和 0.443。它揭示了中国机械工业的能源投入大大增加,其产出弹性是所有三个投入因素中最低的。伴随着高能耗的经济增长模式并没有从根本上扭转。与资本和劳动力相比,有可能降低能源强度并提高能源效率。

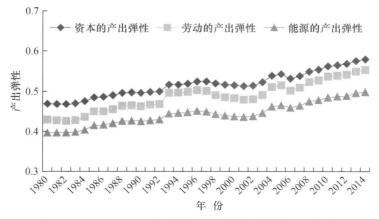

图 1-25　1980—2014 年期间资本、劳动和能源的产出弹性

我们计算资本、劳动和能源之间的替代弹性(见表 1-16),它们的变化非常温和。实证结果如下:首先,资本、劳动和能源之间的替代弹性都是正的,相对稳定的,这表明任何两个投入之间的关系是替代效应,而不是互补。其次,所有的替代弹性略大于 1,这表明这些投入要素之间的替代效应相对较强。第三,资本与能源之间的替代弹性约为 1.0295,劳动和能源的弹性约为 1.0296。增加资本或劳动力,但减少能源投入是可行的。第四,目前中国正处于环境退化和雾霾严重的阶段,用资本或劳动力代替能源可以促进节能减排和环境保护。

表 1-16 1980—2014 年期间资本、劳动和能源之间的替代弹性

年份	K-L	K-E	L-E	年份	K-L	K-E	L-E
1980	1.030380	1.032764	1.033422	1998	1.026452	1.029321	1.029311
1981	1.030529	1.032773	1.033546	1999	1.026738	1.029548	1.029606
1982	1.030659	1.032766	1.033649	2000	1.026879	1.029680	1.029757
1983	1.030537	1.032623	1.033512	2001	1.027115	1.029793	1.029977
1984	1.029915	1.032216	1.032898	2002	1.027042	1.029665	1.029882
1985	1.028942	1.031394	1.031889	2003	1.026451	1.029120	1.029255
1986	1.028920	1.031287	1.031843	2004	1.025370	1.028146	1.028111
1987	1.028591	1.031017	1.031502	2005	1.025144	1.027931	1.027871
1988	1.028031	1.030616	1.030938	2006	1.025842	1.028380	1.028552
1989	1.027958	1.030544	1.030859	2007	1.025428	1.028050	1.028127
1990	1.028088	1.030652	1.030995	2008	1.024750	1.027443	1.027410
1991	1.027850	1.030474	1.030752	2009	1.024536	1.027217	1.027176
1992	1.027747	1.030344	1.030632	2010	1.024089	1.026837	1.026712
1993	1.026114	1.029317	1.029025	2011	1.023993	1.026694	1.026596
1994	1.026067	1.029228	1.028955	2012	1.023870	1.026586	1.026470
1995	1.025991	1.029112	1.028865	2013	1.023527	1.026209	1.026087
1996	1.025759	1.028860	1.028612	2014	1.023355	1.026060	1.025910
1997	1.025854	1.028954	1.028723	平均值	1.026815	1.029475	1.029641

注:K-L、K-E、L-E 分别表示资本-劳动,资本-能源,劳动-能源之间的替代弹性。

为了分析中国机械行业的能源替代效应,我们计算不同替代情景下的能源消耗。如果产量保持不变,提高资本或劳动力投入可以有效降低中国机械行业的能源消耗和二氧化碳排放量。

根据替代弹性,能源消耗结构和二氧化碳排放系数,我们估计 2014 年不同替代情景下能源消耗和二氧化碳排放量是相应减少的(IPCC 2006)[①]。

---

① http://www.ipcc-nggip.iges.or.jp

表 1-17　2014 年不同情景下的能源节约和二氧化碳减排

2014	情景 1:增加 5%		情景 2:增加 10%	
	资本	劳动	资本	劳动
节能(万吨标准煤)	2774.2	2773.8	5548.3	5547.5
二氧化碳减排(万吨)	6455.3	6454.3	12 910.5	12 908.7

根据表 1-17 可以得到以下结果:

(1) 在情景 1 中,如果劳动投入保持不变,资本投入增加 5% 将节约能源 2774.2 万吨标准煤,减少排放 6455.3 万吨二氧化碳;如果资本投入不变,劳动力投入增加 5% 将节约能源 2773.8 万吨,减少排放 6454.3 万吨二氧化碳。

(2) 在情景 2 中,如果劳动投入保持不变,资本投入增加 10% 将节约能源 5548.3 万吨标准煤,减排 12 910.5 万吨二氧化碳;如果资本投入不变,劳动力投入增加 10% 将节约能源 5547.5 万吨标准煤,减少排放量 12 908.7 万吨二氧化碳。情景分析结果表明,中国机械行业的能源投入可能被资本或劳动力有效地替代。

1.4.3　机械工业不同能源品种之间的替代

通过投入使用更多的资本或劳动,可以减少对能源的消耗。接下来,我们继续讨论不同能源品种之间的替代可能性。不同的能源品种产生的污染排放程度是有一定差异的。煤炭的污染排放最大,油品其次,天然气和电力相对清洁,因此,探索不同能源之间的替代是具有重要的现实意义的。

本节从能源的要素属性出发,认为不同的能源品种之间有共同的能源属性,且受要素稀缺性和技术水平进步的影响,不同的能源品种在一定程度上可以相互替代。据此,在考察不同能源品种之间替代性难易程度的基础上,通过改变不同能源品种的投入比例,实现经济增长与节能降耗的双重目标。由此产生两个问题:在经济生产活动中,不同的能源品种在多大程度上存在替代性? 且这种替代效应对未来经济发展以及能源节约将产生何种程度的影响?

在中国机械工业的能源消耗中,煤炭、石油、天然气和电力的产出弹性如图 1-26 所示,其中煤炭的产出弹性为 0.2195,石油的产出弹性为 0.1765,天然气的产出弹性为 0.0718,电力的产出弹性为 0.2803。可以看出,电力的产出弹性最高,煤炭的产出弹性次高,石油的产出弹性较低,天然气的产出弹性最低。但这些能源品种的产出弹性总体上差别并不大。

替代弹性指的是,在其他条件保持不变的情况下,由 x_i 与 x_j 的边际产量之比(x_i 与 x_j 之间的边际技术替代率 $MRTS$)的 1% 的变化所引致的投入比例 x_j/x_i 的百分比变化。

两种投入之间的替代弹性,衡量的是一种投入对另一种投入进行替代的难易

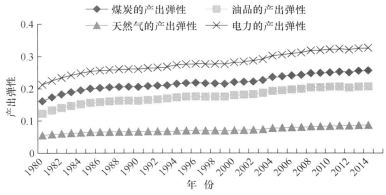

图 1-26 煤炭、油品、天然气和电力的产出弹性

程度。因此,替代弹性越大意味着一种投入对另一种投入替代的可能性越大。

图 1-27 给出了中国机械工业煤炭、石油、天然气、电力两两之间的替代弹性,从中可以发现:① 煤炭-石油、煤炭-天然气、煤炭-电力、石油-天然气、石油-电力的替代弹性相对平稳,说明煤炭-石油、煤炭-天然气、煤炭-电力、石油-天然气、石油-电力之间存在着稳定的替代关系。② 煤炭和石油的替代弹性是 1.0352,煤炭与天然气之间的替代弹性在 1.0239,可以用天然气对煤炭进行有效的替代;煤炭与电力之间的替代弹性在 1.0286 左右,也可以用电力对煤炭进行有效的替代。石油与天然气之间的替代弹性在 1.0407 左右,也可以用天然气对石油进行替代。石油与电力的弹性系数在 1.0114 左右,可以用电力对石油进行替代。天然气和电力的替代弹性是 1.0163。③ 在当前中国能源资源紧张,环境恶化,雾霾严重的情况下,机械工业又是高耗能、高污染、高排放的行业,因此用天然气、电力对煤炭进行替代,可以达到减少能源消耗,降低排放,保护环境的目的。

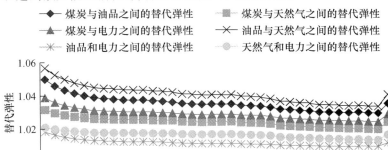

图 1-27 中国机械工业 1980—2014 年主要能源品种之间的替代弹性

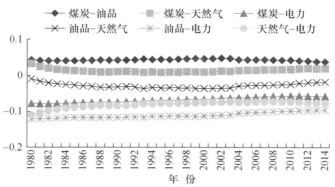

图1-28 中国机械工业不同能源品种之间的技术进步的相对差异

从图1-28能够看出,不同能源品种之间的使用的技术进步存在一定的相对差异,煤炭的技术进步要高于石油和天然气,但低于电力。石油的技术进步低于天然气和电力。天然气的技术进步低于电力。

1.4.4 小结

本节分析了所有投入对之间的资本、劳动和能源的产出弹性和替代弹性。结果表明:

(1) 在1980—2014年期间,研究中使用的所有投入的产出弹性是正的。资本的产出弹性为0.468~0.579,劳动和能源的产出弹性分别为0.426~0.553和0.397~0.498。总体而言,它们呈现出相对平缓的增长趋势。说明中国机械行业投入产出的利用效率一直在提高,虽然增幅不算太大。与资本或劳动力的产出弹性相比,能源的产出弹性最低;因此,它有更多的提高的余地。

(2) 1980—2014年期间,资本和劳动力之间的替代弹性约为1.0268,资本-能源和劳动-能源的替代弹性分别约为1.0295和1.0296。所有替代弹性均被发现略大于1。这表明,用资本或劳动代替能源是可行的。

在分析了资本-劳动-能源之间的替代弹性以后,我们又建立了一个以资本、劳动、煤炭、石油、天然气、电力为投入要素的中国机械工业超越对数生产函数模型,分析研究了各主要能源品种的产出弹性和煤炭-石油、煤炭-天然气、煤炭-电力、石油-天然气、石油-电力、天然气-电力的替代弹性,结论如下:

(1) 在1980—2014年期间,中国机械工业的能源投入要素中,煤炭、石油、电力、天然气的产出弹性均为正,煤炭的产出弹性在0.2195,石油的产出弹性在0.1765,天然气的产出弹性在0.0718,电力的产出弹性在0.2803,且都呈现逐年递增趋势,增长率比较平缓,说明中国机械工业的各品种能源投入要素的利用效率在不断提高,但幅度不是很大。天然气与电力的产出弹性最高,石油的产出弹性其次,煤炭的产出弹性最低。

（2）在 1980—2014 年期间，煤炭与石油的替代弹性在 1.0352 左右，煤炭与天然气的替代弹性在 1.0239 左右，煤炭与电力的替代弹性在 1.0286 左右，石油与天然气的替代弹性在 1.0407 左右，石油与电力的替代弹性在 1.0114 左右，天然气与电力的替代弹性在 1.0163 左右，这说明在中国的机械工业，可以用石油对煤炭进行替代，用天然气或电力对煤炭进行替代，用相对清洁的能源对高排放高污染的能源进行替代，减少环境污染和温室气体排放。

（3）通过分析不同能源品种之间的技术进步的相对差异，可以知道，由于中国的富煤贫油少气的资源禀赋，煤炭的利用技术相对较高，电力又是以火电为主，电力的利用技术也是相对很高的，石油和天然气的利用技术相对较低。由于中国的机械工业是高耗能的，大量的能源消耗无疑会对环境污染产生严重影响，石油比煤炭相对清洁，天然气污染较小，因此，应大力提高石油和天然气的利用技术，逐步加大石油和天然气的使用量，减少对环境的污染。

基于以上结论，本文给出如下政策建议：

首先，由于能源消耗高，二氧化碳排放量较高，中国机械行业应加大资本密集度，加大人力资源开发力度，加快产业结构调整步伐。中国政府应积极引导机械工业从能源密集型转向技术密集型。中国机械工业本身也应该利用当前有利的国际环境，引进发达国家节能技术，提高全要素生产率，促进发展方式的根本转变。资源消耗过剩，环境污染严重的传统开发模式，应逐步转变。鼓励和支持机械工业企业升级兼并重组。应该消除能源强度过高的机械企业。改善中国机械行业的管理和能源效率，降低成本是非常重要的。

其次，在中国机械工业，煤炭、石油、天然气、电力之间存在替代关系，那么就可以在给定机械工业产出水平的前提下，对机械工业企业施加能源总量控制和约束，并提高煤炭价格和税率，倒逼机械工业加大技术研发的资本投入和人力资源投入，促进节能技术水平的上升，提高能源利用效率，加快清洁能源对煤炭的替代，降低机械工业对能源的消耗水平，提高机械工业的全要素生产率，减少温室气体排放。

再次，从 1980 年到 2014 年，在中国机械工业，煤炭与石油、煤炭与天然气、煤炭与电力、石油与天然气、石油与电力之间的替代弹性均在 1 左右。并且，煤炭、石油、天然气、电力的产出弹性不同，煤炭与石油的产出弹性相对较低，尤其是煤炭的产出弹性最低。然而煤炭是高污染高排放的，石油次之，天然气与电力相对清洁。既然如此，政府可以通过价格、财政、税收等手段鼓励机械企业减少煤炭与石油的消耗，用天然气与电力对煤炭与石油进行替代，提高机械工业的能源使用效率，增加使用煤炭和石油的成本，有效降低机械工业的能源强度，减少机械工业的二氧化碳排放。

第 2 章 轻工业能源发展利用

2.1 轻工业的能源发展和利用[①]

轻工产品多为人们生活所用,不同于重化工业为生产而服务的特征,轻工业主要生产生活消费品,主要涵盖日常生活中的"衣、食"。此外,轻工业对于"住、行"等方面也有所涉及,例如生活用陶瓷以及自行车的生产制造等。从大类上划分,轻工业可以分为快速消费品制造、日用消费品制造、耐用消费品制造、文体休闲用品制造、原料产品生产和轻工机械装备制造六大行业。中国正处在快速发展的阶段,伴随着人们收入的快速增加,生活消费品需求的快速增长,主要提供人们日常消费品的轻工业也将有着较快的发展。近年来随着收入的增长,人们对于生活消费品精致性和舒适性的要求在不断提高,而这伴随着更大的能源消耗。改革开放以来,中国轻工业为国家创汇做出了重要贡献,其出口也在不断增长,因而研究轻工业出口贸易的能源发展和利用情况,对于恰当衡量轻工业在"绿色"发展背景下的国际综合竞争力具有重要作用。

2.1.1 轻工业出口贸易的现状

改革开放初期,中国的重工业产品在国际上的竞争力相对较弱,出口的产品中工业原材料和能源初级产品占有比较大的比例。而轻工业则在整个外贸出口中扮演着重要的角色。1980 年,全国出口总额约为 181.2 亿美元,其中轻工业为 101.6 亿美元,占比约为 56.1%,超过一半;随后轻工产品在出口中所占比重有一定程度的减少,1992 年轻工业出口额达到 327.9 亿美元,占比为 38.6%;2000 年进一步增长到 724.7 亿美元,占比约为 29.1%;2016 年轻工业进出口总额为 7008.4 亿美元,出口总额为 5687.9 亿美元,占全国总出口额的 27.1%。图 2-1 显示了近年来轻工业出口增长情况及其占中国货物出口总额的比例,可以看出除了 2008 年全球金融危机期间轻工业出口额短暂的下降之外,2000 年以来,中国轻工行业的出口额增长迅速。而其在货物总出口额中所占的比例则从 20 世纪 90 年代的近 40%下降到近几年的 25%左右,并基本维持在该水平,波动较小。轻工业出口贸易中,皮革鞋类、塑料、家电、家具、工美、文体用品、五金制品、农副食品加工

---

① 本小节在参考"林伯强,田鹏.促进中国工业出口的'绿色'增长:基于混合投入产出模型[J].厦门大学能源经济与能源政策协同创新中心工作论文,2017."的基础上润色而成。

等8个行业的出口额度占到轻工业出口总额的80%左右。

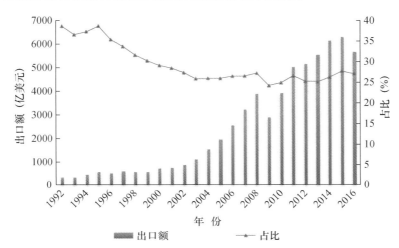

图 2-1　近年来轻工业出口增长及占中国货物出口总额的比例
数据来源：中国统计年鉴.

2016年，中国轻工业进出口总额为7008.4亿美元，与2015年同期相比下降9%；其中出口为5687.9亿美元，同比下降10%。轻工业出口在经历了加入世界贸易组织（World Trade Organization，WTO）的高增长之后，出现了阶段性的"新常态"特征，受世界经济发展的负面影响，在规模上总体有所下降。2016年的轻工业出口贸易增长具有如下特点[①]：

（1）受世界经济不景气的影响，除少数行业保持增长之外，大部分行业全线滑坡。玩具行业出口183.9亿美元，同比增加17.4%，但其他各行业都有不同程度上的减弱。下降较大的有珠宝首饰行业，2016年为194.4亿美元，下降幅度达到30.2%；此外陶瓷行业下降29.2%，抽纱行业下降19.7%；塑料和纸浆行业出口下降比例相对较少。

（2）轻工产品的传统出口市场下降幅度小，而新兴经济体出口市场下降比例较大。其中，对美国、欧盟和日本轻工产品出口同比分别下降8.3%、6.1%和3.4%，对东盟、非洲和拉丁美洲地区的出口下降幅度超过14%。

（3）东部地区受影响程度小于中西部省份。轻工产品出口量第一位的广东省，2016年轻工产品出口量与去年相比下降8.2%，河北和北京则有所增长，东部地区轻工产品出口量总额为4973.8亿元，总体下降6.2%。中西部地区轻工产品出口额分别为403.9亿美元、310.2亿美元，同比分别下降14.9%和42.8%，受影

---

① 来源：中国轻工工艺品进出口商会。

响程度明显大于东部地区。

（4）加工贸易受影响小，一般贸易占比下降；分企业类型看，各种所有制企业均受到影响。2015年一般贸易占比为63.4%，2016年是61.2%，加工贸易基本持平。国有企业、民营企业和三资企业出口占比分别是7.0%、60.7%、32.1%；出口额与去年同期相比分别下降11.9%、10.7%、8.0%。

中国经济的持续高速增长，在相当长的一段时间内是依靠劳动、资源等的大量投入，对外贸易作为中国经济发展的引擎，起到不可忽视的重要作用，轻工业作为劳动密集型产业，在改革开放初期，其产成品出口是中国外贸的重要组成部分，加入WTO之后，轻工业的出口贸易也有着快速的增长。经济发展的"雁行理论"显示出在发达国家向发展中国家的产业转移过程中，发展中国家低端加工业出现较为快速的发展，由此而带来经济的腾飞；同时在低端工业转移的过程中，由于发展中国家保护环境和资源的法律不健全，而且低端加工业往往有着较高的隐形碳排放和隐形高污染，因而使得发展中国家在某种意义上成为了替代发达国家生产低端工业品的地区。中国主要依靠出口和投资拉动的增长模式，带来了经济的高速增长，但在成为贸易大国和"世界工厂"的同时，也伴随着严重的资源环境问题：能源资源的过度耗费、环境的严重恶化和高的油气对外依存度等。化石燃料燃烧向空气中排放大量的烟尘和二氧化硫等污染物，是造成空气质量恶化的重要原因；石油、天然气的对外依存度持续增加，给中国的能源安全带来严重的威胁。一旦世界各国经济复苏，全球气候变化问题将重新被提上议事日程。中国作为"世界工厂"为全球提供了低廉产品的同时，也承担低端工业的"污染转移"，并遭受着严重的环境和资源问题，近年来围绕二氧化碳减排的责任划定问题，在国际上引起了不少争端，与贸易关联的资源和环境问题受到越来越多的学者关注。随着环境和资源问题越来越严重，以往的贸易发展模式将变得难以为继。

2015年中国参加气候变化巴黎大会时确定了减排目标："于2030年左右使二氧化碳排放达到峰值并争取尽早实现，2030年单位国内生产总值二氧化碳排放比2005年下降60%～65%，非化石能源占一次能源消费比重达到20%左右。"中国的"十三五"规划纲要中也提到了"推动低碳循环发展""全面节约和高效利用资源"等绿色发展的要求。面临着资源环境和新的碳排放目标的约束，中国将制定严格的环境规制标准，经济发展越来越强调绿色低碳。在绿色发展的框架下，中国以往的出口贸易增长到底如何，是一个值得探究的问题。

2.1.2 工业出口贸易的隐含能源消耗和排放

根据新古典增长模型，一个国家的经济增长可以来源于三个方面的驱动：劳动、资本和知识。其中劳动和资本的增长受到一定的限制，知识的增长是人均国内生产总值增长的关键，利用索罗模型，对知识增长的衡量可以采用全要素生产率,也就是经济增长中除去资本和劳动所解释的部分。全要素生产率衡量了一个地区经济,在排除投入因素之外可持续的增长率。而传统的衡量经济增长的指标是国内生产总值(GDP),但这个衡量指标存在着一定的缺陷,即没有考虑到已耗竭的资源对环境所造成的负面影响。近年来有部分学者提出其他的一些衡量经济可持续增长的方法,其中 Chung et al. (1997)提出了绿色全要素生产率,将环境的因素考虑在内,随后许多学者围绕此概念展开了一些研究。

本小节下面的部分,首先考虑国民经济各行业互相作用,通过建立一个混合投入产出模型,计算隐含的能源消耗系数;进而根据轻工行业的出口数据,估计与轻工业出口相关联的完全能源消耗和排放;在此基础之上利用考虑非意愿产出的数据,包括分析(Data envelope analysis,DEA)方法和方向距离函数,测算中国轻工业出口贸易绿色发展的 Malmquist-Luenberge 指数(Malmquist-Luenberge performance index,MLPI),作为"绿色"全要素生产率(Green total productivity growth,GTFP)的度量,用来反映轻工行业出口的可持续增长情况。

自从著名经济学家 Leontief 在 1941 年提出投入-产出的分析方法之后,学术界广泛地采用该模型来研究经济各部门之间的关系。在能源和环境经济学的研究方面,Herendeen 在 1975 年开始引入了混合投入产出模型,自那以后不少学者围绕该方面对国际贸易等领域的隐含能源消费和碳排放进行了众多研究。Miller 和 Blair 于 2009 年在其关于投入产出表的书本中,对能源经济学领域的混合投入产出模型进行了系统地梳理和回顾。直观上一个行业的能源消费与行业增加值的比重,代表了单位增加值的直接能源耗费,被称为直接能源消耗系数。投入产出表反映了各行业之间的互相作用关系,通过投入产出表可以把某一个行业中间投入品的能源消耗考虑进去,进而计算出完全的能源消耗系数,在一定程度上也可以反映单位增加值的"隐含"能源消费。

从基本的投入-产出关系出发,$Z_i + f = x$,也可以表示成 $Ax + f = x$,其中 Z 反映了不同行业之间投入的矩阵,A 是由投入-产出表所决定的直接消耗系数矩阵,f 表示最终需求,等于消费、投资(固定资本形成)和净出口的和,x 表示行业的总产出。那么投入-产出表的运算 $x = Lf$ 表示行业产出与最终需求之间的关系,其中 $L = (I-A)^{-1}$ 表示里昂惕夫逆矩阵。类似地,能源消费可以采用等式 $E_i + q = g$ 表示,其中 E 表示各行业之间能源消费关系,q 表示最终能源需求,g 表示总能源消费。进一步构建混合投入-产出表将经济划分成 $(M+N)$ 个行业,其中前 M 个为非能源行业,后 N 个为能源行业,非能源行业产品分配采用货币单位表示,能源行业产品分别采用能源单位表示。完全能源消耗系数可以用公式表示为

$$\begin{bmatrix} 0 \\ \alpha \end{bmatrix} = \begin{bmatrix} 0 & 0 \\ \alpha_1 & \alpha_2 \end{bmatrix} = G(I-A^*)^{-1} = \begin{bmatrix} 0 \\ \widehat{G}_1 \end{bmatrix} (I-A^*)^{-1} \qquad (2-1)$$

式中：α 是完全能源密集度系数（非能源行业，单位为能量单位/货币单位；能源行业，单位为能量单位/能量单位），表示单位产出的直接和间接能源投入量之和。G 是一个 $(M+N)$ 阶的对角矩阵，能源行业所对应的行，主对角线元素为 1，其余元素均为 0；I 是 $(M+N)$ 阶的单位矩阵；A^* 是 $(M+N)$ 阶直接消耗系数矩阵；$(I-A^*)^{-1}$ 是 $(M+N)$ 阶的 Leontief 逆矩阵。

中国投入-产出表包含了以煤炭开采和洗选业（煤炭开采部门），石油和天然气开采业，电力、热力的生产和供应业（水电、核电生产部门）为代表的一次能源行业与煤炭开采和洗选业（煤炭洗选部门），炼焦、煤气及石油加工业，电力、热力的生产和供应业（热力、火电生产部门）为代表的二次能源行业。国民经济各行业对二次能源的完全消耗已经包含在对一次能源的完全消耗之中，如果机械的使用式(2-1)，将因一次能源与二次能源之间的加工转换造成能源投入量的重复计算，导致行业完全能源密集度系数的测算结果被严重高估。陈锡康(1981)提出了几种将能源消耗纳入投入产出表的计算方法，笔者计算完全能源密集度系数时，参考孙小羽和臧新(2009)的完全综合能耗计算方法，调整如下：将能源-经济投入产出模型划分为 M 个非能源行业与 N 个能源行业，能源行业再细分为一次能源行业和二次能源行业，则 Leontief 逆矩阵表示为

$$(I-A^*)^{-1} = \begin{bmatrix} I - A_{11}^* & -A_{12}^* \\ -A_{21}^* & I - A_{22}^* \end{bmatrix}^{-1} \quad (2-2)$$

式中：A_{11}^* 是非能源行业对非能源行业的直接消耗系数矩阵，A_{12}^* 是非能源行业对能源行业的直接消耗系数矩阵，A_{21}^* 是能源行业对非能源行业的直接消耗系数矩阵，A_{22}^* 是能源行业对能源行业的直接消耗系数矩阵。其中，

$$A^* = Z^*(\hat{X}^*)^{-1} \quad (2-3)$$

$$Z^* = [z_{ij}^*] = \begin{cases} z_{ij} \\ e_{kj} \end{cases} \quad (2-4)$$

式中：$\hat{X}^*$ 表示行业的产值矩阵，z_{ij} 对应的是非能源行业的产值，e_{kj} 对应的是能源行业的能耗，其中 i 表示非能源行业，k 表示能源行业。则能源部门和非能源部门的完全能源消耗系数矩阵可以分别表示为

$$\alpha_1 = \hat{G}[I - A_{22}^* - A_{21}^*(I-A_{11}^*)^{-1}A_{12}^*]^{-1}A_{21}^*(I-A_{11}^*)^{-1} \quad (2-5)$$

$$\alpha_2 = \hat{G}[I - A_{22}^* - A_{21}^*(I-A_{11}^*)^{-1}A_{12}^*]^{-1} \quad (2-6)$$

式中：α_1 和 α_2 分别表示非能源行业和能源行业的完全能源消耗系数，$\hat{G}$ 为 N 阶的对角矩阵，来自于对矩阵 G 的定义。这里计算的完全能源消耗系数，可以用于下文对完全能源消费和隐含二氧化碳排放进行计算。

笔者采用 1997、2002、2007 和 2012 年的投入-产出表，对应年份的《中国能源

统计年鉴》中工业分行业能源消费(标准量)和综合能源平衡表中数据为基础,结合《国民经济行业分类与代码》将二者的行业分类口径调整一致,建立非能源行业和能源行业的混合单位能源-经济投入-产出模型。投入-产出表、《中国能源统计年鉴》按照需要进行行业分类的重新调整。对能源统计年鉴中能源生产行业和能源产品的对应关系的划分如表 2-1 所示。采用 IPCC 标准计算得到各种能源每吨标煤的排放系数,然后按照当年各能源的比例进行加权平均分别得到煤炭开采和洗选业、石油和天然气开采业、炼焦、煤气及石油加工业,电力、热力的生产和供应业的排放系数。

表 2-1 能源行业与所对应的能源品种

行业	能源品种
煤炭开采和洗选业	原煤、洗精煤、其他洗煤
石油和天然气开采业	原油、天然气
炼焦、煤气及石油加工业	炼焦、焦炉煤气、其他煤气、其他焦化产品、汽油、煤油、柴油、燃料油、液化石油气、炼厂干气、石脑油、其他石油制品等
电力、热力的生产和供应业	热力、电力

计算完全能耗系数时,在选取 $\tilde{G}$ 中各个元素对应值的时候,采用该能源分类下一次能源的占比。煤炭开采和洗选业,采用原煤占原煤和洗选煤之和的比重,石油和天然气对应该比例为 1,炼焦、煤气及石油加工业均为二次能源消耗,所以该比例为 0;对于热力和电力,采用当年水电、核电、风电等清洁能源在热力和电力占比作为 g_{ii}。非能源行业的完全能耗系数单位为:吨标煤/万元(采用 1990 年不变价格进行折算),根据前面的方法计算得到工业各非能源行业的完全能耗系数分布如下表 2-2 所示。

表 2-2 非能源行业的完全能耗系数　　　　（单位:吨标煤/万元）

	1997	2002	2007	2012
轻工工业				
食品制造及烟草加工业	1.46	1.09	0.97	0.71
纺织业	2.45	2.08	2.10	1.67
服装皮革羽绒及其制品业	1.82	1.51	1.51	1.24
木材加工及家具制造业	2.51	1.50	1.48	1.21
造纸印刷及文教用品制造业	2.88	2.01	2.06	1.74
重工业				
金属矿采选业	3.37	1.95	1.68	1.41

(续表)

	1997	2002	2007	2012
非金属矿采选业	2.53	2.10	1.77	1.72
化学工业	4.73	3.10	2.73	2.17
非金属矿物制品业	4.95	5.29	3.70	3.02
金属冶炼及压延加工业	10.39	5.66	4.56	4.06
金属制品业	5.27	3.25	2.81	2.47
通用、专用设备制造业	4.02	2.47	2.33	1.95
交通运输设备制造业	3.96	2.33	2.11	1.80
电气、机械及器材制造业	4.49	2.60	2.59	2.23
通信设备、计算机及其他电子设备制造业	2.73	1.76	1.68	1.38
仪器仪表及文化办公用机械制造业	3.11	2.06	1.79	1.54
其他制造业	2.94	2.79	2.11	2.72
水的生产和供应业	3.62	2.14	2.02	2.24

数据来源：笔者计算.

从表2-2中可以看到完全能耗系数排在前几位的几个行业全部是重工业，轻工业各行业的完全能耗系数较小。重工业中，金属冶炼及压延加工业在非能源工业行业中的完全能耗系数最大，虽然从1997年的10.39吨标煤/万元，逐步下降到2012年的4.06吨标煤/万元，但相较于其他行业依然突出。非金属矿物制品业、金属制品业，电气、机械和器材制造业，化学工业的完全能耗系数也较高；重工业中，位于产业链上的金属矿采选业、非金属矿采选业的完全能耗系数相对比较低；此外，仪器仪表和通信以及电子计算机设备制造业的完全能耗系数也相对较小，在2012年的值分别是1.54吨标煤/万元、1.38吨标煤/万元。轻工业中，食品制造、木材加工及家具制造业的完全能耗系数较低，1997年两个行业的完全能耗系数分别是1.46吨标煤/万元、2.51吨标煤/万元，2012年的完全能耗系数则分别下降到0.71吨标煤/万元、1.21吨标煤/万元；造纸印刷及文教用品制造业、纺织业的完全能耗系数相对较高，其中造纸业属于能耗相对较高的行业，纺织业的产业链相对于其他轻工行业更长一些。以上得出的结果，与直觉是相符合的，一般而言，位于产业链下游的行业，一方面需要来自其他各行业的中间投入相对更多，另外一方面产业链越深入，在原材料、半成品运输的过程中也需要消耗更多的能源。因此，越是产业链深的行业，其完全能源消耗系数也越大。

表 2-3　各能源行业的完全能耗系数　　　（单位：吨标煤/万元）

	1997	2002	2007	2012
煤炭采选产品	1.08	1.07	1.07	1.09
石油和天然气开采产品	1.39	1.36	1.34	1.29
石油、炼焦产品和核燃料加工品	1.56	1.50	1.32	1.45
电力、热力的生产和供应	3.36	2.77	2.95	2.95

数据来源：笔者计算．

能源行业的完全能耗系数如表 2-3 所示，可以看出在能源行业中，电力、热力的生产和供应业的完全能耗系数最大，其次是石油、炼焦产品和核燃料加工业，煤炭采选产品的完全能耗系数相对较小。图 2-2 显示了非能源工业行业的完全能耗系数的核密度分布图。总体上来看，从 1997 年到 2012 年工业各行业的完全能耗系数呈现出下降的趋势，分布逐渐向左移动。从 1997 年到 2002 年的 5 年间非能源工业行业完全能耗系数下降得较多，从 2007 年到 2012 年也出现了较为明显的下降。虽然自 2001 年中国加入 WTO 之后，外贸进出口取得了快速的发展，但是从图 2-2 中也可以直观地发现，该段时间内非能源工业行业完全能耗系数减小的幅度是三个研究时间段内比较小的。也就是说，这段时间内经济的快速发展更多的是粗放型的模式，能源利用效率要弱于研究时间段内的其他两个时期。

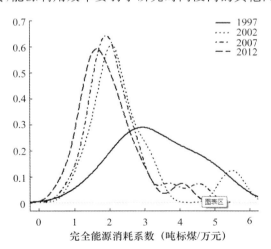

图 2-2　非能源工业行业完全能耗系数核密度分布图
数据来源：笔者计算．

利用上文中的完全能源消耗系数，结合工业行业每年的出口贸易额，可以得到如表 2-4 所示的出口完全能耗。出口完全能耗，从产业链的角度，以全生命周期为研究框架，刻画了出口产品所包含的内含能源消费，也就是隐含能源消费。总体上对于全部工业行业来说,1997年的出口完全能耗是37 087万吨标煤,2002年为50 035万吨标煤,到2007年快速增加到108 010万吨标煤,2012年缓慢增加到109 037万吨标煤。在2007年到2012年的时间段,轻工业出口内含能耗是下降的,重工业则出现上升态势,工业行业出口总的内含能耗增加主要来源于重工业。

对轻工业总体来看,1997年出口产品的内含能源总量为8280万吨标煤,2002年增加到10 089万吨标煤,2007年进一步快速增加到19 932万吨标煤,在2012年有所下降,达到18 845万吨标煤。2001年中国加入WTO之后,中国劳动力充足,能源供给的低成本及与西方发达国家相比较为宽松的环境管制在一定程度上都促进了轻工出口贸易,使得内含能源出口快速增加。分行业来看,在2002—2007年的时间段内,造纸印刷及文教用品制造业内含能源消费量从1775万吨标煤增加到3699万吨标煤,增长率超过100%;从增加的绝对量上看,服装皮革羽绒及其制品业的内含能源消费量增加得最多,从2002年的4611万吨标煤,增加到2007年的8740万吨标煤,增加量超过了4000万吨标煤;其他内含能源消费量增加得较多的行业还有木材加工及家具制造业、纺织业;食品制造及烟草加工业内含能源消费增加得相对较少。

表2-4 工业各行业出口的完全能耗 (单位:万吨标煤)

	1997	2002	2007	2012
轻工业				
食品制造及烟草加工业	712	713	1014	919
纺织业	1654	2242	4432	4391
服装皮革羽绒及其制品业	3925	4611	8740	8010
木材加工及家具制造业	503	748	2047	2290
造纸印刷及文教用品制造业	1486	1775	3699	3235
轻工业合计	8280	10 089	19 932	18 845
重工业				
金属矿采选业	26	21	65	18
非金属矿采选业	132	121	112	139
化学工业	3389	3803	8799	10 083
非金属矿物制品业	967	1704	2809	3498
金属冶炼及压延加工业	3563	2123	12 139	8440
金属制品业	1304	1611	4312	4240
通用、专用设备制造业	1606	2401	7496	8846
交通运输设备制造业	955	1238	4276	5303

(续表)

	1997	2002	2007	2012
电气、机械及器材制造业	2950	4715	13 203	15 944
通信设备、计算机及其他电子设备制造业	2087	4823	16 370	15 157
仪器仪表及文化办公用机械制造业	1141	2336	5961	5363
其他制造业	704	922	1286	4718
煤炭采选产品	2456	7085	3976	854
石油和天然气开采产品	3942	2068	1209	934
石油、炼焦产品和核燃料加工品	3287	4645	5536	6012
电力、热力的生产和供应	298	330	529	640
重工业合计	28 808	39 946	88 078	90 191
工业合计	37 087	50 035	108 010	109 037

数据来源：笔者计算．

表2-4也显示了重工业出口产品的隐含能源消费，总体上重工业的出口综合能耗一直处于增加的态势。1997年为28 808万吨标煤，2002年为39 946万吨标煤，2007年进一步快速增加到88 078万吨标煤，2012年又出现了略微的增加，达到90 191万吨标煤。与轻工业的情形类似，在2002—2007年的时间段内，由于中国加入WTO所带来的出口外贸快速增长带动了对内含能源消费高的产品出口的快速增加，因而与之相关联的完全能源消耗增长率超过100%。分行业来看，内含能源消费比较少的行业有：金属矿采选业、非金属矿采选业、电力热力的生产供应业。其中，电力热力的生产供应业由于区域特性明显，不能够实现超长距离的跨洋输送，导致其出口量比较少，因而总的内含能源消费较少。一方面，中国属于非金属、金属矿石等大宗商品的重要进口国，国内原材料相对比较缺乏，出口较多的是体量不大的稀土矿藏等；另一方面，金属矿采选业、非金属矿采选业属于产业链中靠近上游的行业，直接获取自然界中的原材料，生产过程中其他非能源中间投入品相对较少，因而金属矿采选业、非金属矿采选业的出口内含能源消费比较少。

重工业中内含能源消费比较多的行业有：电气机械及器材制造业、通信设备电子计算机及其他电子设备制造业、化学工业、通用专用设备制造业、金属冶炼及压延加工业。一方面，电气机械及器材制造业、通信设备电子计算机及其他电子设备制造业，属于近年来快速发展的行业，因而出口量快速增加；另一方面，这些产业位于产业链的下游，生产的产品基本属于直接用于工业再生产、商业运营设备的产成品，所需要的各种中间投入多，产业链长，每道工艺的加工和半成品、零部件的输送都耗费一定的能源，因而总体上来说这两个行业出口贸易的内含能源消费快速增加。化学工业、通用专用设备制造业、金属冶炼及压延加工业本身就属于直接能耗和间接能耗都比较大的行业,再加上出口贸易的增长,因而总体的内含能源消费也增加较快。需要提到的是在近来的一段时间内,煤炭采选产品和石油天然气开采产品这两个行业,出口的内含能源大体上呈现出减小的趋势,其中煤炭采选产品从 1997 年的 2456 万吨标煤,增加到 2002 年的 7085 万吨标煤,随后一直减少到 2012 年的 854 万吨标煤;石油天然气开采产品业在 1997 年出口内含能源为 3942 万吨标煤,之后一直减少,在 2012 年是 934 万吨标煤。对照表 2-3 和表 2-4 可以发现,两个行业完全能源消耗系数变动并不明显,而总的出口内含能源消费量变动较大,因而可以看出主要的变动原因在于出口量的变动。

在各工业行业出口完全能源消耗的基础之上,乘以不同能源品种的碳排放系数,进而加总可以得到表 2-5 工业行业出口的内含二氧化碳排放。其中,在计算碳排放系数的过程中,不同能源品种的碳排放系数来自于政府间气候变化专门委员会(Intergovernmental Panel on Climate Change,IPCC),然后将不同能源品种的排放系数以其内含消费量为权重进行加权平均得到。与内含能源消费的变动趋势大体上类似,内含二氧化碳排放的变动也基本呈现出较为类似的规律。内含二氧化碳排放的变动不仅包括了内含能源消费变动的影响,还包含了不同工业行业消费的能源结构的变动情况。需要提到的是,在 2007—2012 年的时间段内,工业出口内含二氧化碳排放从 285 486 万吨下降到 285 428 万吨,而工业出口内含能源消费该段时间内则是有所上升的,这从侧面反映出生产的清洁化发展,即采用含碳量较少的能源品种实现对含碳量高的能源品种的替代。

表 2-5 工业行业出口的完全排放 (单位:万吨二氧化碳)

	1997	2002	2007	2012
轻工业				
食品和烟草	1904	1881	2693	2410
纺织业	4429	5937	11 798	11 458
服装鞋帽皮革羽绒及其制品	10 476	12 155	23 214	20 920
木材加工品和家具	1340	1969	5427	6000
造纸印刷和文教体育用品	3991	4708	9867	8488
轻工业合计	22 140	26 650	52 999	49 276
重工业				
金属矿采选产品	70	56	171	48
非金属矿和其他矿采选产品	352	320	299	364
非金属矿物制品业	2626	4595	7615	9356
化学产品	9004	9972	23 245	26 420
金属冶炼及压延加工业	9363	5517	31 871	22 071

(续表)

	1997	2002	2007	2012
金属制品业	3438	4198	11 353	11 074
通用设备制造业	4246	6268	19 729	23 120
交通运输设备制造业	2529	3241	11 271	13 858
电气机械及器材制造业	7797	12 313	34 762	41 705
通信设备、计算机及其他电子设备制造业	5540	12 642	43 229	39 608
仪器仪表及文化、办公用机械制造业	3026	6119	15 757	14 026
工艺品及其他制造业	1873	2425	3408	12 288
煤炭采选产品	6918	19 956	11 205	2408
石油和天然气开采产品	9514	4936	2920	2313
石油、炼焦产品和核燃料加工品	8421	11 740	14 251	15 666
电力、热力的生产和供应	792	869	1401	1649
重工业合计	75 509	105 169	232 487	235 973
工业合计	97 650	131 820	285 486	285 248

数据来源：笔者计算。

对表 2-5 的数据进行整理，可得到表 2-6 出口贸易隐含的二氧化碳排放，分轻工业、重工业（进一步分为能源行业和非能源行业）进行对比。图 2-3 给出了进一步的直观展示。可以发现轻工业出口贸易隐含的二氧化碳排放在整个工业中所占的比例呈现出依次递减的态势。能源行业在 1997 年所占比例为 26.3%，在 2002 年占比为 28.4%，一定程度上有所上升；随后在 2007 年大幅下降到 10.4%，主要是由于中国基础设施建设的推进以及经济的快速发展所带来的能源消费急剧增加，使得出口量变少所致；该比例在 2012 年进一步下降到 7.7%。对于非能源行业来说，其所占比重都维持在一半以上，其中 1997 年和 2002 年分别是 51.1% 和 51.3%，变动不是很明显；在 2007 年则大幅增加到 71.0%，到 2012 年进一步增加为 75.0%，非能源行业是工业行业出口内含排放二氧化碳的主要来源。

表 2-6 出口贸易隐含的二氧化碳排放 （单位：万吨二氧化碳）

年 份	轻工业		重工业				工业总计	
			非能源行业		能源行业			
1997	221.4	22.7%	498.6	51.1%	256.5	26.3%	976.5	100%
2002	266.5	20.2%	676.7	51.3%	375.0	28.4%	1318.2	100%
2007	530.0	18.6%	2027.1	71.0%	297.8	10.4%	2854.9	100%
2012	492.8	17.3%	2139.4	75.0%	220.4	7.7%	2852.6	100%

数据来源：笔者计算。

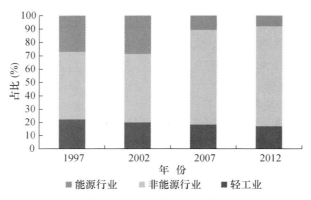

图 2-3 出口贸易隐含的二氧化碳排放问题

数据来源：笔者计算。

2.1.3 工业出口贸易的"绿色"发展情况

中国自加入 WTO 之后对外贸易快速增长，但受到中国环境和资源形势日益恶化、人口红利逐渐消退等因素的影响，在绿色的发展框架下，中国的出口贸易面临着越来越严峻的挑战。本小节将对中国出口贸易以往发展的"绿色"可持续程度进行衡量。

1982 年 Caves、Christenesen 和 Diewert 提出了 Malmqusit 指数来分析全要素生产率，随后 Malmqusit 指数被运用于各领域用来分析效率问题。Malmqusit 指数建立在距离函数的基础上，距离函数包括了参数方法和非参数方法，参数方法需要先假定生产函数模型的形式和各经济变量的分布，具有一定的主观性，会影响最终结果的准确性。非参数方法则可以避免上述问题，DEA 是最常用的非参数方法之一。近年来有不少围绕着 DEA 的方法论拓展，其中考虑了非合意产出的方向距离函数（Directional distance function，DDF）被广泛使用在能源和环境经济学效率评价中。传统上的单效率评价方法如能源强度，可以采用单位增加值的能耗来表示，然而这种对比方法没有考虑到其他的投入，如资本和劳动，存在着不少的缺陷。而后学者们通过提出数据包络分析，提供了较能源强度相比更广阔的视角，以资本、劳动、能源作为投入，增加值作为产出来衡量效率。近些年来，随着环境问题受到越来越多的重视，又有学者在数据包络分析的基础之上提出了需要将产出中的非合意部分考虑进去，通常情况下非合意的产出包括：二氧化硫、二氧化碳、粉尘、废水等。由于分行业的二氧化硫排放数据难以获得，本节中采用的方向距离函数中包含的非合意产出是二氧化碳。为了考察效率随时间变动的情形，学界提出了采用跨期的指数方法进行衡量，比较有代表性的是 Malmquist 指数。第 t 期的 Malmqusit 指数可以表示为式(2-7)，衡量了 $t+1$ 期的生产在 t 期的技术条件下所具有的效率。对应的，$t+1$ 期的 Malmqusit 指数可以定义为式(2-8)。为避免因采用的标准不同而引起计算结果不同，采用二者的几何平均作为 t 期到 $t+1$ 期的 Malmquist 指数变动，即式(2-9)：

$$M_c^t = \frac{D_c^t(x^{t+1}, y^{t+1})}{D_c^t(x^t, y^t)} \tag{2-7}$$

$$M_c^{t+1} = \frac{D_c^{t+1}(x^{t+1}, y^{t+1})}{D_c^{t+1}(x^t, y^t)} \tag{2-8}$$

$$M_c^{t,t+1}(x^{t+1}, y^{t+1}, x^t, y^t) = (M_c^t \cdot M_c^{t+1})^{1/2} \tag{2-9}$$

对于距离函数的使用，我们采用考虑二氧化碳作为非合意产出的方向距离函数方法进行测定。投入包括了：资本、劳动和能源，合意产出为各行业的工业增加值，非合意产出为二氧化碳排放。根据 Fare 等(2007)，合意产出和非合意产出要满足以下条件假设：① 投入要素和合意产出具有强可处置性；② 合意产出与非合意产出之间具备弱可处置性；③ 合意产出和非合意产出之间交集为空。假定有 N 个决策单元，规模报酬不变，生产可行性可以表示为

$$P(x) = \{(y, b) : x(y, b)\} \tag{2-10}$$

其中，y 表示合意产出，b 表示非合意产出，x 表示投入。在上面生产技术假设的基础上可以定义一个用于测定各决策单元能源环境效率的方向距离函数如式(2-11)所示。其中 $P(x)$ 表示生产可能性集，g 表示合意产出和非合意产出的方向向量。上述距离函数采用如下线性规划的形式给出，第 k 个观测值的距离函数可以定义为式(2-12)。前面 Malmqusit 指数在衡量非合意产出方面存在着一定的缺陷，因而采用改良的 M-L 指数。通过计算 DDF，如式(2-13)所示的投入导向性 MLPI 可以反映随着时间变化的效率提升情况。

$$\boldsymbol{D}(x, y, b; g) = sup\{\beta : (y, b) + \beta g \in P(x)\} \tag{2-11}$$

$$\boldsymbol{D}^t(x_k^t, y_k^t, b_k^t; y_k^t, -b_k^t) = \max \beta \tag{2-12}$$

s.t. $\sum_{h=1}^{H} z_h y_{hm}^t \geqslant (1+\beta) y_{km}^t, \quad m = 1, \cdots, M.$

$\sum_{h=1}^{H} z_h b_{hj}^t = (1-\beta) b_{kj}^t, \quad j = 1, \cdots, J.$

$\sum_{h=1}^{H} z_h x_{hn}^t \leqslant (1-\beta) x_{kn}^t, \quad n = 1, \cdots, N.$

$z_h \geqslant 0, \quad h = 1, 2, 3, \cdots, H$

$$ML_t^{t+1} = \left[\frac{(1+\boldsymbol{D}^t(x^t, y^t, b^t; y^t, -b^t))(1+\boldsymbol{D}^{t+1}(x^t, y^t, b^t; y^t, -b^t))}{(1+\boldsymbol{D}^t(x^{t+1}, y^{t+1}, b^{t+1}; y^{t+1}, -b^{t+1}))(1+\boldsymbol{D}^{t+1}(x^{t+1}, y^{t+1}, b^{t+1}; y^{t+1}, -b^{t+1}))} \right]$$
$$\tag{2-13}$$

采用上面混合投入产出表所导出的完全能源消耗系数,进一步可以从全生命周期来考虑,轻工出口贸易的完全能源消费和隐含排放问题。在实际研究过程中,构建方向距离函数采用的投入变量包括了:资本(K)、劳动(L)、能源(E),合意产出是增加值(Y),非合意产出是二氧化碳(C)。

$$EC_t^{t+1} = \frac{1+\boldsymbol{D}^t(x^t,y^t,b^t;y^t,-b^t)}{1+\boldsymbol{D}^{t+1}(x^{t+1},y^{t+1},b^{t+1};y^{t+1},-b^{t+1})}$$

$$TC_t^{t+1} = \left[\frac{(1+\boldsymbol{D}^{t+1}(x^t,y^t,b^t;y^t,-b^t))(1+\boldsymbol{D}^{t+1}(x^{t+1},y^{t+1},b^{t+1};y^{t+1},-b^{t+1}))}{(1+\boldsymbol{D}^t(x^t,y^t,b^t;y^t,-b^t))(1+\boldsymbol{D}^t(x^{t+1},y^{t+1},b^{t+1};y^{t+1},-b^{t+1}))}\right]$$

$$ML_t^{t+1} = EC_t^{t+1}TC_t^{t+1} \tag{2-14}$$

统计年鉴中无法直接获得工业各行业的出口数据,笔者参照林伯强(2015)的做法,利用联合国商品贸易统计数据库。与中国工业行业分类标准不同,该数据采用的是《国际贸易标准分类》(第三版),对照盛斌(2002)的分类标准,整理得到工业各行业出口数据。

劳动力的数据来自于中国经济数据库(CEIC);各行业的从业人数取年度平均值、资本存量的数据采用陈诗一(2011)的数据。因为陈诗一只估计了1980—2008年各工业行业的资本存量,对于2008年以后的数据采用跟他一样的算法(永续盘存法),得到其他年份数据。各行业增加值数据同样来自陈诗一(2011),2008年以后数据按照中国经济数据库中各行业增加值增速进行对应调整得到。对于各行业之间的合并按照与能源统计年鉴中同样的方法进行。

利用计算得到的完全能耗系数,根据式(2-7)~(2-14),结合国际贸易数据计算得出近年来中国轻工行业和重工业出口的能源资源环境效率如表2-7所示,其中轻工业在1997—2002年GTFP为10.4%,年均2.0%;2002—2007年为4.7%,年均0.9%;2007—2012年为13.8%,年均2.6%;重工业在1997—2002年的绿色全要素生产率为20.7%,年均3.8%;2002—2007年为15.1%,年均2.8%;2007—2012为7.2%,年均1.4%。总体上来看在1997—2007年的大部分年份中,轻工业的绿色全要素劳动生产率小于重工业的绿色全要素劳动生产率。而2007—2012年的年份中,重工业受经济周期因素的影响更为明显,再加上2008年金融危机之后,政府的基础设施刺激计划,在一定程度上不利于重工业绿色全要素生产率的提高。

表 2-7　轻工业、重工业出口的绿色全要素生产率及分解

时间段	轻工业			重工业		
	1997—2002	2002—2007	2007—2012	1997—2002	2002—2007	2007—2012
ec	1.068	0.790	0.935	1.029	0.934	0.987
tc	1.033	1.336	1.219	1.187	1.240	1.092
pc	1.104	1.047	1.138	1.207	1.151	1.072

注：pc 表示的是绿色全要素生产率，tc 表示技术变化，ec 表示效率变化；一般来说 $pc = ec \cdot tc$，这里由于各项变化率按照工业行业出口额的进行加权平均，因而不相等。

数据来源：笔者计算。

分析比较各时间段全要素绿色劳动生产率的变化，1997 年到 2002 年轻工业和重工业的绿色全要素劳动生产率都比较高，而 2002—2007 年则出现了一定程度的下降，该段时间内中国经济在以基础设施和房地产为投资，以对外贸易为主要拉动力下出现了快速的增长，绿色全要素增长率比较小，其增长主要依靠技术变化因素。在研究的三个时间段之内，2002 年以前效率变化的贡献为正，2002—2007 年，2007—2012 年效率变化的值都小于 1，说明效率变化对绿色全要素生产率的贡献为负。从整体上来看各工业行业在 2002 年以前的出口中，都向生产前沿靠拢；各工业行业在 2002—2007 年，2007—2012 年的出口中，总体上离生产前沿的距离越来越远，出口的绿色全要素生产率主要来自于技术前沿不断向外扩展的贡献。

轻重工业之间的对比也表明，轻工业在利用提高能源环境效率的新技术方面相较于重工业存在着较为严重的不足，从 2002 年到 2012 年轻、重工业能源环境效率的提高都主要依赖于技术的进步，在表 2-7 中表现为技术变动的值大于 1，而新技术的推广利用方面存在着不足，表现为效率变动的值均小于 1；轻、重工业在该段时间内的比较，可以看出轻工业的效率变动值是小于重工业的，这在一定程度上可以从中国现行的金融体制上找到原因。在研究的时间段内，中国企业的融资主要依靠于银行贷款，属于以间接融资为主的方式，由于多层次资本市场的不完善，因而通过债券、股票等直接融资的方式所占的比重比较小。而在银行融资中，比较重视基础资产的质量，在用于抵押的资产方面，重工业国有企业和重资产企业所占的比重较高；轻工业有相当的一部分比例属于民营企业和中小企业，在与银行谈判的时候一般处于劣势。中国的金融体制可以提供给重工业更便利的融资服务和更便宜的投资成本，从而在一定程度上有利于重工业节能投资新技术的推广。

表 2-8　中国工业出口的绿色全要素生产率及分解

时间段	1997—2002	2002—2007	2007—2012
ec	1.044	0.896	0.974
tc	1.130	1.266	1.124
pc	1.169	1.123	1.089

注：pc 表示的是绿色全要素生产率，tc 表示技术变化，ec 表示效率变化；一般来说 pc = ec · tc，这里由于各项变化率按照工业行业出口额进行加权平均，因而不相等。

数据来源：笔者计算．

对于整个工业的出口贸易，结果如表 2-8 所示，整体的绿色全要素生产率在 1997—2002 年为 16.9%，2002—2007 年为 12.3%，2007—2012 年为 8.9%。从分解因素来看，技术效率变化在三个时间段内都大于 1，表明其对绿色全要素生产率有正向拉动作用，效率变化除了 1997—2002 年间大于 1，有正向的拉动作用，在 2002—2007 年以及 2007—2012 年均小于 1，其中在 2002—2007 年效率最低，2002—2007 年间中国经济出现了以房地产投资、出口拉动为主要特点的高速增长，工业各行业发展不均衡，导致部分行业离生产前沿面的相对距离变大，整体上来看则表现为出现了效率变化为负的现象，2008 年起源于美国的经济危机使得中国外向型的出口经济增速突然下滑，中国政府启动了庞大的刺激计划，规模达 4 万亿人民币，从而对 2007—2012 年间工业出口的绿色全要素生产率造成了负面影响。

2.1.4　轻工业出口贸易的对策建议

经济发展的"雁行理论"显示出发达国家在向发展中国家的产业转移过程中，发展中国家低端加工工业会出现较为快速的发展，由此而带来经济的腾飞。同时由于发展中国家能源资源保护、环境规制等方面的法律法规不完善，这样产业的转移往往伴随着大量污染的产生，从而使得低端产品出口的对外贸易中隐形排放和隐形污染都快速增长，成为"污染天堂"。中国自加入 WTO 之后对外贸易快速增长，但受到中国环境和资源形势日益恶化、人口红利逐渐消退等因素的影响，在绿色的发展框架下，中国的出口贸易面临着越来越严峻的挑战。

上面的章节中首先介绍了近年来中国轻工业出口的快速增长情况，及其在工业出口贸易中的重要地位，重点介绍了在 2001 年中国加入 WTO 之后，轻工业发展所取得的快速增长成果。接着，为了考察中国轻工业外贸出口的隐含能源消费和二氧化碳排放问题，在 2.1.2 节中构建了全生命周期评价框架下的混合投入-产出表，从而计算得到各工业行业的隐含能源消费系数，最后比较分析了轻、重工业外贸出口的隐含能源消费和二氧化碳排放在 1997—2012 年的变动情形。

在绿色的发展框架下，一个部门增长的可持续性受到越来越多的关注，全要素生产率衡量了一个地区的经济在排除投入因素之外可持续性的增长率。Chung

等(1997)提出的绿色全要素生产率,将环境的因素考虑在内。为了考察中国对外贸易在过去年间的绿色全要素生产率,采用流行的 DDF 计算得出中国 1997—2002 年、2002—2007 年、2007—2012 年三个时间段内衡量绿色全要素生产率的 MLPI 指数,并将其分解为技术变化和效率变化。三个时期内中国轻工行业出口的绿色全要素生产率分别为 10.4%、4.7%、13.8%,2002—2007 年以房地产投资和低端产品出口为主要特点的快速发展,拉低了中国轻工行业出口的绿色全要素生产率。对指数分解的结果表明,1997—2002 年间技术变化和效率变化对绿色全要素生产率的贡献都为正,在其他两个时期绿色全要素生产率的增长主要依赖于技术变化,效率变化对其有负向的拉动作用。根据研究的结论提出下述政策建议:

第一,为轻工业的节能改造提供更多的融资支持。在多层次资本市场尚处于培育过程中,股票和债券等直接融资市场不成熟的情况下,中国现行的金融体制仍以银行贷款为主要方式,这种间接融资的方式需要重基础资产的抵押,同时也有利于国有企业,但在轻工行业中,国有企业所占的比重相对较少,大多为民营企业和中小企业,其缺乏融资渠道,融资成本比较高昂,在一定程度上抑制了节能新技术的推广。可以通过成立节能产业基金、政府财政补助、税收抵免等方式来促进节能新技术的推广利用。

第二,促进节能技术等相关节能信息的传播。一些轻工业产品如玻璃制品、日用陶瓷等属于高能耗行业,现代生产工艺与传统的生产工艺相比可以节约大量的能源。工业生产工程中,一旦生产线建立起来,将在很大程度上锁定其生命周期内的能源消耗。在中国经济快速发展的过程中,人们收入的不断提高导致对轻工业产品需求的增长,将引致生产规模的不断扩大,而这些发生在较短的时期内。因而,对于节能新技术的推广就显得至关重要,相较于重工业来说,轻工业的生产规模相对较小,中小企业和民营资本的占比也更高一些,因而轻工业在对节能新技术信息的获取上面存在着天然的不足。由于外部性问题没有得到有效解决,因而在环境污染和石油对外依存度不断提高并威胁能源安全的情况下,工业生产所带来的能源和环境问题成为不可忽视的因素。政府可以建立节能新技术的服务和咨询平台,来促进节能信息的传播,在一定程度上降低中小企业获得节能新技术的信息成本,减少由于新技术信息的缺乏所带来的落后生产工艺的能耗锁定,通过节能新技术推广和普及的正外部性,抵消生产的负外部性影响。

第三,提高轻工业出口的增加值,从低端制造逐步过渡到高端制造,进而发展处于产业价值链上端、附加值高的业务,如品牌运营、高端设计等。从整个工业行业的出口来看,轻工行业出口的绿色全要素生产率因素分解中,效率变化在 2002—2007 年为 −21%,2007—2012 年为 −6.5%,轻工行业的完全能耗系数相对于重工业来说普遍较低,然而考虑所有的劳动、资本、能源投入、合意产出和非合意的排放,衡量轻工行业出口的效率变化为负,相对于有效率的生产前沿距离有扩大的趋势,对 MLPI 指数有负向拉动。以纺织行业为例,2012 年纺织细分行业中棉纺行业、染整行业和化纤行业能源消耗,占纺织业能耗的比例约为 50%[①],这些细分行业属于纺织业的上游,产品附加值比较低,产出的增加过度依赖投入。提高附加值,减少能源、劳动等的投入,有助于可持续增长。

第四,轻工业多为劳动密集型行业,需要的资本投入较少,中国轻工行业出口的现状是,中小企业占比过高,节能投资缺乏,品牌价值和产品附加值不突出,因而在全球市场竞争力不强。通过引导建立产业基金等方式,实现产业整合引导轻工行业实力雄厚的企业,利用资本市场运作,实现对长期以来要素投入和出口退税优惠的落后企业的兼并重组,从而提升整个行业出口的竞争力。

2.2 轻工业——纺织业能源发展利用

2.2.1 纺织业发展情况简介

纺织品作为人们日常生活的必需品,在国民经济中扮演着不可缺少的重要角色。因此,纺织业在我国经济建设中具有重要的地位,是制造业的重要组成部分。具体来讲,纺织业被定义为广义的纺织业和狭义的纺织业,广义的纺织业包括棉纺织业、毛纺织业、麻纺织业、化纤制造业、丝绸制造业、服装制造业、针织业、印染业、产业用纺织业以及家用纺织业等子行业。狭义来讲,纺织业仅包括纺织品的相关生产环节。纺织业作为中国国民经济的支柱产业,在出口创汇、吸纳就业、增加财政收入、城镇化建设以及繁荣市场经济等方面具有重要的作用。随着经济的快速发展,中国纺织业的能源消耗量也急剧增长。1995 年,中国纺织业的能源消耗量是 35.31 百万吨标煤,而 2013 年的能源消耗量达到 73.66 百万吨标煤;中国纺织业的二氧化碳排放量在 1995 年是 50.97 百万吨,2002 年下降到 25.18 百万吨,之后一直处于上升趋势,2013 年中国纺织业二氧化碳的排放量达到 53.12 百万吨。总体来看,中国纺织业在高速发展的同时,也面临着资源紧缺、环境约束等严峻挑战,尤其是资源利用率偏低、能耗居高不下、环境污染等问题比较严重。与此同时,纺织业的能源强度处于持续下降的状态。1995 年,东部、中部和西部地区纺织行业能源强度分别为 0.424 吨标准煤/万元、0.713 吨标准煤/万元和 0.976 吨标准煤/万元,1995 年,中部和西部地区纺织行业能源强度与东部地区纺织业能源强度之间的差距分别为 0.289 吨标准煤/万元和 0.552 吨标准煤/万元。2013 年东部、中部、西部地区的能源强度数值分别降至 0.175 吨标准煤/万元、0.351 吨标准煤/万元和 0.602 吨标准煤/万元。在能源资源日益匮乏和可持续发展的背

---

① 孙淮滨.中国纺织工业发展报告,2012—2013.

景下,如何有效配置资源成为行业发展进程中必须解决的一个关键问题,节能减耗、提高能源的使用效率成为当前及今后的必然选择。

2.2.2 纺织业出口贸易的状况

中国是世界上最大的纺织品加工国,也是世界上最大的纺织品出口国。纺织品出口的持续稳定增长对保证我国外汇储备、国际收支平衡、人民币汇率稳定、解决社会就业及纺织业可持续发展至关重要。进入21世纪以来,中国纺织品出口的全球占比增长迅速,从2000年的10.3%增长到2013年的37.07%。从2010年开始,世界上纺织品的出口中有超过1/3来自中国,中国已经成为世界第一大纺织品出口国,中国纺织业在世界上具有明显的竞争力,贸易发展成为中国纺织业走向世界的助推器。从1995年至2013年间,纺织业进出口总额占整个行业总产值的比重一直处于平稳增长的状态。

2.2.3 纺织业产业集聚和能源效率分析[①]

集聚是社会经济活动最突出的地理特征。产业集聚,是指在特定的地理范围内某个产业的发展高度集中,在空间范围内产业资本要素不断汇聚,从而在特定区域内形成相应产业的外部规模经济,实现特定产业的持续性竞争优势。产业集聚是经济发展到一定阶段的必然现象。在当前新型组织形式越来越受到重视的背景下,产业集聚也引起了学者们很大的关注。产业集聚可以通过专业化的分工协作来提升生产效率,一定程度上可以减少成本开支,内部技术溢出加快了技术创新的步伐,企业之间通过竞争和协作也促进了产业的发展,这也给提高区域竞争力提供了很好的机遇。目前,产业集聚作为一种新的组织形式,在中国越来越受到重视,很多地区把产业集聚作为调整经济结构的重要策略。

伴随经济的快速发展,对外开放程度的逐步提高,纺织业的相关要素在地区间的流动性增强,出现了逐渐向一些区域集中的趋势,形成了一批具有地域特色和优势的产业集群,这些产业集群通过内部协作和资源共享等方式促进了纺织产业及当地经济的发展,提高了区域竞争力。

改革开放以来,纺织业整体发展迅速,但区域间发展不均衡。纺织业多集中在东部地区,中西部地区发展相对落后。目前,国内外关于纺织业产业集聚方面的研究较少,仅有Lin等(2011)利用2000—2005年间中国纺织品行业企业层面的面板数据,根据EG指数(Ellison-Glaeser index)的大小将样本分为三组,通过虚拟变量对不同组别内行业集聚同企业生产效率进行了分析,发现中国纺织行业内产业集聚和企业生产效率之间存在着倒"U"型的非线性关系,产业集聚程度过高

---

① 本小节在参考"赵红丽,林伯强.中国纺织业产业集聚和能源效率分析[J].厦门大学能源经济与能源政策协同创新中心工作论文,2017."的基础上进行修改和完善。

可能导致集聚不经济的出现,但是目前尚未有纺织业产业集聚对能源效率影响方面的研究。在能源资源日益匮乏和可持续发展的背景下,未来中国纺织业必然面临极强的能源约束限制,有效配置资源、降低能源消耗、提高能源效率必然成为纺织业发展的重中之重。在我国能源资源匮乏、环境污染加剧的严峻形势下,提高纺织业能源利用效率被认为是实现节能减排最有效的途径之一。

1. 纺织业产业集聚状况

目前,关于行业集聚的测度指标有多种,常用的指标有区位熵指数(location quotient)、EG指数(Ellison-Glaeser index)、行业集中度(concentration ratio)、空间基尼系数(locational Gini coefficient)等。其中,区位熵指数和行业集中度主要侧重某一产业在不同区域间的行业集聚程度的比较,而EG指数和空间基尼系数则侧重某一区域内不同行业间行业集聚程度的比较。由于笔者是对不同省市之间的纺织业进行的统计分析,因此,我们选用行业集中度和区位熵指数来对其行业集聚情况进行综合分析。

行业集中度指数计算公式为

$$C_n = \frac{\sum_{i=1}^{n} S_{ij}}{\sum_{i=1}^{N} S_{ij}} \qquad (2\text{-}15)$$

其中:C_n 表示行业集中度,S_{ij} 为第 i 个省市第 j 个行业的工业总产值。行业集中度的实质是行业前 n 个省市产值占全国总产值的比例,可以直观反映行业在主要地区的集中情况。在实际计算中常用 C_4 或者 C_8 来表示某个行业的集中度。其中,C_4 是指在某个行业中产值最大的4个省份的总产值占全国总产值的比重,C_8 是指在某个行业中产值最大的8个省份的总产值占全国总产值的比重。一般认为,如果某个行业的 $C_4 > 30\%$,则表明该行业具有明显的产业集聚特征。图2-4给出了1995—2013年中国纺织业集中度的变动情况。

从图2-4中发现,首先,从行业的整体情况看,1995—2013年中国28个省市纺织业的行业集中度指数 C_4 和 C_8 均大于30%,说明样本期间中国纺织业具有明显的集聚特征;其次,从行业的纵向变化情况看,1995年以来中国纺织业发展经历了产业集聚程度的上升和下降两个阶段,1995—2004年纺织业的产业集聚程度不断增强,而从2005年开始中国纺织业的产业集聚程度出现了下降的趋势,尤其是2008年之后下降趋势更为明显。这主要是由于2008年全球经济危机爆发,给中国对外贸易带来一定程度的影响,而中国作为纺织品出口大国,2008年之后纺织业的行业集中度出现了明显的下降趋势。

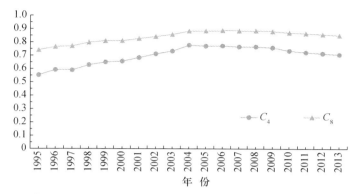

图 2-4　1995—2013 年中国纺织业产业集中度变动情况[①]

数据来源:中国纺织工业发展报告,笔者计算制图.

区位熵指数(location quotient)又称地区专业化指数,是一种测算某个产业地方专业化程度的重要指标,同时也可以用来对行业集聚的可能性进行判断。一般认为,如果区位熵指数大于1,则表明某个地区的某个产业在全国范围内具有明显的竞争优势,同时也表明该产业的集聚能力相对比较强。区位熵指数计算公式为

$$Q_{ij} = \frac{S_{ij}/\sum_i S_{ij}}{\sum_j S_{ij}/\sum_i \sum_j S_{ij}}$$

$$i = 1,2,\cdots,m;\ j = 1,2,\cdots,k \qquad (2\text{-}16)$$

式中:Q_{ij} 为第 i 个省市第 j 个行业的区位熵指数,s_{ij} 为第 i 个省市第 j 个行业的工业总产值。从计算公式可以看出,区位熵指数其实是 i 省市 j 行业集中程度同 i 省市整体工业产业集中程度之间的比较。当区位熵大于 1 时,说明 i 省市 j 行业产业集中程度要高于该省市整体工业产业的集中水平,j 行业集聚现象比较明显;当区位熵小于 1 时,说明 i 省市 j 行业的产业集中程度要低于该省市整体工业产业的集中水平,j 行业集聚现象相对不明显。表 2-9 为样本期间中国东、中、西部纺织业的区位熵均值情况。

---

① C_4 为江苏、浙江、山东和广东四省的纺织业产值占全国纺织业总产值的比重;C_8 为江苏、浙江、山东、广东、湖北、上海、河南和福建八省的纺织业产值占全国纺织业总产值的比重.

表 2-9　中国东、中、西部纺织业的区位熵均值情况

年份	东部	中部	西部
1995	1.5646	0.9843	0.7541
1996	1.6215	0.9121	0.7177
1997	1.6729	0.9735	0.6957
1998	1.6588	0.8647	0.6282
1999	1.5372	0.8268	0.6280
2000	1.2068	0.6251	0.5193
2001	1.1893	0.6137	0.5168
2002	1.1055	0.6071	0.5011
2003	1.0697	0.6475	0.5012
2004	1.1052	0.6843	0.4328
2005	1.0411	0.7290	0.4219
2006	1.0128	0.7726	0.4827
2007	1.0223	0.8456	0.5506
2008	0.9625	0.8487	0.6205
2009	0.9507	0.8442	0.5932
2010	1.0044	0.9096	0.7015
2011	0.9337	1.0150	0.6844
2012	0.9650	0.9275	0.7094
2013	0.9605	0.9632	0.7548
各年均值	1.1887	0.8208	0.6007

数据来源:中国工业统计年鉴,笔者计算制表.

从表 2-9 可以看到,东部地区纺织业区位熵的各年平均水平为 1.1887,说明样本期内其纺织业的产业集中程度高于全国水平,存在较为明显的行业集聚现象。中部地区和西部地区纺织业区位熵的各年平均水平分别为 0.8208 和 0.6007,说明样本期内,中西部地区纺织业的产业集中程度略低,相对东部地区而言,集聚优势不明显。从 1995—2004 年,东部地区纺织业的区位熵基本呈现递增的趋势,从 2005 年开始,东部地区纺织业的区位熵呈现了逐渐递减的趋势。2005 年东部地区纺织业的区位熵是 1.0411,到 2013 年则下降至 0.9605。与之相反,从 2005 年开始,中部地区纺织业的区位熵呈现了逐渐增加的趋势。2005 年,中部地区纺织业的区位熵为 0.7290,截止到 2013 年,中部地区纺织业的区位熵为 0.9632。西部地区纺织业的区位熵从 2006 年起也呈现了缓慢上升的趋势,到 2013 年上升到 0.7548。这在一定程度上也印证了在中国政府提出中部崛起计划之后,纺织业在一定程度上开始从东部向中部和西部转移。其中,向中部转移的更为明

显。目前,虽然纺织业呈现出从东部向中西部地区转移的态势,但东部地区的纺织业的集聚程度依然相对较高,纺织业集聚程度由高到低排列分别为东部、中部和西部地区。

我们在 Stata 软件的帮助下得到了模型的计量分析结果,各变量的系数及检验结果表明:首先,地区的经济发展程度、能源价格和科技研发投入、企业规模同其纺织业的全要素能源效率之间均存在着显著的正向相关关系。企业规模的系数是 0.4414,说明企业规模增大 1%,纺织业全要素能源效率将相应提高 0.4414%;经济发展程度的系数为 0.0201,说明地区经济发展程度上升 1%,纺织业全要素能源效率将对应提高 0.0201%;能源价格的系数为 0.1442,说明能源价格上升 1%,纺织业全要素能源效率将提高 0.1442%;科技研发投入系数为 0.0348,说明科技研发投入提高 1%,纺织业全要素能源效率将提高 0.0348%。其次,第一门限区间和第二门限区间内,中国纺织业集聚同全要素能源效率之间存在显著的正向相关关系。第三门限区间,中国纺织业集聚同全要素能源效率之间不存在显著的相关关系。第一门限区间内,中国纺织业集聚同全要素能源效率之间存在的行业集聚系数为 0.7468,第二门限区间内,中国纺织业集聚同全要素能源效率之间存在的行业集聚系数为 0.2098。这说明行业集聚小于一定程度时,纺织业的行业集聚程度提高 1%,将促进纺织业全要素能源效率提高 0.7468%。值得注意的是,纺织业的集聚程度并非越高就越能促进行业能源效率的提高。从估计结果看,第三门限区间内行业集聚指数的系数为负,说明集聚程度大于第三门限区间时,再提高行业聚集度反而不会促进能源效率提高,但系数没有通过显著性检验,说明作用的效果不明显。原因在于随着产业集聚程度的逐渐提高,产业集聚的负外部性问题也开始逐渐呈现。特定区域内的企业数量过度增长,各企业间不再依靠竞争协作发展壮大,更多的是依靠"搭便车",企业也逐渐不再将战略重点放在技术创新上,而是为了节约成本一味地走复制、模仿的道路,从而阻碍了新技术的开发与传播以及能源效率的提高。

中国区域经济发展战略有利于改善纺织业产业集聚不均衡状况。不论是从纺织业产业集聚的整体表现来看,还是从区域内部各个省市纺织业产业集聚的个体表现来看,都可以得到以下结论:第一,中国纺织业的集聚特征明显,并呈现了在国家的区域战略调整下,由东部逐渐向中部和西部转移的特征;第二,国家的区域战略调整,使得纺织业在一定程度上由东部向中部和西部转移,在一定程度上缩小了东部和中部、西部之间的差距,并且显著地促进了行业能源效率的提高。

2. 小结

本节根据 1995—2013 年中国 28 个省市纺织业的面板数据,为了深入分析纺织业在不同产业集聚水平下,产业集聚对能源效率的影响存在差异,利用门限回归模型扩展到非线性框架。通过构建以纺织业产业集聚水平为门限变量的双门限回归模型,对中国28个省市纺织业全要素能源效率和产业集聚程度之间的关系进行了分析研究,结果显示:

第一,产业集聚影响全要素能源效率时存在着门限效应,伴随着产业集聚水平的不断提高其影响将逐步减弱,中国纺织业的产业集聚有最佳规模。该结论表明产业集聚在影响全要素能源效率的过程中,遵循了边际效应递减规律,过度的产业集聚会导致生产要素发生拥挤效应,如地价上涨、污染集中和恶性竞争等。生产企业在效率改进、技术创新等方面的潜能,在一定程度上会由于集聚成本的积累而削弱,这导致产业集聚影响全要素能源效率的作用强度降低。与学者Hoover(1963)得出产业集聚存在最佳规模的观点相一致。

第二,地区的经济发展程度、能源价格、科技研发投入、企业规模同其纺织业的全要素能源效率之间均存在着显著的正相关关系。

第三,中国纺织业产业集聚与能源效率之间呈现"倒U型"关系。在产业集聚水平较低的区间,产业集聚水平的提升有助于能源效率的提升,而当产业集聚程度达到一定水平时,纺织业产业集聚和能源效率则呈现负向的关系。换言之,纺织业的集聚程度并非越高就越能促进行业全要素能源效率的提高,也并非提高每个省市的纺织业集聚程度都会促进行业能源效率的提高。

第四,中国区域发展战略调整使得东部地区纺织业在一定程度上向中部和西部转移,而且在一定程度上提高了整个行业的能源效率水平。

基于以上研究结论,得到以下启示:

(1)坚持区域化合作,因地制宜解决自身问题。各省市由于资源禀赋、地理位置、经济状况等方面的差异,导致各省市纺织业的集聚程度存在较大的差异。因此,政府应该针对不同区域纺织业的发展现状,因地制宜,制定相应的政策。同时,要增强不同产业集聚区之间的交流与合作,积极寻找其和谐发展的增长点。

(2)各地政府应主动打破地域之间长期以来形成的壁垒,加强对各产业集聚区的监管,积极促进和鼓励区域间的合作,确保生产要素在不同区域之间能够畅通的流动。同时,不断加强和完善产业集聚区内外部的配套设施建设,比如金融、物流和通信服务等。对于产业集聚指数已超过纺织业平均集聚指数1.3865的浙江、山东、湖北等省市,由于其纺织业的集聚程度较高,并已经初步呈现出规模化和集群化的特征,因而现阶段需要将重点放在技术创新等方面,维持产业集聚的现状即可;对于中西部地区某些产业集聚水平相对较低的省市,需要根据当地纺织业的实际发展情况,制定符合当地纺织业发展的政策,引导和促进其产业集聚水平的不断提高;对于特别落后的一些地区,需要进一步加强政策引导和扶持力度,通过外部力量来推动产业集聚。

综上所述，各地区在探索纺织业产业集聚的过程中，不能一味地照搬经典案例，而应该从本地实际出发，因地制宜，找到适合自身的发展道路。

2.2.4 纺织业对外贸易和能源效率分析[①]

减少能源消耗和提高能源效率，是我国目前重要的节能思路。提高能源效率是在保证经济增长的前提下实现节能减排的重要手段。技术进步是提升中国纺织业全要素能源效率的重要因素之一，而对外贸易又是促进技术进步的一个重要因素（高大伟等，2010）。林伯强和刘泓汛（2015）实证研究发现，对外贸易是促进技术进步的一个重要源泉，也是提高能源效率水平的关键动力之一。一般来讲，企业通过对外贸易来提高能源效率水平，包括主动和被动两个层面的含义：主动层面而言，对外贸易给企业提供了学习先进技术的良好机会；被动层面而言，企业进行对外贸易必须接受国际市场对产品质量等方面更高的要求，面对更加激烈的国际市场竞争，因此，企业不得不提高自身的管理和技术水平。无论是主动层面还是被动层面，它们对提高行业的能源效率均具有较大的正向促进作用。国内学者关于能源效率和对外贸易的相关研究主要包括以下三类：第一类研究是以单要素能源效率指标为基础，比如能源强度等，深入分析单要素能源效率和对外贸易之间的关系（史丹，2002）；第二类研究是以全要素能源效率为基础，采用 Hu 和 Wang 的研究方法，以全要素能源效率为因变量，进而深入分析能源效率和对外贸易之间的关系（高大伟和周德群，2010）；第三类研究的主要对象是工业行业或者是全国以及某个区域，如谢建国等（2009）、李坤望等（2014）、吴晓怡等（2016）。

由于对外贸易对技术进步具有显著的促进作用，纺织业能源强度下降和进出口总额占整个行业总产值比重的持续上涨可能不是完全巧合。中国是世界第一大纺织品出口国，贸易发展成为纺织业走向世界的助推器，分析纺织业能源效率和对外贸易之间的关系，明确对外贸易通过哪种途径影响能源效率，能够为整体提升纺织业发展和效率水平提高，提供有用的政策建议。

目前关于对外贸易与能源效率的研究，学者们从多个角度进行了深入的分析，发现对外贸易能够有效促进能源效率的提高。如史丹（2002）认为提高一个国家的对外开放程度，能够有效扩大该国的对外贸易规模，进而带动产业结构升级及技术进步，从而在一定程度上促进了能源效率的提高。但鲜有文献以某个行业作为研究对象，研究对外贸易和能源效率之间的关系。其次，对外贸易能够通过竞争效应等促进能源效率的提高，反过来，能源效率也可能会促进对外贸易发展，二者之间可能存在着双向因果关系。纵观国内关于对外贸易和效率的相关文献，

[①] 本小节在参考"赵红丽，林伯强.中国纺织业对外贸易和能源效率分析[J].厦门大学能源经济与能源政策协同创新中心工作论文，2017."的基础上进行修改和完善。

发现鲜有文献对模型的内生性进行规避处理;此外,深入探讨对外贸易影响能源效率的作用机制及途径的文献还很匮乏。

随着改革开放的推进,中国对外贸易规模迅速扩大的同时,也迎来了新的机遇和挑战。"九五"规划期间,我国的进出口总额上升的较为平缓。从"十五"规划开始,进出口总额开始以迅猛之势发展。1995 年,中国出口总额为 1487.8 亿美元,2013 年中国出口总额上升至 22 100.2 亿美元,是 1995 年的 14 倍。尽管纺织业出口额也在逐渐增加,但增加的幅度却远低于中国出口总额增长的幅度,这一现象主要表现在纺织业出口额占中国总出口额的比重上。纺织业出口额占中国总出口额的比重呈现逐渐下降的趋势,这可能是因为纺织业作为早期发展起来的传统产业,随着中国改革开放和经济的迅速发展,其他产业相继发展壮大,纺织业作为传统的劳动密集型产业,相对于其他的资本和技术密集型产业发展较慢。

本节采用 1995—2013 年各个省市的纺织业数据进行估计。其中,在第一次回归中仅考虑了对外贸易变量;第二次回归中加入研发投入、所有制结构和能源价格三个解释变量,但没有控制省市异质性和时间异质性;进一步,为了减少不可观测变量对结果的影响,第三次回归中加入了年份和省市两个虚拟变量,以控制纺织业的年份和省市固定效应。结果表明,中国纺织业对外贸易对能源效率具有显著的影响,且方向为正,这与理论预期一致。由于对外贸易这一关键自变量与能源效率之间可能存在双向因果关系,即通过影响贸易比较优势,能源效率高的企业可能更倾向于进行对外贸易,这可能会引发内生性问题。实践中,导致内生性的原因比较多,比如遗漏变量、衡量偏差,或者变量间存在双向因果,其中由于自变量和因变量之间的联立性(即互为因果关系)导致的内生性问题,就需要建立联立方程组模型来进行分析。

由于对外贸易的内生性问题可能会导致估计结果在一定程度上存在偏误,为了规避内生性问题可能会对估计产生不利影响,本节将在 Tobit 模型的基础上,进一步引入混合联立方程模型,来有效解决变量双向因果的问题。

对外贸易比较显著的特点在于其拥有比较优势,一般而言,生产率较高的行业或部门的比较优势更为明显。首先,从出口贸易的角度来分析,根据学者 Melitz(2003)的研究发现,与非出口企业相比,出口企业具有独特的优势,二者之间的生产率存在着明显的差异。这主要归因于两个效应,即"自我选择效应"和"出口学习效应":前者是指能源效率高的企业在对外贸易中具有比较优势,为了应对激烈的国际市场竞争,满足出口要求,企业必须提高自身产品的质量及生产技术水平,这进一步推动了对外贸易的发展;后者是指对外贸易给企业提供了向国外学习先进技术的机会,自然也对改进生产率具有较大的帮助(范子英和田彬彬,2014)。学者们指出,能源效率是企业生产率的有机组成部分。因此,"自我选择效应"和

"出口学习效应"依然适用于能源效率。从进口贸易的角度来分析,进口贸易提高能源效率则更为直观,企业通过进口可以直接学习到国外先进的技术和经验,这有利于节约能源消耗,促进能源效率的提高。反过来,能源效率对进口的影响可能是由于出口的需求效应。

为了有效解决变量的双向因果问题,很多学者采用工具变量,利用两阶段法对被解释变量反向作用于解释变量的过程进行控制,但此方法一定程度上也存在着缺陷,比如作用的大小和方向都不容易辨别。本节参考林伯强和刘泓汛(2015)的研究,尝试采用联立方程组来规避内生性问题,探讨对外贸易和能源效率之间的关系。估计结果进一步证实了纺织业对外贸易对能源效率具有显著的正向影响,影响系数为0.0639。由于区域和年份作为不可观测因素可能会对实证估计产生一定的影响,因此,在进一步控制省市和年份固定效应后,重新进行实证估计,结果表明:在1%的显著性水平下,纺织业对外贸易对能源效率提高具有显著的正向影响。加入虚拟变量省市和年份,控制了固定效应后发现,与未控制固定效应相比,影响系数增大了很多,从之前的0.0639增大到0.2338,这在一定程度上也证实了省市和年份的异质性的确对模型的实证结果产生了影响。因此,在方程中加入了省市和年份的虚拟变量,以控制地区和时间效应,是非常有必要的。这些结果也进一步支持了我们的结论:纺织业对外贸易对纺织业能源效率具有显著的影响,且有利于提高纺织业的能源效率。

由实证结果可以得知,纺织业研发投入在控制了省市和年份的固定效应后,研发投入对能源效率的影响均显著为正,由此可见,增加纺织业的研发投入能够有效促进纺织业能源效率提高。这主要是因为研发投入的多少在一定程度上反映了纺织企业对自身拥有的技术水平以及技术创新的重视程度,在技术研发方面增加更多的财力和物力,可以开发出更先进的纺织生产技术以及更有效的管理方式,促进行业的技术进步,从而使得纺织业的能源利用更充分和高效。能源价格在控制了省市和年份的固定效应后,对纺织业能源效率的影响也是显著的,且影响系数为正,这说明能源价格上涨,对提高纺织业能源效率具有促进作用。对于以煤炭和电力为主要能源消费品种的纺织业而言,能源价格上涨增加了企业的成本,能够有效激励企业节约能源,减少能源消耗,降低生产成本,最终促进纺织业能源效率水平的提升。

目前,我国的能源价格仍然以政府定价为主,市场化程度较低(林伯强和王锋,2009),因此,加快能源价格改革对提高能源利用效率,具有非常积极的作用和意义。所有制结构也对我国纺织业能源效率具有显著的影响,且影响系数显著为负,这和我们的预期以及大多数研究成果是一致的。这主要是因为国有企业在竞争机制等方面存在不足,在生产经营行为的理性化方面存在不足。因此,所有制

结构作为生产要素的重要组成部分,随着国有化程度的提高,企业能源利用效率则会降低。因此,所有制结构中的国有经济比重越大,则越会对能源效率提高产生负面的影响。

本节利用中国纺织业面板数据,考查了对外贸易对纺织业能源效率的影响及其作用机制,主要研究结论如下:

(1)一方面,企业通过积极参与对外贸易可以学习到国外的先进技术和经验,从而对提升能源效率起到正向的促进作用;另一方面,一般而言,能源效率相对较高的企业则具有明显的比较优势,相对更有实力和意愿参与对外贸易。因此,为了规避内生性问题,采用包含 Tobit 的混合联立方程组进行实证分析。实证结果显示,纺织业的对外贸易对其能源效率的提升具有正向促进作用,并通过进口和出口来影响能源效率。其中,进口贸易对纺织业能源效率的影响程度更大。今后应逐渐改变我国长期以来形成的依靠廉价劳动力的加工贸易方式,扩大纺织业的开放程度,推动出口的同时鼓励向国外学习先进技术,进口先进的中间产品和生产设备。

(2)研究结果还验证了研发投入、所有制结构和能源价格都对中国纺织业能源效率具有显著的影响。其中,研发投入和能源价格对能源效率具有显著的正向影响;所有者结构对能源效率则是负向影响。研发投入的多少在一定程度上反映了企业对自身的技术水平以及技术创新的重视程度,研发投入对提高能源效率具有正向的促进作用。政府和企业需要不断加大研发投入的力度,投入更多的财力和物力,开发出更先进的生产设备以及采取更有效的管理方式,使得能源利用更充分和高效。所有制结构对能源效率具有显著的负向影响,增大国有化程度并不利于纺织业能源效率提高,反而会导致纺织业能源效率的下降。能源价格上涨能够有效激励企业节约能源,减少能源消耗,降低生产成本,最终促进能源效率提升。当前,中国的能源价格相对较低,但这并不能真正反映资源的稀缺性。这些都为中国纺织业提高行业能源效率提供了思路,可以进一步加大国企改革的步伐,鼓励和支持民营企业参与改革。同时要推动能源价格改革,理顺能源价格的形成机制,使得能源价格能够真正反映出资源的稀缺性,早日实现能源供求的市场化。

2.3 轻工业——造纸行业能源发展利用

2.3.1 造纸及纸制品行业生产及发展简介

造纸及纸制品行业与民生和经济发展密切相关。行业生产的主要产品为纸浆、纸以及纸制产品三类。其中,纸浆产品主要包括木浆、废纸浆和非木柴浆三大类,纸和纸板产品则主要包括书写、制图及复制用纸和纸板类、印刷用纸和纸板类、加工纸原纸类、包装用纸和纸板类、技术用纸和纸板类、生活、卫生及装饰纸和纸板类六大类。纸浆产品除了直接用于造纸之外,同时也是塑料、胶片、人造丝、喷漆、乳化剂等其他工业产品的重要化工原料。而纸和纸板产品除了被大量用于书写印刷、生活、包装以外,也被运用到军工、电子、医药等行业领域。

根据国家经济行业分类标准,造纸及纸制品行业可以细分为纸浆制造、造纸以及纸制品制造三个大类子行业和木竹浆制造、非木竹浆制造、机制纸及纸质版制造、手工纸制造、加工纸制造、纸和纸板容器制造以及其他纸制品制造七个小类子行业。各大类子行业和小类子行业的具体分属情况如图2-5所示。

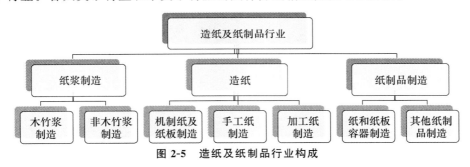

图2-5 造纸及纸制品行业构成

从大类子行业来看,2013年中国经济普查数据显示,造纸及纸制品行业共有7063家规模以上企业,其中,纸浆制造业50家,造纸业3056家,纸制品制造业3957家。从销售产值来看,2013年纸浆制造业的产值占到造纸及纸制品行业的1.03%,造纸业占到58.49%,纸制品制造业占到40.48%。从资产总值来看,纸浆制造业的资产总值占到造纸及纸制品行业的2.44%,造纸业占到72.04%,纸制品制造业则占到了25.52%。显然,造纸及纸制品行业下分大类子行业中比重最大的是造纸业,最小的是纸浆制造业。

小类子行业中占比最高的是机制纸及纸板制造业。2013年行业规模以上企业总数为2711个,工业销售总产值为7202.04亿人民币,行业资产总计8929.2亿人民币,分别占造纸及纸制品行业的38.38%、55.50%和69.50%。其次为纸和纸板容器制造业,规模以上企业总数、工业销售总产值和行业资产分别占到造纸及纸制品行业的34.87%、24.89%和14.57%。再次为其他纸制品制造业,规模以上企业总数、工业销售总产值和行业资产分别占到造纸及纸制品行业的21.15%、15.59%和10.95%。相比上述三个行业,其他小类子行业的规模明显不如。各小类子行业份额构成具体如图2-6所示。

中国虽然是造纸术的发源地,但机器制纸的历史却没有其他传统工业强国来得久远。18世纪工业革命就开始兴起,但近一个世纪后中国才出现了第一家机器造纸厂(上海华章造纸厂)。新中国成立之前,造纸及纸制品行业的发展十分缓

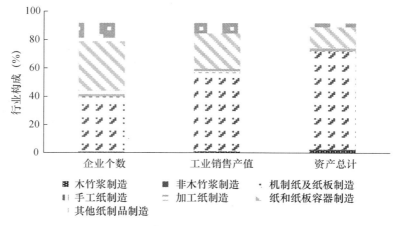

图 2-6 造纸及纸制品行业构成情况

数据来源：中国经济普查年鉴 2013.

慢，产品多为普通的书写、印刷、生活以及包装用纸，且市场消费大量依赖进口。建国初期，政府一方面对原有的造纸企业进行改造，另一方面新增建设了一批重点行业企业，造纸行业开始稳步发展。"大跃进"以及"文革"期间，造纸行业先后经历了冒进式发展、调整巩固、混乱发展等时期，行业发展时进时停，相对无序。但十一届三中全会之后，尤其是改革开放之后，造纸及纸制品行业发展开始迈入新阶段。在"调整、改革、整顿、提高"的方针和对外开放政策的指导和激励下，造纸及纸制品行业不论是在生产总量上还是在生产设备、工艺上都得到了很大的提高。中国工业统计年鉴相关统计数据显示，1978—2015 年，中国造纸及纸制品行业机制纸及纸板产品产量从 439 万吨增加到 11 742.77 万吨，年均增长约为 290 万吨。曹朴芳(2009)的文章中初步统计发现，1979—2006 年造纸及纸制品行业完成固定资产投资 2925.67 万元，引进技术、设备和生产线 2000 余项。此外，行业先后成立了专门的造纸实验室及工程研究中心，在产品、材料、技术、设备开发方面取得了丰硕的成果。中国造纸年鉴相关资料表明，仅 2013 年，中国造纸及纸制品行业就取得超过 600 项的授权专利。

2.3.2 造纸及纸制品行业具体用能情况

造纸及纸制品行业生产中各个环节耗能情况不一，纸浆制造和纸及纸板产品生产是行业生产过程中最为耗能的两个环节。何北海(2007)在《造纸工业清洁生产原理与技术》一书中谈及制浆造纸过程中各个工艺环节的能耗时说到：漂白化学浆生产到加工纸或纸板产品的过程中，"① 采伐与锯木不到总能量的 1%；② 原木去皮不到总能量的 1%；③ 原木削片不到总能量的 1%；④ 原料蒸煮占总能量的 46%；⑤ 纸浆漂白占总能量的 4%…⑥ 生产纸及纸板占总能耗的 43%；⑦ 纸和纸板加工占总能耗的 5%。"

从来源形式上看,造纸及纸制品行业消耗的能源可以分为外购能源和自产能源两种。外购能源指行业企业外购所得的煤炭、石油、天然气、电力等能源,自产能源包括企业自产能源以及生产过程中的伴生能源、废料、废液等。先进国家造纸及纸制品行业的能源自给率可达 50%,甚至达 60% 左右,而我国行业的能源自给率表现相对较差,少数表现较好的企业在 30% 左右,相当部分中小企业对于伴生能源和废料、废液等的利用几乎为零。而从消费品种上看,造纸及纸制品行业生产所消耗的能源主要包括煤炭、电力、石油和天然气等,其中又以煤炭为主。《中国能源统计年鉴 2016》提供的行业能源消费数据显示 2015 年行业终端煤炭消费合计 1059.82 万吨标准煤,石油消费合计 44.14 万吨标准煤,天然气(包括液化天然气)消费合计 111.55 万吨标准煤,热力消费合计 687.62 万吨标准煤,电力消费合计 780.32 万吨标准煤,其他能源消费合计 111.08 万吨标准煤。

从各个能源品种具体消费变动来看,行业总体能源消费呈现出电力和天然气对煤炭和石油进行替代的趋势。图 2-7 是基于《中国能源统计年鉴 2016》中给出的行业各年各能源品种消费量(实物量)绘制的能源品种消费趋势。明显,"十二五"规划期之前,行业煤炭的消费总量一直在不断上升,进入"十二五"之后,尤其是 2013 年之后,行业煤炭消费总量出现了大幅下降。另一方面,行业的石油消费从"十一五"开始就处于不断下降的趋势,而行业的天然气消费和电力消费则一直在不断上升。

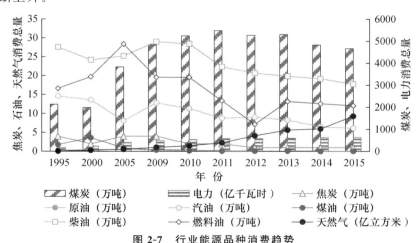

图 2-7 行业能源品种消费趋势

数据来源:中国能源统计年鉴 2016.

随着技术和工艺的发展,造纸及纸制品行业的能源效率一直在提升。中国能源统计年鉴中给出了 1990—2015 年间,中国和日本两国的纸和纸板综合能耗变

动情况(表 2-10)。1990 年,中国纸和纸板的综合能耗在 1550 千克标准煤/吨左右,2015 年这一数值为 1045 千克标准煤/吨,在 1990 年的基础上下降了 32.6%。然而,对比同期日本纸和纸板综合能耗的具体数值可以发现:中国造纸及纸制品行业的能源效率虽然在已有基础上有所提高,但是离先进水平还有非常大的距离。从表 2-10 中可以看到,不论是在 20 世纪的 90 年代,还是在近年,中国纸和纸板的综合能耗均是同期日本纸和纸板产品综合能耗的 2 倍有余。

表 2-10　中国及日本纸和纸板综合能耗变动　(单位:千克标准煤/吨)

年份	1990	2000	2005	2010	2011	2012	2013	2014	2015
中国	1550	1540	1380	1200	1170	1128	1087	1050	1045
日本	744	678	640	581	531	508	530	506	—

数据来源:《中国能源统计年鉴 2016》。

全要素能源效率测算了实际能源投入与最优能源投入之间的比值,因此,全要素能源效率对行业能源节约空间①的呈现更为直观。全要素能源效率数值小于 1 说明生产单位存在能源效率改进空间,全要素能源效率数值等于 1 说明生产单位已经实现现有技术水平下的最优生产,不存在效率改进空间。

表 2-11 是于 1990—2013 年在 29 个省、直辖市和自治区造纸及纸制品行业投入和产出数据的基础上测算的不同前沿下的全要素能源效率,具体测算方法可以参见 Zheng 和 Lin(2017)。共同前沿下,全要素能源效率的测算没有考虑地区间②行业生产技术的差异。群组前沿下,全要素能源效率的测算则排除了地区间行业生产技术差异的影响。

表 2-11　造纸及纸制品行业全要素能源效率测算结果

时间段		1999—2003	2004—2008	2009—2013	1999—2013
共同前沿	均值	0.3542	0.3723	0.4494	0.3920
	最小值	0.0214	0.0306	0.0751	0.0214
	最大值	1.0000	1.0000	1.0000	1.0000
群组前沿	均值	0.5373	0.6018	0.5879	0.5757
	最小值	0.0497	0.0726	0.0950	0.0497
	最大值	1.0000	1.0000	1.0000	1.0000

---

① 此处的节能空间指的是在技术前沿不变的情况下的能源节约可能,也就是最优技术不变情况下的能源节约可能。

② 样本省市的区域划分主要基于地理区域,分为东、中、西三大区域,具体参见 Zheng 和 Lin(2017)。

表中结果显示1999—2013年间,不考虑地区间生产技术差异时,样本省份中造纸及纸制品行业最高可以节约超过90%能源投入,平均来看行业能源消费节约空间约为60%;而即使考虑了地区间生产技术差异的影响,样本省份中行业最高依旧可以节约超过90%的能源投入,只是此时行业平均节能空间降为43%左右。此外,从不同时期的全要素能源效率大小来看,行业的节能空间随着时间的降低处于下降的趋势。

2.3.3　行业结构调整与能源效率改善[①]

能源效率存在改善空间对于中国、甚至全球所有的经济行业而言都是一个普遍现象。不同的是,相比其他发达国家的行业而言,中国造纸及纸制品行业能源效率改善的空间更大。原因有多方面,除了原料结构、能源结构、产能落后等之外,企业规模偏小和国有企业问题等行业结构问题也是原因之一。

在企业规模的问题上,绝大部分的学者认为:一方面,规模越大的企业往往拥有越强的融资实力,能够引进更加高效的机器设备、更加专业的人才,投入更多的研发支出;另一方面,规模越大的企业越可能实现或深化劳动分工,从而提高劳动者的熟练程度,减少生产环节转换中所产生的无意义劳动时间等。因此规模越大的企业,其生产效率往往越高。

而在所有制结构对企业效率的影响这一问题上,普遍的看法是:国有企业效率的生产、创新和环境效率在一定程度上要弱于其他类型的企业。国有企业一般由政府投资或控股,因为政策性任务的约束,容易偏离利润最大化的经济目标。即使没有政策性任务约束,国有企业也可能因为资源、政策等方面的特权以及制度上的不足导致生产上的无效率。相比之下,产权关系相对明晰,管理、监督和激励机制相对完善的非国有企业可以更为迅速和理性地对市场信息做出反应,在效率表现上因而往往要优于国有企业。

针对造纸及纸制品行业存在的结构性问题,政府出台了一系列对应的政策措施。90年代初开始,中国政府就针对工业行业中普遍存在的国有企业低效率的问题展开对应改革,包括通过向国有企业中引入其他成分,鼓励中小型企业改组、兼并,承包出售小型国企等。而针对造纸及纸制品行业的产能落后和规模偏小问题,政府一方面制定了明确的产能淘汰计划,另一方面在《造纸及纸制品行业"十二五"规划》中明确指出"十二五"期间行业将培育龙头骨干企业、引导中小企业向"专、精、特、新"的方向发展以及对新建、改扩建项目突出起始规模等。

[①] 本节在参考"Zheng Q. Y., Lin B. Q., 2017. Industrial polices and improved energy efficiency in China's paper industry. Journal of Cleaner Production,accepted"的基础上修改完成。

政府的努力取得了不错的效果,20世纪90年代到现在,造纸及纸制品行业的结构特征出现了显著的变化。

(1)国有及国有控股企业以及集体企业正在从行业中大量退出。从统计年鉴和经济普查年鉴中造纸及纸制品行业不同所有制结构企业的指标数据来看:

① 企业数量方面。1999年国有及国有控股企业数量在全行业中的占比为25.96%,集体企业数量占比为38.94%;到了2011年国有及国有控股企业数量占比只有1.80%,而集体企业数量占比也仅剩2.63%。与国有成分和集体成分相对应的是港澳台及外商投资企业,特别是私营企业数量的大幅上升。港澳台及外商投资企业数量占比从1999年的13.91%上涨到了2011年的16.43%。私营企业2004年之前的统计数据虽然无法获得,但就2004—2011年的表现来看,私营企业数量占比从49.04%一路上升到59.13%,年均增速2.83%。

② 销售收入和资产方面。国有及国有控股企业和集体企业的销售收入占比分别从1999年的30.15%和27.34%下降至2011年的6.87%和2.87%,资产占比分别从1999年的49.02%和15.98%下降到2011年的12.10%和1.17%。港澳台及外商投资企业销售收入占比则呈现先升后降的趋势,产出份额先从1999年的28.27%上升到2006年的36.09%,随后又一路降回2011年的28.34%。而港澳台及外商投资企业的资产占比一路从1999年的29.82%上升到2011年的44.19%。私营企业销售收入和总资产的数据表明其行业占比一直在不断上升:销售收入从2004年的26.32%上升到了2011年的38.22%,资产占比则从2004年的16.28%上升到20.45%。

(2)造纸及纸制品行业企业规模一直在不断提高。从单个企业的销售收入来看,1999年造纸及纸制品行业单个企业的销售收入(1990不变价,下同)平均为15.12百万人民币,2011这一数值上升到了89.57百万人民币,年均增速17.00%。其中:国有及国有控股企业单个企业的规模从1999年的17.56百万人民币提高到2011年的342.63百万人民币;集体企业单个企业的规模从1999年的10.68百万人民币提高到2011年的97.89百万人民币;港澳台及外商投资企业单个企业的规模则从1999年的30.71百万人民币提高到2011年的154.50百万人民币;而私营企业单个企业的规模则从2004年的13.67百万人民币提高到57.90百万人民币。

而行业中各个所有制结构类型企业的占比及规模数据同时也表明:造纸及纸制品行业中国有企业的所有制改革正如《中共中央关于制定国民经济和社会发展"九五"计划和2010年远景目标的建议》中所提到的那样,采取的是"抓大放小"的方式。大量中小型国企通过重组、兼并、租赁和出售等多种方式从行业中推出,留下的国有企业至少在企业规模上要远远高于其他所有所有制类型的同行业企业。

在基于造纸及纸制品行业发展现实的基础上,我们进一步引入计量面板经济模型,在1999—2013年造纸及纸制品行业省级面板数据的基础上,就行业结构调整对造纸及纸制品行业能源效率的影响展开量化分析。

计量面板经济模型如式(2-17)所示:

$$EE_{j,t} = \alpha + \beta_1 OS_{j,t} + \beta_2 FS_{j,t} + \beta_3 Dev_{j,t} + \beta_4 EP_{j,t} + \varepsilon_{j,t} \quad (2\text{-}17)$$

其中:$EE_{j,t}$是j省/直辖市/自治区造纸及纸制品行业t时刻的全要素动态能源效率,$OS_{j,t}$是j省/直辖市/自治区造纸及纸制品行业t时刻的所有制结构,$FS_{j,t}$是j省/直辖市/自治区造纸及纸制品行业t时刻的企业规模大小。相关的研究表明,能源效率的可能影响因素不只是所有制结构和企业规模,如经济发展水平、研发投入、能源价格和能源结构等因素都可能对其造成影响。考虑到数据现实,我们除所有制结构和企业规模之外,同时在模型中加入了经济发展水平和能源价格两个控制变量,$Dev_{j,t}$和$EP_{j,t}$即分别是j省/直辖市/自治区的经济发展水平和能源价格水平。

各个变量的指标选择和数据来源如下:

(1) 所有制结构。前人在对所有制结构和企业经济绩效之间的关系进行计量分析时,多通过先区分企业的所有制形式,再对不同所有制组别中的企业分开建模并跨组比较或者在实证模型中引入所有制虚拟变量的形式展开。但考虑到:一方面,我们研究的对象是中国的造纸及纸制品行业的能源效率,而实际中无法获得不同所有制组别企业的能源消费数据;另一方面,各个省市统计年鉴中报告的口径和数据指标差别很大,实际中无法获得所有省市国有及国有控股企业和其他类型企业的相关经济指标数据。最终,我们选择用造纸及纸制品行业中国有资本在实收资本中的占比来近似行业的所有制结构。数据主要来自中国工业统计年鉴和中国经济普查年鉴。

(2) 企业规模。学者们常用于测度企业规模的指标主要有单个企业的销售收入、单个企业的劳动人数以及单个企业的固定资产数量。考虑到机器替代劳动的趋势以及固定资产条目在统计时还包括了非生产用固定资产等条目,这些会对企业规模度量的准确性带来影响,因此我们选择用单个企业经造纸及纸制品行业工业品出厂价格指数进行不变价调整后的平均销售收入近似企业规模。其中:销售收入数据主要来自中国工业统计年鉴,造纸及纸制品行业工业品出厂价格指数来自中国价格统计年鉴。

(3) 地区经济发展水平。一般认为经济发展水平越高,能源生产效率也越高。一般经济发展水平越高的地方,生产条件和技术水平越高,生产活动越为密集,贸易也越为频繁。大量的生产活动一方面可以借助规模经济和知识、技术溢出间接促进生产效率的提高,另一方面可以通过就业机会和薪酬激励吸引大批优质劳动力直接提高生产效率。此外,经济越发达,投资实力也越强,因此越可能通过技术研发、技术引进和设备投资等方式提高生产效率。我们选用一省(市)的人均 GDP 指数近似该省(市)的经济发展水平。相关数据主要来自国家统计局。

(4)能源价格。许多研究表明能源价格同能源效率之间存在着正向的相关关系。在其他条件不变的情况下,能源价格上涨会通过成本压力迫使企业节能。因此一般而言,能源价格越高,能源效率也越高。我们采用各省市的燃料、动力类购进价格指数近似其能源价格,数据主要来自各省市统计年鉴。

在检验数据平稳等前期工作之后,我们在分别只考虑单个关键变量(所有制结构或企业规模)、考虑全部关键变量以及综合考虑关键和控制变量的不同计量面板模型下,对结构调整对行业能源效率的影响进行了详细的量化分析。实证结果表明:所有制结构和企业规模均对动态全要素能源效率存在显著影响。各个模型中所有制结构变量对动态全要素能源效率的影响系数虽然略有差异,但基本保持在 -0.20 上下,说明国有资本占比提高 1% 将导致动态全要素能源效率下降 0.20%(也就是全要素能源效率改善的速度下降 0.20%)。同样,企业规模则对动态全要素能源效率的影响系数保持在 0.06 上下,说明企业规模上升 1% 将带动动态全要素能源效率提高 0.06%。所有制结构系数中所隐含的信息与绝大多数现有研究的结论相同,即因为产权结构、管理制度及激励上的可能问题,国有企业在能源生产效率上要弱于其他非国有企业。此外,经济发展水平和能源价格对动态全要素能源效率的影响方向也与我们预期的相同,即经济发展水平的提高和能源价格的上升都将导致动态全要素能源效率的改善。而且经济发展水平对动态全要素能源效率的影响程度最高,经济发展水平提高 1% 将导致动态全要素能源效率同向提高 2.31%。同时,实证研究结果还显示能源价格影响的系数并不显著,这与部分现有研究不同。结合中国能源实际,我们认为这与中国能源价格的政府定价历史有关。中国政府从 90 年代开始逐步推动国内能源价格从政府定价向市场定价过渡。但能源价格改革的速度和幅度一直十分有限,且长期低于国际水平。煤炭价格一直到 2013 年之后才全面实现市场化,而成品油价格至今仍处于政府指导的市场化定价阶段,电力价格改革相对而言更加滞后。实证区间内无法反映真实成本的能源价格弱化了企业的节能动力,也导致能源价格水平和能源效率之间无法建立正常的影响渠道。

2.3.4 市场竞争对行业国有企业能源效率的影响①

在国有企业效率这一问题上,有学者提出过不同的意见。Kole 和 Mulherin 等(1997)基于研究提出这样一种观点:市场的竞争性才是效率的最主要决定因素,在竞争性市场中同质的国有企业和非国有企业在效率表现上并无差别。换句话,市场竞争有助于解决国有企业能源效率低下的问题。

东部地区地处沿海,经济发达,贸易频繁,拥有大量的轻工业企业。图 2-8 是 1999—2013 年间中国三大地区造纸及纸制品行业规模以上企业的分布情况。可以看到,虽然样本期内,不同地区造纸及纸制品行业总量不断变化,但整体来看东部地区 11 个省份平均集中了全中国 70% 左右的造纸及纸制品企业。从市场参与主体数量上看,东部地区造纸及纸制品行业的市场竞争程度要远远高于中、西部地区。针对部分学者提出的在竞争性市场中国有企业的表现未必会差于非国有企业的这一观点,结合造纸及纸制品行业区域发展实际,我们分别在上文计量面板模型的基础上引入了区域虚拟变量(东部地区取 1,其他地区取 0)和所有制结构的交乘项,考察了市场竞争是否能够解决国有企业能源效率低下这一问题。

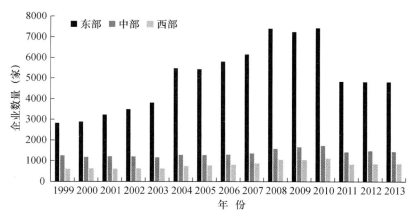

图 2-8　东部、中部和西部地区造纸及纸制品行业规模以上企业数量

实证研究结果表明:一方面,引入交乘项后,计量面板模型内包括所有制结构和企业规模在内的除交乘项之外的所有变量系数的方向、大小和显著性并没有发生实质性的变化,同未引入交乘项之前基本相同,且模型拟合优度显著提高;另一方面,交乘项系数的绝对值要远远高于所有制结构系数的绝对值,且系数在 90% 的置信水平下显著。这一结果表明:所有制结构对于造纸及纸制品行业能源效率的影响的确存在着区域差异。对于中西部地区而言,国有企业的能源效率表现要

---

① 本节在 Zheng 和 Lin(2017)ᵃ 的基础上修改完成。

差于非国有企业,国有资本占比的上升将导致全要素能源效率反向下降;但对于东部地区而言,国有资本占比提高1%将带动动态全要素能源效率同向上升0.2%,即国有企业的能源效率表现要优于非国有企业。

造纸及纸制品行业国有企业在不同地区间的能源效率差异间接证明了市场竞争有助于解决国有企业能源效率低下这一结论。一方面,高度竞争的市场使得造纸及纸制品行业国有企业不得不密切关注自身生产效率。另一方面,相比占据了大半数市场的规模偏小的私营企业,造纸及纸制品行业国有企业不论在研发实力、投资实力上,还是在规模经济上都具有相当的优势。在国有企业开始意识到效率上的问题并展开对应行动,那么其所拥有的政策、资源就将发挥优势。因为对于国有企业而言,不论是设备投资或是技术引进上都比非国有企业要更具优势,因此在相同的条件下,国有企业的能源效率表现将优于非国有企业。

2.3.5 反弹效应对行业节能的影响[①]

能源效率改善的最终目的是希望能够借此减少行业的能源消费需求和相关污染排放。但能源效率的上升一方面会降低能源要素的相对使用价格,在能源要素和其他要素可替代的情况下,能源要素相对价格的下降会促使生产决策单元在生产过程中更多地使用能源要素以降低生产成本,即提高对能源要素的需求。其次,能源效率的上升会降低生产总成本,进而降低相关产品价格,价格的下降提高了消费者的可支配收入,而可支配收入的提高也将提高对最终产品的消费需求,进而增加对能源的需求。即,能源效率的上升最终将通过替代效应和收入效应增加对能源的额外需求,从而部分甚至全部抵消效率提高所带来的能源节约量。这就是能源领域十分重要、广受关注的一个问题——反弹效应。

为了明确行业通过能源效率实现节能的可能性,我们参考前人研究,在计量经济模型(超越对数成本函数)的帮助下对行业可能存在的直接反弹效应进行了量化测算[②]。能源反弹效应分为直接反弹效应、二次效应和经济系统效应三类。其中,直接反弹效应属于纯粹的价格效应,测度的是由效率进步带来的产品价格变动所引起的与此种产品相关的投入要素的消费增加。收入效应是指可支配收入增加引起的对能源服务的进一步需求,而替代效应则是指效率改进导致能源相对价格下降,进而引起对能源服务的进一步需求。二次效应则测度因消费者实际收入增加导致的对其他商品和服务的额外需求所引起的能源消费需求的增长。经济系统效应则包括直接反弹效应和二次反弹影响(Greening et al.,2000)。考

---

① 本节在参考"郑清英,林伯强.技术进步对造纸及纸制品行业能源和环境目标的影响[J].厦门大学能源经济与能源政策协同创新中心工作论文,2017."的基础上修改完成。

② 反弹效应的测算主要基于1980—2012年间全国造纸及纸制品行业的投入、产出及相关价格数据。考

虑到实现的可能,我们只考虑造纸及纸制品行业的直接反弹效应。

在超越对数成本函数和谢泼德引理的帮助下,我们对包括能源、资本、劳动和中间投入在内的要素的自价格弹性以及不同要素间的替代弹性进行了计算。与多数学者对中国其他工业行业的相关研究结果基本一致,造纸及纸制品行业的生产过程中,不同要素之间存在着相互替代的关系,而能源和其他要素之间存在着的替代关系也构成了反弹效应存在的基础。其次,与理论预期一致,各要素的自价格弹性均小于0,即要素价格的上升将对应降低要素的消费需求。而能源的自价格弹性的绝对值小于1,说明生产过程中能源投入缺乏价格弹性。且从能源投入的自价格弹性来看,效率进步对能源消费的反弹效应大小为35.03%。说明能源效率的提升的确会引起造纸及纸制品行业对能源消费的额外需求,考虑到反弹效应的影响,能源效率进步在造纸及纸制品行业中只能实现大约64.97%的节能目标。

考虑到反弹效应在能源价格上涨和能源价格下降时对能源消费总量的影响可能存在非对称性,我们进一步将能源价格的变动分为历史最高价格、价格下降和价格上升三个部分。进而利用上述分解出的各部分价格替代成本份额方程中的能源价格,对造纸及纸制品行业生产过程中不同要素之间的替代弹性和反弹效应进行了再次估计。计算结果显示,能源价格上涨和能源价格下降对能源消费的影响存在非对称性,能源消费对价格下降的弹性为20.14%。也就是能源效率提升所伴随着的能源消费的反弹效应大小为20.14%,即在造纸及纸制品行业中,能源效率提升可以实现接近80%的节能目标。这一结果十分接近Bentzen(2004)研究中对美国制造业的直接反弹效应的估计。

2.3.6 结论

从上文实证结果出发,我们认为政府应该从以下三个方面继续激励造纸及纸制品行业能源效率的改善。

1. 深化造纸及纸制品行业结构调整,促进规模效应的形成

虽然中国造纸及纸制品行业规模以上企业的平均规模以年均15.51%的增幅从1999年的15.12百万人民币提高到了2013年的101.77百万人民币,但中国造纸及纸制品行业依旧是以中小企业为主。根据《中国经济普查年鉴2013》中的数据,2013年中国造纸及纸制品行业企业总数为53 676家,规模以上为7063家,规模以上工业企业数量占比仅为13.16%,规模以下工业企业占比为86.84%。由于中小企业过多,因而一方面无法形成良好的规模效应,另一方面受资金实力的影响,存在技术设备落后的情况,不利行业整体的节能减排。未来中国应该继续深化和推进造纸及纸制品行业的结构调整,淘汰落后产能,鼓励优势企业通过兼并小型企业或跨地区重组的方式形成企业集团,提高行业的规模效应水平,带动行

业的绿色低碳化生产。

2. 深化国有体制改革,引入市场竞争机制

国有企业普遍存在的低效率一直以来被学界和社会所诟病。90年代开始的国有体制改革在东部地区取得了较为良好的成效,但中西部地区改革的效果依然有限。未来,政府应该继续推进和深化中西部地区的国有企业改革,鼓励非公有制成分的参与,利用非公有制所带来的先进技术和竞争激励促进行业的全要素能源效率改善。同时,政府还应该加强对中西部地区造纸及纸制品国有企业的管理监督和创新激励,督促其继续提高自身的生产效率和节能减排。

3. 继续推动能源价格市场化改革,理顺能源价格机制

因为种种原因,中国目前除了煤炭之外,其他能源资源依然处于半市场半政府的定价状态。出于经济发展和社会稳定等方面的考虑,中国国内的能源价格在一定程度上都低于合理水平,这直接导致了能源的不合理消费。未来政府需要抓住时机继续推动能源资源的市场化定价,以恢复能源价格对能源消费的调节机制。

第 3 章　服务业能源发展利用

3.1　服务业能源发展利用①

3.1.1　服务业能耗现状

近年来,随着经济结构调整和产业结构转型,中国服务业②(第三产业)加速发展,中国经济由工业主导向服务主导加快转变。国家十分重视服务业发展,陆续出台了结构调整以及支持第三产业发展的各项政策措施,有力促进了服务业的加速发展。2007 年国务院下发了《关于加快发展服务业的若干意见》,提出的目标为到 2020 年,基本实现经济结构向以服务经济为主的转变,服务业增加值占国内生产总值的比重超过 50%。这一目标在 2015 年就已提前实现,2015 年服务业增加值占比达 50.2%,中国已进入以服务经济为主的时代。在经济增长放缓、经济发展进入"新常态"的背景下,服务业成为了中国经济增长的新动力。

长期以来,人们认为只有工业才是高能耗、高排放的行业,而服务业是"绿色"的。事实上,随着近年来交通运输业、餐饮商贸业等行业的飞速发展,服务业的能耗问题也越来越突出,低碳环保同样是服务业发展的政策取向。1996 年服务业能源消费约为 147.3 百万吨标煤(按电热当量计算法),到 2014 年迅速增长到 545 百万吨标煤,年均增长 7.5%,同期全国能源消费年均增长率仅为 6.5%。2014 年服务业能源消费量占全国能源消费总量的 13.6%。中国服务业能源消费量大于日本全国能源消费量。从图 3-1 中可以看到,煤炭、石油、电力为服务业最主要的能源消费品种,其中石油消费量最大。2014 年,油品、电力、煤炭、天然气、其他能源和热力的消费量分别占服务业能源消费总量的 62%、15%、12%、6%、4%和 1%。

中国服务业以石油为主的能源消费结构是由于服务业的内部结构。2014 年

---

① 本节在参考"林伯强,张广璐.产业结构调整能否大幅减少能源消费?[J].厦门大学中国能源政策研究院工作论文,2016."和"林伯强,张广璐.中国服务业节能潜力[J].厦门大学中国能源政策研究院工作论文,2017."的基础上修改完成。

② 国家统计局 2013 年修订了最新的《三次产业划分修订》,明确了第三产业即服务业,是指除第一产业、第二产业以外的其他行业,具体包括:批发和零售业,交通运输、仓储和邮政业,住宿和餐饮业,信息传输、软件和信息技术服务业,金融业,房地产业,租赁和商务服务业,科学研究和技术服务业,水利、环境和公共设施管理业,居民服务、修理和其他服务业,教育,卫生和社会工作,文化、体育和娱乐业,公共管理、社会保障和社会组织,国际组织,以及农、林、牧、渔业中的农、林、牧、渔服务业,采矿业中的开采辅助活动,制造业中的金属制品、机械和设备修理业,共计 3 大类 15 门类。

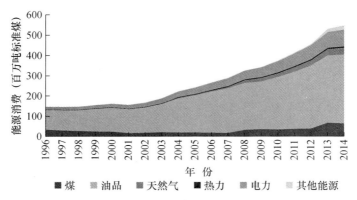

图 3-1 服务业不同能源品种的能源消费量(1996—2014)

数据来源:中国能源统计年鉴.

服务业三个子行业——交通运输、仓储和邮政业,批发、零售业和住宿、餐饮业及其他服务业的增加值占比分别为15%、27%和58%,而能源消费量占比分别为62%、13%和25%。交通运输、仓储和邮政业在服务业三个子行业中增加值占比最小,而能源消费占比最大。2014年,交通运输、仓储和邮政业的石油消费量占服务业能源消费总量和交通运输、仓储和邮政业能源消费总量的52%和84%。表3-1列出了服务业三个子行业[①]主要能源品种煤炭、石油、电力在1996—2014年的消费量。1996—2014年间,三个行业的电力消费都是增长最快的,交通运输、仓储和邮政业,批发、零售业和住宿、餐饮业,其他服务业电力消费年均增长率分别为8%、11%和12%。交通运输、仓储和邮政业的石油消费同电力消费基本保持同样快速的增长,年均增长率也为8%,而煤炭消费保持下降趋势,年均增长率为−6%。其他都保持5%~6%的增长。

表 3-1 服务业分行业主要能源品种终端消费量 (单位:百万吨标准煤)

行 业	煤炭		石油		电力	
	1996	2014	1996	2014	1996	2014
交通运输、仓储和邮政业	11.8	3.9	74.7	284.9	3.2	13.0
批发、零售业和住宿、餐饮业	11.5	29.1	3.0	8.5	3.7	24.5
其他服务业	10.3	30.8	20.5	46.4	6.1	44.4

数据来源:《中国能源统计年鉴》.

---

① 中国能源统计年鉴全国能源平衡表中分行业终端能源消费量将服务业分为三大行业:交通运输、仓储和邮政业,批发、零售业和住宿、餐饮业,其他服务业。

目前,无论从就业比重还是产值比重来看,服务业在 OECD 国家中总体上都超过工农业之和。在当前中国经济结构转型当中,服务业正扮演着日益重要的角色,中国服务业的比重也会向发达国家靠拢而继续增大。伴随着服务业的快速发展,中国服务业的能源消费将会日益增长,其产生的能源环境问题也将日益突出。中国未来经济增长将面临更大的资源环境约束。不管是从中国内部自身经济发展的潜力来看,还是从国际社会的压力和规则来看,中国迫切需要探索出一条符合中国国情的绿色发展路径。近年来随着环境标准的提高,单纯从工业入手解决问题显得力度不足,必须探索出新的更有效的节能减排之法,而服务业恰恰给了我们一个思考的方向。

3.1.2 产业结构向服务业转移与中国的能源消费

21 世纪以来,伴随着中国经济的高速增长,中国的能源消费也快速增长。从 2002 年开始,中国一次能源消费总量及占世界一次能源消费总量的比重都加速增长。2002 年、2007 年、2012 年中国一次能源消费总量分别为 1651.5 百万吨标煤、3057.3 百万吨标煤和 3993.3 百万吨标煤[①],占世界一次能源消费总量的比重分别为 11.9%、18.4%、22.2%。2009 年,中国超过美国成为世界上最大的能源消费国,到 2015 年,中国的能源消费量比美国高 32.2%(图 3-2)。

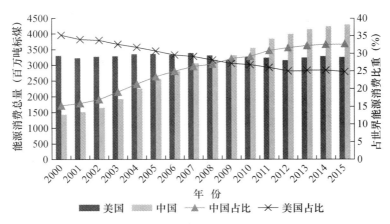

图 3-2 中国、美国能源消费总量及占世界比重

数据来源:BP Statistical Review of World Energy 2016.

中国的能源消费以工业尤其是重工业为主,服务业和居民消费的能源消费占

---

① 为了计算中国能源消费占世界总量的比重且同美国占比相比较,此处统一采用《BP Statistical of World Energy 2016》公布的数据,同中国官方公布的数据略有差别。根据《中国能源统计年鉴 2015》,2002、2007 和 2012 年中国一次能源消费总量分别是 1695.77 百万吨标煤、3114.42 百万吨标煤和 4021.38 百万吨标煤,分别同 BP 数据相差 2.68%、1.87% 和 0.70%。

比相对较低。从图 3-3 中可以看出,工业能源消费在中国能源结构中的比重显著高于其他三个国家,达到 49.45%,而日本、德国和美国分别仅为 29.76%、25.37% 和 17.47%。美国交通行业能源消费占比最大,达到 40.52%,对比中国仅有 13.5%。服务业能源消费在中国的比重也远远低于其他国家,中国和日本、德国、美国的服务业占比分别是 3.69%、17.8%、15.21% 和 13.95%。

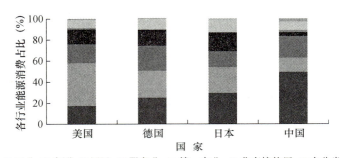

图 3-3　2014 年中国和美国、德国及日本能源消费结构对比
数据来源:国际能源署(IEA).①

随着全球发展面临的资源和环境问题日益严重,节能减排成为世界上各个国家关注的重点。中国是制造业大国,长期以来以工业尤其是重化工业为主的政策导向,导致中国的能源消费高度集中在工业尤其是重工业。因此近几年针对中国节能减排问题的政策和研究,多数集中于工业或者重工业等传统的高耗能行业,也收到了一定的效果。但随着工业尤其是重工业增速下降,中国的能源消费增速开始下降,并且产业结构开始向第三产业转移。

以往研究普遍认为并假设服务业是一个低能耗、低排放的"干净"的产业,大量关于解决我国经济增长引发环境问题的政策建议都是将产业重心由工业转向服务业,提高服务业在国民经济中的比例。因此,国家在产业结构调整方面也把服务业列为重点发展对象。2011 年 3 月国家出台的"十二五"规划《纲要》提出"把推动服务业大发展作为产业结构优化升级的战略重点"的战略性要求。事实上,随着中国经济快速发展和经济结构调整,中国工业增加值占 GDP 比重不断缩小,服务业增加值比重不断增大,中国已从工业主导型经济转变为服务业主导型经济。2013 年第三产业增加值占 GDP 比重达到 46.7%,首次超过第二产业,2015 年其上升至 50.2%,首次突破 50%,服务业已成为国民经济第一大产业。美国作

---

① 统计口径参考 OECD 的划分标准,同中国能源统计年鉴的行业划分存在区别。"非直接使用"主要指作为用作石油化工行业的原材料。

为典型的发达国家,其服务业增加值占 GDP 比重为 78%,但是其能源消费也很大。那么对于中国而言,如果服务业是低能耗、低排放的,那么产业结构调整、提高服务业比重,是否会大幅降低中国的能源消耗呢?

研究产业结构和能源消费关系的文献大多着眼于能源强度或者能源效率而非能源消费总量。大多数研究发现第三产业比重升高会降低能源强度。但是,比较一个以制造业为主的发展中国家和一个以服务业为主的发达国家的能源强度并不能准确地说明能源使用效率的差异。同理,纵向对比一个国家不同时期总的能源强度也不能解释经济结构的变化。Liu 和 Ang(2007)以及 Metcalf(2008)等研究表明美国能源效率提高比产业结构调整对降低能源强度的作用更大。一些文献还证明了从 20 世纪 90 年代前中期开始,美国产业结构变化的作用越来越重要是因为产业结构开始向轻制造业(轻工业)和服务业转移,并且能源价格更低,国际贸易更多。而对能源消费总量的研究,多数是分析能源消费总量和经济增长的关系。也有一些文献研究了产业结构对能源消费总量影响。能源消费总量受经济增长、能源价格、产业结构、人们生活方式等多种因素的影响。经济增长会使经济结构向第三产业转移。

产业结构调整只有在以下三个条件都成立的情况下使能源消耗减少。第一,服务应该在增加值绝对量上取代商品。第二,每单位增加值的服务应该比它取代的商品需要更少的能源。第三,服务取代商品的节能效应不能被经济增长所抵消。传统观点认为可以通过结构变革减少能耗,即产业结构向服务业转移可以在创造等量福利的同时减少能源消耗。能源需求较低的服务应该取代能源密集的商品。然而,越来越多的实证研究对这一传统观点提出质疑。他们关注服务业的供应链,基于消费的视角对服务业的环境影响进行评估。很多文献说明了服务业单位产值的能耗比工业单位产值的能耗低。但是一个国家的产业体系不能只包含服务业,服务业比重的提高是有限的。Sangwon Suh(2006)以美国为例的研究表明,在能源结构不变的前提下,以服务业为主导的经济体在发展过程中会伴随着碳排放强度的下降,但总体碳排放绝对量会增加,20 世纪 60 年代到 21 世纪初期,美国产业结构不断向服务业倾斜,但其制造业增加值在绝对量上也呈现增长趋势,所以尽管服务业占比增大可以降低碳排放强度,但由于服务业消费了大量碳排放强度较大的上游产业的产品,碳排放的绝对量仍然呈增长趋势。其研究发现绝对排放量的减少并不能在经济发展和结构调整的过程中自动实现,除非服务业能够不依赖能源密集产品。Filatova 和 Voinov(2014)以葡萄牙、法国、澳大利亚、丹麦四国为例研究产业结构对能源消费的影响,结果表明虽然这 4 个国家工农业的比重都在减小,但工农业增加值绝对量都在增长,这意味着服务没有在增加值绝对量上代替商品,因此不满足上述第一个条件,且很多工业产品具有不可替代性,服务业的快速发展无法在总量上取代这些产业,因此产业结构向第三产业转移对这4个国家的能源消耗的影响是非常有限的,并且通过数据统计分析得出交通对这四国能源强度变化的影响是最大的。Røpke(1999)认为,随着经济的发展,人们的生活方式和消费习惯会改变,物质需求更大,导致更多的消费。因而经济增长和生活方式的改变都会抵消效率提高和经济结构调整的节能作用。

  本节试图从投入-产出的视角来分析能源在各行业间的流动,重新衡量各行业的真实能源消费。投入-产出表通过中间产品的转移反映了经济系统运行过程中各部门之间的联系,因而可以作为一个分析能源消费在各部门之间流动的工具。通过投入产出转换,我们可以将各个行业能源消费分成两部分,一部分包含在中间产品中转移到其他行业,为这些行业的生产活动提供原材料,扣除掉这一部分之后的能源消费才用于最终消费。从整个产业链角度来看,直接能源消费集中的重工业行业在产业链中多为上游行业,主要为整体经济系统运行提供能源和原材料物质,而这些部门消耗的能源,很大程度上通过中间品转移给中下游的其他行业,重工业实际上"代替"其他行业消耗了能源。因此,首先重工业行业的能源消费要扣除通过中间产品转移走的部分,而处在产业链中下游的行业要加上从由上游行业生产的中间产品转移而来的这部分能源,进而得到各行业的真实能源消费。

  按照这个思路,我们参考胡鞍钢等(2015)的方法,利用投入-产出表计算了中国各产业部门的真实能源消费,即经过投入-产出调整后的能源消费,进而对全行业能源消费进行重新分配。计算所得的真实能源消费和传统意义上的直接能源消费分别代表生产端和使用端的能源消费,通过二者对比以及各个行业间真实能源消费的横向对比能够清晰地反映出一个地区能源消费在部门之间的转移情况,从而找到能源消耗的源头。然后我们根据各行业真实能源消耗的计算结果来分析中国的产业结构调整是否能大幅减少能源消耗。此外,我们还利用生态网络分析方法中的效用分析来评价行业间的关系从而评价产业结构的变动。

  1. 真实能源消费

  21世纪以来,中国经济经历了一个快速发展的时期,国民经济各个部门都取得了较快的增长,同时也导致能源消费量迅速增加。从图3-4中可以看出,从2002年到2007年再到2012年,各行业的直接能源消费增长很大,10年间一些产业的能源消费翻了一番。从行业间的对比来看,金属冶炼和压延加工品、化学产品、非金属矿物制品、交通运输仓储和邮政、石油炼焦和核燃料加工品、电力的生产和供应的能源消费量很大且增长十分迅速。这些行业多属于能源密集型行业,且在中国的产业结构中占比较大,两种因素共同叠加导致其能源消费量十分可观。煤炭采选业、石油和天然气开采业属于一次能源生产行业,从直接能源消费量来看,两个行业的能源消费量也相对较大。通用和专用设备制造业、交通运输设备制造业、电气机械和器材制造业、通信设备、计算机和其他电子设备制造业等制造业的直接能源消费量则相对较低。

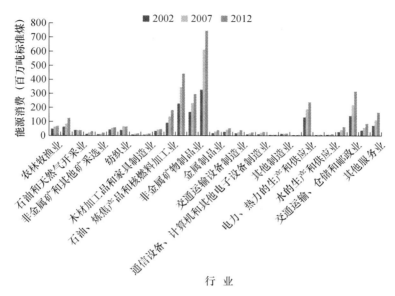

图 3-4　2002/2007/2012 年各行业直接能源消费

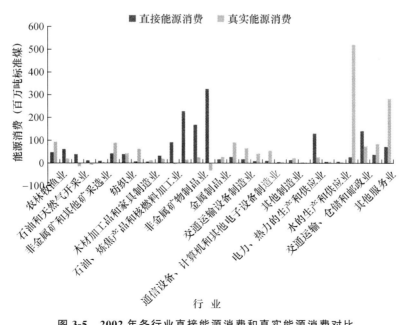

图 3-5　2002 年各行业直接能源消费和真实能源消费对比

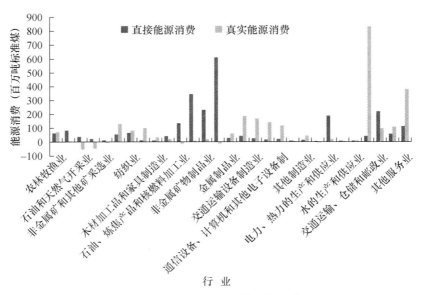

图 3-6 2007 年各行业直接能源消费和真实能源消费对比

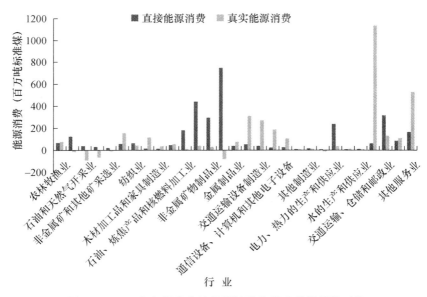

图 3-7 2012 年各行业直接能源消费和真实能源消费对比

图 3-5、图 3-6 和图 3-7 分别展示了 2002、2007 和 2012 年各行业直接能源消费同真实能源消费的对比。直接能源消费是指传统意义上的能源消费,数据来自《中国能源统计年鉴》。真实能源消费是指经过每一轮行业间的投入-产出调整之

后,分配给最终消费使用的能源消费。所有行业的真实能源消费总和等于直接能源消费总和,因为投入-产出调整仅仅是通过能源在各个行业之间通过中间产品的流动所导致的分配过程,在分配前后能源消费总量保持不变。

从直接能源消费量来看,石油炼焦产品和核燃料加工业、金属矿物品制造业、化学产品制造业、非金属矿物制品业、金属冶炼和压延加工业、电力热力的生产和供应业、煤炭采选业、石油和天然气采选业等行业都属于能源消费较高的行业,但是经过投入-产出关系的重新分配,这些行业的能源消费有了十分明显的减少。以2012年为例,金属冶炼和压延加工业的直接能源消费是29个行业里面最高的,约为750百万吨标煤,占当年中国能源消费总量的约1/5。而经过投入产出重新分配之后,该行业的能源消费变为−81.5百万吨标煤,不仅从数量上下降,而且由正的能源消费变为负的真实能源消费。类似的还有煤炭采选业、石油和天然气采选业、金属矿采选业、非金属矿和其他矿采选业,2012年直接能源消费分别为123百万吨标煤、38百万吨标煤、30百万吨标煤和20百万吨标煤,而真实能源消费分别为−14百万吨标煤、−93百万吨标煤、−66百万吨标煤和−3百万吨标煤。真实能源消费为负,意味着这些行业从外界获取的能源消费,加上其他行业转移给该行业的中间产品中所包含的能源消费,全部都通过该行业生产的中间产品转移给了其他行业。2002、2007、2012年真实能源消费始终为负的行业为石油和天然气采选业、金属冶炼和压延加工业、金属矿采选业三个行业。而建筑业、其他服务业、通用和专用设备制造业、交通运输设备制造业、电器机械和器材、食品和烟草、纺织服装鞋帽皮革羽绒及其制品、通用设备、计算机和其他电子设备等行业的真实能源消费都比直接能源消费大很多。

特别地,真实能源消费量最大的两个行业是建筑业和其他服务业,都明显高于直接能源消费,并且这两个行业的真实能源消费在这三年里都分别排在第一、二位。建筑业的直接能源消费从2002年的26.7百万吨标煤增长到2012年的61.7百万吨标煤,真实能源消费从2002年的520.8百万吨标煤增长到2012年的1134.1百万吨标煤,二者增长幅度相近。其他服务业的直接能源消费从2002年的71.6百万吨标煤增长到2012年的165.8百万吨标煤,真实能源消费从2002年的282.6百万吨标煤增长到2012年的527.9百万吨标煤,二者增长幅度也相近。以2012年为例,真实能源消费排名前十的行业分别为建筑业(1134.1百万吨标煤)、其他服务业(527.9百万吨标煤)、通用和专用设备制造业(310.2百万吨标煤)、交通运输设备(270.5百万吨标煤)、电气机械和器材(185.9百万吨标煤)、食品和烟草(155.2百万吨标煤)、交通运输、仓储和邮政业(131.4百万吨标煤)、纺织服装鞋帽皮革羽绒及其制品(115.8百万吨标煤)、批发零售住宿和餐饮业(109.8百万吨标煤)、通信设备计算机和其他电子设备(105.0百万吨标煤)。

总体来说,房地产和大量政府主导的基础设施建设在内的建筑业成为真实能源消费最高的行业,其他处在产业链中下游的高端制造业和除交通运输、仓储和邮政业之外的服务业真实能源消费水平也相对较高。交通运输、仓储和邮政业的直接能源消费量相对较大,但是由于为其他部门提供了大量的服务,由此导致其真实能源消费水平相对于直接能源消费有了一定程度的下降。同时从能源消费的角度而言,农业的真实能源消费也相对较大。

真实能源消费是基于各部门能耗总和不变的前提计算得到的,若产业结构变化,总能耗也会随之改变。从上述结果中我们知道,其他服务业在2002、2007、2012年都是除了建筑业以外真实能源消费最高的行业。因此,从投入产出和产业链角度,生产服务产品依赖于上游产品,服务业并不是低耗能、低排放的行业,调整产业结构、提高服务业比重并不能大幅减少能源消费。

2. 生态效用分析

在构建实物型能源投入产出表的基础上,本节对各行业间能源流动过程反映出来的关系进行生态网络效用分析。两个行业间的生态关系分为三种:掠夺、竞争和互利共生。掠夺关系说明一个行业从另一个行业得到的效用比该行业给予另一个行业的效用要多,这反映了行业之间的依赖关系;竞争关系在短期内是一种负面情形,但从长期来看会激励行业提高效率并寻求合作,从而促进系统整体的发展;如果两个行业为互利共生关系,则说明这两个行业都能从行业间的联系和互动中获益。表3-2整理了2002、2007和2012年各行业生态关系的结果。

表3-2 2002/2007/2012年各行业生态关系结果

年 份	互利共生		竞 争		掠 夺		合 计
	数量	占比(%)	数量	占比(%)	数量	占比(%)	
2002	140	16.65	192	22.83	509	60.52	841
2007	154	18.31	182	21.64	505	60.05	841
2012	165	20.45	172	19.62	504	59.93	841

从表3-2反映的结果来看,掠夺在每一年的行业生态关系中都占有最大的比重,2002、2007和2012年掠夺关系的比重分别是60.52%、60.05%和59.93%。其次是竞争关系,2002、2007和2012年竞争关系的比重分别是22.83%、21.64%和19.62%。互利共生关系的占比最低,2002、2007和2012年互利共生关系的比重分别是16.65%、18.31%和20.45%。从三种关系随时间的变动来看,两个行业间是互利共生关系的比重在不断升高,从2002年的16.65%增长到2012年的20.45%,10年间增加了近4个百分点。竞争关系的比重在不断下降,从2002年的22.83%下降到2012年的19.62%,10年间下降了3.2个百分点。掠夺关系的

比重也在逐渐降低,但变化幅度相对较小,2002—2007年间下降了约0.5个百分点,2007—2012年下降了约0.1个百分点。这反映了中国的产业结构整体上在逐渐优化调整。

3. 结论及政策建议

本节使用2002、2007和2012年中国42部门投入产出表,对中国各行业之间能源消费的流动进行了分析,并且在此基础上,使用生态网络分析的方法,对各个产业之间的关系进行了进一步的探讨。本节从一个新的视角审视了产业结构调整对中国能源消耗的影响。结果表明,尽管从直接能源消费来看,包含能源和原材料生产部门在内的重工业是中国主要的能源消费部门,但经过投入产出调整之后,这些传统的高耗能行业的能源消费,在很大程度上通过中间产品转移到了整个经济产业链的中下游行业,包含房地产和大量政府主导的基础设施建设在内的建筑业成为真实能源消费最高的行业,其他处在产业链中下游的高端制造业和除交通运输、仓储和邮政业之外的服务业真实能源消费水平也相对较高。在当前中国服务业成为主导产业、依靠基础设施建设拉动经济的背景下,基础设施建设和服务业的发展由于处于产业链下游而拉动能源消耗。因此,从投入产出角度来看,产业结构调整和产业结构高级化并不能大幅减少中国的能源消耗。

针对以上结果,本节提出如下政策建议:

(1) 目前中国政府针对"产能过剩"的生产黑色系大宗商品(能源和原材料)的行业采取了一系列的措施来"去产能",本节计算得到这些"产能过剩"行业的真实能源消耗很小甚至为负值。这些产业为整个国民经济运行提供所必需的能源动力和原材料,它们的能耗很大一部分通过中间投入品流向了其他行业,真正用于自身消费的比重相对较少。而且由于中国巨大的经济总量和能源原材料需求,依靠进口很难完全满足下游行业的全部需求。因此,"产能过剩"可能只是短期的,长期需求可能会反弹,如果对下游产业的需求变动没有比较好的把握,而靠行政手段控制上游产业产能,很容易矫枉过正,造成局部短缺和价格非理性上涨。由于难以把握中国经济长期增长所需要的产能规模,因此要合理平衡产能供需。另外,在制定节能减排政策和行业发展政策时,还要充分考虑整个产业链上行业间的联系和协同作用。

(2) 本节从真实能源消费的视角说明了基础设施建设对目前经济下行压力较大的形势下拉动经济的重要性。基础设施建设绝大部分属于建筑业和其他服务业,需要大量的钢铁、水泥以及能源产品投入,因此其真实能源消费量很大。本节计算结果表明建筑业和其他服务业的真实能源消费最大,2012年占全产业部门能源消费的比重分别为35%、16%。因此加大对基础设施建设的投资可以扩大内需,拉动经济增长和能源需求。

(3) 其他服务业是除了建筑业以外真实能源消费最高的行业。因此,我们不应该片面地假定服务业为低耗能、环境友好的行业,而是应该更多的关注服务业整个供应链的低碳化,在供应服务业的过程中通过优化投入结构和提高效率来减少对原材料和能源的消费。例如,为了减少零售业的环境影响,我们不仅应该减少燃料使用和货运过程中的直接排放,还要节约使用其他资源和物料来减少供应链中的上游排放,如纸张、打包用的塑料制品、照明用电、空调等。

(4) 从本节生态网络分析的结果来看,各行业之间属于互利共生关系的比重不断提高,竞争和掠夺关系的比重有所下降,这反映了中国整体产业结构不断优化。但是从这三种关系的占比来看,互利共生关系的比重仍然较低,2012年仅为20.45%。这说明中国的产业结构还有待进一步优化,需要通过产业结构升级等一系列手段不断完善。随着中国经济发展进入"新常态",服务业已经成为中国经济最重要的增长点。在"新常态"环境下,未来还需要进一步发挥居民消费和服务业对经济的推动作用,发展金融、信息等新兴服务业,促进经济持续平稳健康发展。

(5) 在碳税设计时,不应片面采用"谁生产,谁负责"以生产为导向的标准,而应该从全产业链的角度,综合考虑行业间的上下游关系以及中间产品的转移,建立"共同而有区别"以消费为导向的碳税责任分配体制。不仅需要考虑各个行业在生产过程中产生的能源消耗和碳排放,同时要从行业间的投入产出视角,考虑上下游产业的需求供给关系间接导致的能源消耗和碳排放,从而更加合理和全面的分配碳税责任。

3.2 服务业——商业部门的能源发展和利用
3.2.1 中国商业部门的行业发展现状

按照美国能源信息委员会(Energy Information Administration,EIA)的定义,居民、工业、交通和商业是能源终端消费的四大部门。商业部门的能耗是指商业部门在进行商业活动和提供商业服务过程中对能源的消耗。由于商业部门多在固定的商业场所中提供商品和服务,为了统计方便,美国商业部门的能源消费通过商业建筑进行统计。美国的商业建筑是指用于除住宅、工业和农业以外用途的建筑物,其主要用途包括:教育、食品销售和服务、医疗服务、住宿、商品销售、办公室、政府公共服务、宗教和后勤维修等。中国的统计工作都是按经济活动来划分的,中国商业部门能耗数据可以绕过商业建筑能耗直接通过统计美国 EIA 定义的商业建筑的用途所对应的经济活动的能源消耗来进行。这些经济活动就是第三产业中除了交通运输业之外的其他活动。因而,我们这里将第三产业除了交通运输业之外的其他行业统一定义为商业部门。

除此之外,从能源消费角度来看,中国第三产业中的交通行业和其他第三产业明显有不一样的特征,交通行业主要是由汽车消费能源为主,油品消费占整体消费的80%左右,而第三产业其他部门基本是以电力消费为主。因而,在研究第三产业能源消费的时候也要有所区分。中国统计出版社2000年出版了《中国工业交通能源50年统计资料汇编》,全面反映中国工业、交通、能源经济的发展情况。该书也将中国的交通部门单独研究。所以区分第三产业的交通部门和其他第三产业部门具有现实意义。

早在1935年,新西兰经济学家费希尔就提出了第三产业的概念,指的是除了农业、工业和建筑业之外的其他行业。商业(第三产业)的兴起和发展是社会经济运行不断复杂化和社会分工不断专业化的必然结果,是现代经济的重要特征(葛扬等,2004)。随着中国工业化和城市化的不断发展,商业部门也迎来了快速发展时期。但是,商业部门的发展同其他行业一样也面临着巨大的能源和环境压力,构建商业部门的绿色低碳发展路径是促进商业部门可持续发展的必由之路。

根据国家统计局的国民行业分类,商业部门包括批发和零售业、住宿和餐饮业、信息传输、软件加工和信息技术服务业、金融业、房地产业、租赁和商务服务业、科学研究和技术服务业、水利、环境和公共设施管理业、居民服务、修理和其他服务业、教育、卫生和社会工作、文化、体育和娱乐业、公共管理、社会保障和社会组织、国际组织等(见图3-8)。

图3-8 中国商业部门及其子行业

资料来源:国家统计局:《国民经济行业分类2011》.

在商业部门的各个子行业中,批发和零售业在商业部门中占比一直最高,金融业和房地产业次之(如图3-9)。根据中国统计年鉴的数据,1980年,批发和零售业实现产出 193.8 亿元,占商业部门总产值的 23.93%;金融业实现产值 85.7 亿元,占商业部门总产值的 10.58%;房地产业实现产值 96.4 亿元,占商业部门总产值的 11.90%;住宿和餐饮业金融业实现产值 47.4 亿元,占商业部门总产值的 5.85%;其他商业部门实现产值 386.7 亿元,占商业部门总产值的 47.74%。而到 2015 年,批发和零售业实现产出 66 203.8 亿元,占商业部门总产值的 21.10%;金融业实现产值 57 500.1 亿元,占商业部门总产值的 18.33%;房地产业实现产值 41 307.6 亿元,占商业部门总产值的 13.17%;住宿和餐饮业金融业实现产值 12 159.1 亿元,占商业部门总产值的 3.88%;其他商业部门实现产值 136 533.5 亿元,占商业部门总产值的 43.52%。可以看出批发和零售业在商业部门一直占据最高的比例;金融业发展相当迅速,从 1980 年 10.58% 上升到 2015 年 18.33%;房地产业有所发展,但是发展速度低于金融业;住宿和餐饮业占比略有下降。

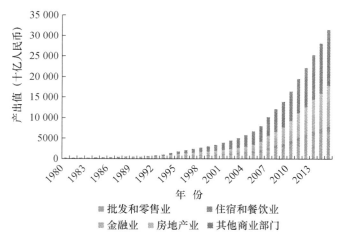

图 3-9　1980—2015 年中国商业部门各子行业的产出值

资料来源:中国统计年鉴.

其他商业部门产值在商业部门总产值中超过 4 成,因而很有必要单独研究。但由于其他商业部门所包含的子行业在不同的时间有不一样的定义和分类标准,本文研究的子行业参照的是国家统计局 2002 年修订的《国民经济行业分类》(GN/T4754-2002)的标准。2004 年,信息传输、软件和信息技术服务业实现产值 4236.3 亿元,占商业部门总产值 7.39%;租赁和商务服务业实现产值 2627.5 亿元,占商业部门总产值 4.58%;科学研究和技术服务业实现产值 1759.5 亿元,占商业部门总产值 3.07%;水利、环境和公共设施管理业实现产值 768.6 亿元,占商业部门总产值 1.34%;居民服务、修理和其他服务业实现产值 2481.5 亿元,占商业部门总产值 4.33%;教育实现产值 4892.6 亿元,占商业部门总产值 8.53%;卫生和社会工作实现产值2620.7亿元,占商业部门总产值4.57%;文化、体育和娱乐业实现产值1043.2亿元,占商业部门总产值1.82%;公共管理、社会保障和社会组织实现产值6141.4亿元,占商业部门总产值10.71%。到2014年,信息传输、软件和信息技术服务业实现产值15939.6亿元,占商业部门总产值5.76%,年均增速14.24%;租赁和商务服务业实现产值157276.2亿元,占商业部门总产值5.52%,年均增速19.32%;科学研究和技术服务业实现产值12250.7亿元,占商业部门总产值4.43%,年均增速21.48%;水利、环境和公共设施管理业实现产值3472.7亿元,占商业部门总产值1.26%,年均增速16.33%;居民服务、修理和其他服务业实现产值9706.3亿元,占商业部门总产值3.51%,年均增速14.75%;教育实现产值21159.9亿元,占商业部门总产值7.65%,年均增速15.80%;卫生和社会工作实现产值12734.0亿元,占商业部门总产值4.60%,年均增速17.23%;文化、体育和娱乐业实现产值4274.5亿元,占商业部门总产值1.55%,年均增速15.20%;公共管理、社会保障和社会组织实现产值23508.7亿元,占商业部门总产值8.50%,年均增速14.56%。以上分析可以看出,其他商业部门各子行业均保持了较快增长,但是除了租赁和商务服务业以及科学研究和技术服务业在商业部门总产值中的占比是上升的,其余子行业占比均有所下降。

从图3-10可以看出,2014年中国商业部门占比5%以上的主要行业从高往低分别为:批发和零售业(22.57%)、金融业(16.87%)、房地产业(13.74%)、公共管理、社会保障和社会组织(8.50%)、教育(7.65%)、信息传输、软件和信息技术服务业(5.76%)和租赁和商务服务业(5.52%)。商业部门的内部结构有所改善,新兴服务业发展较快。从整体来看,批发和零售等传统的商业部门仍然占据主导地位。但是房地产、金融等新兴商业部门发展迅速。居民服务组织不断增加,服务内容和形式不断变化,服务领域不断扩宽,各类信息咨询、技术贸易和高新技术企业发展都比较快。

商业部门代表着消费为主导的经济模式,是中国经济未来发展的核心部门。同时,商业部门也同人民的生活息息相关,商业部门越发达,代表着人民的生活水平越高。中国正在逐渐迈入中高等收入国家行列,随着生活水平的提高,商品和服务的需求也将越来越大,这也决定了中国商业部门的发展潜力。随着我国加入WTO以及经济全球化发展,产业结构调整和升级已经是我国经济社会发展的必然结果,商业部门以及第三产业的占比将越来越高。这种产业的变化和升级趋势越来越受到各级政府的重视,并纷纷出台政策鼓励商业部门的发展。

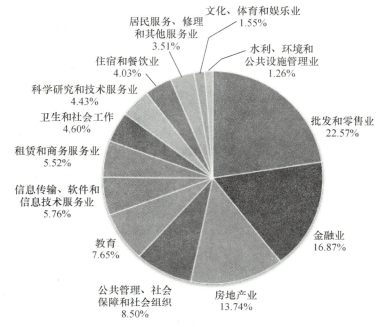

图 3-10 2014 年商业部门各子行业的结构图
资料来源：国家统计局，中国统计年鉴，中国第三产业统计年鉴．

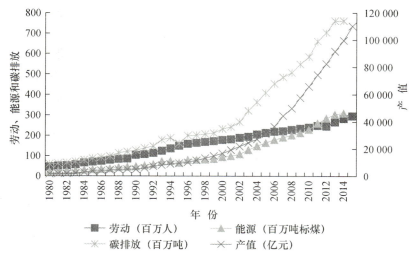

图 3-11 中国商业部门历年部分投入和产出要素变动图
资料来源：中国统计年鉴，CEIC 数据库等．

改革开放以来,中国商业部门不断发展,社会消费品零售总额从1980年的2140亿元增加到了2015年的300 931亿元,增长了140多倍。图3-11是中国商业部门的历年产出和投入情况,其中产出和资本均是依据1990年的不变价格计算的。中国商业部门一直保持较快发展,1980年产值只有1601.42亿元,2015年则有110 246.8亿元,增长了近70倍,年均增长率达到了13.05%;1980年商业部门从业人数只有47.3百万人,2015年从业人口增长到了295.7百万人,增长了17倍左右,年均增长率达到5.46%;中国商业部门的能源消耗从1980年的17.23百万吨标煤增长到了2014年的309.57百万吨标煤,增长了13.17倍,年均增长率达到8.27%;最后,中国商业部门的二氧化碳排放量从1980年的60.29百万吨增长到了2014年的760.87百万吨,一共增长了12.62倍,年均增长率为8.20%。综合来看,中国商业部门的各项投入和产出均保持了快速增长,整体发展相当迅速。

总的来看,中国的商业部门发展迅速,有效促进了国民经济的发展,但是发展不平衡的矛盾比较突出。为了更好地了解中国商业部门的分布情况,为各地区商业部门发展制定因地制宜的产业政策,本文研究了中国商业部门在各个省市自治区的分布情况①。中国的商业部门地区发展差异明显。由于各地区的生产发展水平不同,社会劳动力分布不均匀,各地区经济发展重点不同和城市化进程不同,其商业部门的发展差异较大。由于经济发展的不均衡,中国商业部门的分布也多集中在东部地区。具体来看,2015年,中国商业部门发展水平最高的六个省市分别为广东、江苏、山东、浙江、北京和上海,全部属于东部地区。其中广东省商业部门的产值为33 920亿元,江苏省商业部门总产值为31 380亿元,山东省商业部门的产值为26 030亿元,浙江省商业部门的产值为19 710亿元,北京市商业部门的产值为17 340亿元,上海市商业部门的产值为15 880亿元。这六省商业产值达到144 280亿元,占全国的46.87%。我国的商业部门的主体是批发和零售业、金融业和房地产业等,由于东部地区交通便利、人员聚集和信息灵通,商业贸易发展迅速,从而也为商业部门的发展创造了有利条件。我国在经济发展战略上采取了地区经济发展的递进推移战略,从东向西分为三级,分别实施不同的发展策略,因而也造成了商业部门东中西发展分布上具有层次感。

3.2.2 中国商业部门的行业能源消费情况

中国商业部门是我国能源消费的重要部门。本文研究的商业部门能耗是按照EIA的分类标准确定的商业部门能耗,本文将统计年鉴中的批发零售贸易餐饮业和其他行业两项能耗相加作为中国商业部门能耗。图3-12统计了1985—2014年中国各部门能源消费情况。2014年,商业部门能源消费309.57百万吨标准煤,占全国能

---

① 由于数据的可得性,本文研究的商业部门中并没有包括台湾省。

源消费的 7.27%,在各部门中排名第四,仅次于工业、居民消费和交通部门。中国能源消费一直以来均保持较快增长,1985—2014 年间年均增长达到 6.17%。特别是 2002—2007 这六年里,由于重工业的高速发展,中国能源消费的年均增速达到了 12.98%。商业部门是中国能源消费增长较快的部门,1985—2014 年间能源消费从 32.36 百万吨标煤增长到 309.57 百万吨标煤,年均增速达到了 8.33%,高于中国整体能源消费的增长。这使得商业部门在中国能源消费中的占比由 1985 年的 4.22% 增长至 2014 年的 7.27%,商业部门在中国节能减排的版图中越来越重要。

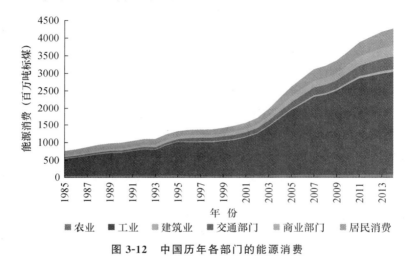

图 3-12 中国历年各部门的能源消费

资料来源:CEIC 数据库,中国能源统计年鉴.

虽然中国商业部门比之前有了长足发展,但是商业部门未来还有更大的发展潜力。IEA 数据表明,美国商业部门能耗占美国能耗总量的 18% 左右。而 2014 年,中国商业能耗占比还不到 7.5%。中美两国在能耗总量相差不大的情况下,美国的商业能耗是中国的 2.5 倍。这表明在中国经济转型和未来的发展战略中,商业部门能源消耗具有很大的增长潜力,研究商业部门的能耗特点以及使用效率具有重要的现实意义。据 Lin 和 Wang(2015)测算,2020 年,中国商业部门的节能潜力有 134.44 百万吨标煤,达到 2012 年中国能耗的 28.61%。除此之外,商业部门在城市化过程中,对人口的集聚和经济发展有着巨大的促进作用。相比于农业和制造业,商业部门的能源消耗具有一些不同的特点。第一,商业部门能源强度较小。商业部门生产活动大部分是在通常环境条件下进行的,基本上没有高温、高压等严苛条件,导致了商业部门单位产值能源消耗较少。统计数据显示,2014 年商业部门的能源强度只有 0.11 吨标煤/万元,只有中国平均能源强度的 16.9%。第二,能源要素投入只是商业部门生产过程中的辅助条件。在很多服务性的商业部门分行业中,主要依靠劳动投入,能源投入只是一般性的辅助条件。第三,商业部门发展有利于改善中国的能源结构。商业部门的能源消耗主要以电为主。2013年,商业部门的煤炭消费在总能耗中占比不到20%,中国整体的煤炭消费占比却高达68%。

由图3-13可以发现,从能源强度来看,中国商业部门的能源强度一直以来相对较小,且处于不断下降的趋势中。1985年,中国商业部门的能源强度为1.45吨标煤/万元,仅为全国能源强度的17.29%;2014年,中国商业部门的能源强度降为0.11吨标煤/万元,仅为1985年的7.69%。1985—2014年,商业部门的能源强度平均降低的速度为8.15%,平均来看仅是全国能源强度的17.95%。因而,中国商业部门是相对低能耗的行业,发展商业部门有利于中国的节能目标实现。分行业来看,由于商业部门细分行业的能源消费数据只有批发零售住宿和餐饮业与其他商业部门两部分,本文从这两部分分行业角度来研究商业部门内部的能源强度变化。批发零售住宿和餐饮业是传统的商业服务部门,一直是在商业部门的重要组成部分。但是由于现代其他商业部门的迅速发展,其在商业部门中的占比逐年下降,从1980年的42.19%下降到2014年的26.53%。相对商业部门整体的能源强度变化而言,批发零售住宿和餐饮业的能源强度变化较小,从1980年的0.81吨标煤/万元下降到2014年0.15吨标煤/万元,年均下降5.06%。而其他商业部门的能源强度从1980年的1.91吨标煤/万元下降到2014年0.10吨标煤/万元,年均下降9.37%。

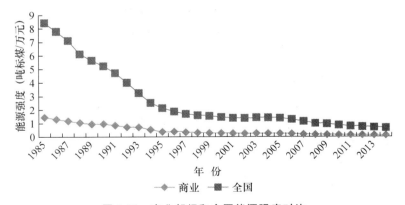

图3-13 商业部门和全国能源强度对比

资料来源:中国统计年鉴.

从能源消费构成来看,中国商业部门的能源消费从以煤炭为主,逐渐转变为以电力为主(见图3-14)。从全国来看,1980年,中国商业部门煤炭消费为15.46百万吨,折合标煤10.98百万吨,占能源消费总量的49.5%;油品消费(汽油、煤油和柴油)消费为51.1百万吨,折合标煤73.0百万吨,占能源消费总量的32.9%;天然气消费5000万立方米,折合标煤0.067百万吨,占能源消费总量的0.3%;电力消费为85.6亿千瓦时,折合标煤38.3百万吨,占能源消费总量的17.3%;2014年,中国商业部门煤炭消费为78.13百万吨,折合标煤55.47百万吨,占能源消费总量的18.57%;油品消费(汽油、煤油和柴油)消费为37.15百万吨,折合标煤53.12百万吨,占能源消费总量的17.78%;天然气消费87.9亿立方米,折合标煤11.70百万吨,占能源消费总量的3.92%;电力消费为5610.5亿千瓦时,折合标煤178.42百万吨,占能源消费总量的59.73%。这反映了中国商业部门随着技术的发展,电力逐渐成为主要的能源消费品种。

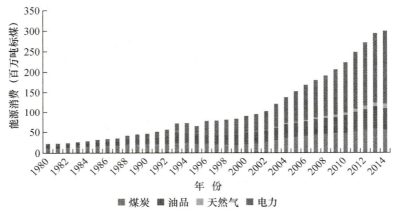

图 3-14　中国商业部门能源消费结构
资料来源:CEIC 数据库,中国能源统计年鉴.

根据中国商业部门的能源消费品种可以进一步计算中国商业部门的二氧化碳排放量。值得注意的是,中国大部分的电厂均是燃煤电厂,其在发电过程中也要产生大量的二氧化碳。因此在计算商业部门二氧化碳排放量时必须将电力消费所产生的排放纳入考虑。图 3-15 显示了中国 1985—2014 年中国各部门的二氧化碳排放情况。中国商业部门排放的二氧化碳从 1985 年的 87.79 百万吨增长到 2014 年的 760.86 百万吨,年均增长 8.42%,在中国整体二氧化碳排放中的占比从 3.91% 增加到 6.52%,在中国各部门中排名第三,仅次于工业部门和居民消费。而根据上文,中国商业部门在全国能源消费中的占比排名第四。交通部门的能源消费结构中油品类占据较大比重,他们的二氧化碳排放系数相对更低。

图 3-16 描绘了 1980—2014 年中国商业部门因能源消费所产生的二氧化碳排放量变化趋势。显然,从图中可以看出,化石能源(煤炭、油品和天然气)一开始是商业部门二氧化碳排放主要来源。但是,由于电力消费比重的不断上升,由化石能源使用所造成的直接排放比重从 1980 年的 82.23% 逐年降低至 2014 年的

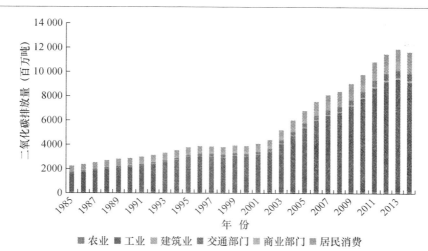

图 3-15 中国各部门二氧化碳排放量
资料来源：根据中国各部门能源消费数据制图.

38.61%。1980年,中国商业部门电力消费造成二氧化碳排放比重为17.77%,到2013年,该比重已上升至61.38%。累计来看,从1980—2014年的35年间,中国商业部门一共排放了9910.96百万吨二氧化碳。

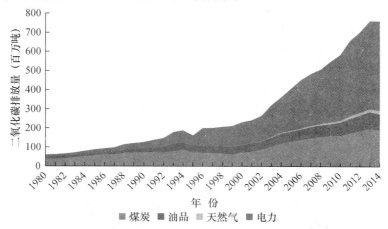

图 3-16 中国商业部门历年二氧化碳排放量
资料来源：根据中国商业部门能源消费数据制图.

如图3-17所示,从碳强度来看,中国商业部门的碳强度一直以来相对较小,且处于不断下降的趋势中。1985年,中国商业部门的碳强度为6.81吨/万元,仅为全国碳强度的27.67%;2014年,中国商业部门的碳强度降为0.37吨/万元,仅为1985年碳强度的5.48%。1985—2014年,商业部门的碳强度平均降低的速度为

9.20%,平均来看仅是全国碳强度的 24.32%。因而,中国商业部门是相对低碳的商业,发展商业部门有利于中国的减排目标实现。

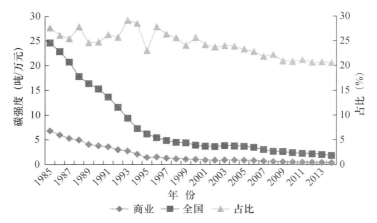

图 3-17 中国商业部门和全国碳强度对比
资料来源:中国统计年鉴和中国商业部门能源消费数据.

图 3-18 进一步对比了 1980 年和 2014 年中国商业部门二氧化碳排放结构。可见,在所有的能源品种中,尽管电力不产生直接排放,但是,由于火力发电所导致的电力消费间接排放已经取代煤炭,成为商业部门所有消费的能源品种中最主要的碳排放来源。1980—2014 年,中国商业部门的二氧化碳排放结构中,煤炭和油品的占比下降,电力和天然气的占比上升。其中,煤炭下降幅度最大,从 1980 年的 63.07% 下降到 2014 年的 25.26%,下降了一半多。这说明,我国商业部门对煤炭的依赖越来越小。而电力由 17.77% 上升到 61.39%,上升幅度最大。这说明,我国商业部门电气化程度越来越高了。油品消费由 18.98% 下降到了 10.94%,天然气由 0.17% 上升到 2.42%。

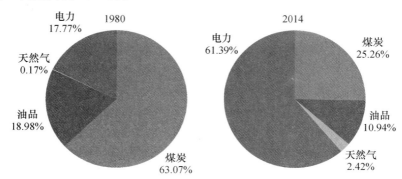

图 3-18 1980 年和 2014 年中国商业部门二氧化碳排放结构对比图
资料来源:根据中国商业部门能源消费结构数据制图.

3.2.3 商业部门结构优化对能源利用水平的影响[①]

能源是人类生存和发展的物质基础,是经济增长的投入要素,也是导致气候变化和环境污染的影响因素之一。控制商业部门的能源消费总量,对商业部门的要素结构进行优化,提高能源利用效率,是实现中国商业部门绿色低碳化发展的重要工作。众所周知,大部分高效的能源利用技术的研发和利用均需要增加资本或者劳动投入,从而降低能源消费,促使能源部门实现绿色低碳发展。因而,研究其他投入要素和能源之间的替代关系便显得尤为重要。与此同时,能源品种内部存在的替代关系对商业部门绿色低碳化发展也有着重要的作用。清洁能源对化石能源的替代有助于实现碳减排目标。

研究能源替代效应的关键在于要测算能源需求弹性。Smyth(2011)和 Lin 和 Presley(2013)运用超越对数生产函数分析能源和其他投入要素的替代问题。超越对数生产函数可以有效避免技术中性假设,使研究更加贴合现实。根据文献综述,成本函数在生产函数中加入价格因素,将价格和投入要素之间的替代关系研究相结合,更加具有指导意义。目前国际上对能源替代问题的研究大多采用超越对数成本函数。本文将建立一个基于超越对数生产函数的技术进步非中性的分析模型,来分析中国商业部门生产要素替代效应和能源品种间的替代效应。本文使用的是 Allen(1939)在 Hicks(1932)研究的替代弹性和交叉价格弹性,σ_{ij} 表示要素 i 和 j 之间的替代弹性,σ_{ii} 表示要素需求的自价格弹性。σ_{ij} 为正表示存在替代关系;σ_{ij} 为负表示互补关系。η_{ij} 是交叉价格弹性,表示第 j 个要素价格变动后第 i 个要素需求量的变动情况。

为了分析技术进步、替代弹性等因素对商业部门能源需求的影响,我们将会对商业部门的能源强度(Energy Intensity,EI)变动进行分解分析。运用基于能源要素的份额函数的估计结果,可以对 EI 进行分解。

$$\hat{EI}_t = \hat{EI}_{1t} + \hat{EI}_{2t} + \hat{EI}_{3t} + \hat{EI}_{4t}$$

其中:$\hat{EI}_{1t}$ 度量了在给定能源投入份额的基础上,能源价格变化对能源强度的影响,因此是一种预算效应;$\hat{EI}_{2t}$ 表示要素之间的替代对能源强度的影响;$\hat{EI}_{3t}$ 反映了产出规模的变化如何影响能源强度;$\hat{EI}_{4t}$ 刻画了技术进步对能源强度的影响。

1. 成本份额

本文首先对生产要素和能源品种成本份额进行计算。根据获得的商业部门投入要素中劳动、资本和能源的投入数量和价格数据,可以计算出各个生产要素

[①] 本节在参考"王爱伦,林伯强.结构优化对中国商业部门绿色低碳发展的影响[J].厦门大学中国能源政策研究院工作论文,2017."的基础上修改完成。

所占的成本份额。1985—2012年中国商业部门的劳动、资本和能源投入要素份额的均值分别为0.318、0.600和0.082(如图3-19所示)。根据相同的方法,本文可以继续计算出商业部门投入的能源各个品种的成本份额,计算结果显示1985—2012年中国商业部门的各能源品种中煤炭、油品和电力的成本份额的均值分别为0.10、0.49和0.41(如图3-20所示)。

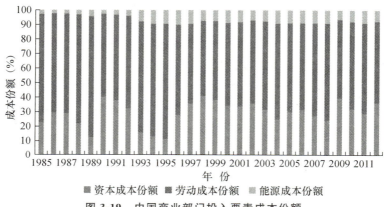

图3-19 中国商业部门投入要素成本份额

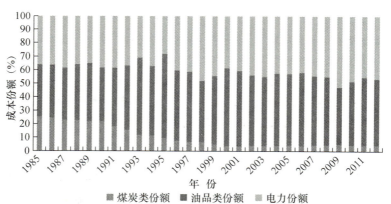

图3-20 中国商业部门能源投入的成本份额

2. 投入要素的替代关系

本文使用系统估计方法,进一步估计了投入要素成本份额的各个系数,并依照Allen弹性系数 σ_{ij} 和 γ_{ij} 的公式,求得了商业部门各个投入要素之间的替代弹性(见表3-3)。

表 3-3　商业部门的投入要素替代弹性

弹性	系数	弹性	系数
σ_{kk}	-0.414	γ_{kk}	-0.131
σ_{ll}	-0.155	γ_{ll}	-0.093
σ_{ee}	-5.10	γ_{ee}	-0.418
σ_{kl}	0.166	γ_{kl}	0.100
		γ_{lk}	0.053
σ_{ke}	0.387	γ_{ke}	0.032
		γ_{ek}	0.012
σ_{le}	0.492	γ_{le}	0.040
		γ_{el}	0.295

表 3-3 计算的要素间替代弹性和交叉价格弹性表明：

(1) σ_{kk}、σ_{ll} 和 σ_{ee} 符号均为负，表明各个要素需求变动都和要素价格负相关。能源、资本和劳动的自价格弹性依次下降，$\gamma_{ee}=-0.418$，$\gamma_{ll}=-0.093$，$\gamma_{kk}=-0.131$。商业部门能源要素价格变动对需求的影响大于资本和劳动要素价格变动对自身需求的影响。资本属于固定成本，商业企业进行投资时资本投入相对较为固定，一次性投入之后就很少再变动。另外，由于中国商业部门私营企业多是劳动密集型企业，自价格弹性较小。商业部门属于低能源强度行业，能源需求弹性较大。

(2) σ_{ke}、γ_{ek} 和 γ_{ke} 均为正，表明能源和资本之间存在替代关系。这说明当能源价格上升时，商业部门会通过资本投入采用更加先进节能的设备，促进商业部门的能源消费下降。当电费不断上升的时候，商业部门的企业倾向于购买更加节能的灯具，安装智能开关等增加资本投入减少能源使用。

(3) σ_{le}、γ_{le} 和 γ_{el} 均为正，表明能源和劳动之间存在替代关系。这说明在商业部门，在能源价格上升后，将会使用劳动来替代能源。商业部门是劳动密集型行业，在农民工等供给充足的情况下，劳动工资普遍较低，商业部门的管理者愿意使用人力资源来增加产出。

(4) σ_{kl}、γ_{kl} 和 γ_{lk} 均为正，表明劳动和资本仍然为替代关系。资本带来的电气化水平的提高、计算机的大量应用，使得商业部门的劳动生产率不断上升，降低了劳动力的需求水平。随着现代用工成本的不断上升，商业部门将会加大资本投入，采用更加自动化和智能化的设备，降低劳动的需求。

3. 能源品种的替代关系

运用两阶段估计方法，可以得到能源品种份额函数的估计参数，依照 Allen 弹性系数公式，求得了商业部门各个能源品种之间的替代弹性和交叉价格弹性的大小（见表 3-4）。

表 3-4 能源品种间弹性估计结果

弹性	系数	弹性	系数
σ_{cooi}	-1.673	γ_{cooi}	-0.720
		γ_{oico}	-0.190
σ_{coel}	0.557	γ_{coel}	0.254
		γ_{elco}	0.063
σ_{oiel}	-0.269	γ_{oiel}	-0.123
	-0.116	γ_{eloi}	

计算结果表明:

(1) 商业部门消费的油品和煤炭以及油品和电力之间并不存在替代关系。这说明,商业部门使用的油品并不能够被煤炭和电力替代,这主要是油品特殊的使用场景所决定的,比如在商业部门的交通工具使用汽油和部分餐饮只能使用液化气等。

(2) 商业部门的电力和煤炭之间存在显著的替代关系。这表明,电力可以有效替代煤炭。考虑到电气化的不断发展,电力在未来商业部门的能源结构中占比仍将不断扩大。

4. 能源强度分解

为了分析技术进步对能源效率提高的影响程度,本文继续将能源强度变动原因分解为预算效应、替代效应、产出效应和技术效应四大因素。根据经济发展"五年规划",在研究区间内,以 1985 年为基年,将研究区间内每个五年计划末年的变化代入公式计算得到中国商业部门能源强度变化及其因素分解结果如表 3-5 所示。

表 3-5 能源强度变化分解

年 份	预算效应	替代效应	产出效应	技术效应	$\Delta \hat{E}i/\hat{E}i$
1990	0.707 223	-0.340 360	0.398 713	-0.853 280	-0.088
1995	-2.935 270	0.281 379	-1.339 540	3.480 989	-0.512
2000	-3.077 430	0.142 989	-1.392 500	3.648 608	-0.678
2005	-3.180 880	0.113 791	-1.430 510	3.770 650	-0.727
2010	-3.314 370	0.089 486	-1.490 880	3.929 438	-0.786

计算结果显示,1985—2012 年间,中国商业部门能源强度总体呈现下降趋势,"七五计划""八五计划""九五计划""十五计划"和"十一五计划"末年能源强度比 1985 年分别下降 8.8%、51.2%、67.8%、72.7% 和 78.6% 左右。中国商业部门是中国实现节能目标的排头兵,长期以来不仅本身能源强度相对较小,而且能源强

度下降的速度也更快。大力发展商业部门将是我国实现节能减排目标的重要举措。

从分解的指数上来看,对中国商业部门能源强度下降有贡献的主要是预算效应和产出效应,替代效应和技术效应并没有促进能源强度有效降低。

预算效应会有效促进能源强度降低。长期以来,我国的能源价格虽然一直处于国家管控,但是其反映供需变化的基本规律并没有被推翻。价格上升将导致需求减少。随着我国的能源价格市场化不断推进,价格变化将会更加直接地影响我国的能源消费,将会促进能源应用技术不断发展,促进商业部门的能源强度不断降低。产出效应同样也是促进商业部门能源强度下降的另一个重要因素。中国商业部门还有较大的发展潜力,随着产业规模的扩张,规模效应将会不断产生作用。一个规模较小的商店其节能的措施相当有限,但是集合了上百个小商店规模的超级市场,比如沃尔玛,可以使用的节能措施就相当丰富了,从中央空调到节能合同管理都可以有效促进企业能源强度的有限下降。

替代效应并不是实现中国商业部门能源强度下降的有限手段。随着城市化程度的提高,能源与其他生产要素(资本和劳动力)间的替代会产生更高的能源相对需求从而导致能源强度上升。目前,中国的资本和人力成本在不断上升,能源价格还处于相对较低的水平。未来很大程度上,将会是能源对劳动要素的替代,这也将导致中国商业部门的能源强度上升。

技术效应并没有有效促进能源强度下降。这与 Ma 等(2008)的研究结果一致,中国商业部门能源强度变化的技术效应也表现为正。这即是说,随着技术的不断改进,越来越多的电气设备投入到了商业部门中,增大了商业部门的能源强度。

3.2.4 研究结论和建议

中国的商业部门是服务业的重要组成部门,具体是指除了交通运输业之外的其他服务业。从能源消费的角度来看,交通行业主要是由汽车消费能源为主,油品消费占整体消费的 80% 左右,而第三产业其他部门基本是以电力消费为主。因而,在研究中国绿色低碳发展时区分商业部门和交通部门很有意义。

商业部门包括批发和零售业、住宿和餐饮业、信息传输、软件加工和信息技术服务业、金融业、房地产业等诸多子行业。在各个子行业中,批发和零售业在商业部门中占比一直最高,金融业和房地产业次之。由于经济发展的不均衡,中国商业部门的分布也多集中在东部地区。具体来看,2015 年,中国商业部门发展水平最高的六省市分别为广东、江苏、山东、浙江、北京和上海,全部属于东部地区,仅这 6 个省市商业产值就占全国的 46.87%。

中国商业部门是我国能源消费的重要部门。2014 年,商业部门能源消费

309.57百万吨标准煤。同时,商业部门是中国能源消费增长较快的部门,1985—2014年间商业部门的能源消费占比由1984年的4.22%增长至2015年的7.27%,商业部门在中国节能减排的版图中越来越重要。虽然中国商业部门比之前有了长足的发展,但是商业部门未来还有更大的发展潜力。从能源强度来看,中国商业部门的能源强度一直以来相对较小,且处于不断下降的趋势中。从能源消费构成来看,中国商业部门的能源消费从以煤炭为主,逐渐转变为以电力为主。

本节进一步研究了商业部门的结构优化对其能源消费的影响,计算了中国商业部门1985—2012年间的长期能源与资本和劳动力投入要素的替代效应以及各能源品种间的替代效应。在此基础上,进一步分析了中国商业部门的能源效率的变动及技术进步对能源效率的影响。中国商业部门的要素份额中,资本和劳动占据的比例较大,能源所占比例相对较小。在能源的成本份额中,电力和油品所占份额较大,煤炭相对较小。中国商业部门的资本劳动和能源都与各自价格呈负相关的关系,且能源、劳动和资本的自价格弹性依次下降。中国商业部门消费的油品和煤炭以及油品和电力之间并不存在替代关系。电力和煤炭之间存在替代关系,这表明,电力可以有效替代煤炭。中国商业部门能源强度总体呈现下降趋势,从分解的指数上来看,对中国商业部门能源强度下降有贡献的主要是预算效应和产出效应,替代效应和技术效应并没有促进能源强度有效降低。

从上文的分析结果来看,笔者认为我们应该从以下几个方面着手,进一步促进商业部门的高效能源利用。

1. 培育商业部门龙头企业,促进兼并重组

规模化是促进中国商业部门能源强度降低的有效措施。商业部门涉及民生福利与人民的生活水平息息相关。在现实生活中,因为便民需求,各类商业部门的服务企业遍布大街小巷,往往无法形成巨大的规模,技术装备落后,效率低下,能耗和排放较高。因此,我们需要促进商业部门进行横向整合,培育龙头企业,形成规范化的行业管理制度。政府应该从财政、信贷等方面扶持优势企业,着力培养创新能力强、管理优良的企业,并鼓励行业中先进的龙头企业进行企业并购和整合,发展大型商业集团,带动整个行业的发展。一方面,促进大型商业中心的建设与发展;另一方面,培育类似的"7-11"和"全家"这类单店规模不大,但是数量众多、管理规范的行业龙头。

2. 促进高科技高节能的商业部门子行业的发展,推动商业部门结构升级

中国的商业部门子行业众多,既有批发和零售业、住宿和餐饮业、房地产业这些能源强度较高的传统商业部门子行业,也有金融、文化、体育和娱乐业等相对能源强度较低的子行业。政府在制定产业政策时要积极扶持能源强度相对较低的子行业,促进商业部门整体结构优化转型,实现节能环保。国务院2011年就出台

了《关于加快发展高深技术服务业的指导意见》,提出促进高科技商业部门子行业的发展,加快数字生活和电子商务等行业的发展。建立新兴服务业的转向促进基金,引导社会资本进入。同时,提出要改善消费环境,扩大新兴节能型的商业部门子行业的消费需求。

此外,在商业部门中还有专门的节能服务公司,这类公司通过合同能源管理等方式,帮助商业乃至工业企业实现节能。国家《服务业"十二五"规划》提出,"大力推行合同能源管理,以做精、做专、做强为方向,扶持壮大一批专业化节能公司,引导技术研发、投融资等机构利用合同能源管理机制开展节能服务。"发展壮大该类企业对商业部门实现绿色低碳发展具有重要的现实意义。政府应该从资金、政策和技术方面全方位鼓励该类企业的发展。第一,政府要完善财政补贴政策,加大税收优惠;第二,政府要建立完善的节能融资渠道,设立专项发展基金;第三,政府应建立并完善行业标准;第四,政府要从立法角度保障各方参与者的合法利益。

3. 促进商业部门投入要素的结构优化,降低其资金成本,加大专业化劳动投入

在商业部门中,资本与能源、劳动和能源之间均存在明显的替代关系,可以通过价格手段和行政手段促进替代作用的产生,从而促进商业部门的绿色低碳发展。中国的商业部门主要以私营企业为主,因而普遍存在着融资困难、借贷成本高的问题。高额的资本价格促使商业部门的企业没有动力对内部的设备进行升级换代,能源效率普遍较低。基于此,政府应当提供专项基金促进商业部门投资,为商业部门创造宽松的信贷条件;同时,也要鼓励社会资金投资商业部门;通过债券和股票等资本市场为商业部门发展提供资金。

商业部门同人民生活息息相关,是典型的劳动密集型产业。发展商业部门对吸纳剩余劳动力、创造就业机会有着积极的作用。政府部门要积极组织相关技能培训,提高商业部门劳动力的专业化水平。通过提高劳动力的水平从而达到降低实际劳动成本的目的,在另一方面节约能源。

4. 推动商业部门的能源消费结构优化

目前,中国商业部门的能源消费结构中,实际煤炭消费仍占较大的比重,均在70%左右。这导致我国商业部门的二氧化碳排放增长较快。在未来的发展中,政府应当积极促进油品、天然气和其他清洁能源在商业部门能源消费中的比例。目前,随着天然气管道和LNG码头的不断发展,商业部门的天然气消费已经在逐年增加,未来也应继续保持。考虑到商业部门中电力和化石能源之间存在替代关系,政府还应当积极降低火电在发电部门的比例,积极促进风电和太阳能的发展。对于火电厂要以高标准严要求,积极推进清洁煤炭技术的应用,优化管理和降低火电煤耗。这样,通过优化商业部门的能源结构可以保证商业部门在现有的发展水平下也能够实现节能和减排。

5. 理顺能源价格形成机制,推动能源资源价格改革

能源价格对商业部门的能源消费有着直接的抑制作用。过去由于政府价格管控,并没有完全释放价格对商业部门能源消费的调节作用。但是通过对能源价格进行市场化改革,将有效发挥价格的调节作用,同时给政府的政策实施也带来了更多便利。同时,能源价格效应(预算效应)会促进能源强度下降,促进商业部门节能。此外,较高的能源价格也会促进资本和劳动对能源进行替代,促进商业部门向资本密集型产业转型,真正实现中国商业部门的又大又强。

第二部分
2017年能源热点问题

第4章 能源热点问题之——可再生能源发展

4.1 风电行业发展[①]

4.1.1 风电行业的发展现状

随着工业化和城市化的迅速发展,中国的能源(尤其是化石能源)需求明显增加。当前,中国已成为世界最大的二氧化碳排放国,中国在二氧化碳减排上面临着巨大的压力。由于国际社会上对于能源、气候与环境的重视,中国政府已承诺到 2030 年单位 GDP 的二氧化碳排放量比 2005 年下降 60%~65%。在中国,大约 50% 的二氧化碳排放来自于发电部门,尤其是煤电发电行业,其二氧化碳排放占整个发电行业的 90%(Liu 等,2016)。为了实现减排的目标,推动风电等可再生能源替代火电成为中国减排的一大措施。

中国有着丰富的风能资源。据中国气象局评估,中国陆上(高度 50 米)和海上的风能潜在开发量分别约为 23.8 亿千瓦和 2 亿千瓦。因此,风电的发展在中国具有天然的优势。中国的风电发展始于 1985 年,但发展十分缓慢。自从 2006 年,中国政府颁布了《可再生能源法》以及随后一系列支持政策的出台,中国的风电行业发展迅速。近年来,中国风电行业发展取得了可观的进步,于 2010 年超越美国跃居世界第一,中国已经成为世界风电大国。但风电行业也存在并网难、弃风限电等严重的问题。

1. 中国风电装机容量

由于国际社会上对能源、气候与环境的关注,世界各国高度重视风电的发展。全球累计风电装机容量已由 2001 年的 23 900 兆瓦增加到 2016 年的 486 749 兆瓦。近年来,虽然全球的风电行业处于调整重构阶段,但由于中国风电行业强劲的增长势头,对全球风电保持两位数的增长贡献。由图 4-1 可以看到中国(除台湾)风电的发展情况。中国累计风电装机容量由 2001 年的 399 兆瓦增加到 2016 年的 168 730 兆瓦,而累计风电装机容量占全球的比例由 2001 年的 1.7% 上升到 2016 年的 34.7%。可见,中国风电发展成果显著,累计装机容量有望未来突破 2 亿千瓦。另外,新增风电装机容量占全球的比重在 2010 年前增长速度较快,但

---

① 本节在参考"林伯强,陈宇芳. 中国风电的经济效益和节能减排效益分析[J]. 厦门大学中国能源政策研究院工作论文,2017."和"林伯强,陈宇芳. 中国碳价:风电二氧化碳减排成本的视角[J]. 厦门大学中国能源政策研究院工作论文,2017."的基础上修改完成。

随后因弃风限电的影响有所下降。直到2013年后,因为风电的整体回暖和"抢装"潮的出现,新增风电装机容量有所回升。随着上网电价下调、"抢装"潮的平息和低电力需求,2016年又有所下降,下降24%。

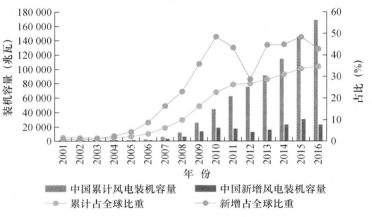

图 4-1 2001—2016 年中国(除台湾)风电装机容量情况
数据来源:全球风能理事会(GWEC)与中国风能协会(CWEA).

尽管风电发展迅速,但各省间的差异比较明显。图4-2展示了2016年中国30个省份的累计风电装机容量。累计风电装机容量最多的是内蒙古,达到28 064兆瓦,北京最低为193兆瓦。从区域上看,风电装机主要集中于"三北"地区。内蒙古、新疆、甘肃、河北、山东的装机容量位居前五,这些地区均拥有丰富的风能资源。由此可见,风电行业的发展还是受资源分布所影响的。

2. 中国风电发电量

近年来,中国的风电发电量也增长显著。尤其是2009年中国实施了风电上网电价政策以后,风电发电量由2008年的130.79亿千瓦时增加到2016年的2410亿千瓦时。同时,风电发电量占总发电量的比重也有明显的上升趋势。与2008年的0.38%相比,2016年风电发电量占总发电量的比重为4.02%(如表4-1所示)。

表 4-1 2008—2016 年中国风电发电情况

年 份	风电发电量(亿千瓦时)	发电量(亿千瓦时)	风电占比(%)
2008	130.79	34 510.13	0.38
2009	276.15	36 811.86	0.75
2010	494.00	42 277.71	1.17
2011	740.55	47 306.00	1.57
2012	1030.50	49 865.26	2.07
2013	1382.64	53 720.57	2.57

（续表）

年份	风电发电量（亿千瓦时）	发电量（亿千瓦时）	风电占比（％）
2014	1597.63	56 045.15	2.85
2015	1855.91	57 399.50	3.23
2016	2410.00	59 897.00	4.02

数据来源：中国电力企业联合会．

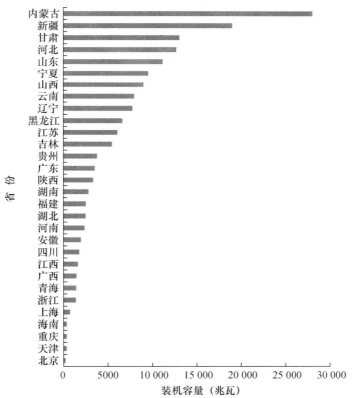

图 4-2　2016 年中国 30 个省份风电装机容量情况①

数据来源：中国风能协会（CWEA）．

由图 4-3 所示，2016 年风电发电量占总发电量的比重在新能源中排名第一，并且仅次于火电、水电，成为中国第三大电源来源。但目前风电发电量的比重还是相对较低，远低于世界其他风电大国，与《风电发展"十三五"规划》中 6％的比重目标也还有一定差距。随着电源结构的调整，风电在中国电源结构中的比重将越来越大。在未来，中国风电有望由替代电源变为主力电源。

---

① 由于西藏和港澳台的数据缺失，本节均未包含以上地区。

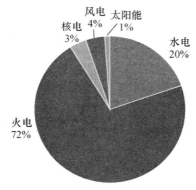

图 4-3　2016 年中国发电结构

数据来源：国家统计局.

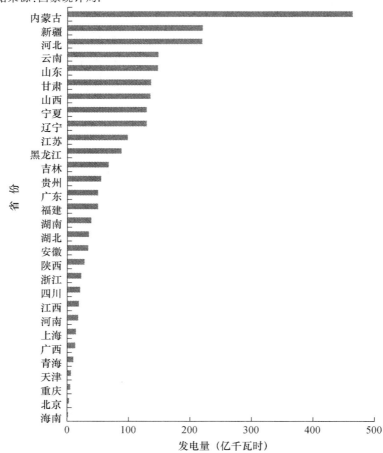

图 4-4　2016 年中国 30 个省份的风电发电量

数据来源：国家能源局.

如图4-4所示,2016年中国30个省份的风电发电量基本呈现"三北"地区多、中部地区少的特点,与风电装机容量的情况基本上一致。其中,内蒙古的风电发电量最大为464亿千瓦时,海南的风电发电量最小为0.1亿千瓦时。

3. 中国风电并网情况

《风电发展"十三五"规划》明确指出,到2020年底,风电累计并网容量确保达到2.1亿千瓦以上。如图4-5所示,中国的风电累计并网由2010年的31 310兆瓦增加到2016年的148 640兆瓦,与2020年目标还有一定差距;新增并网容量自2014年强势回归后,2016年又有所回落;并网比例由2010年的70%上升到2016年的88%,因为并网容量的增速低于装机容量的增速,消纳能力不足,2016年的并网比例相较于2015年的并网比例稍有下降。

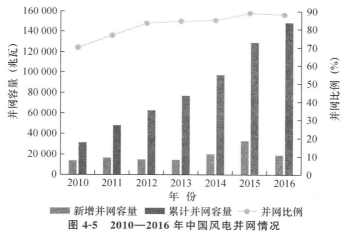

图4-5 2010—2016年中国风电并网情况

数据来源:可再生能源数据手册2015、国家统计局与中国风能协会(CWEA)。

图4-6展示了中国30个省份的累计风电并网容量的情况,内蒙古最多达到25 570兆瓦,海南最少为10兆瓦,与累计风电装机容量的情况基本一致。随着风电在全国范围的发展,中国的风电布局进一步优化,并且更加注重就地消纳。

4. 中国风电的弃风限电情况

弃风限电是指在风机处于正常运作中,但因为电网消纳能力不足、风力发电不稳定、建设工期不匹配等而使得风电机组停止运作的现象。虽然,世界风电大国普遍存在弃风限电的现象,但中国的弃风问题却显得尤为严重。如图4-7所示,中国风电的弃风电量呈波动上升趋势。2012年弃风电量达到208亿千瓦时,尽管2013年和2014年弃风电量有所下降,但2015年后弃风电量又大幅回升,2016年弃风电量高达497亿千瓦时,是2014年的近4倍。据统计,2014—2016年总弃风电量相当于2015年北京的用电量。2011—2016年的弃风率均大于5%,弃风限电问题难以自我解决。另外,2016年的风电可利用小时数为1742小时,高于2015年的1728小时,情况并不乐观。

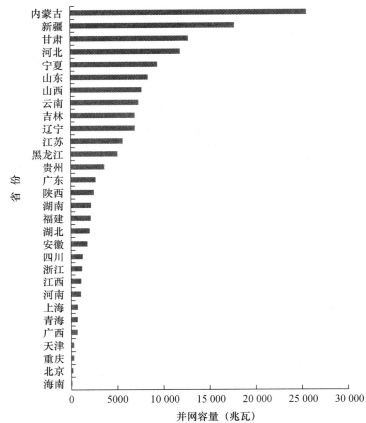

图 4-6 2016 年中国 30 个省份的风电并网情况

数据来源：国家能源局.

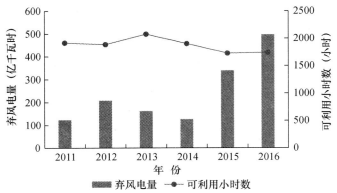

图 4-7 2011—2016 年中国风电的弃风限电情况

数据来源：国家能源局.

目前,中国的弃风问题主要集中在"三北"地区。表4-2报告了2016年中国主要省份风电的弃风情况。全国有11个省份存在弃风,其余省份弃风率为0。在11个省份中,甘肃的弃风率最高,从2015年的11%上升到2016年的43%,新疆、吉林、内蒙古的弃风率紧随其后,均大于20%,云南作为其中唯一一个南方省份,弃风率最低仅为4%。"三北"地区风能资源丰富,装机容量大,但由于就地消纳能力有限,加之特高压电网建设的不匹配,短期内实现外送消纳有一定困难。因此,国家发改委、国家能源局于2016年发布了《关于做好风电、光伏发电全额保障性收购管理工作的通知》(发改能源〔2016〕1150号),其中规定"三北"地区风电最低保障收购年利用小时数,以期确保弃风问题得到有效缓解。但经过一年的实行,仅有辽宁、河北和山西达到要求,内蒙古、新疆、甘肃、宁夏、黑龙江和吉林六省(区)均未达标,可见该政策还有待进一步落实。另外,由于中东部、南方地区几乎没有弃风,若增加这些地区装机容量占全国总装机容量的比重,将有利于降低中国整体的弃风率。

表4-2 2016年中国主要省份风电的弃风情况

省　份	发电量(亿千瓦时)	弃风电量(亿千瓦时)	弃风率(%)
河北	219	22	9
山西	135	14	9
内蒙古	464	124	21
辽宁	129	19	13
吉林	67	29	30
黑龙江	88	20	19
陕西	28	2	7
甘肃	136	104	43
宁夏	129	19	13
新疆	220	137	38
云南	148	6	4

数据来源:国家能源局.

中国风电行业虽然有显著的发展,但并网消纳、弃风限电等问题也日益严峻,对于中国风电行业来说,2016年是挑战大于机遇的一年。

4.1.2　风电发展政策

回顾2016年,中国风电发展政策内容涉及广泛,包括开发建设管理、风电电价、并网消纳、缓解弃风、目标规划等方面,导向明确。

1. 开发建设管理

2016年3月,国家能源局发布了《2016年全国风电开发建设方案的通知》(国

能新能〔2016〕84号）。该通知是根据《国务院关于发布政府核准的投资项目目录（2014年本）的通知》（国发〔2014〕53号）和《国家能源局关于进一步完善风电年度开发方案管理工作的通知》（国能新能〔2015〕163号）的要求，考虑各地区风电开发建设现状和市场消纳情况而编写。其中，为认真做好风电发展工作，促进风电产业持续健康发展，通知对各省的风电发展规模都有具体的设定，但未对吉林、黑龙江、内蒙古、甘肃、宁夏和新疆等弃风严重的地区做安排。

2. 风电电价政策

自2009年，国家发改委发布了《关于完善风力发电上网电价政策的通知》（发改价格〔2009〕1906号），风电上网电价政策取代了招标电价政策。该通知根据风能资源状况和工程建设条件将中国划分为4个资源区，并设置4个不同的价格水平。由于风电的成本不断下降，2014年对（陆上）风电上网电价有一次调整后，2015年又颁布了《国家发展改革委关于完善陆上风电光伏发电上网标杆电价政策的通知》（发改价格〔2015〕3044号），将第Ⅰ、Ⅱ、Ⅲ和Ⅳ类资源区的电价分别调整为0.47元/千瓦时、0.5元/千瓦时、0.54元/千瓦时和0.6元/千瓦时，并于2016年1月1日开始执行。2016年12月，国家发改委再次发布《国家发展改革委关于调整光伏发电陆上风电标杆上网电价的通知》（发改价格〔2016〕2729号），对2018年新建陆上风电标杆上网电价调整为每千瓦时0.4元、0.45元、0.49元和0.57元。

上网电价的下调可能在一定程度上不利于吸引风电投资商的投资，影响风电的大规模发展。但随着风电技术的发展以及风电成本的下降，风电有望在2020年实现平价上网。

3. 并网消纳和缓解弃风政策

并网难和弃风问题成为中国风电发展的瓶颈，因此中国政府颁布多项政策以期缓解并网消纳和弃风的问题。2016年3月，国家能源局发布了《关于做好2016年度风电消纳工作有关要求的通知》（国能新能〔2016〕74号），要求严格控制弃风严重地区的各类电源建设，深入挖掘消纳风电的潜力和方式。2016年5月，国家发改委、国家能源局发布了《关于做好风电、光伏发电全额保障性收购管理工作的通知》（发改能源〔2016〕1150号）。该通知规定"三北"地区风电最低保障收购年利用小时数，以期确保弃风问题得到有效缓解。2016年6月，国家能源局印发了《关于推动东北地区电力协调发展的实施意见》（国能电力〔2016〕179号），该意见指出应该加快电力外送通道，降低弃风率。

4. 目标规划

2016年12月，国家发改委印发了《关于〈可再生能源发展"十三五"规划〉的通知》（发改能源〔2016〕2619号），该通知指出中国风电发展的方向，要求加快开发中东部、南部地区的风电，有序建设"三北"大型风电，提高消纳能力等。

4.1.3 风电并网的经济效益和节能减排效益

现阶段,中国的风电上网电价政策很大程度促进了风电行业的发展。但从 2014 年开始,中国政府不断下调上网电价,可能一定程度不利于吸引风电投资商的投资,但也倒逼风电企业降低成本。因此,风电行业是否还具有良好的收益?风电对火电替代的节能减排效益是否仍具有优势?这些问题都值得进行深入探讨。

1. 风电并网的经济效益

风电产业的经济效益取决于风电装机成本、初始投资成本、运营成本、等效可利用小时数、风电上网电价等。根据平准化成本计算风电场的发电成本,得到风电场盈亏平衡的上网电价 P。当实际上网电价(P')高于 P 时,风电开发是盈利状态;反之则是亏损状态。本研究参考朱柯丁等(2011)的计算公式:

$$P = \frac{r(1+r)^n}{(1+r)^n - 1}\left(\frac{C}{\alpha}\right)\frac{(1+\omega)(1+t)}{T(1-\lambda)} \tag{4-1}$$

其中:r 是贴现率;n 是折旧年限;C 是风电装机成本,单位元/千瓦;ω 是运营成本与初始投资成本的比例;t 是增值税率;α 是风电装机成本占初始投资成本的比重;T 是等效可利用小时数;λ 是风电厂用电率。

由于 2016 年中国一半以上装机为 1.5 兆瓦,本研究以 1.5 兆瓦的风电装机为例,其报价大致为 4300 元/千瓦[①],其他参数参考 Lin 和 Li(2015)和国家能源局《2015 年度全国电力价格情况监管通报》。本研究对相关参数设置如表 4-3 所示。

表 4-3 主要参数设置

参　数	参数值	潜在变化趋势
风电装机成本(C)	4300 元/千瓦时	±800 元/千瓦时
贴现率(r)	9%	
折旧年限(n)	20	
运营成本与初始投资成本的比例(ω)	12%	
增值税率(t)	8.5%	
风电装机成本占初始投资成本的比重(α)	70%	+5%
等效可利用小时数(T)	第Ⅰ资源区:2600 小时;第Ⅱ资源区:2400 小时;第Ⅲ资源区:2200 小时;第Ⅳ资源区 2000 小时	
风电厂用电率(λ)	3%	

---

① 2016 年中国风电发电量、弃风率、价格走势及装机容量预测. 北极星风力发电网 http://news.bjx.com.cn/html/20160918/773304.shtml.

2016年的中国风电上网电价是根据2015年颁布的《国家发展改革委关于完善陆上风电光伏发电上网标杆电价政策的通知》(发改价格〔2015〕3044号),将第Ⅰ、Ⅱ、Ⅲ和Ⅳ类资源区的电价分别调整为0.47元/千瓦时、0.5元/千瓦时、0.54元/千瓦时和0.6元/千瓦时。

根据以上参数计算可得2016年不同资源区的风电场经济效益,如表4-4所示。

表4-4 不同资源区的风电场经济效益(元/千瓦时)

风电装机成本占初始投资成本的比重 α	资源区	等效可利用小时数 T	风电装机成本 C				
			5100	4700	4300	3900	3500
70	第Ⅰ资源区	2600	0.09	0.12	0.15	0.18	0.21
		2500	0.07	0.10	0.13	0.16	0.20
	第Ⅱ资源区	2400	0.10	0.14	0.17	0.20	0.23
		2300	0.09	0.12	0.15	0.19	0.22
	第Ⅲ资源区	2200	0.09	0.12	0.16	0.19	0.23
		2100	0.06	0.10	0.14	0.18	0.21
	第Ⅳ资源区	2000	0.10	0.14	0.18	0.22	0.26
		1900	0.07	0.11	0.16	0.20	0.24
75	第Ⅰ资源区	2600	0.11	0.14	0.17	0.20	0.22
		2500	0.10	0.13	0.16	0.18	0.21
	第Ⅱ资源区	2400	0.13	0.16	0.19	0.22	0.25
		2300	0.11	0.15	0.18	0.21	0.24
	第Ⅲ资源区	2200	0.12	0.15	0.18	0.22	0.25
		2100	0.10	0.13	0.17	0.20	0.24
	第Ⅳ资源区	2000	0.13	0.17	0.21	0.24	0.28
		1900	0.11	0.15	0.19	0.22	0.26

本研究可以得到以下结论:① 若风电装机成本占初始投资的比例越高,那么风电场的盈利就越多;② 在同一个资源区内,若可利用小时数越高,那么风电场的盈利越多;③ 若风电装机成本越低,那么风电场的盈利也越多;④ 四类资源区均有正向收益,其中第Ⅳ资源区相对利润较高。

上网电价政策有利于鼓励风电场发展技术以降低风电装机成本,同时加强管理以降低运营成本的比例,来实现高利润。但由于中国的弃风问题严重,政府有意发展中东部、南方地区的风电来降低中国的弃风率。另外,中东部、南方地区用电负荷较大。因此,第Ⅳ资源区的上网电价调整幅度较小,较高的利润能够吸引风电投资商投资发展中东部、南方地区的风电。事实上,中国为了缓解弃风还对"三北"地区进行限电,这可能会导致这些地区负利润。

2. 风电并网的节能减排效益分析

风电具有清洁、可再生、零碳排放和无污染的特征,风电替代火电实现节能的同时,也减少了二氧化碳等污染物的排放。因此,风电节能减排的环境效益备受关注。风电对火电替代的环境效益可由5个影响因素来构造,参考朱柯丁等的计算公式(2011)如下:

$$E_i = S \cdot G \cdot T(1-\lambda)\eta_i \quad (4\text{-}2)$$

其中:E_i 是二氧化碳等污染物的减排量;S 是并网比例;G 是风电总装机容量;T 是等效可利用小时数;λ 是风电厂用电率;η 是二氧化碳等污染物的排放系数。此处,各参数描述如表4-5所示。

表4-5 主要参数描述

参　数	参数值	数据来源
并网比例(S)	88%	中国风能协会
风电总装机容量(G)	168 吉瓦	中国风能协会
等效可利用小时数(T)	1742 小时	国家能源局
风电厂用电率(λ)	3%	国家能源局
污染物的排放系数(η)	二氧化碳:771克/千瓦时;二氧化硫:3.08克/千瓦时;氮氧化物:2.06克/千瓦时	Liu 等(2017)

另外,根据国家能源局统计的《2016全国电力工业统计数据》可知,供电煤耗是312克/千瓦时,即每千瓦时风电上网可以节省312克/千瓦时的标准煤。再根据表4-5所描述的变量,本研究计算了2016年风电的节能减排效益,还对2025年进行预测。如表4-6所示。

表4-6 风电的节能减排效益

年　份		2016	2025
参　数	装机容量(吉瓦)	168	350～400
	并网比例(%)	88	90～95
	等效可利用小时数(小时)	1742	1800～2000
	电厂用电率(%)	3	4
	发电量(亿千瓦时)	2410	5500～6500
	供电煤耗(克/千瓦时)	312	300
节能减排效益	煤炭替代(百万吨标煤)	75.2	165～195
	二氧化碳减排(亿吨)	1.9	4.1～5.6
	二氧化硫减排(万吨)	76.9	167.7～224.7
	氮氧化物减排(万吨)	51.5	112.1～150.3

按照2016年中国风电机组168吉瓦的装机容量,88%的并网比例,1742小时

的等效可利用小时数、3%的电厂用电率、2410亿千瓦时的发电量和312克/千瓦时的供电煤耗,测算得到风电替代了75.2百万吨标煤,并实现了1.9亿吨的二氧化碳减排量、76.9万吨的SO_2减排量和51.5万吨的氮氧化物减排量。

在预测2025年的风电节能减排效益时,根据《中国风电发展路线图2050(2014版)》和《风电发展"十三五"规划》的预测,本研究将2025年风电装机容量估计为350~400吉瓦,发电量为5500~6500亿千瓦时。随着中国的并网技术、风电利用率的提升,并网比例和电厂用电率会有所提高,本研究将并网比例设定为90%~95%,而电厂用电率设定为4%。另外,随着煤炭在火电中利用率的提高,供电煤耗也会有所下降,本研究设定为300克/千瓦时。一般来说,等效可利用小时数会比较稳定,所以本研究根据2011—2016年的数据估算区间为1800~2000小时。

根据以上设定,2025年风电将替代165~195百万吨标煤,并将实现4.1~5.6亿吨的二氧化碳减排量、167.7~224.7万吨的SO_2减排量和112.1~150.3万吨的NO_x减排量。随着风电的发展,风电的节能减排效益将进一步扩大,对于中国实现减排目标和调整能源结构目标有着十分重要的意义。

3. 总结

从长远来看,风电发展具有良好的经济效益和节能减排效益。中国的中东部和南方地区越来越成为风电投资商们的投资区域。随着风电技术创新和成本下降,风电的经济效益会越发凸显,并优于火电。另外,随着风电规模的不断扩大,风电对于火电的替代所带来的节能减排效益更加显著。因此,促进风电良性发展对中国能源结构调整、实现节能减排目标将发挥重要作用。

4.1.4 风电行业发展的政策建议

现如今电力过剩的局面,使得风电新增装机容量有所下降,装机容量增长趋缓。为了提高风电在未来电源结构中的比重,促进风电的发展,首先应该降低火电过剩和激发电力需求双管齐下。供给方面,政府需要对新增火电项目更严格控制,以抑制火电的投资。对落后产能存量进行淘汰改造,趁此机会推广超低排放和节能改造。从需求看,由于重工业对电力消费贡献最大,重工业与基础设施建设高度关联,因此需要通过基础设施建设来增加对重工业的电力需求。政府可以通过大规模建设城市地铁和其他轨道交通的基础设施,来增加对重工业的需求,在解决交通拥堵和雾霾治理的同时,增加电力需求。此外,加快"煤改电"也是增加电力需求、减少火电装机浪费的好途径。

另外,中国并网消纳问题能否有效解决将很大程度影响风电的发展。政府应该加快空间布局的优化,促进就近并网、当地消纳、缓解弃风限电的问题。例如,"三北"地区冬季利用风电供暖作为就地消纳方式,随着这一消纳方式大面积推广后,风电就地消纳能力将大大增强。另外,对于电力负荷大的沿海地区而言,风电发电量相对较少,而对于电力负荷小的北部地区,发电量相对较多。为了实现清洁的电源结构,中国需要大规模发展特高压,将"三北"地区过剩的电量输送到沿海地区,实现外送消纳。其次,政府应该推动中东部和南方地区分布式风电和海上风电项目的开发,一方面,分布式风电可以直接并网发电,对电网的冲击性较小,另一方面,由于海上风电具有资源优势、不占用土地、不消耗水资源和适宜大规模开发的特点,因此海上风电的发展极具潜力。因此,中国政府应该大力发展分布式风电,不断扩大分布式在风电产业中的市场份额,同时加快海上风电项目的建设步伐。

中国弃风限电问题不仅是风电发展的瓶颈,还成为风电并网消纳的阻碍因素。虽然弃风问题普遍存在各个风电大国中,但中国的弃风问题严重,因此,中国需要从模仿、学习向创新、开拓转变,走出一条自己的发展之路。另外,需要在大环境下审视弃风问题。近年来,在弃风的同时,火电等主要发电品种发电小时数也逐年降低,这与中国经济发展阶段、能源结构改革的大环境是分不开的。中国不但需要解决能源结构的问题,更重要的是平衡波动的能源需求。快速发展过程中,大幅度过剩与短缺都是必然现象,弃风一定程度上反映了目前电力大幅度过剩。因此,解决弃风不是一个短期的过程,也不会一劳永逸,需要从更高、更全局的角度综合考虑。其次,为了解决弃风问题,根本手段上还是要严格执行规划。需要根据能源发展"十三五"规划,大力发展抽水蓄能、调峰气电、热电灵活性改造等消纳手段。需要进一步促进可再生发电跨区消纳,在继续建设电力外送通道的同时,国家需要对跨区消纳开展更强有力的统筹与安排。再次,由于中东部、南方地区几乎没有弃风,若增加这些地区装机容量占全国总装机容量的比重,将有利于降低中国整体的弃风率。因此,政府应推动中东部以及南方地区成为中国风电产业发展新的利润增长点,进而推动风电产业的良性发展。最后,在低电力需求背景下,真正有可能做到比较经济有效地解决弃风现象的方法,就是推行可再生能源配额制,并与风电上网电价政策相配合。

在风电成长阶段,固定的上网电价政策可以有效地推动风电装机容量的增加,保障风电企业的稳定收益;同时有利于引导和鼓励投资商积极开发优质资源,有计划地开发次级资源,使风电开发有序进行;也有利于简化政府的审批程序。但是,政府不断调整风电的上网电价,给风电企业以竞争压力,促进其技术创新和降低投资成本,加快发展拥有核心技术和自主知识产权的风电产业链条,有利于中国由风电大国转型为风电强国。此外,政府在调整风电上网电价的同时,应该注意到,风机成本下降但社会劳动力成本和融资成本却在增加的问题,因此,政府还应该综合考虑影响风电开发成本变化的诸多因素。最后,由于上网电价政策存在整体利润率低、投资回收期较长和投资者的信心相对不足的问题,所以,政府还应该实施资金补助、税收优惠、可再生能源配额制及可交易绿色证书等多种政策,以促进中国风电行业的良性发展。

4.2 生物质能发展

4.2.1 生物质资源基本情况

生物质能是可再生能源的一个重要组成部分,一般是指以生物质为载体储存的化学态能。生物质能原料来源广泛,主要包括各种农林废弃物,禽畜粪便,城市生活垃圾以及废水废渣和高浓度有机物废水等。生物质能的利用方式也是多种多样,既可以用来发电,也可以加工成固体成型燃料,还可以转化为多种气体或者液体燃料,储存和运输都比较方便。因此,生物质能可以满足各种形式的能源需求,这也是生物质能的一个优势。中国计划到 2020 年,非化石能源消费占一次能源消费比重至少为 15%,2030 年这一比例继续提高至 30%。我们需要打破以煤为主体的一次能源消费结构格局,发展可再生能源。生物质能作为一种重要的可再生能源,值得我们关注。其中,生物质发电是生物质能规模化利用的重要形式,与风电、光伏发电等都属于我国战略新兴产业。中国生物质能总量比较丰富,目前主要以农林废弃物为主。根据可再生能源发展报告,目前的利用技术和用途估算,中国可能源化利用生物质资源每年约 4.6 亿吨标准煤。

1. 农业剩余物

根据可再生能源发展报告的估计,中国农业秸秆理论资源量为 8.7 亿吨,折合为 4.4 亿吨标准煤。大部分秸秆资源分布在华北平原、长江中下游平原和东北平原等粮食主产区,其中安徽、黑龙江等 8 省的秸秆资源量在 3000 万吨以上,并且资源密度较大。初步估算可以利用作为能源化的秸秆量为 4 亿吨左右,剩余 3.7 亿吨的秸秆可作为肥料、饲料、造纸等用途。

秸秆利用较为成熟的技术有厌氧发酵制沼气,热解气化制合成气,直燃发电等。每种技术都有规模化应用的经验。但在秸秆资源的利用过程中仍存在一些问题。比如秸秆资源有很强的季节性,一般来说在农作物收割季节比较丰富。另外我国农村地区农业生产的规模相对较小,这对秸秆的集中收集很不利,没有机械化规模化的收集,效率低下也会影响成本。还有就是秸秆本身的资源密度较低,这对收集、运输、存储等方面都造成相当的困难。因此,应建立一个合理的秸秆资源回收利用途径。

从图 4-8 可以看出,玉米秸秆的占比最大,稻谷秸秆和小麦秸秆次之。三者占比约为 80%。

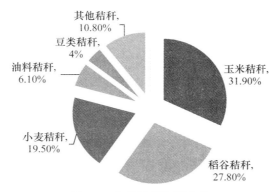

图 4-8 各类秸秆资源占比

资料来源:中国可再生能源发展报告.

从图 4-9 可以看出,秸秆资源现阶段大部分作为薪柴使用,另一部分作为饲料使用。作为工业原料占比较低,仅为 3%。

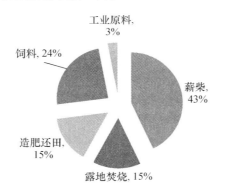

图 4-9 秸秆各类利用占比

资料来源:中国可再生能源发展报告.

2. 林业剩余物

根据国家林业局的全国森林经营规划,我国森林覆盖率由 20 世纪 70 年代中期的 12.7% 提高至 21.66%,森林蓄积量由 20 世纪 70 年代中期的 86.56 亿立方米增加到 151.37 亿立方米。2009—2015 年,中央财政共安排森林抚育补贴任务 1873.3 万公顷,全国累计完成森林抚育面积 5335.1 万公顷。根据第八次全国森林资源清查,全国森林面积 2.08 亿公顷,活立木总蓄积 164.33 亿立方米,森林蓄积 151.37 亿立方米。天然林面积增加了 215 万公顷。林木生物质资源潜力为 180 亿吨大约有 3.5 亿吨林木资源可做木质能源,主要是薪炭林,林业"三剩物",木材加工剩余物,若全部利用开发,约为 2 亿吨标准煤的能量。

2006年，中国《可再生能源法》正式实行之后，可再生能源产业得到了较快发展。相较于秸秆利用，林业剩余物利用的进展显然落后，仍处于初步阶段。但所涉及的技术基本上具备了产业化的要求。林业剩余物利用落后的主要原因在于收集林业剩余物难度较大，特别是很多林区交通不便，采集困难，而且林木大多需在冬季开采，这对采集是很大的障碍。这些障碍都将增加作业的成本。

3. 畜禽粪便

中国农村畜禽粪便主要来自于牛、猪和鸡三种畜禽。根据2016年农业部网站发布的《关于推进农业废弃物资源化利用试点的方案》，全国每年大约产生畜禽粪污38亿吨，综合利用率不到60%。也就是说最少有15.2亿吨粪污浪费。按照每吨畜禽粪便产沼气约50立方米，沼气潜力约为1140亿立方米，折合约8000万吨标准煤。传统上，畜禽粪便作为肥料返还土地，促进农业生产，但随着工业化肥和复合化肥的大量使用，这种使用途径逐步减少。目前比较有效的利用方法是通过厌氧发酵生产沼气。这种方法适合集约化的养殖，也适合于小规模的养殖。随着工业化城市化进程，畜牧业养殖会逐步从散养为主向集约化、规模化养殖转变。这种转变将有利于畜禽粪便的集约化、集中化收集。

4. 生活垃圾

《中国城市建设统计年鉴2015》对全国城市生活垃圾清运量进行了统计，2015年，全国城市生活垃圾清运量约为2亿吨，如果除去其中可以回收利用的部分，剩余部分进行垃圾焚烧发电，可以进一步提高垃圾处理效率。如果垃圾总量的50%用来发电，约可替代1500万吨标准煤。中国城市化进程不断推进，居民消费不断上涨，可以预计未来城镇生活垃圾将持续上涨，但作为垃圾有效处理的前端，生活垃圾分类在中国城市一直未能有序推广，在2017年国务院办公厅发布关于转发国家发改委、住建部《生活垃圾分类制度实施方案》（以下简称《方案》）的通知，要求46个城市先行实施生活垃圾强制分类，2020年底生活垃圾回收利用率达35%以上。在前端进行有效的垃圾分类收集是后续垃圾有效化利用的关键。

5. 废水废渣

农副产品加工业所产生的废弃物是工业有机废弃物的主要来源，以谷类碾磨、屠宰、酿酒发酵等行业为主。2014年，废水总量为45亿吨左右，可产生沼气280亿立方米，折合约2000万吨标准煤。

6. 生物质能源作物

除了已有的生物质资源，生物质原料正逐步向主动培育的新型能源动植物资源拓展。特别是一些能在贫瘠的土地生长的植物，既可保养水土，又可作为生物质原料，被人们赋予了很大的希望。如作为能源植物的芒草，其繁殖能力强、生物耐性高，能够在较为恶劣的环境中生长，也是修复土壤的一种作物。并且它的纤维素含量很高,作为生物质原料的潜质非常高。其他高纤维素植物,如狼尾草、速生杨树等植物也是研究的植物种类。另外一种潜在的主动培育的生物质能源原料是藻类生物。快速生长显然是藻类的一个很大的优势,并且藻类还有较好的固碳减排效用。一些藻类的油脂含量甚至超过70%,显著高于传统的油料作物。

4.2.2 生物质主要利用形式

1. 生物质发电

中国目前生物质能的主要利用方式有生物质发电和加工转化为固体、气体、液体燃料等。2015年,中国生物质能产业平稳增长。根据中国可再生能源发展报告,生物质发电总装机容量达1031万千瓦时,比2014年增长20%;生物质成型燃料约400万吨,比2014年减少40%;生物乙醇产量230万吨,与2014年相比基本不变。我国的生物发电总装机容量已位居世界第二位,仅次于美国。

生物质直燃发电技术是生物质发电技术中最为成熟的,也是应用最为广泛的。技术相对成熟,综合经济效益较好,对当地农民增收起到了积极作用。生物质发电在我国的起步较晚。2003年以来,国家先后批准了若干秸秆发电示范项目,并没有大规模的并网发电。2006年《可再生能源法》实施,相关配套政策出台,如上网电价优惠,这些政策有力促进了生物质发电行业的发展和逐步壮大。此外,我国应当参考国外发展,多加推广生物质混燃发电技术,并且需要注意到发电方式向分布式与集中式相结合的方向发展。我国还需要进一步推进热电联产等整体技术创新。

生物质厌氧制沼气的基本原理是在厌氧的环境下,生物质在甲烷菌等微生物的作用下,分解发酵得到沼气。沼气是多种气体的混合物,其中甲烷含量通常在50%以上,其余为二氧化碳和少量的氮、氢和硫化物,是一种良好的气体燃料,其特性与天然气相似,可以完全代替汽油或柴油进行发电。纯化后的沼气的甲烷含量可以达到天然气的纯度。生物质厌氧制沼气的技术较为简单直接,成本较低,也适合较小规模的应用,近年来得到了快速的发展。并且发酵后的废水废渣,仍可以作为土地肥料或者饲料添加剂,整个过程比较环保低碳。沼气是中国农村利用生物质能的主要方式。沼气利用在中国发展起步较早,近几年也得到较快的发展。2000年,农村沼气用户大约有848万户;到2013年中国农村沼气用户达4122万户,沼气利用量每年137亿立方米;2015年农村户用沼气用户达5000万户。

垃圾发电就是将垃圾中的生物质能以燃烧发热的方式释放出来并加以利用。主要的技术一是通过燃烧直接发电,另一种是通过填埋发酵产气的方式间接发电。前一种技术所涉及的垃圾发电厂具有占地面积小、处理垃圾的数量较大等优点,并且无害化处理程度比较高,是现在垃圾发电产业的主要技术,也是目前国家政策主要支持推广的技术。城市垃圾的不断增长是中国很多城市面临的难题之一,特别是在城镇化不断推进的背景之下,垃圾围城已经在诸多城市成为现实,并且城市用地日益紧张,过去采用简单的垃圾填埋方式越来越难以解决紧张的用地和日益增长的垃圾量之间的矛盾,垃圾焚烧发电技术可以较为有效地解决这一问题,并且还能在一定程度上为所在城市提供一定的电力能源,可谓一举多得。另外,垃圾填埋所伴生的地下水渗透污染也日益成为我们关注的焦点。总体而言,垃圾发电产业在未来拥有巨大潜能。一是城镇化为垃圾发电厂提供源源不断的原料,并且同农林直燃发电的原料不同,城市垃圾量不会有明显的季节性和区域性的问题,保证了原料的稳定供应;二是垃圾发电技术不断进步成熟,垃圾焚烧装备具备本地化生产能力,在循环流化床锅炉技术等方面,研究和应用都已经处于国际领先地位。这对垃圾焚烧技术大规模的推广应用十分有利。目前看来,垃圾焚烧发电项目多处于经济较为发达的华东等地区,主要是由于垃圾焚烧发电项目需要大量的投资资金。垃圾焚烧厂很多采用建设投资自己负责,而日常垃圾处理费用由地方政府支出的方式。根据中国生物质能产业发展报告的估算,以一个100万人口的城市,每天垃圾生成量1000吨,一线城市、二线城市和三线城市的处理费用分别是150~200元/吨、80~120元/吨和50~80元/吨。而在西部一些城市,垃圾填埋的费用一般在30元/吨以下,成本差异十分明显。除了成本差异,垃圾发电项目的推广仍有几个问题急需解决。一是垃圾发电处理厂在建厂过程中,应重点强调与项目选址地周围的居民的沟通。近年来,居民反对垃圾焚烧发电项目落地的事件时有发生,而政府缺乏以科学的态度与方法来和居民进行有效沟通,邻避效应凸显。如果每建一处垃圾焚烧处理厂就引发一次居民抗议,这将极大地影响垃圾焚烧厂建厂成本,这应当引起各个地方政府的注意。第二个问题是关于监管力量不到位的问题。由于垃圾焚烧过程中,如果处理不恰当,很有可能引发二次污染,比如二噁英污染。虽然对污染的检测技术已经比较成熟,但监管的力量相对薄弱,即使有的企业被检测出了不当处理的行为,却没有一个很好的监管体系进行约束。这种不健康的发展必定会在一定程度上阻碍垃圾焚烧项目的发展,国家及地方政府一定要重视在推广项目的同时,加强监管的力度和有效性,以保证垃圾焚烧产业有效平稳发展。

从图4-10中可以看出,2014年和2015年,农林生物质直燃发电增长率分别为6%和19%。2015年的垃圾焚烧发电总并网装机容量为468万千瓦时,比2014年增长23%。2014年则增长11%。农林直燃发电和垃圾焚烧发电都呈现出加速增长的势态。沼气发电经历了2014年超过63%的年增长后,在2015年增长逐渐平稳,为6%。

从地域上区分,2015年全国农林剩余物直燃发电装机容量如表4-7所示。

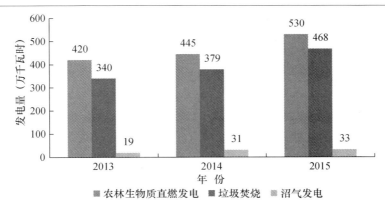

图 4-10　2013—2015 农林直燃、垃圾焚烧和沼气发电量

资料来源:中国统计年鉴.

表 4-7　各地区农林剩余物直燃发电装机容量

地　区	装机(万千瓦时)	占比(%)
华东	117	22
西南	26	5
华中	128	24
华北	149	28
东北	108	20
西北	3	1

资料来源:中国可再生能源发展报告.

在农作物主要产区的华北、华中、华东和东北地区,总装机容量占比为94%。西南地区农作物秸秆资源相对匮乏,高温潮湿的气候条件并不适合秸秆的贮存,而西北地区缺乏足够的秸秆资源,所以两个地区的装机量都不是太大。

2015年底,中国垃圾焚烧累计并网装机容量占全国生物质发电总容量的45%,垃圾发电今年以来增长迅速。如表4-8所示,垃圾发电集中在华东和华北地区等经济较为发达的地区。这些地区城市化发展较为成熟,居民垃圾产生量较大,对垃圾处理有巨大的现实压力和需求,这些条件总体上有利于垃圾发电行业的开展。

表 4-8　各地区发电装机容量

地　区	装机(万千瓦时)	占比(%)
华东	221	47
西南	63	13
华中	64	14
华北	99	21
东北	16	4
西北	5	1

资料来源:中国可再生能源发展报告.

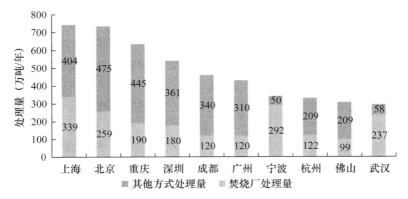

图 4-11 各个城市垃圾产量和焚烧处理数量

资料来源:中国统计年鉴,全国大、中城市固体废物污染环境防治年报.

从图 4-11 可以看出宁波和武汉的垃圾焚烧处理占比为 85% 和 80%。其他城市均未超过 50%。生活垃圾大部分仍是以掩埋的方式处理。

总体看,中国生物质发电效率较低,平均年等效满负荷运行小时数不足 5200 小时。全国只有辽宁省运行小时数超过 7000 小时,超过 6000 小时的只有宁夏等 6 省,与欧洲生物质发电项目相比,仍有明显的差距。中国生物质发电仍具有一定的发展潜力,特别是垃圾发电在城镇化发展和居民生活水平不断提高的背景下具有很强的吸引力,在为城市提供电力的同时,也部分缓解了垃圾围城的尴尬。特别是垃圾掩埋需要占用大量的城市土地,而垃圾发电厂建设所需面积较小,对城市管理者而言是很好的替代项目。但同时,发展垃圾发电厂需要注意环保等因素的考虑,加强前端垃圾分类处理,以防止垃圾发电产生二次污染,引发居民抗议等社会健康问题。

值得注意的是,近年来中国生物质能发电的发展与风电和太阳能发电等新能源发电相比,发展相对滞后(如图 4-12)。

2006 年,中国生物质发电站装机容量已达到 2500 兆瓦,在此后的几年中,生物质发电也在稳步增加,到 2015 年达到 10 320 兆瓦。但相对于中国新能源产业的快速发展,从速度上来看,近几年发展相对缓慢,与风电、光伏的快速发展形成鲜明的对比。如风电装机容量已从 2005 年的 2599 兆瓦增加到 2015 年的 145 104 兆瓦,太阳能并网容量从 80 兆瓦增加到 43 062 兆瓦。2014 年我国水电利用量 241 百万吨油当量,位居世界第一,占全球水电总量的 27.4%。非可再生能源利用总量为 53 百万吨油当量,仅次于美国的 65 百万吨油当量,其中风电发电量占全球风电的 22.4%,光伏发电占 15.7%,都位居世界第二。从增速上看,2015 年中国风电新增装机容量 3075.3 万千瓦,同比增长 32.6%,远超其他国家。2015 年中

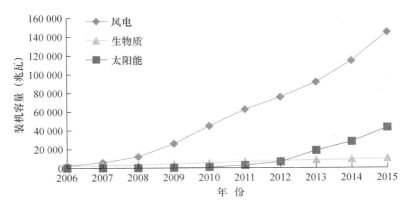

图 4-12　中国生物质发电、风电和太阳能的历年装机容量
数据来源：Renewable Capacity Statistics 2016.

国光伏新增装机更超过2000万千瓦，也位居世界首位。风电装机容量已从2005年的106万千瓦增加到2015年的1.29亿千瓦，太阳能并网容量也从7万千瓦增加到4318万千瓦。而2015年生物质发电中国累积并网装机容量为1171万千瓦，而在2014年美国就达到了1610千瓦，德国为880万千瓦。中国现阶段生物质液体燃料主要有燃料乙醇和生物柴油两种，发展速度也相对缓慢，2015年产量分别为230万吨和30多万吨。在总量上，中国虽然位居全球第四位，但是与美国和巴西的差距非常大。我国生物质能虽然取得了一定的发展，但从发展速度和规模来看，与风电、光伏等的差距在扩大，而且从世界范围来看，与其他主要生物质能利用国家相比，生物质能产业的发展也相对缓慢。

3. 生物液体燃料和固体燃料

中国生物燃料主要有生物质固体成型燃料、燃料乙醇和生物柴油。生物质固体成型燃料主要用于各种锅炉，原料以农作物秸秆和木屑为主。由于不同的原材料和转化技术，生物质液体燃料有多种类型，中国现阶段生物质液体燃料主要有燃料乙醇和生物柴油两种。

生物液体燃料又被称为是生物燃油，是发展生物质利用的一个重要形式。中国现阶段生物质液体燃料主要有燃料乙醇和生物柴油两种。燃料乙醇的主要原料是以陈化粮为主，同时非粮乙醇燃料也有所发展。生物柴油的主要原料是废弃油脂，另外还有一些含油脂作物。《中国生物工业投资分析报告2016》显示，中国生物柴油2015年产量30多万吨。

中国的生物燃料乙醇以陈化粮为主，"十二五"期间，生物燃料乙醇增长有限，维持在200万吨左右。在国际油价低迷的情况下，政策补贴和税费优惠仍是产业发展的重要因素，内生动能仍然不足。

四家以陈化粮为原料的国家定点企业分别是吉林燃料乙醇公司、中粮生化能源（肇东）公司、中粮生物化学（安徽）股份有限公司、河南天冠集团，设计总产能为102万吨/年。四家企业在政策补贴和技术进步的情况下，逐步扩展产能，在2015年，燃料乙醇总产量达到了230万吨。到2015年底，燃料乙醇定点企业达到6家。多出的两家分别是山东省的纤维素乙醇示范项目和内蒙古的高粱非粮乙醇项目。

4.2.3 生物质能和粮食安全

作为世界上人口最多的国家，农业耕地政策上也划有规模红线。发展生物质能，特别是在以粮食作为原料的生物乙醇上，应该特别关注粮食安全。特别需要注意的是，我国仍有大量的贫困人口，粮食支出直接关系到他们的生活质量，有效保障国内粮食稳定供应，以免受到国际粮食价格的波动，是我们国家发展生物质能源必须要考虑的因素。目前我国生物乙醇的生产以陈化粮为主，并且在试点一些非粮乙醇项目，应该说在生物乙醇发展对粮食安全方面的考虑是非常谨慎的。从更大的角度来看，由于世界上的国家资源禀赋和人口禀赋不同，对于粮食净进口国和出口国，发展以粮食为原料的生物质产业对各个国家的影响是不同的。并且以哪种原材料发展生物质能源也是根据不同国家的实际情况而定，不同国家对于粮食安全和能源安全的侧重点和平衡点各有不同。随着生物质燃料发展，越来越多的学者开始关注发展生物质能源产业与粮价的关系，探讨两者之间是否有着某种竞争关系。

对于我国而言，20世纪90年代，在粮食连年丰收的背景下，我国陈化粮储备大幅增加，国家基于缓解陈化粮供需失衡的情况，鼓励将陈化粮用于生产乙醇、饲料等用途。在国家优惠政策的鼓励下，各地发展生物乙醇的热情高涨，但随着项目的逐步铺开，陈化粮储备快速消耗，在东北部分地方，甚至出现了对新粮的抢购行为，引发粮食价格上升。2007年6月，由国务院召开的可再生能源会议中提出，今后只有在不占用耕地、不消耗粮食、不破坏环境的原则上发展非粮乙醇项目。

4.2.4 国际情况

据前瞻产业研究院数据，在欧美等发达的国家和经济体，生物质发电是发展比较成熟的产业，也正逐步成为一种重要的发电和供热方式。根据《2015—2020年中国垃圾发电行业深度分析及市场调查研究报告》，全球生物质及垃圾发电累计装机容量稳步上升，相关产业不断成熟。

如图4-13，全球生物质及垃圾发电累计装机容量稳步增长。2013年和2014年的增长率分别是8%和10%。2006—2014年区间，年均增长率维持在6.5%～10%，发展势头良好。生物质能在发电、供热、交通运输等多个能源领域都有应用，是应用途径最广泛的可再生能源。地球每年约可以产生850亿吨标准煤的生物质能。据国际能源署的估计，全球可利用的生物质资源约为34～102亿吨标准

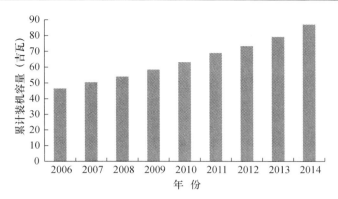

图 4-13 全球生物质及垃圾发电累计装机容量

资料来源:2015—2020 年中国垃圾发电行业深度分析及市场调查研究报告.

煤。生物质固体燃料是生物质资源利用的一个重要方式。从图 4-14 可以看出,成型燃料产量在 2006 到 2009 年以年均 30% 的高速增长后,在近一两年增长逐渐放缓,逐渐平稳。2013 年和 2014 年分别增长 5% 和 8%。

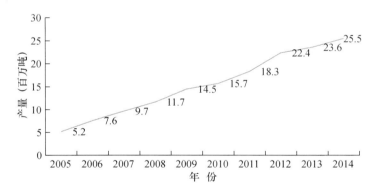

图 4-14 全球成型燃料产量

资料来源:Wood Pellet Association of Canada.

从图 4-15 中我们可以看出,生物燃料乙醇在近年来增速有所放缓,2015 年增长率为 4%。在 2015 年,美国产量为 14 700 百万加仑(1 加仑=3.78543 升),占同期全球总产量的 67.5%;巴西产量为 7093 百万加仑,占同期全球总产量的 27.7%;欧洲产量为 1387 百万加仑,占同期全球总产量的 5.4%。图 4-16 是生物燃料乙醇产量主要国家及对应产量。美国和巴西两国产量占到当年世界总产量的 95.2%。

1. 巴西

巴西生物质发电总装机容量为 1230 万千瓦,发电量为 450 亿千瓦时。巴西是最早将生物燃料乙醇用于交通的国家,2015 年产量为 7093 百万加仑,占同期全球

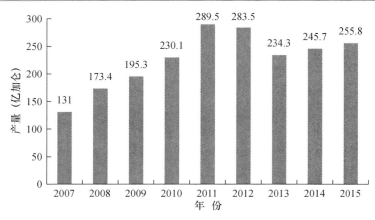

图 4-15　全球生物燃料乙醇产量

资料来源：Ethanolrfa.

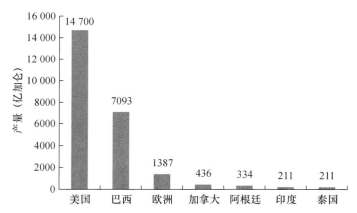

图 4-16　全球生物燃料乙醇主产国及其对应产量

资料来源：国际可再生能源发展报告.

总产量的 27.7%。巴西现有约 350 家乙醇生产厂，同时巴西也是全球主要的乙醇出口国。

2. 丹麦

在可再生能源领域，丹麦是公认的生物质能利用的强国。秸秆发电是丹麦非常重要的电力来源，为丹麦绿色可持续的发展提供了重要支撑。早在 1988 年，丹麦就建立了第一座秸秆生物燃烧发电厂。虽然丹麦的国土面积小，但生物质直燃电力产业发达，已建成了 15 座大型生物质直燃发电厂。在丹麦，全国电力消耗的 24% 以上都是由秸秆发电等可再生能源提供。其中，生物质直燃发电年消耗农林废弃物约 150 万吨，提供全国 5% 的电力供应。丹麦还规定在 10 年内，生物质发电的上网电价为 4.1 欧分/千瓦时,这对投资者而言,提供了稳定的上网电价预期,有助于产业的平稳有序发展。

3. 美国

就生物质发电技术而言,美国的工业技术在世界上是先进的。生物质发电已经成为电力输配环节中的常规电力种类,与现存电网协同良好。根据 EIA 的数据调查,2014 年,美国在运行的生物质发电项目装机容量为 1592 万千瓦,约占全美国装机总量的 1.38%,发电量为 614 亿千瓦时。美国的生物质发电的历史中有着许多配套法律和政策,如 2002 年通过的《美国农业法令》、2004 年的《美国就业机会创造法》、2007 年的《能源独立与安全法》、2008 年的《农业新能源法案》、2010 年的《生物质能研发法案》等。这些法律政策的出发点侧重点各有不同,有的是鼓励联邦政府通过采购、直接投入资金和对可再生能源项目给予贷款等方式支持生物质发展;有的提供生物燃料的使用税费减免的优惠政策。这些法律和相关政策的推出,很好地促进了生物质在美国的发展。此外,美国是最大的燃料乙醇的生产国,2015 年美国燃料乙醇产量达到 4423 万吨,已连续 6 年成为燃料乙醇净出口国。

4.2.5 中国生物质能源发展存在的问题

从目前中国生物质能源发展的现状来看,总体上生物质能源发展取得了一定的成果,各种生物质能源利用方式都有所发展,生物质发电以及垃圾发电等形成了初步的产业规模,在行业内出现了一批涉及生物质能源的企业集团。其中既有国有企业,也有民营企业和合资企业。相关的配套行业也有所发展,很多生物质发电企业的机器设备都是由国内企业制造生产的。但是近几年,中国生物质能源的几种主要利用方式发展相对缓慢,与风电光伏的快速发展形成了鲜明的对比。

与其他可再生能源不同,生物质能源现阶段的主要原料是农林废弃物以及城市生活垃圾等。如果不能得到合理的利用,不仅是一种资源的浪费,更会对环境产生负面影响。农作物秸秆是一种主要生物质原料,分布广泛,在主要农业大省有较大的可利用潜力。除去需要还田的秸秆外,剩余部分都可以被利用。秸秆焚烧现象在一些地区还比较普遍,不仅造成资源的浪费,更加污染了环境。生活垃圾也存在类似的问题,生活垃圾中有很多资源是可以被循环利用的,如电子垃圾、废纸、玻璃等。这些资源如果得不到合理的分类处理,直接丢弃或者掩埋,不仅浪费了宝贵的资源,对生态环境也造成极大的危害。因此,发展生物质能源不仅是发展新能源的问题,同时也具有环境保护的双重意义。即使发展困难重重,也不应该被忽视。

生物质能源发展缓慢的原因是多方面的。与其他可再生能源相比,其中主要一个区别就是原料的供应问题。这是由生物质能源自身特点决定的。生物质能源的发展离不开充足的原料供应，这与光伏、风电等其他新能源有着很大的区别。风电和光伏在建造完成之后，后期只需要少量的人员维护，不需要投入太多的成本。然而，农林生物质发电、垃圾发电、生物质液体燃料等不仅在前期建造中需要较多资本投入，其运营过程中也需要大量的生物质原材料和劳动力投入。即使是投入少、规模较小的农村沼气，在后期运行中不仅需要原材料的投入，还离不开定期维护和清理，一些问题还需要专业技术人员解决。原材料问题是生物质能源发展所面临的一个主要问题。如农林生物质发电所需的农作物秸秆搜集比较困难，成本比较高。垃圾发电也存在类似的问题，由于我国没有实行垃圾分类，垃圾热值不高，焚烧过程中可能产生有毒物质，对周边环境造成危害。以食用粮为原料的生物质液体燃料可能会威胁到粮食安全，现阶段以微藻等转化燃料的技术还不够成熟等。

由于各种生物质能源利用方式不同，原材料来源也不尽相同，各种生物质能源利用方式存在的问题也不完全一样。因此，要通过对不同生物质能源利用方式进行分别讨论，才能进一步弄清生物质能源发展存在的主要制约因素，提出相应的政策建议。

1. 农林生物质发电

生物质发电是生物质能源利用的一种主要方式，也是中国目前生物质能源中规模较大的一个产业。农林生物质发电在中国发展初期速度较快，但近两年来发展速度相对放缓，一些企业出现了亏损，部分企业开始出售其农林生物质发电业务，与其他可再生能源相比，发展前景不被看好。与光伏发电技术不同，生物质发电与火电类似，其中主要设备如锅炉、汽轮机等技术相对比较成熟，成本下降的空间不大。光伏和风电在建成之后，只需要少量人员维护，不需要大量的劳动力。然而，生物质发电所需的原料如农作物秸秆，其搜集和运输需要较多的人力劳动，发电过程中也需要较多数量的劳动力。由于粮食作物价格较低，对于很多农民来说，农业种植收入所占的比例并不高，大部分农民的收入更多的来自于兼业或者外出务工收入。一般农民都想在最短的时间内完成农作物的收割以及下一季作物的播种，而农作物秸秆的搜集和运输需要花费大量的时间和精力。从经济利益方面考虑，农民收集秸秆往往得不偿失。因此，很多农民选择丢弃或者焚烧。由于近年来劳动力成本不断上升。因此，从整体上来看，生物质发电成本并没有明显下降，很多地区还有所上升。这与光伏发电成本较快下降形成了对比。目前农林生物质发电标杆电价的标准是2010年确定的0.75元/千瓦时，当时确定标准是按照当时的劳动力成本等核算，具有一定的合理性。这几年来，由于机器设备等价格并没有出现明显的下降，而劳动力成本则出现了较大幅度的增加，因此，现行的标杆电价对于很多地区生物质发电来说已经不能满足要求。虽然个别生物质发电企业通过提高经营管理水平,在原材料收集上减少中间环节等降低成本,使企业能维持盈利,但是其利润率也比较低,随着劳动力成本上升,未来也很有可能陷入亏损状态。

2016年底,国家发改委发布了《关于调整新能源标杆上网电价的通知(征求意见稿)》,提出从2017年1月1日以后并网的农林生物质发电、其他生物质发电、垃圾焚烧发电、垃圾填埋气发电、沼气发电等新能源发电项目标杆上网电价,由各省(区、市)价格主管部门确定继续执行国家制定的标杆电价或根据本地实际情况研究制定标杆上网电价。但是大部分地区还没有出台明确的标杆电价政策和具体的实施方案。从中国农业发展的整体趋势来看,未来农民收入还会继续增加,农民搜集秸秆的机会成本也会随之增加。因此,未来生物质原材料成本上升的可能性较大,农林生物质发电成本也不可预测,各地区的具体条件不同,成本增加幅度也不会完全相同。对于企业来说,投资生物质发电也就面临着很大的不确定性。生物质发电从原料搜集、运输、企业发电等每一个环节都有可能出现问题,企业投资风险较大。生物质发电企业不仅需要燃烧锅炉、汽轮机、发电机等设备,相关的配套设施也较多。农林生物质发电所需的生物质原材料主要有秸秆、树枝、木屑等,其能源密度相对较大,企业需要较大的空间和仓库储存,农林生物质发电企业一般占地面积都比较大。另外,农林生物质原材料形状和成分有一定的差别,在焚烧之前要经过前期的处理,也需要很多相关的设备。从原材料供应的稳定性上来说,无论是农作物秸秆还是林业废弃物,都有很大的不确定性。如一些自然环境影响都有可能影响到原材料的供应。因此,生物质发电项目所需要考虑的因素和中间环节较多,面临的不确定性也比其他可再生能源高,企业投资的积极性也就不高。

2. 垃圾发电

垃圾发电与农林生物质发电类似,主要不同在于生物质原材料。中国垃圾发电的原材料主要是城市生活垃圾。由于中国各地区的经济发展水平、气候环境等差距较大,生活垃圾的组成成分也有一定的差别,湿度也不完全一样,各地垃圾处理和焚烧的具体操作过程也有所区别。这与各地区农林生物质具体组成成分不同情况类似。这些生物质原材料虽然在焚烧过程中处理方法大致相同,但是在燃烧前由于原材料组成不同,所需的预处理的设备和方法也不一样。很多地区的电厂在引进国外或者一些国产的设备之后,发现并不适合当地的具体情况,造成机器设备的损毁等。对于垃圾发电来说,如果预处理没有达到标准,在燃烧过程中就很有可能造成一些有害气体排放超标,给周围环境造成严重影响。垃圾发电行业也存在一些特有的问题。虽然现在垃圾发电的标杆电价是2012年的0.65元/

千瓦时,根据国家发改委2017年《关于调整新能源标杆上网电价的通知(征求意见稿)》的规定,由各省(区、市)价格主管部门确定继续执行国家制定的标杆电价或根据本地实际情况研究制定标杆上网电价,但是大部分地区没有制定具体实施办法。从标杆电价上看,近两年来没有变动,可能不能满足垃圾发电正常运营的标准。但是垃圾发电也是处理垃圾的一个方式,很多地方政府都会按照垃圾处理的数量支付企业垃圾处理费。因此,垃圾焚烧企业的成本问题不是制约其行业发展的主要因素。中国垃圾发电主要问题在于城市垃圾的组成。与国外不同,中国城市垃圾大部分没有实现分类回收利用,城市垃圾中含有电子垃圾、建筑材料、废弃油脂等不适合燃烧的组成部分,造成城市垃圾热值较低,不利于燃烧发电,另外还可能对机器设备造成损坏,具有潜在的风险。中国大部分城市公共设施的垃圾桶虽然有简单的分类,如可回收和不可回收,但是大部分居民缺乏垃圾分类的意识,在具体的使用中往往是随意丢弃。而小区和公共设施内的垃圾,很多地区也没有按照要求实施分类回收。这种情况造成城市垃圾中各种组成部分掺杂在一块,后期很难进行分离。同时也造成城市垃圾中的很多有用的资源被浪费。

3. 生物质液体燃料

生物质液体燃料可以替代燃油,应用在交通运输领域,而且对现有的配套设备不需要做太多的改变。世界发展最好的是巴西和美国,都是以粮食作物为主,属于第一代生物质液体燃料。第二代生物质液体燃料以纤维素等非粮生物质的技术为主,目前技术还不成熟,成本较高。与光伏和风电相比,生物质液体燃料相关领域的科研投入还相对较小,技术发展比较缓慢。以能源植物来说,由于各地区的气候和自然条件不同,适合的品种和转化技术也不一样。但是发展能源作物和配套产业的周期较长,地方缺乏积极性,国家也没有系统地规划和指导。在科研投入上,与其他可再生能源不同,各地区适应发展的生物质能源和转化方式的差距较大,这需要地方高校和农业科研机构针对当地的具体情况进行重点研究,然而中国科研经费的分配则是重点支持中央直属高校和科研机构,支持地方的经费相对较少。由于其他能源技术上不存在地区差异,这个问题并不十分突出。而不同地区适宜生物质能源原材料的培养、种植和转化具有很大区别。因此,地方科研机构投入不足也是造成生物质能源技术进步较慢的原因之一。中国现在很少有能兼顾成本的生物质原料培养和转化技术,也基本上没有得到大规模推广的能源作物。中国人多地少的国情决定中国不可能大规模发展以粮食作物为主的生物质液体燃料。从现阶段情况来看,技术是生物质液体燃料发展的主要问题。中国有大量的边际土地,如果可以培育出适合种植的能源作物,可以在一定程度上促进生物质能源产业的快速发展。

4. 农村生物质利用方式

农村地区是生物质资源比较丰富的地区之一,如农作物秸秆、林业废弃物等主要集中在农村或者林业。生物质发电、生物质液体燃料等需要大量资本投入,后期运营也需要专业人员管理。然而生物质固体成型燃料和沼气等利用方式简单方便,不需要太多的资本投入,后期的使用和维护也比较简单,适宜在农村地区推广使用。生物质成型燃料可以替代燃煤锅炉,可以减少大气污染。生物质固体成型燃料主要原材料是农作物秸秆、木屑等。通过加工成固体燃料可以方便运输,减少运输成本。虽然生物质固体成型燃料的加工生产相对比较简单,但是长距离运输成本较大,国家在该领域缺乏相关支持,致使生物质成型燃料推广较慢。一般来说加工成为固体成型燃料需要相关的机器设备。对于农民来说,这些机器设备很多一年只能在农作物收割有农作物秸秆等废弃物的时候使用,平常很少用到。购买这些机器设备对于农民来说并不划算,而且固体成型燃料的销售也存在一定的困难,因此,购买这些机器设备的预期收益并不大。在缺乏明确补贴的情况下,一般居民很少会去购买。对于固体成型燃料的使用方来说,在固体成型燃料没有得到推广的情况下,供给得不到保证,企业很难会去更换锅炉燃料。生物质固体成型燃料的供求双方都没有积极性。

农村沼气的使用有诸多益处,在国家的补贴下,很多农村地区也建成了沼气设施,但是总体运行状况并不理想。农民继续使用的积极性不高。主要原因在于很多地区沼气原材料种类较多,在使用过程中由于不当操作造成设施损坏、产气量下降。在沼气建成后,后期维护跟不上,很多地区建成的沼气设施被荒废。农民使用沼气的积极性不高,也与其他替代能源的普及和推广有关。液化石油气在很多地方得到推广,购买和使用都非常方便,价格也能够被接受,液化石油气使用起来也稳定高效,很多地区农民已经习惯使用液化石油气作为家庭主要燃料。还有一部分地区农村已经接通管道天然气,使用更加方便,而且价格也比较便宜。另外,从农村地区近年来的发展情况来看,农村电器普及的程度不断提高,很多地区的农民使用电力代替部分取暖和做饭燃料,这在一定程度上减少对沼气的需求。总体来看,由于中国农村的快速发展,各种替代能源的普及和推广,使得农村居民对于传统生物质燃料以及沼气的依赖程度大大降低。天然气、电力等能源品种使用起来简单方便高效,而且由于中国在这几个行业都给予了很大的补贴,价格相对较低,也就受到广大农民的欢迎。使用沼气不仅要建设沼气池,后期还要清理维护难度较大,如果操作不当,使用效果也会受到影响。一些地区在加快新农村建设,对农村环境的要求在不断提高,发展的重点也就放在了天然气、电力等使用过程相对清洁的能源品种上了。因此很多农村地区沼气推广使用都遇到了瓶颈。

4.2.6 中国生物质能源发展的政策建议

中国生物质能源由于自身特点以及其他外部因素的限制,整体虽然发展缓慢,但是无论是从发展新能源、促进能源结构多样化,还是从治理环境的角度来看,发展生物质能源都具有重要的现实意义。从中国具体国情来看,中国是一个农业大国,农村人口众多,解决农村剩余劳动力也是经济发展需要面对的一个问题。现阶段中国剩余劳动力主要靠外出务工解决,但是随着中国劳动力成本增加,产业结构升级,部分劳动密集型产业开始逐渐向东南亚等地区转移,未来为农村剩余劳动力提供的就业可能会减少。虽然中国在逐步推进城市化,使中国农村人口加快向城市转移,但这是一个缓慢的过程,城市配套设施的建设也需要一定的时间。因此,在农村及其附近地区发展相关产业,增加就业机会也是解决农村剩余劳动力,增加农民收入的一个途径。从中国农村地区能源消费方面来看,由于农民收入增加、生活水平提高,未来能源消费量也会随之增加,特别是对相对清洁能源的需求。

从这些方面来看,未来中国农村地区发展为生物质能源发展提供机遇。无论是从发展相关产业、增加就业,还是从促进农村地区能源结构多元化上,发展生物质能源都能为农村地区经济社会发展提供有力的支持。一些农村地区农业生产为了追求效率、增加规模,在生产过程中将一些废弃物直接排放到环境中,如部分养殖业和种植业,使得农村地区环境污染问题日益凸显。从发展循环农业的角度看,农村生产中绝大部分废弃物都可以循环再利用。在这些农业废弃物中,绝大部分都可以作为生物质能源的原材料。因此,从农村地区环境保护上来看,发展生物质能源也具有积极作用。针对现阶段生物质能源发展存在的问题,提出以下几点政策建议:

1. 农林生物质发电

农林生物质发电是中国生物质能源产业的一个主要方向之一。在该行业,中国已经具备自主生产相关机器设备的能力,国内也出现了一些专门从事农林生物质发电的企业集团,在生物质原料收集、运输以及企业管理生产等方面积攒了丰富的经验。现阶段农林生物质发电面临的主要问题还是成本较高。农林生物质发电企业收入来源主要是售电收入和政府补贴,因此,农林生物质发电行业发展还需要合理的电价支持和其他税收政策的优惠。根据国家发改委的相关要求,对于生物质发电,在国家的指导下,各地区应该根据当地具体情况,对当地生物质发电成本进行核算,适当提高上网标杆电价,并建立动态调整机制,根据劳动力、原材料价格变动适当灵活调整上网电价。保证企业可以通过合理经济管理,获得一定的利润。国家在总量规划上进行指导,可再生能源基金上给予一定的补贴,提高地方发展生物质发电的积极性。生物质发电企业在技术研发上也应该增加投入,从农林生物质发电情况来看,中国主要还是农林生物质直燃发电,其他方式不多。国外生物质与化石燃料混合燃烧发电和生物质气化发电都比较常见。由于生物质和化石燃料混合发电监管起来比较困难,企业可能会过多使用化石燃料,国家在这个领域的补贴也比较谨慎,在不能有效监管的情况下,未来中国大规模发展混合燃烧的可能性不大。生物质气化发电技术作为一个比较新的利用方式,在国外一些国家已经开始推广,而且很多企业已经可以实现盈利。未来生物质气化发电也有可能是中国生物质发电的一个发展方向。

现阶段主要原材料是农作物秸秆、林业废弃物等。中国农业种植面积总量变动幅度不大,林业生产面积大量增加的可能性也不大。现在可供使用的农林废弃物总量有一定的限制,但是从现在农林生物质发电使用到的农林废弃物总量来看,原料总量完全可以满足需求。

如果考虑到未来可能在边际土地上增加能源作物种植,可利用燃烧发电的农林生物质原材料总量还会增加。由于农林生物质能量密度相对较低、体积大、运输成本较高,长距离运输会大幅度提高原材料的成本。因此,农林生物质发电企业的规模不宜过大,否则会造成原料收集半径增加而增加企业的成本。生物质发电厂的建设要进行合理规划,避免在同一地区建设过多的发电厂,造成原材料收集困难,企业之间因为收集原材料而进行恶性竞争,增加企业的成本,甚至有可能收集不到原材料,造成企业停产等问题。

2. 垃圾发电

与其他生物质能源利用方式相比,城市垃圾的合理利用显得更加迫切。城市垃圾总量大,且成分复杂,许多物质成分如果得不到合理回收和处理,对环境有较大的危害。无论是使用垃圾填埋还是垃圾焚烧,一些有毒物质如果不能被分离出来,直接处理都存在安全隐患。垃圾问题如果得不到解决,城市和周边环境受到影响,会制约城市的发展。与其他问题相比,城市垃圾问题的解决难度较大,主要是因为牵涉到居民长期以来的生活习惯。中国大部分居民没有垃圾分类的意识,如果想要从根本上解决垃圾分类问题,则需要一个长期循序渐进的过程。除了相关的政策和规定之外,也依赖公众环境意识的提高。一些发达国家非常注重垃圾分类的教育,在中小学教育中都有垃圾品种、分类回收利用的专门知识教育,很多人从小就养成了垃圾分类的意识。中国未来也需要加强垃圾分类的宣传和教育,不仅应该在学校教育中加入相关内容,也可以利用社区平台等进行更广泛的宣传。由于居民生活习惯的改变是一个长期的过程,在短期内还需要在垃圾回收方面出台相应的措施。如公共场所的垃圾箱,一般只有简单回收和不可回收两种分类方法,很多居民并没有按照要求投放垃圾。对于这些垃圾箱回收的垃圾,需要城市卫生部门投入一定的人力和物力进行简单的分拣,然后再进入下一环节的处理。对于集中回收的垃圾,如从小区、商场、饭店等统一回收的垃圾,则可以采取多种方式使其负责部门如小区、商场物业进行分类回收,这样也可以减少城市卫生部门的处理难度。如针对小区集中回收的垃圾对物业部门收取不同的垃圾处理费用,分类回收后的垃圾收取较低费用或者免费,对于没有分类的收取较高的处理费用。这样可以促进物业部门自己将垃圾分类处理后再交由城市卫生部门,或者采取一定的措施使住户、商户从源头上实现垃圾分类。同时,政府也应当重视城市非正规垃圾回收人员的作用。在国外许多大中城市,有一些依靠回收城市垃圾里有用资源的从业人员,这些人员在城市垃圾里面回收一些纸制品、废旧电器、废旧木料等,再转手卖出。这些行为间接为城市垃圾处理提供了帮助。因此,通过支持这些人员从事垃圾分类回收利用既可以帮助解决城市低收入者的生活保障问题,又促进城市垃圾的循环利用。

中国垃圾发电在很多城市都受到了当地居民的反对,主要原因是人们担心垃圾焚烧有可能排放有毒气体,对身体健康造成危害。然而在国外一些地区,垃圾焚烧对周边环境影响很少,很多垃圾焚烧厂就建在居民区附近,并没有遭到当地居民的反对。事实上,垃圾焚烧厂排出的气体经过严格的处理后,有害气体的含量已经很低,不会对居民健康造成影响。中国居民对垃圾焚烧的抵制也是因为一些地区垃圾焚烧发电企业没有严格按照操作流程生产,或者为了节省成本,造成有毒气体排放超标,进而导致环境事故发生。未来针对垃圾发电,政府应该加强监管,对于废气、废水排放进行不定时抽查,严防安全事故的发生。另一方面,企业自身也应该对安全生产提高标准,可以做到对公众开放,欢迎周边居民的监督。如深圳市老虎坑垃圾发电厂面向居民开放,让人们了解垃圾发电的全过程,消除周边居民对于垃圾发电的疑虑。

3. 生物质液体燃料

生物质液体燃料可以部分替代现有液体燃油,未来发展前景广阔,要进行总体规划。中国虽然不具备大规模使用粮食生产液体燃料的条件,但是中国幅员辽阔,有大量的边际土地可以用来种植能源作物。微藻可以利用近海养殖,不占用土地,可能是未来液体燃料的一种主要原材料。未来随着技术的发展,可以用来加工转化液体燃料的生物质原材料也会不断增加。因此,要加快能源植物和微藻培育以及转化技术的研发。考虑到能源作物发展的地区性差异,该领域的科研资金应该向地方农林科研机构倾斜,各个地区根据当地特点,发展适合的能源作物和相关产业。由于生物质能源加工转化液体燃料的生产成本还相对较高,一些转化技术如藻类转为生物柴油等还处在实验室阶段,大规模投入生产的可行性还比较低。由于液体燃料是成品油的替代品,石油价格的波动也会对液体燃料的发展产业影响。当石油价格不断上涨时,液体燃料研发的积极性也比较高。但是当石油价格走低时,特别是持续较长的时间时,生物质液体燃料的相对成本变高,行业的前景就不被看好,发展受到影响。因此,在生物质液体燃料市场发展初期,政府应该给予更多的支持,不仅增加对科研机构在相关领域的支持,对企业的技术研发投入活动也应该制定相应的优惠政策。

4. 生物质固体成型燃料

对于生物质成型燃料,推进对燃煤锅炉的替代,特别是在城市地区,对于减少雾霾有积极作用。生物质燃料从农村地区加工成型运输到城市距离相对较远,成本较高,需要给予一定的补贴和支持。生物质固体成型燃料虽然投入较少,但是也需要一些机器设备。这些机器用途比较单一,农民购买后除了用于农作物收割后加工生物质颗粒燃料外,没有其他用途,既要占用一定的空间,平时闲置也是很大的浪费,农民购买的预期经济收益不高。针对这种情况,政府对加工成型设备也可以进行一定农机补贴,鼓励有条件的农民购买。同时,在购买设备的同时,在销售上也可以向农民提供帮助。发展生物质固体成型燃料首先要考虑的是产品的销售,有些地区由于没有市场需求,可能并不适合加工生物质固体成型燃料。对于一些特别偏远的地区,生物质颗粒燃料加工之后,由于附近没有用户需要,销售可能并不容易。因此,生物质固体成型燃料的发展应该重点放在离城镇比较近的农村地区。未来随着城市环境治理力度的增加,一些城市燃煤锅炉可能会被逐渐淘汰,生物质颗粒燃料由于燃烧时排放较少,将其用作锅炉燃料,可以有效减少对环境的污染。

5. 沼气

农村沼气发展存在多个方面的问题,其中之一在于后期使用过程中的维护。因此,在沼气建成后,可以确定相关责任人,在后期使用过程中帮助农户解决使用中的困难,责任人可以是政府农技服务人员,或者是沼气设备的售后服务人员。从表面上来看,随着农村电力的普及以及天然气等其他能源的进入,农村生物质能源发展可能会受到影响。但是从具体情况分析,两者其实并不矛盾。天然气、液化石油气普及较高的农村,大部分是交通比较方便、距离城镇比较近的地区。而对于一些偏远地区,天然气、液化石油气等其他能源的运输成本相对较高,特别是管道天然气。这些偏远农村有很多农业废弃物,林业废弃物资源也比较丰富,可以发展沼气等利用方式。既可以使资源得到充分利用,又改善了当地环境。而对于交通便利的农村地区,使用电力、天然气比较方便,也就没有必要大规模发展农村沼气。这些地区由于交通便利,运输成本相对较低,可耕地的分布也比较集中,生物质资源密度相对较高。可以根据条件发展农林生物质发电或者加工生物质固体成型燃料。因此,各地区发展生物质能源的侧重点不同,应该根据当地的具体情况,发挥比较优势,发展适合当地的利用方式。

农村沼气不仅需要维护和清理,对气候环境也有一定的要求。有些地区如果气温相对较低的话,沼气的使用效果会受到影响。对于没有专业技术的农民来说,沼气使用起来可能有一定的难度。对于普通农村居民来说,特别是一些农业生产活动相对较多的农户,沼气原材料比较丰富,沼气的产气量超过了使用需求,特别是电力普及替代了一些能源需求。因此,过多的沼气可能会被浪费。与此相比,在沼气原材料丰富的地区建设大中型沼气设施,也可能会是一个很好的利用途径。较大规模的沼气设备具有一定的规模效应,在相对专业化管理的情况下,沼气能保证良好的运行状态,沼气也将会得到合理的利用。但是大中型沼气不仅要考虑原材料的供应,沼气的使用也要经过合理规划,保证生产的沼气能及时利用。同时沼气的废渣等也要有合理的使用途径。

第5章 能源热点问题之——新能源汽车

5.1 环境与能源安全约束下新能源汽车的发展路径[①]

5.1.1 汽车产业发展

汽车部门是交通运输行业的重要组成部分。随着中国经济的快速发展以及城市化水平的不断提高,中国汽车行业进入了快速发展的时期。2016年中国汽车产销呈现较快增长,产销总量再创历史新高。2016年中国汽车产销分别完成2811.9万辆和2802.8万辆,比上年同期分别增长14.5%和13.7%,高于上年同期11.2和9.0个百分点,产销量连续八年位居世界第一。据公安部交管局统计,如图5-1所示,截至2016年底,全国机动车保有量达2.9亿辆,其中汽车1.94亿辆,2016年新注册登记的汽车达2752万辆,保有量净增2212万辆,均为历史最高水平。汽车占机动车的比率持续提高,近五年占比从50.39%提高到65.97%。全国有49个城市的汽车保有量超过百万辆,其中18个城市超过了200万辆,6个城市超过了300万辆。汽车保有量超过200万辆的18个城市依次是北京、成都、重庆、上海、深圳、苏州、天津、郑州、西安、杭州、武汉、广州、石家庄、东莞、南京、青岛、宁波、佛山。2016年,小型载客汽车达1.6亿辆,其中,以个人名义登记的小型载客汽车(私家车)达到1.46亿辆,占小型载客汽车的92.60%。与2015年相比,私家车增加2208万辆,增长15.08%。全国平均每百户家庭拥有36辆私家车,成都、深圳、苏州等城市每百户家庭拥有私家车超过70辆。

受购置税优惠政策影响,2016年1.6升及以下乘用车销售1760.7万辆,比上年增长21.4%,占乘用车销量比重为72.2%,比上年同期提高3.6个百分点。而商用车产销分别完成369.8万辆和365.1万辆,同比分别增长了8.0%和5.8%,增幅进一步提高。分车型看,客车产销54.7万辆和54.3万辆,同比下降7.4%和8.7%;货车产销315.1万辆和310.8万辆,同比增长11.2%和8.8%。

新能源汽车方面,根据中国汽车工业协会的统计,如图5-2所示,2016年新能源汽车生产51.7万辆,销售50.7万辆,比上年同期分别增长51.7%和53.0%。其中纯电动汽车产销分别完成41.7万辆和40.9万辆,插电式混合动力汽车产销

[①] 本节在参考"林伯强,杜之利.环境与能源安全约束下新能源汽车的发展路径[J].厦门大学中国能源政策研究院工作论文,2017."的基础上修改完成。

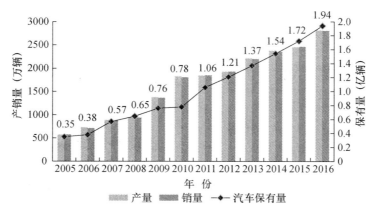

图 5-1　2005—2016 年中国汽车产销量及汽车保有量数据

数据来源：中国经济数据库（CEIC）。

分别完成 9.9 万辆和 9.8 万辆。从全年发布的数据来看，纯电动汽车一直是新能源汽车产销的主力军，销量占全年销量比超过 80%，插电式混合动力汽车的占比仅为 19%。

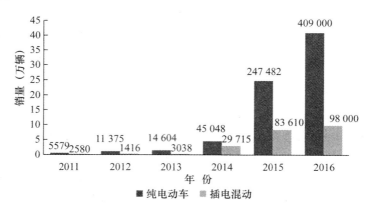

图 5-2　2011—2016 年中国新能源汽车销量

数据来源：中国经济数据库（CEIC）。

从保有量来看，中国新能源汽车保有量达 109 万辆，与 2015 年相比增长 86.90%。其中，纯电动汽车保有量 74.1 万辆，占新能源汽车总量的 67.98%，比 2015 年增长 223.19%。

新能源乘用车中，纯电动乘用车产销分别完成 152 172 辆和 146 719 辆，同比分别增长 2.8 倍和 3 倍；插电式混合动力乘用车产销分别完成 62 608 辆和 60 663 辆，同比均增长 2.5 倍。新能源商用车中，纯电动商用车产销分别完成 102 461 辆和 100 763 辆,同比分别增长 10.4 倍和 10.6 倍;插电式混合动力商用车产销分别完成 23 230 辆和 22 947 辆,同比增长 91.1% 和 88.8%。

汽车产业是国民经济的重要支柱产业,在国民经济和社会发展中发挥着重要作用。新能源汽车产业更是战略性新兴产业,是基于驱动技术的重大升级和转型发展,并且也是推动节能减排的有效举措。目前对中国来说,环境以及能源安全问题日益严重,推动发展节能与新能源汽车是应对能源安全、气候变化、环境保护和结构升级的重要突破口,也是推动中国经济与环境可持续发展的重要战略。

为推动中国的节能与新能源汽车产业发展,中国政府多次出台相关补贴政策,早在 2012 年,国务院就通过了《节能与新能源汽车产业发展规划(2012—2020年)》,提出到 2020 年,纯电动汽车和插电式混合动力汽车生产能力达 200 万辆、累计产销量超过 500 万辆。我们从 2016 年新能源汽车的销售来看,销量增速有非常明显的放缓,并且刚刚达到规划中"产销量达到 50 万辆"的要求。这主要是由于一方面,新能源汽车对补贴的依赖比较严重;另一方面,电动汽车安全风险、续航能力等自身技术问题仍然有待解决。总体来看,目前中国新能源汽车的推广依然没有达到预期目标。

本节试图从环境约束与能源安全约束两个角度,来分析未来中国新能源汽车的需求量以及在满足两大约束条件下新能源汽车的中期发展路径。鉴于本节的讨论,希望能够为中国推广新能源汽车提供理论依据和政策支持。

5.1.2 汽车保有量预测

部分学者在研究中也发现:汽车产品的扩散趋势符合 Logistic 模型变化规律,仔细分析后发现 Logistic 模型同样存在不足。传统 Logistic 模型是用含 3 个参数的非线性微分方程来反映因变量随时间变化呈"S"形变化规律的模型,参数估值的准确程度是影响预测精度的主要因素。

Logistic 模型需要对参数进行估计,而如何更精确地确定待估参数一直是个难题。目前 Logistic 模型在汽车保有量的预测方面通常有两个缺陷:一方面研究将汽车保有量增长速度设定为常数,但往往其增长要受到多种因素的影响;另一方面,绝大多数研究对餍足点的设定过于主观,并不一定能够准确地刻画自身的增长趋势。蒋艳梅和赵文平(2010)等多项研究都将中国汽车保有量的餍足点设置为世界平均水准 0.62,但从实际情况来看,目前许多发达国家已经进入或度过了汽车保有量峰值期,餍足点在各国差异非常明显。美国餍足点超过了 0.8,日本和德国在 0.5 左右,而俄罗斯仅有 0.3 左右。因此采用 0.62 的平均水平难免会对汽车保有量的估计造成误差。

本节在原有 Logistic 模型基础上,对其进行扩展,汽车保有量扩散受到多种因素复杂的影响。综合有以下几类:国民经济发展水平、交通运输情况、人口、固定国有资产投资等。另外,能源价格也是影响汽车保有量扩散的主要因素。

本节采用人均 GDP、公路客货周转里程以及油价来刻画汽车保有量的增长速度,并通过非线性回归进行估计。

本节涉及的数据包括历年国民收入、民用汽车保有量、公路周转量以及石油价格。公路周转量是货物周转量与旅客周转量的总和,二者的转化权重按照交通部旅客货物 1∶10 的比例折算。由于国内汽柴油价格数据从 1994 年开始,时间较短,从而本节采用纽交所美国西德克萨斯中质原油(WTI)价格。数据均来自历年的《中国统计年鉴》以及中国经济数据库(CEIC),数据年份是从 1983 年到 2015 年。

根据上文所述的模型过程,我们可以对汽车保有量进行拟合和预测,具体结果如图 5-3 所示。

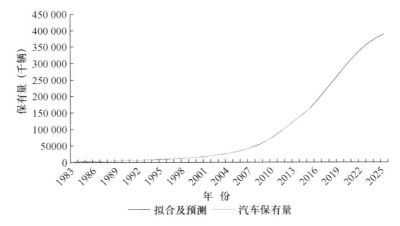

图 5-3　1983—2025 年民用汽车保有量拟合及预测值

数据来源:笔者计算整理.

在对未来各参数值的预测方面,根据国家"十三五"规划,我们将 2015—2020 年国民收入增长率设为 6.5%,而 2020—2025 年国民收入增长率设为 5.8%。公路客货周转率按照现有数据的平均增长率进行设定,原油价格按照 OPEC 在 2016 年给出的预测:2025 年原油价格将达到 76 美元每桶,各年残缺数据用线性插值法进行补充。从而可以得到未来十年中国民用汽车保有量的预测结果。

从图 5-3 中我们可以看出,本节采取的模型很好地拟合了 1983—2015 年的汽车保有量。根据模型结果,我们看到,未来十年中国汽车保有量仍然会继续扩大,但是在 2020 年之后增速会出现放缓的趋势。根据模型预测结果,到 2020 年中国民用汽车保有量为 29 790 万辆,2025 年民用汽车保有量达到 38 720 万辆。与 2015 年相比,2025 年中国民用汽车保有量增长 136.8%,年均净保有量增长为

2237万辆。

5.1.3 自然演化条件下汽车石油消费

本部分主要根据上文汽车保有量的计算来估计未来中国汽车部门的石油消费以及汽车石油消费占整个交通部门和中国全部石油消费的比重。

本节对于汽车保有量以及石油消费的计算都是基于民用汽车的概念,根据交通部的统计,2015年中国民用汽车保有量为16 284万辆,全部汽车保有量为17 200万辆,除民用汽车外,军用车、警用车及特种汽车保有量约1000万辆左右。由于这一数据难以获得并且油耗较难估计,因此并不在本节的涵盖范围之内。

民用汽车石油消费的估算借鉴贾顺平等(2010)的方法。在中国统计年鉴的数据中,统计了民用汽车各种类型的数量,具体分类为:大型、中型、小型、微型客车,重型、中型、轻型、微型货车以及其他车辆。而各种车型的平均里程及油耗如表5-1所示。

表5-1 各种车型油耗及里程统计

	客车		货车			
	中小微	大客	微型	小型	中型	重型
平均行驶里程(10^2千米)	170	200	200	210	250	350
平均油耗(升/10^2千米)	9.2	28.5	16.8	24.2	27.6	31.8

数据来源:贾顺平等.中国交通运输能源消耗水平测算与分析.交通运输系统工程与信息,2010,10(1):22—27.

Lin和Du(2015)也采用这一方法计算了1997—2012年中国各省的交通能耗。这一计算方法考虑了各种车型的平均油耗情况,可以较为准确地刻画汽车油耗,但是如果采用静态数据,则有两个主要的缺陷:一方面忽略了汽车燃油效率提升这一事实;另一方面,随着汽车保有量的提高,车辆年平均行驶里程会有下降的趋势。如果忽略这两点,会造成汽车能耗的高估。

根据中国工信部数据显示,中国小型客车平均油耗已经从2013年的7.33升/千米下降到7.04升/千米,燃油效率年均提高2%。根据这一设定,我们调整了历年各种车型的平均油耗,来刻画技术进步带来的燃油效率的提升。在平均行驶里程方面,亚洲开发银行在2009年的报告中对各类型货车从2008—2015年进行了明确的设定,而中小客车则引用了Hu o et al.(2007)文章中的结果,并按照设定的增长率对其他年份进行推算。

汽柴油密度按照汽油密度0.740吨/千升、柴油密度0.839吨/千升的标准来计算,各种车型汽柴油使用情况不一,本节计算时,中小微客车按汽油计算,大客、中货、重货按照柴油计算,微货和小货按照汽柴油混合的平均密度0.7895吨/千升来计算,并将计算的燃油能耗按照固定系数转化为标准煤。而汽柴油根据海关总署、国家经贸委下发的《原油炼制产品加工贸易单耗标准》进行计算,耗用单位重量(千克)的原油(加工生产的石脑油、汽油、煤油、柴油以及其他产品)按照0.83千克计算。

按照这一计算办法,我们计算了2002—2025年的汽车部门石油消费,如图5-4所示。

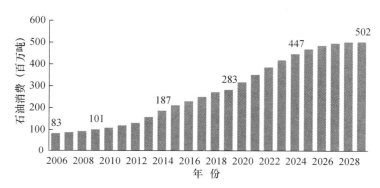

图 5-4　1983—2025 年民用汽车石油消费

数据来源:笔者计算整理.

从计算的结果来看,虽然汽车部门的石油消费一直在提高,但是增长速度会逐渐放缓,到2020年和2025年,汽车部门石油消费分别会达到4.47亿吨和5.02亿吨。

根据《2016年中国统计年鉴》列出的数据显示,2014年中国交通运输、仓储和邮政业部门能耗占全国能源消费比例为8.5%,这一数据远低于其他发达国家。一方面是由于中国每千人汽车保有量仍然很低,另一方面则是由于中国统计部门对交通运输能耗的统计口径与IEA的统计口径有很大差异。中国统计范围涵盖了交通运输及仓储和邮政,而IEA以及其他国家统计时仅仅包含交通运输活动本身的终端能耗。但一般认为,这些差异相对已统计的交通运输能耗来说数值很小,对实际结果影响不大(贾顺平等,2010)。差异显著的原因主要在于,中国统计只包括了公共部门运营的交通工具的能耗,而私人交通能耗并未涵盖在其中,因此造成中国统计的交通运输部门能耗明显小于实际能耗。

贾顺平等(2010)指出,私人交通主要由三部分构成:私人汽车、摩托车以及低速汽车。Lin和Du(2015)曾将私人汽车部门进行估算,并整合了中国历年的交通部门能耗,但是该研究忽略了摩托车与低速汽车部分,造成结果存在一定的不准确性。本节首先在民用汽车基础上,按比例折算了私人汽车石油消费。其次,由于目前缺少完整的摩托车数据,而非汽车机动车主要包括摩托车、拖拉机以及挂车等,根据贾顺平等(2010)估计,摩托车占比在97%以上,因此本节利用1997—

2015年的非汽车机动车数据以及Logistic模型对未来摩托车进行预测。中国摩托车主要用途为代步工具,最大排量一般为250毫升,几乎没有更大排量的摩托车。据国家摩托车质量监督检测中心的分析,2004年中国摩托车产销量中,排量≤50毫升的占6%,50~100毫升的占20%,100~125毫升的占64%,125~150毫升的占7%,三轮摩托占3%,各排量平均能耗如表5-2所示。

表5-2 各排量摩托车油耗统计

	不同排量(毫升)				三轮摩托
	≤50	50~100	100~125	125~250	
平均油耗(升/百千米)	2	2.3	2.5	2.9	3.8
占比(%)	6	20	64	7	3

数据来源:贾顺平等.中国交通运输能源消耗水平测算与分析.交通运输系统工程与信息,2010,10(1):22—27.

根据Huo et al.(2007)的计算,中国摩托车年均行驶里程在5100千米左右,因此本部分计算采用这一结果,能耗技术进步率仍采用上文的分析过程,从而得到摩托车的未来石油消费。

而对于低速汽车来说,同样缺乏完整的统计数据。低速汽车即原农用运输车,是三轮汽车和低速货车通称。三轮汽车原称"三轮农用运输车",低速货车原称"四轮农用运输车"。低速汽车已成为我国农村交通运输工具的主力军,是中国道路交通运输网络的重要组成部分。由于历史原因,低速汽车自出现以来一直按农机产品管理,由农机部门负责注册登记,为了便于机动车统一管理,2004年《道路交通安全法》出台以后,低速汽车由公安交通管理部门管理,注册登记也相应地由公安部门负责,致使低速汽车的统计数据存在公安部门和农机管理部门两个数据库中,目前这方面的数据不全,且有交叉。因此,本研究根据贾顺平等(2010)对低速汽车2007年的估计,在基于历年低速汽车产销量的基础之上,结合低速汽车报废期限(三轮汽车最长9年,低速货车最长12年)以及2017年之后低速货车将彻底停止生产和销售的现实,进行低速汽车拥有量的测算。

低速汽车的油耗及行驶里程按照贾顺平等(2010)的估计,如表5-3所示。

表5-3 低速汽车油耗及行驶里程统计

	三轮汽车	低速货车
平均油耗(升/百千米)	4.9	9.45
行驶里程(百千米)	100	150

数据来源:贾顺平等.中国交通运输能源消耗水平测算与分析.交通运输系统工程与信息,2010,10(1):22—27.

综合以上三部分,可以测算出私人部门石油消费量,具体数据如表 5-4 所示。

表 5-4 2020 年及 2025 年私人交通部门石油消费量

种 类	2020		2025	
	数量(千辆)	石油消费(百万吨)	数量(千辆)	石油消费(百万吨)
私人汽车	297 947	338.15	387 183	376.68
摩托车	113 704	9.73	114 300	8.84
低速汽车	27 253	12.67	28 024	10.24
总计		360.55		395.76

数据来源:笔者计算整理。

从表 5-4 的计算可以看出,未来私人交通部门的石油消费会持续上升,而上升的主要动力来自于私人汽车部门的增长。相对私人汽车来说,中国摩托车和低速汽车基本已经进入到了峰值阶段,上升速度缓慢。此外,对于低速汽车来说,由于低速货车退出历史舞台以及未来将逐步报废淘汰,低速汽车的石油消费会出现下降。

根据本节前文的结果以及统计年鉴中公共交通部门的石油消费,可以得到修正后的交通部门的石油消费以及汽车部门占整个交通部门的比重。具体结果如图 5-5 和表 5-5 所示。

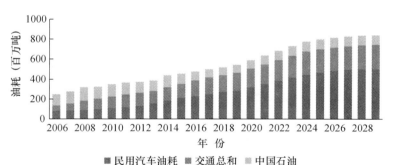

图 5-5 2002—2025 年汽车部门油耗及交通部门石油消费

数据来源:笔者计算整理.

表 5-5 未来汽车部门石油消费

年 份	石油消费(百万吨)			汽车部门占比(%)
	汽车部门	交通部门	总 量	
2015	282.62	467.11	543.77	52
2016	317.37	507.87	589.35	54
2017	351.90	549.01	635.07	55

(续表)

年 份	石油消费（百万吨）			汽车部门占比（%）
	汽车部门	交通部门	总 量	
2018	386.08	591.62	682.20	57
2019	418.30	634.38	729.21	57
2020	446.93	676.15	774.79	58
2021	468.85	697.69	796.99	59
2022	485.35	715.18	814.42	60
2023	496.20	728.62	827.15	60
2024	501.64	738.12	835.35	60
2025	502.28	744.21	839.64	60

数据来源：笔者计算整理．

从表 5-5 中可以看到，在自然演化的条件下，中国交通部门未来石油消费将接近 8.4 亿吨，而汽车部门的石油消费比例也将从目前的 52% 上升到 60% 左右。

5.1.4 约束条件下汽车石油消费

当前，环境保护和气候变化等问题已经成为社会大众和学术界共同关注的问题，政府在此方面承担了巨大的压力，也制定了相关的规划和政策引导可再生能源的利用，降低煤炭等化石能源的消耗。另外，2015 年中国石油进口量达到了 3.28 亿吨，对外依存度达到了 60.6%，打破了"十二五"规划石油对外依存度 60% 的红线，能源安全成为了中国日益关注的重要问题。

因此下文将分别考察以环境和能源安全作为约束条件下的未来石油消费量，并在此基础上计算，为实现环境和能源安全约束汽车部门需要达到的目标。

在环境约束方面，林伯强和李江龙（2016）考虑引入雾霾背景下的环境治理约束，构建了一个中国能源综合预测框架，在此框架基础上计算了未来中国能源消费总量与能源结构，本节按照林伯强和李江龙（2016）对中国 2020 年严格约束条件下能源结构的设置，利用马尔科夫模型，重新计算了转移矩阵，从而我们可以得到环境约束下的未来中国石油消费量。

在能源安全约束方面，我们利用 Hubbert 模型结合中国历年石油产量数据对 2016—2025 年中国石油产量做出合理估计。Hubbert 模型由美国地球物理学家 Marion King Hubbert 于 1949 年提出，根据此模型，Hubbert 成功地预测了美国本土 48 个州的石油产量峰值出现时间。对于中国而言，之前对石油产量峰值的研究多是利用 1990 年以前的数据，考虑到现在不断发展的地质勘探技术，对中国石油剩余可采储量的估计也在不断变化，因此，有必要使用最新的数据重新对中国石油产量进行建模。

Hubbert 模型主要包括以下两个方程：

$$Q = \frac{URR}{1 + e^{-a(t-t_m)}} \qquad (5-1)$$

$$P = \frac{a \cdot URR \cdot e^{a(t-t_m)}}{[1 + e^{a(t-t_m)}]^2} \qquad (5-2)$$

其中，Q 表示石油累计产量；P 表示当年石油产量；URR 为最大探明储量，等于石油累计产量＋剩余石油可采储量；t_m 表示石油产量峰值出现的时间；a 是一个常数；t 表示年份。

根据上述模型，我们可以得到未来石油产量的估计。按照商务部预计，中国石油对外依存度在"十三五"期间将达到 67%，我们将 2025 年石油安全约束设置为 70%，因此可以得到两种约束条件下未来石油消费目标，如表 5-6 所示。从表的结果来看，在 2022 年之前，环境约束下的石油消费量都更低，而之后年份的能源安全约束显然更为严格。这也说明，在未来短期内，环境压力大于能源安全压力，而在 2022 年左右，能源安全的压力将更为紧迫。

表 5-6 环境及能源安全双重约束下未来的石油消费①

年 份	能源消费（百万吨）	石油占比（%）	环境约束下石油消费量（百万吨）	石油产量（百万吨）	对外依存度（%）	能源安全约束下石油消费量（百万吨）
2015	4300	18.100	544.80	214.56	61	544.56
2016	4360	18.080	551.79	244.45	62	640.41
2017	4487	18.060	567.26	241.84	63	655.09
2018	4647	18.040	586.78	237.84	64	667.39
2019	4797	18.020	605.09	232.54	66	677.33
2020	4937	18.000	622.03	226.06	67	685.04
2021	5035	17.980	633.75	218.55	68	674.31
2022	5113	17.960	642.85	210.15	68	660.51
2023	5180	17.940	650.49	201.03	69	644.00
2024	5234	17.920	656.61	191.36	69	625.13
2025	5277	17.901	661.17	181.30	70	604.32

数据来源：笔者计算整理。

综合上文两部分的结果，我们可以得到 2016—2025 年时间路径上，自然演化条件下汽车石油消费与两个约束条件下石油消费的差额。根据上文各种车型的

---

① 2015 年和 2016 年中国实际石油开采量分别为 215 和 199 百万吨，由于近两年原油价格低迷，实际产量远低于开采能力，而我们对于石油安全的定义应该是产出能力而不是实际开采量。

年均油耗以及标准下 2% 的燃油技术进步率,可以估算得到每年平均每辆传统汽车的石油消费量,进而可以计算得到为实现约束目标,未来新能源汽车(假设全部为纯电动车)的需求。

表 5-7　双重约束下新能源汽车需求　　　　　　　　　　（单位:万辆）

年　份	环境约束	能源安全约束	自然演化	差额 1	差额 2	电动车需求	
						环境约束	能源安全约束
2016	297.14	344.86	317.37	20.23	-27.50	536.08	-728.80
2017	314.33	363.00	351.90	37.58	-11.09	1016.33	-300.02
2018	332.08	377.69	386.08	54.00	8.39	1490.40	231.45
2019	347.10	388.53	418.30	71.20	29.76	2005.17	838.19
2020	358.81	395.16	446.93	88.12	51.78	2532.31	1487.85
2021	372.82	396.68	468.85	96.03	72.17	2815.88	2116.26
2022	383.10	393.63	485.35	102.25	91.72	3059.39	2744.42
2023	390.22	386.33	496.20	105.98	109.87	3235.74	3354.60
2024	394.30	375.40	501.64	107.34	126.24	3344.13	3932.97
2025	395.52	361.51	502.28	106.76	140.77	3394.08	4475.34

数据来源:笔者计算整理.

从表 5-7 的结果来看,如果要完成环境约束与能源安全约束,分别需要在 2020 年发展 2500 万和 1500 万辆新能源汽车,远远大于规划的 500 万辆。并且,我们能够清楚地看到,事实上对于中国汽车部门来说,在 2022 年之前环境约束压力要大于能源安全约束,而在 2022 年之后,显然能源安全的压力会更大,需要更多的新能源汽车来替代,才能实现约束目标。并且,环境约束的压力在 2022 年以及 2023 年达到了峰值,而在此之后随着自然演化条件下汽车保有量增长放缓以及技术效率的自然改进,会较为容易地实现约束目标。因此未来五年将是中国汽车部门发展新能源汽车最为重要和迫切的阶段。

另外,在上述假设下,要实现约束目标,新能源汽车需求远远大于规划,这主要是因为我们将汽车部门实现约束的压力全部放在新能源汽车这一种途径上,事实上对于汽车部门来说,为实现环境与能源安全约束可以采用多种途径。

5.1.5　多情景下新能源汽车需求

1. 电动重型货车的发展

重型货车是指载重在 14 吨及以上的大吨位载货汽车。我们从现在的汽车结构中可以看到,重型货车数量在 540 万辆左右,约占整个汽车总数的 3.3%。但是重型货车由于百公里油耗较高,且功能性较强,年均行驶里程较长(在 35 000 千米左右),从而重型货车的油耗量巨大,2015 年重型货车油耗约为 50 百万吨,占整个汽车部门的18%。未来随着中国国民经济的高速发展、高等级公路的快速修建，运输市场对重型车的档次要求越来越高。高效率、高可靠性、低成本、快速安全的先进车型的需求量将大幅增长。因此，对传统柴油重型货车的替代将是影响汽车部门实现约束目标的重要措施。

2015年年底，为了配合国务院出台的《关于加快电动汽车充电基础设施建设的指导意见》，中机车辆技术服务中心发文《关于开展2016—2020年〈新能源汽车推广应用工程推荐车型目录〉申报工作的通知》，2015年共有281款纯电动物流车进入工信部目录，纯电动物流车在政策助推下有可能迎来历史性的发展机遇。目前对于电动重型货车来说，发展的瓶颈在于自身重量过重以及续航里程仍然较短这两个问题。但是目前有多个汽车生产商，如特斯拉、奔驰、马克戴文森、比亚迪等，都纷纷进入到电动重型货车的研发和生产阶段，并且取得了长足的技术进步，有多款车型已经投入到市场。未来如果电池技术得以改善，电动重型货车无论是在油耗、污染排放还是燃料经济成本上，都比传统汽车有非常明显的优势。

在本部分，我们假设未来有10%的重型货车是电动车，从而可以得到双重约束下新的电动汽车发展规划，电动重型货车替代情景下的发展路径如表5-8所示。

表5-8 双重约束下新能源汽车需求 （单位：万辆）

年份	环境约束	能源安全约束	自然演化	差额1	差额2	电动车需求	
						环境约束	能源安全约束
2016	297.14	344.86	311.57	14.43	−33.29	382.54	−882.33
2017	314.33	363.00	345.42	31.10	−17.57	841.05	−475.30
2018	332.08	377.69	378.91	46.83	1.21	1292.40	33.45
2019	347.10	388.53	410.45	63.36	21.92	1784.30	617.32
2020	358.81	395.16	438.48	79.67	43.32	2289.35	1244.89
2021	372.82	396.68	459.90	87.08	63.22	2553.48	1853.87
2022	383.10	393.63	476.01	92.90	82.37	2779.75	2464.78
2023	390.22	386.33	486.56	96.34	100.23	2941.42	3060.28
2024	394.30	375.40	491.81	97.51	116.41	3037.82	3626.67
2025	395.52	361.51	492.35	96.83	130.84	3078.36	4159.61

数据来源：笔者计算整理。

在这一情景设置下，我们可以看到，在双重约束下，新的电动车规划路径比基准情景需求量减少300万辆左右，说明发展重型电动车替代对实现环境与能源安全约束有非常明显的积极意义。

2．燃油效率技术进步

汽车油耗节能技术进步也会降低未来汽车石油消费量。在基准情形下，我们设定该技术进步效应为2%。虽然在近些年来,燃油机的燃烧效率有了很大的提高,例如目前针对汽柴油燃烧前磁化处理,减少机器的摩擦阻力等方面取得了一些进展,但未来节能技术有较大突破的可能性依然存在。因此,可以假定汽车油耗节能技术效率又增加一个百分点,在2015年之后,燃油效率进步效应为3%,则结果如表5-9所示。

表5-9 燃油技术进步率3%情境下新能源汽车需求　　　　（单位:万辆）

年份	环境约束	能源安全约束	自然演化	差额1	差额2	电动车需求 环境约束	电动车需求 能源安全约束
2016	297.14	344.86	314.13	16.99	−30.73	454.88	−823.03
2017	314.33	363.00	344.76	30.43	−18.24	840.14	−503.49
2018	332.08	377.69	374.38	42.30	−3.31	1204.02	−94.27
2019	347.10	388.53	401.48	54.39	12.95	1595.81	379.95
2020	358.81	395.16	424.59	65.78	29.43	1989.74	890.33
2021	372.82	396.68	440.87	68.05	44.19	2121.98	1377.96
2022	383.10	393.63	451.73	68.62	58.10	2206.13	1867.72
2023	390.22	386.33	457.11	66.89	70.78	2216.92	2345.95
2024	394.30	375.40	457.40	63.11	82.01	2156.18	2801.97
2025	395.52	361.51	453.32	57.80	91.81	2035.97	3234.02

数据来源:笔者计算整理.

对比之前可以看到,在燃油技术进步率提高1%之后,新能源汽车需求目标有了明显的下降,2020年和2025年分别下降了500万辆和1000万辆左右,说明燃油节能技术的提高对汽车部门实现约束目标有着显著的积极意义。

综合以上两种情景,如果在电动重型货车替代的基础上,燃油效率得到提升,那么我们可以进一步修正约束下新能源汽车的需求,如表5-10所示。

表5-10 综合情景下新能源汽车需求　　　　（单位:万辆）

年份	电动车需求 环境约束	电动车需求 能源安全约束	电动车需求 双重约束	规划下电动车发展
2016	326.87	−951.04	326.87	100.70
2017	696.92	−646.71	696.92	166.13
2018	1045.47	−252.82	1045.47	250.58
2019	1422.49	206.64	1422.49	359.57
2020	1802.90	703.49	1802.90	500
2021	1924.23	1180.21	1924.23	663.90

（续表）

年 份	电动车需求			规划下电动车发展
	环境约束	能源安全约束	双重约束	
2022	1999.60	1661.18	1999.60	854.34
2023	2003.90	2132.92	2132.92	1075.92
2024	1938.91	2584.70	2584.70	1333.75
2025	1816.50	3014.55	3014.55	1633.75

数据来源：笔者计算整理.

可以看到，在两种情景的综合影响下，电动车需求有了明显的下降。其中第三列"双重约束下电动车需求"，是综合两种约束条件，取每年的紧约束条件，即同时实现双重约束的电动车需求。

根据规划中2020年新能源汽车累计达到500万辆，2025年新能源汽车年销售量达到300万辆的规划，我们可以大致整理出规划下新能源汽车的发展路径。对比发现，这一目标离实现约束仍有较大距离。

这一距离的主要原因可以归结为电动车产业自身发展的客观趋势与双重约束的紧迫压力之间的距离。虽然目前政府对于电动车产业的规划是符合产业、技术的自然发展趋势的，但是环境约束与能源安全约束的压力却是较为紧迫，突出表现为短期的环境约束与中期的能源安全约束。

3. 双重约束下电动汽车发展的路径设计

为解决电动车产业自身发展的客观趋势与双重约束的紧迫压力之间的矛盾，本节提出这样一条解决路径：在短期利用大规模的轨道交通建设来弥补。

Lin和Du(2017)的研究证明，轨道交通的修建对减少汽车能源消费有显著的积极意义，并且这一政策的积极意义会持续到第二期。

为改善交通运输环境，2016年3月28日，国家发改委和交通运输部联合印发了《交通基础设施重大工程建设三年行动计划》（下简称"行动计划"）的通知。"行动计划"指出，"十三五"时期是交通基础设施重大工程建设的重要阶段，2016—2018年拟重点推进铁路、公路、水路、机场、城市轨道交通项目303项，设计项目总投资约4.7万亿元，其中2016年涉及项目131个，投资约2.1万亿元。"行动计划"提出，"要有序推进城市轨道交通建设，逐步优化大城市轨道交通结构，2016—2018年间重点推进103个项目的前期工作，新建轨道交通2000千米以上，设计投资1.6万亿元"。迅速发展的轨道交通将在一定程度上替代汽车，进而节约汽车所需的石油消费。

为进一步促进城市轨道交通发展，预计"十三五"期间将逐渐降低申报城市轨道交通建设标准，降低城市准入门槛。之前国家对申报城市轨道交通建设的标准是:城市城区人口应在 300 万人以上,地方财政一般预算收入在 100 亿元以上,地方生产总值达到 1000 亿元以上。如果按照这一标准,除去已经修建和国家发改委已经批复修建的 42 个城市,城区人口超过 300 万,GDP 超过 1000 亿元的城市还有 30 个左右。

即使不考虑未来新增的有可能修建轨道交通的城市,只将规划中的 42 个城市未来的轨道交通发展规划纳入计算,轨道交通带来的节能量也十分可观。表 5-11 整理了各地已经出台的轨道交通发展规划。

表 5-11　各地轨道交通发展规划

编号	城市	2020	2025	2030	远景	编号	城市	2020	2025	2030	远景
1	北京	1177			1524	22	无锡	208			
2	天津	513			1380	23	青岛	470			807
3	上海	800	1050			24	南昌	135		200	
4	广州	564		978		25	福州	147		215	
5	长春	119				26	东莞	194			
6	大连	299				27	南宁	128		252	
7	武汉	400				28	合肥	166		337	
8	重庆	410			820	29	贵阳	145			
9	深圳	435		597		30	石家庄	80			
10	南京	540		775		31	温州	141			362
11	成都	650	884		2370	32	厦门	110		388	
12	沈阳	263		610		33	兰州	154			207
13	佛山	117		264		34	乌鲁木齐	48			212
14	西安	243		576		35	常州	132			276
15	苏州	261		380		36	徐州	67			
16	昆明	188			372	37	太原	48			234
17	杭州	190			1000	38	南通	60			324
18	哈尔滨	90				39	济南	81			275
19	郑州	167			945	40	呼和浩特	51			
20	长沙	264		456		41	芜湖	47			284
21	宁波	271		409		42	马鞍山	39			
2020 年合计里程				10 883		2030 年合计里程				19 074	

资料来源:RT 轨道交通网 2016[①] 及相关城市地铁发展规划,笔者整理制表.

① 全国 41 个城市轨道交通建设规划一览,http://www.360doc.com/content/16/0618/23/30640059_568886347.shtml#

2015年中国26座城市的116条轨道交通线路已经开通运营,总里程3618千米,年客运总量138亿人次,客运周转量1133亿人千米(中国城市轨道交通协会,2016)。假设轨道交通运营里程与客运总量比例基本保持不变,并进一步假设旅客由中小客车替代,汽车每百千米能耗为前文的基础设定,那么我们就可以根据各地轨道交通发展规划,对未来轨道交通开通运营后带来的节能量进行大致估算。

表 5-12 轨道交通节约的石油消费量

年 份	轨道交通里程(千米)	客运周转量(十亿人千米)	节油量(百万吨)
2020	10 883	340.8	25.4
2025	14 979	469.1	34.9

数据来源:笔者计算整理.

从表5-12的结果中可以看出,城市轨道交通能够节约大量的石油消费量。到2020年,已经开通或已制定未来轨道交通发展规划的42个城市开通的轨道交通里程将达到10 883千米,客运周转量将达到3410亿人千米,这将带来25.4百万吨的石油消费量。到2025年,这42个城市开通的轨道交通里程预计将达到14 979千米,这将会节约3490万吨的石油消费量。

如果在原有轨道交通修建规划的基础上,进一步扩大轨道交通规模,将能够有效缓解环境约束和能源安全约束的紧迫压力。假设2017年和2022年分别依靠轨道交通节油500和2000万吨,则在五年之内需要多修建的轨道交通里程如表5-13所示。

表 5-13 轨道交通修建路径

年 份	节油量(百万吨)	计划外修建里程(千米)
2016	0.00	0.00
2017	5.00	2146.49
2018	6.60	685.82
2019	8.71	904.94
2020	11.49	1194.08
2021	15.16	1575.60
2022	20.00	2079.01

数据来源:笔者计算整理.

从表5-13中可以看到,在这种情景下,需要在短期投入大量的轨道交通建设,但是在之后几年的计划外修建里程压力并不大,有非常大的可操作性。

在这一路径设计下,我们可以得到新的约束下电动汽车需求量,如表5-14和

图 5-6 所示。

表 5-14 路径设计下新能源汽车需求

年 份	路径设计下电动车需求（百万辆）	规划下电动车发展（百万辆）
2016	0.95	1.01
2017	2.97	1.66
2018	5.39	2.51
2019	7.81	3.60
2020	9.89	5.00
2021	9.97	6.64
2022	9.31	8.54
2023	10.28	10.76
2024	14.42	13.34
2025	18.31	16.34

数据来源：笔者计算整理．

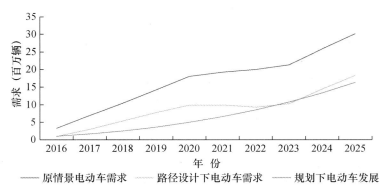

图 5-6 路径设计下新能源汽车需求

数据来源：笔者计算整理．

从表 5-14 和图 5-6 中可以看到，在加入扩大规模的轨道交通后，路径设计下的电动车需求有了明显的下降，并且逐渐和产业发展趋势相协调。

本节对电动车估算方法的逻辑基础是将汽车部门的节能任务全部由电动汽车承担，这种方法虽然存在对需求的过大估计，但是从趋势中不难发现，实现环境约束与能源安全约束的主要压力集中在未来五年，而目前新能源汽车发展又存在着极大的政策依赖性，这就迫切需要政府加大未来几年对于新能源汽车的推广力度。

5.1.6 政策建议

上文预测结果同当前新能源汽车的发展现状存在一定差距,如果完全按照政府制定的发展规划,则不能满足模型预测的新能源汽车需求量。但无论同发展规划还是发展现状相比较,都可以看出新能源汽车在中国有巨大的发展空间。随着中国经济的进一步增长,人们对汽车的需求不断增加,与此同时中国也面临着逐渐增大的资源与环境约束,在需求增长与传统汽车使用受到约束的双重作用下,新能源汽车将成为越来越多人们的选择。在未来一段时间内,政府可以采取以下措施推进新能源汽车产业的发展。

1. 加强充电设施建设,提高新能源汽车使用体验

2015年7月国务院公布的《关于加快新能源汽车推广应用的指导意见》明确提出,以纯电驱动的新能源汽车为发展的主要战略方向,要加快充电设施建设,并通过制定相关发展规划和技术标准、加强充电设施用地政策、用电价格政策等方面的政策制定,逐步提高公共停车场地充电设施的完善程度。新能源汽车推广过程中,是否可以像加油一样方便的充电是人们的主要担心,因此充电设施的完善程度直接关系到新能源汽车的普及程度。目前充电桩缺口很大,充电设施应摆在新能源汽车产业发展更加重要的位置,并可以适度超前发展。可以预计,未来一段时间内从中央到地方各级政府会出台一系列优惠鼓励政策,加大充电桩建设,推动新能源汽车产业的发展。

2. 政府及公共部门采购力度会进一步增强

根据2014年7月公布的《政府机关及公共机构购买新能源汽车实施方案》,中央国家机关以及纳入财政部、科技部、工业和信息化部、发展改革委备案范围内的新能源汽车推广应用城市的政府机关及公共机构购买的新能源汽车占当年配备更新总量的比例不低于30%,并且以后要逐年提高。该方案还规定了京津冀、长三角及珠三角等颗粒污染物治理任务较重的地区的新能源汽车购买比例。政府及公共部门的购买一方面可以推动新能源汽车产业健康发展,另一方面还可以在公众面前起到良好的示范作用。公众通过公共部门意识到新能源汽车的优点与便利,并会更容易接纳新能源汽车,在某种程度上这也相当于新能源汽车的一种示范推广。

3. 重视市场机制和政府扶持两手作用

目前各级政府对新能源汽车都制定了一系列优惠的推广政策,从直接的购车补贴,到办理牌照、车船购置税等方方面面给予新能源汽车购买优惠。从目前补贴政策的实施上来看,补贴力度是逐年降低的,这是合理且必须的。发展初期,为保护产业健康成长,政府往往会通过一系列补贴政策加以扶持,但从长期来看,新能源汽车产业的健康发展必须通过自身优势实现市场竞争力,而不能全部依赖政策扶持。2015年4月29日,财政部、科技部、工业和信息化部、发展改革委等四部

委发布《关于 2016—2020 年新能源汽车推广应用财政支持政策的通知》，通知指出从 2016 年至 2020 年，中国将继续实施新能源汽车推广应用补助政策，但补助标准将主要依据节能减排效果，并综合考虑生产成本、规模效应、技术进步等因素逐步退坡。2017—2020 年除燃料电池汽车外其他车型补助标准适当下调，其中：2017—2018 年补助标准将在 2016 年基础上下降 20%，2019—2020 年补助标准在 2016 年基础上下降 40%。

综合来看，在未来资源与环境等各方面的约束下，传统汽车产业将无法满足人们对汽车的需求，新能源汽车面临巨大的需求量。在接下来一段时间内，政府将会通过完善充电桩等基础设施建设、公共部门采购以及各种补贴措施，推动新能源汽车产业的发展。长期来看，新能源汽车产业将逐渐建立自身竞争优势，随着政府补贴规模的逐渐降低，它必将走上依靠自身进步的正常发展之路。

5.2 电动汽车购买意愿研究[①]

发展电动汽车被认为是中国解决城市雾霾问题，保障能源供给安全以及转向绿色发展的重要手段。在政府的大力扶持下，中国已经成为全球最大的电动汽车市场，并继续保持高速增长。本节利用调查问卷的方法，分析了影响公众电动汽车购买意愿的主要因素。调研问卷的设计考虑了人口统计学特征和态度影响因子两个大类的十几项因子。调研对北京、上海、广州和深圳 4 个一线城市进行了问卷调查，获得了 988 份有效样本。通过本节分析，可以确定公众对于各影响因子的认知情况，并分析不同因子对电动汽车购买意愿的影响。结果表明，网络外部性、价格接受度、政府补贴、性能、环境忧虑等态度因子以及性别、年龄和婚姻状态等人口统计学特征对中国消费者的电动汽车购买意愿有着显著的影响。本节的研究结果一方面可以为政府更好地制定电动汽车补贴政策提供依据，另一方面也可以帮助产业界更好地推出符合市场需求的产品。

5.2.1 发展电动汽车的意义

中国目前已经成为全球最大的汽车市场。根据交通运输部发布的汽车保有量数据（图 5-7），截至 2015 年，中国汽车拥有量已经达到 1.63 亿辆，数量仅次于美国。且近年来，中国汽车保有量保持高速增长，年均增长量达到 1800 万辆。与此同时，汽车石油消费量已经占中国石油消费的一半以上，且依然保持快速的增长。大量的汽车石油消费，不仅给中国的石油供应保障带来了很大的压力，同时也带来了碳排放以及城市雾霾等严重的环境问题。

---

① 本节在参考"吴微，林伯强. 中国居民电动汽车购买意愿——基于一线城市的调研分析[J]. 厦门大学中国能源政策研究院工作论文，2017."基础上修改完成。

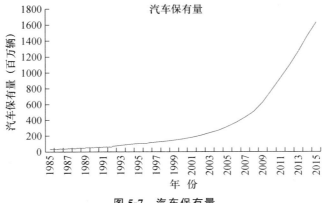

图 5-7 汽车保有量

电动汽车被认为是减少汽车污染物排放的最有潜力的手段,同时也是未来能源使用方式转变的重要环节。为了应对汽车数量增加所带来的挑战,中国政府采取了一系列的措施鼓励新能源汽车(特别是电动汽车)的发展。表 5-15 给出了中央政府与地方政府出台的电动汽车的部分扶持政策。

相关的政策可以归纳为几种类型:

一是对符合要求的新能源车型,进行购买补贴。根据车型的不同,中央财政的补贴在 2.5 万元~5.5 万元/辆之间。同时各地也在国家补贴的基础上出台了配套的补贴政策。

二是免征新能源汽车的购置税(税率一般占车价 10%)。同时部分地区还对车辆购买的车船税进行减免。

三是对新能源汽车提供购买特权。部分城市出于控制车辆数量的目的,对车辆购买进行了限制。如北京和深圳采取摇号的方式,而上海采取牌照拍卖的方式。而对于新能源汽车,北京和深圳都采取了单独摇号的方式,提高中签率。而上海则是免费发放新能源汽车牌照。

四是在城市交通管制方面,也为新能源汽车提供出行特权。比如许多城市为了缓解交通拥堵或雾霾问题,常常对车辆采取限行的措施。而各地对于新能源汽车,特别是纯电动汽车,往往给予了不限行的特权。

表 5-15 各地电动汽车补贴政策对比

		续航里程(千米)			其他政策
		100~150	150~250	≥250	
	中央财政补贴(万元)	2.5	4.5	5.5	免征购置税
北京	地方补贴(万元)	2.5	4.5	5.5	新能源汽车单独摇号,
	补贴合计(万元)	5	9	11	不受限行影响

(续表)

		续航里程(千米)			其他政策
		100～150	150～250	≥250	
上海	地方补贴(万元)	1	3	3	免费发放新能源汽车牌照
	补贴合计(万元)	3.5	7.5	8.5	
广州	地方补贴(万元)	2.5	4.5	5.5	不受限行影响 免车船税,上牌不需要摇号
	补贴合计(万元)	5	9	11	
深圳	地方补贴(万元)	3.5	5	6	单独摇号 免路桥费 自用充电设施补贴 电费优惠 停车优惠
	补贴合计(万元)	6	9.5	11.5	

数据来源:中央财政补贴标准来源于《关于2016—2020年新能源汽车推广应用财政支持政策的通知》,其他补贴标准来源于各地方政府网站.

在政府的有力支持下,新能源汽车,特别是纯电动汽车的销量在近两年出现井喷式的增长。表5-16给出了中国市场近几年的电动汽车销售量。从2011年到2015年短短5年间,新能源汽车的年销量从微不足道的8159辆上升到了33.1万辆,其中纯电动汽车的销量从5579辆/年上升到24.7万辆/年。而且增长的态势还未停止。根据工业和信息化部、国家发展改革委和科技部2017年4月印发的《汽车产业中长期发展规划》,到2020年,中国的电动汽车规划产量为200万辆;2025年的规划产量为700万辆。

表5-16 中国市场电动汽车销量

年 份	2011	2012	2013	2014	2015	2016 1—11月
新能源汽车	8159	12 791	17 642	74 763	331 092	402 000
纯电动汽车	5579	11 375	14 604	45 048	247 482	316 000

数据来源:CEIC数据库.

在未来一段时间内,随着技术的进步,价格下降以及人们接受度的提升,电动汽车的需求可能还是会保持快速上升的势头,并在某个时间点开始替代传统化石能源汽车。因此,了解哪些因素会对公众的电动汽车的购买意愿产生影响,对于政府和产业界都有很大的意义。首先,政府可以更有效地制定相关的补贴和扶持政策,提高补贴资金的利用水平,降低无效投入。其次,通过调查可以了解公众目前有哪些认知偏差以及这些认知偏差对购买意愿会造成哪些影响。这样可以在未来的宣传中纠正相应的偏差。再次,产业界可以根据公众的关注点,将资源投入到最能影响公众购买意愿的地方,以提升电动汽车的需求。

5.2.2 调查问卷的设计

通过对以往的研究结果进行归类,可以将电动汽车的购买意愿的影响因素划分为两个方面:一是人群的特性(或人口统计学特征),二是外部影响因子。如图 5-8 所示,人口统计学特征包含性别、年龄、教育程度、收入水平、婚姻状态和地域等变量;而外部影响因子则包含网络外部性、性能、价格接受度、政府补贴、使用成本、充电基础设施和对于对雾霾问题的忧虑等因子。

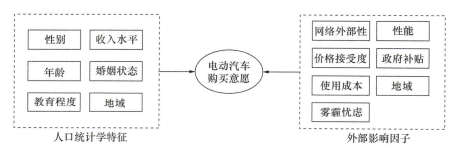

图 5-8 电动汽车购买意愿的影响因素

网络外部性能够反映社会影响对于电动汽车购买的影响,而性能参数则反映出大家对于电动汽车和传统汽车的比较。由于消费者往往愿意为电动汽车支付更多的成本,所以这里选择价格的接受程度来反映价格因素的影响。政府补贴主要是指政府直接补贴的力度。使用成本反映的是电动汽车的长期使用成本与传统汽车的比较,充电基础设施指的是城市公共充电基础设施的充足度。由于在中国,城市居民最为关心的环境问题是城市雾霾问题,所以这里选择对雾霾的忧虑作为反映环境因素的因子。

需要说明的是,虽然价格和政府补贴的最终结果都是反映到购买成本的降低上,但是其作用的机制是不同的。销售价格的下降,消费者对于电动汽车价值的锚定基准也随之下降。而由于补贴带来的购买支出减少,消费者对于电动汽车价值的锚定基准仍然不变,即消费者可能将补贴视为一种"收入"。

表 5-17 给出了不同外部影响因子对应的问卷问题。每个问题中设置了 5 个分值选项,对应的分值的分布范围为 1~5 之间,分值越大,表明对该问题的认同度越高。其中,分值 3 对应的是中性的选项,对应着"既不同意,也不反对"。取值大于 3 表明倾向于同意该问题,而取值小于 3 表明倾向于不同意该问题。

在各因子的问题设定中,网络外部性选择用朋友圈中购买电动汽车的普遍程度来衡量;性能则选择相对传统汽车的加速性能和驾驶舒适度来表示;价格变量选择对电动汽车的价格接受度;使用成本则用与传统汽车相比的相对使用成本来衡量;充电基础设施的指标则选择人们认为充电桩数量的充足度。

表 5-17 外部影响因子与对应的问卷问题

外部影响因子	问卷问题
网络外部性	您的朋友圈中购买电动汽车的人普遍吗？
性能	您认为电动汽车的性能(加速,驾驶舒适度等)与传统汽车相比如何？
价格接受度	您对电动汽车价格的接受程度？
政府补贴	您认为目前政府对新能源汽车的补贴力度如何？
使用成本	您认为电动汽车的使用成本与传统汽车相比如何？
充电基础设施	您认为现在充电桩的数量是否足够？
雾霾忧虑	您对城市雾霾问题的担忧程度？
购买意愿	您对于购买电动汽车的意愿？

表 5-18 中受访者信息列中给出了人口统计学特征变量的设置情况。其中,年龄是按照中国社会习惯的"90后""80后"等群体对应的年龄来划分;样本区域的选择为北京、上海、广州和深圳四个中国的一线城市。

5.2.3 样本描述

调查委托专业的调查公司进行,采样的区域为北京、上海、广州和深圳四个一线城市。通过在样本中设定陷阱问题识别无效问卷,最终获得的有效问卷数量为988份。样本的人口统计学信息如表 5-18 所示。

表 5-18 样本人口统计学特征

受访者信息		频率	占比(%)
性别	女性	362	36.6
	男性	626	63.4
年龄	18~25 岁	325	32.9
	26~35 岁	517	52.3
	36~45 岁	120	12.1
	46~55 岁	19	1.9
	55 岁以上	7	0.7
教育程度	初中及以下	66	6.7
	高中	191	19.3
	大专	221	22.4
	本科	459	46.5
	硕士及以上	51	5.2

（续表）

受访者信息		频 率	占比（%）
个人月收入	3000 元及以下	124	12.6
	3001～5000 元	300	30.4
	5001～8000 元	314	31.8
	8001～12 000 元	167	16.9
	12 001～20 000 元	67	6.8
	20 000 元以上	16	1.6
婚姻状态	已婚	478	48.4
	未婚	510	51.6
城　市	上海	218	22.1
	北京	238	24.1
	广州	272	27.5
	深圳	260	26.3

表 5-19 给出了影响因子变量的数据描述以及数据分布的检验结果。从各变量的描述统计结果上看，平均值都在 3 附近，未出现特别极端的均值，这与一般问卷调查的规律相符（人们倾向于选择靠近中间值的选项）。而通过 Kolmogorov-smirnov 检验的结果，也可以发现变量的分布符合正态分布假设。

在不同的变量中，网络外部性、性能和充电基础设施的取值都小于 3。对于网络外部性的均值较低，主要原因是电动汽车目前属于较为新颖的产品，保有量较少，所以人们周边的人群拥有率较低。而对于性能选项，虽然电动汽车的加速性能是优于传统汽车的，但是性能选项得分却较低。这一方面可能是由于人们对于电动汽车性能的认知还是存在偏差；另一方面也可能是电动汽车厂商的制造时间相对较短，因此在技术上还存在改进的空间。而充电基础设施的分值很低，说明人们普遍认为充电基础设施不足。价格接受度和政府补贴两项的平均值高于 3，这表明目前电动汽车的价格已经进入了公众可以接受的范围，同时政府的补贴政策也得到了认可。而电动汽车的使用成本选项的平均值大于 3，说明大部分人还是认为电动汽车的使用成本要高于传统汽车。对于城市雾霾问题的忧虑得分较高，达到了 3.89。这说明公众普遍认为城市雾霾问题较为严重。而购买意愿的均值为 3.634，说明公众对于电动汽车表现出较强的购买意愿。

表 5-19　变量描述和可靠性分析

变量名	选项数	平均值	标准偏差	偏度	峰度	KS 统计量	KS 显著性
网络外部性	5	2.825	1.002	0.320	−0.432	0.208	0.000
性能	5	2.997	0.938	0.131	−0.555	0.195	0.000
价格接受度	5	3.456	0.849	0.062	0.151	0.282	0.000
政府补贴	5	3.202	0.782	0.075	−0.072	0.270	0.000
使用成本	5	3.225	0.916	−0.300	−0.245	0.211	0.000
充电基础设施	5	2.549	0.945	0.250	−0.286	0.213	0.000
雾霾忧虑	5	3.892	0.947	−0.550	−0.031	0.199	0.000
购买意愿	5	3.634	0.773	−0.083	−0.041	0.244	0.000

表 5-20 给出了各变量间的相关系数矩阵。一般而言,相关系数小于 0.2,认为是几乎不相关。相关系数介于 0.2～0.4 之间,则认为是低相关。0.4～0.7 之间的相关系数认为是中等相关。只有当相关系数大于 0.9,才被认为是强相关。而表 5-20 中各变量的相关系数大多低于 0.4,这说明出现多重共线性的概率较低。

表 5-20　相关系数矩阵

	网络外部性	性能	价格接受度	政府补贴	使用成本	充电基础设施	雾霾忧虑	购买意愿
网络外部性	1.000	0.386	0.212	0.225	0.108	0.424	−0.102	0.158
性能	0.386	1.000	0.138	0.146	0.196	0.282	−0.051	0.177
价格接受度	0.212	0.138	1.000	0.232	0.027	0.250	0.140	0.292
政府补贴	0.225	0.146	0.232	1.000	0.059	0.225	−0.035	0.168
使用成本	0.108	0.196	0.027	0.059	1.000	0.142	0.048	0.019
充电基础设施	0.424	0.282	0.250	0.225	0.142	1.000	−0.086	0.085
雾霾忧虑	−0.102	−0.051	0.140	−0.035	0.048	−0.086	1.000	0.257
购买意愿	0.158	0.177	0.292	0.168	0.019	0.085	0.257	1.000

5.2.4　结果分析

本节利用多元线性回归的方法,分析人口统计学特征和影响因子对电动汽车购买意愿的影响。问题的因变量为购买意愿,而通过选取不同的自变量,可以确定不同的因素对购买意愿的影响。表 5-21 中给出了三种模型的回归结果,各模型的详细介绍如下:

模型1将人口统计学特征和影响因子都作为回归的自变量。其中性别和婚姻状况为虚拟变量,男性的性别变量为1,女性为0;已婚人群的婚姻状况变量值为1,未婚为0。其他人口统计学特征变量按从低到高排序,即越高的变量值,分别对应越高的年龄、教育程度和收入水平。模型1的F统计量值为18.325,显著度十分高。这说明解释变量和因变量之间存在着回归关系。

一般而言,收入水平与年龄和教育程度存在着较高的相关度,婚姻状况和年龄之间的相关度也很高。这说明在模型1的解释变量中,有可能存在多重共线性问题。为了排除潜在的多重共线性的影响,模型2利用后退法对模型1中的变量进行逐步排除,最终确定了具有显著影响的因子。模型2中最终留存下来的变量有年龄、婚姻状况、网络外部性、性能、价格接受度、政府补贴以及对雾霾的忧虑。其中各变量的系数及显著度与模型1相比变化不大,这也从另一个侧面说明各变量间的多重共线性并不严重。

模型3不考虑人口特征变量,而仅考虑外部影响因子变量。模型3中各变量的系数值和显著度都与模型1和模型2差不多。网络外部性、性能、价格接受度、政府补贴和雾霾忧虑的系数值较高,且均显著。

通过模型1中人口统计学变量的回归结果,可以发现年龄对于购买意愿有显著的负作用。即年龄越高的消费者,对于电动汽车的购买意愿越弱。这主要是由于电动汽车相对而言属于新兴事物,主要的接受人群还是年轻群体。婚姻状态则具有显著的正向促进作用。这可能是由于结婚后,人们会更加具有责任感,也更加愿意采取行动保护环境。教育程度与收入水平对电动汽车的购买意愿的影响系数则很小,且结果并不显著。

在影响因子变量中,系数值最大的是对于城市雾霾的忧虑,且系数十分显著。这主要是由于城市雾霾问题与所有人息息相关,且会造成直接的影响。从表5-19中雾霾忧虑选项的平均值为3.892,远高于中性选项的取值3,这说明公众认为目前城市雾霾问题十分严重,政府制定电动汽车的扶持政策是有着很好的民意基础的。

价格接受度的系数排在第二位,且同样十分显著,这说明价格对电动汽车的购买意愿有着很强的影响。而价格接受度的平均值为3.456,说明电动汽车的销售价格已经进入了公众可以接受的范围。未来如果成本能进一步下降,公众对电动汽车价格的接受度还会更高。

除了价格外,政府补贴对于购买意愿也有较强的影响。如前文所述,虽然价格和政府补贴都直接影响到了消费者的最终支出,但是其作用机理并不相同。公

表 5-21 三种模型的回归结果

变量	模型 1	模型 2	模型 3
截距	1.665***	1.553***	1.541***
	(8.663)	(9.378)	(9.085)
性别	−0.082*		
	(−1.72)		
年龄	−0.098***	−0.098***	
	(−2.717)	(−2.717)	
教育程度	−0.006		
	(−0.254)		
收入水平	0.027		
	(1.173)		
婚姻状况	0.123**	0.145***	
	(2.264)	(2.724)	
网络外部性	0.065**	0.054**	0.065**
	(2.448)	(2.168)	(2.472)
性能	0.107***	0.103***	0.107***
	(4.042)	(3.96)	(4.044)
价格接受度	0.185***	0.179***	0.190***
	(6.486)	(6.399)	(6.689)
政府补贴	0.105***	0.100***	0.099***
	(3.471)	(3.331)	(3.276)
使用成本	−0.028		−0.029
	(−1.098)		(−1.137)
充电基础设施	−0.030		−0.029
	(−1.062)		(−1.076)
雾霾忧虑	0.197***	0.196***	0.200***
	(8.016)	(8.082)	(8.232)
样本数量	988	988	988
R^2	0.174	0.179	0.174
残差平方和	480.904	483.916	486.965
F	18.325	30.507	30.507
p	0.000	0.000	0.000

注：括号内的数值代表 t 统计量，* 为 10% 显著水平，** 为 5% 显著水平，*** 为 1% 显著水平。

众可能更多地会将电动汽车的售价与价值挂钩,而将政府补贴视为一种"收入"。

电动汽车的性能对购买意愿也存在影响。但是目前公众的认知中,认为电动汽车的性能与传统化石燃料汽车相比并没有明显的优势。这说明未来电动汽车厂商需要在研发中更加突显出电动汽车的性能优势。

网络外部性也存在一定的影响,且系数值的显著度很高。同时,网络外部性的平均值却较低,这说明目前电动汽车由于存量较少,所以网络外部性发挥的作用还较小。未来会存在正反馈的循环,即随着电动汽车的存量增加,购买意愿也会增加。

与以往文献中的结论不同的是,本次调查结果发现当前使用成本和充电基础设施两个因子对购买意愿的影响程度很小,且系数都不显著。对于使用成本因子,其系数不显著的原因可能是由于电动汽车相对来说数量比较少,公众对其使用成本的了解程度也较低,导致在回答该问题的时候有认知偏差。而对于充电基础设施影响较弱的原因,主要是由于目前电动汽车的充电方式主要还是在自己家的车库内充电,较少使用充电站。

不同的群体,由于其收入水平、教育程度、所处的地域等因素不同,在认知上可能存在差异。对群体差异性进行讨论,可以为政府和产业界更加精准地制定差异化的政策提供支持。样本群体的特征差异可能会影响到其对于问题的认知。为了考察特征差异的影响,本节分别从性别、年龄、学历、收入、婚姻状态、是否为车主以及地域 7 个方面对影响购买意愿的因子进行分析。表 5-22 和表 5-23 给出了群体差异对比的结果。

通过模型 4 所比较的性别差异,可以发现性能和价格对女性购买意愿的影响更大,而男性则更加在意政府补贴和使用成本。政府在进行补贴的时候,可以针对男性与女性所偏好的车型采取不同的补贴方式。对于女性偏好的车型,可以采取生产端直接补贴,使得市场价降低。而对于男性偏好的车型,则可以将补贴集中在消费端。而汽车厂商在资源有限的情况下,对于女性偏好的车型可以侧重于提升操控性等性能,而对男性偏好的车型则可以侧重于降低保养费用和电池成本等使用成本。

在年龄差异的分析上,本文根据样本的数量,将年龄分为三个比较组:低年龄(18~25 岁),对应的在校学生或刚参加工作的年轻人;中年龄组(26~35 岁),对应有一定经济基础,可能开始购买第一辆车的年龄群体;高年龄组(36 周岁以上),对应年龄较高,经验相对丰富的群体。模型 5 对不同的年龄群体进行了比较。通过对比可以发现,高年龄组的购买意愿受政府补贴和价格的影响最大,这说明其

表 5-22 群体差异对比的结果（一）

	模型 4：性别		模型 5：年龄			模型 6：学历		模型 7：收入		
	男性	女性	低	中	高	低	高	低	中	高
截 距	1.572***	1.58***	1.551***	1.823***	0.368	1.650***	1.415***	2.011***	1.227***	1.238***
	(7.521)	(5.365)	(5.257)	(7.789)	(0.810)	(6.949)	(5.883)	(7.580)	(4.028)	(4.013)
网络外部性	0.061*	0.064	0.075*	0.038	0.104	0.05	0.097**	0.102***	−0.030	0.104*
	(1.808)	(1.518)	(1.847)	(0.945)	(1.470)	(1.38)	(2.536)	(2.689)	(−0.602)	(1.964)
性 能	0.088***	0.134***	0.161***	0.055	0.203***	0.077*	0.136***	0.081*	0.182***	0.023
	(2.685)	(2.911)	(3.579)	(1.487)	(2.851)	(1.963)	(3.809)	(1.982)	(3.813)	(0.450)
价 格	0.167***	0.209***	0.181***	0.170***	0.264***	0.21***	0.178***	0.18***	0.101**	0.340***
	(4.535)	(4.622)	(3.722)	(4.208)	(3.623)	(4.982)	(4.643)	(4.010)	(1.990)	(6.328)
政府补贴	0.123***	0.065	0.061	0.079*	0.364***	0.111**	0.082**	0.023	0.195***	0.097**
	(3.333)	(1.223)	(1.163)	(1.918)	(4.101)	(2.542)	(1.978)	(0.470)	(3.540)	(1.815)
使用成本	−0.075**	0.042	−0.072*	−0.004	−0.044	0.012	−0.067**	−0.033	−0.079*	0.012
	(−2.354)	(1.012)	(−1.651)	(−0.102)	(−0.668)	(0.312)	(−2.042)	(−0.843)	(−1.734)	(0.267)
充电基础设施	−0.003	−0.066	−0.029	−0.019	−0.112	−0.120***	0.056	−0.109**	0.098**	−0.033
	(−0.089)	(−1.506)	(−0.635)	(−0.495)	(−1.489)	(−2.996)	(1.509)	(−2.565)	(1.971)	(−0.657)
雾霾忧患	0.225***	0.158***	0.229***	0.199***	0.153**	0.209***	0.191***	0.205***	0.242***	0.163***
	(7.269)	(3.968)	(5.691)	(5.634)	(2.439)	(6.210)	(5.440)	(5.556)	(5.237)	(3.673)
样本数量	626.000	362	325	517	146	478	510	424	314	250
R^2	0.187	0.174	0.190	0.139	0.340	0.181	0.202	0.148	0.224	0.283
F	20.258	10.651	11.850	11.705	10.173	14.796	18.116	10.301	12.632	13.637
p	0.000	0.000	0.000	0.000	0.000	0.000	0.000	0.000	0.000	0.000

备注：括号内的数值代表 t 统计量，* 为 10% 显著水平，** 为 5% 显著水平，*** 为 1% 显著水平。

表 5-23 群体差异对比的结果（二）

变量	模型 8:婚姻状态		模型 9:是否车主		模型 10:城市			
	未婚	已婚	非车主	车主	上海	北京	广州	深圳
截距	1.375***	1.736***	1.648***	1.539***	1.596***	1.636***	1.259***	1.775***
	(5.784)	(7.107)	(7.066)	(6.052)	(4.803)	(3.829)	(4.446)	(4.852)
网络外部性	0.073**	0.050	0.073**	0.032	0.055	0.020	0.081*	0.085
	(2.027)	(1.275)	(2.163)	(0.742)	(1.005)	(0.348)	(1.693)	(1.61)
性能	0.086**	0.124***	0.086**	0.131***	0.038	0.186***	0.004	0.12**
	(2.201)	(3.369)	(2.419)	(3.268)	(0.666)	(3.397)	(0.071)	(2.282)
价格	0.197***	0.185***	0.207***	0.177***	0.166**	0.163***	0.283***	0.210***
	(4.754)	(4.614)	(5.337)	(4.165)	(2.694)	(2.826)	(5.073)	(3.614)
政府补贴	0.095**	0.099**	0.057	0.136**	0.169**	0.014	0.101*	0.068
	(2.234)	(2.284)	(1.408)	(2.994)	(2.557)	(0.192)	(1.747)	(1.243)
使用成本	−0.034	−0.016	−0.033	−0.038	−0.051	−0.014	−0.065	−0.022
	(−0.933)	(−0.464)	(−0.966)	(−1.030)	(−0.994)	(−0.244)	(−1.337)	(−0.456)
充电基础设施	−0.024	−0.025	−0.086**	0.038	−0.053	0.051	0.031	−0.118**
	(−0.626)	(−0.630)	(−2.362)	(0.924)	(−0.997)	(0.824)	(0.639)	(−2.118)
雾霾忧虑	0.246***	0.150***	0.247***	0.149**	0.244***	0.166***	0.259***	0.184***
	(7.175)	(4.248)	(7.479)	(4.101)	(4.258)	(2.619)	(6.047)	(4.065)
样本数量	478	510	544	444	218	238	272	260
R^2	0.209	0.141	0.196	0.170	0.211	0.135	0.297	0.151
F	17.794	11.744	18.641	12.797	8.028	5.119	15.912	6.410
p	0.000	0.000	0.000	0.000	0.000	0.000	0.000	0.000

备注：括号内的数值代表 t 统计量，* 为 10% 显著水平，** 为 5% 显著水平，*** 为 1% 显著水平。

对于购买的支出更为敏感。同时高年龄组也十分在意汽车的性能,但受雾霾忧虑的影响最低。而低年龄的群体受网络外部性、使用成本和雾霾忧虑的影响更大。中间年龄组受到的影响程度则介于高收入和低收入群体之间。

一般而言,高学历人群往往掌握的知识较多,判断也更为理性。模型6将样本划分为高学历组(本科及以上学历)和低学历组,分别进行回归。通过对比可以发现,高学历组受网络外部性、性能和使用成本的影响更大,而低学历组则对价格和政府补贴更为敏感。这说明高学历组更加在意电动汽车的性价比和使用过程中的综合成本,而低学历组更在意购车时的支出。

模型6则按收入水平将样本分为低收入(月收入5000元以下)、中间收入(月收入5001~8000元)以及高收入(月收入8001元以上)三个群体。从收入的划分上看,中间收入群体(常常对应的是中产阶层)与其他两个收入群体表现出较大的不同。中间收入群体受网络外部性和价格的影响较小,而受性能、政府补贴、使用成本和雾霾忧虑的影响较大。

虽然模型1和模型2的结果显示,是否结婚对于电动汽车的购买意愿有着显著的影响,但是,从模型7对根据婚姻状态分组的回归结果可以看出,是否结婚受各因素的影响并不大。已婚群体受网络外部性的影响较小,而受性能影响更大。这可能是由于已婚群体相对而言更加理性,购买意愿更多的是从实用的角度出发。

模型8根据是否拥有汽车,对样本进行了分组。已拥有汽车的群体相对来说受到汽车的性能和政府补贴影响更大,而对于雾霾的忧虑不敏感。这可能是由于拥有汽车的群体相对来说有更多的汽车使用经验,对于性能也更加在意。同时其购买过汽车,对于汽车价值的"锚定效应"也更强,也更容易将政府补贴视为一种特殊的"收入"。而忧虑雾霾问题在很大程度上是由于当前的车辆拥有者使用汽车造成的,所以已拥有汽车的群体对于雾霾忧虑的敏感度更低。

上海、北京、广州和深圳四市在地理上的跨度有数千千米,在认知上可能受到地域差异的影响。通过模型9的分析可知,同处珠三角的广州和深圳中的样本,对于价格更为敏感,而上海的样本则更在意政府补贴,北京样本则对性能最为在意。

5.2.5 结论

本节基于电动汽车购买意愿的问卷调查数据,分析了影响公众电动汽车购买意愿的主要因素。影响因素主要包括了人口统计学差异和外部因子两大类型。在分析人口统计学差异时,我们考察了性别、年龄、教育程度、收入水平和婚姻状况等因素的影响,发现人口统计学特征也会明显地影响到人们对于电动汽车的购买意愿。而在分析外部因子时,我们选取了网络外部性、性能、价格接受度、政府补贴、使用成本、充电基础设施和雾霾忧虑几个因子,结果证实了大部分因子对于电动汽车的购买意愿都会产生显著的影响,但是影响的程度也存在很大的差异。

通过本文的研究结果,可以部分验证前人得到的结论。同时,本文也有一些新的发现。通过分析不同影响因素对于电动汽车购买意愿的影响,可以帮助政府更好地制定电动汽车的扶持政策,同时也帮助产业界推出更符合市场需要的产品。本文分析的主要结论与政策建议如下:

第一,对雾霾问题的忧虑是影响电动汽车购买意愿最主要的因素。因此,在未来制定电动汽车补贴政策时,可以考虑针对不同的城市进行区别对待。对空气质量差的城市,可以加大扶持的力度。

第二,目前电动汽车的价格已经进入公众可以接受的范围。电动汽车的价格接受程度对于购买意愿也有很强的影响。未来随着价格的进一步下降,对于电动汽车的需求还会进一步上升。

第三,政府补贴力度对购买意愿有着较大的影响。而对于目前政府的电动汽车补贴力度,公众的评价为中性偏向认可。因此,政府如果想推进新能源汽车对化石燃料汽车的替代,需要在未来一段时间内保持有力的补贴政策。

第四,网络外部性对于电动汽车的购买意愿也有正向的影响。但是目前由于电动汽车的存量较少,所以人们周边的人已购买电动汽车的数量并不多。这其中有两方面的蕴意:第一,未来随着电动汽车存量的增加,人们购买意愿也会随之上升,这样会形成正向的反馈。第二,政府可以对电动汽车进行特别的标识,比如电动汽车专用车牌等,增加电动汽车在公众面前的曝光率,以扩大网络外部性的作用。

第五,性能对于公众的购买意愿有着显著的影响。但目前公众对于电动汽车性能的评价为中性,即认为其与传统汽车的性能差不多。事实上,电动汽车的加速性能是优于化石燃料汽车的,在其他方面也可以做到不比传统汽车差。而公众对其性能评价与化石燃料汽车持平,一方面可能是由于大多数人没有使用电动汽车的经验,所以对其认知存在偏差。另一方面也可能是目前电动汽车业的制造经验还相对较少,在未来还有很大的改进空间。未来随着制造经验差距的弥补和认知偏差的消除,人们对于电动汽车的购买意愿还会增加。

第六,与以往研究发现不同的是,本文发现目前电动汽车的使用成本对于消费者购买意愿的影响并不大,而且公众认为电动汽车使用成本与化石能源汽车相比并没有太大的差异(只是稍高于化石能源汽车使用成本)。只有在高学历样本中,使用成本才会有较为显著的影响。这可能是由于相比购买时的一次性支出,使用成本的支出是在较长的时间周期内缓慢发生的,因而公众更有可能对使用成本不敏感。

第七，充电基础设施的数量对于购买意愿的影响并不大。其原因可能是由于目前大多数电动汽车的用途都是短程使用（如上下班），充电也大多是使用者自己在家中完成的。虽然充电桩使用较为不便（需要排队与等待），但由于并不是充电的主要方式，因此对购买意愿的影响有限。这其实对目前政府制定电动汽车扶持政策有很大的意义。目前政府投入了大量的资源扶持充电站的建设，但是如果充电桩数量对购买意愿的影响很小，那么政府应该优先将投入充电站建设的资源转移到对于电动汽车购买的补贴上，以提升补贴资金的使用效率。

第八，通过比较群体差异，可以发现不同类型的群体受外部因子的影响也有所不同。比如同样是购买支出的减少，女性对于售价的降低更为敏感，而男性则更在意政府补贴的多少。这也为政府制定政策以及企业制定市场策略提供帮助：通过群体差异的研究，一方面可以帮助政府更好地针对不同的人群制定差异化的补贴政策，最大化补贴的使用效果；另一方面也有助于汽车生产厂家更加精准地推出符合不同类型消费者需求的产品。

5.3 电动汽车发展对电网的影响[①]

5.3.1 电动汽车替代的影响

发展电动汽车，对于我国的能源安全与环境治理有着重要的意义。根据2015年10月9日国务院办公厅印发的《关于加快电动汽车充电基础设施建设的指导意见》，到2020年，我国将基本建成能满足超过500万辆电动汽车的充电需求的充电基础设施体系。工业和信息化部、国家发展改革委和科技部2017年4月印发的《汽车产业中长期发展规划》，更是将2020年的电动汽车产量规划在200万辆，2025年的产量规划在700万辆。可以预期，在未来的一段时期，电动汽车将以极高的速度得到发展。本小节对"电动汽车在替代传统化石燃料汽车方面是否具有经济性"以及"电动汽车发展后对我国石油需求的影响"等问题进行了分析。

1. 电动汽车替代化石燃料汽车的盈亏平衡计算

假设车辆除了动力系统外，其他所有参数（包括风阻、地面摩擦等）都相同的情况下，只有当"电力成本＋电力存储成本＋电驱动系统成本"小于"燃料成本＋化石燃料动力系统成本"时，电动汽车才具有经济上的竞争优势。为了进一步简化，假设动力系统的成本相同的情况下，这种比较就变成了对"电力成本＋电力存储成本"与"燃料成本"的比较。对于每单位的化石燃料，要将其换算为用电量，可以用下面的公式计算：

[①] 本节在参考"吴微，林伯强. 储能、电动汽车与电网需求侧管理[J]. 厦门大学中国能源政策研究院工作论文，2017."的基础上修改完成。

化石能源汽车发动机效率×单位燃料热值＝电动汽车效率×电量

汽油机效率按25％计算,柴油机效率按35％计算,电动汽车综合效率按85％计算,可以得到表5-24的化石燃料与电动汽车换算表。根据能量的使用效率来计算,1千克汽油相当于3.519千瓦时的电力,1千克柴油相当于4.878千瓦时电力。这个数值接近Lévay(2017)等比较的主流车型的油耗电耗比。根据表5-24中的数据,当电动汽车每单位的电力存储成本低于2.166元/千瓦时时,电动汽车在使用上已经能替代汽油车。而当单位电力存储成本低于1.023元/千瓦时时,电动汽车在成本上可以开始替代柴油车。

表5-24 化石燃料汽车与电动汽车换算

	燃料成本 元/千克	换算系数 千瓦时/千克	电力成本 元/千瓦时	盈亏平衡时的电力存储成本 元/千瓦时
汽油	9.897	3.519	0.647	2.166
柴油	8.145	4.878	0.647	1.023

资料来源:中国经济数据库。由于油价变动较为频繁,表中燃料成本按照2010年7月至2015年7月的5年间平均价格来计算。汽油与柴油的燃烧热根据《综合能耗计算通则》(GB/T 2589—2008)中的数据计算。

这给我们带来几点启示:

第一,对电动汽车与化石能源汽车进行经济性分析时,不能仅仅比较汽车的售价,而应该计算综合的使用成本。由于电动汽车的能源成本较低,只要电池的使用成本能够下降,电动汽车将比化石能源车更为经济(即使电动车价格更高,如果将其高出部分的价格折合到日常使用中,综合成本仍更低)。

第二,从盈亏平衡的电力存储成本来看,目前电动汽车替代传统能源汽车已经不远了。如果按1元/千瓦时的电力存储成本来计算(Lin和Wu,2017),电动汽车相对于汽油车已经有经济上的优势。未来电动汽车可能会按照先汽油车,后柴油车的顺序对传统能源进行替代。当然汽车用的动力锂电池的使用条件更为苛刻,电池性能衰减得也更快。因此简单地将本章前面部分对储能的经济性评价结论应用于电动汽车可能并不合适。但可以预见的是,未来电动汽车将比传统能源汽车更为经济。

第三,制约电动汽车发展的一个重要因素在于其续航能力。按电动车与汽油车的4.223千瓦时/千克的比例换算,一辆储电量70千瓦时的电动汽车,在充满电时其续航里程只能相当于汽油车使用23升汽油的续航里程。因此电动汽车目前主要还是适用于城市内的短距离行驶。在未来,如果要使电动汽车更为广泛地应用,需要加大对充电基础设施的投入。

2. 电动汽车对石油需求的替代计算

由于中国目前关于终端用能的统计是由企业上报所消费的能源品种来统计,而不是按最终能源的用途来划分的,所以要知道有多少能源是用于汽车用途是比较困难的,只能采取一定的手段进行估算。鉴于汽油和柴油除了交通工具之外,主要的用途是在农业机械、工业及建筑机械等,因此用总消费量减去"农、林、牧、渔、水利业""工业"和"建筑业"三个行业的消费量,得到的结果作为汽车用途的汽柴油消费量的估计值。通过上述方法估计,2014年的汽油消费 8769 万吨,柴油消费 13 526 万吨(见表 5-25)。

表 5-25 汽车用途汽柴油消费估算

行 业	消费量(万吨)	
	汽油	柴油
消费总量	9776	17 165
农、林、牧、渔、水利业	217	1492
工业	489	1595
建筑业	301	552
汽车用途(估计)	8769	13 526

资料来源:国家统计局,中国统计年鉴 2016.

考虑到由原油转化为成品油的过程中会存在一定的折损,原油产品的总收率按 83% 计算[①],那么汽车用的汽油和柴油折合为原油大概为(8769+13 526)万吨/0.83=26 861 万吨。而 2014 年的原油总消费量为 51 814 万吨,车辆用途的石油占总石油消费的 52%。表 5-26 给出了电动汽车对化石燃料汽车在不同替代率下,石油供应与进口的变化。从表 5-26 中的数据可以看出,如果未来所有的汽车都由电动汽车替代,中国的石油依存度将下降到 16.85%。这也说明了发展电动汽车对于我国能源安全的重要性。

表 5-26 电动汽车在不同替代率下对石油需求量的影响

项 目	2014 年数据	不同替代率				
		5%	10%	20%	50%	100%
原油供应量(万吨)	51 861.8	46 633	45 401	42 938	35 549	23 233
生产量(万吨)	21 142.9	20 748	20 748	20 748	20 748	20 748
净进口量(万吨)	31 965.7	25 885	24 654	22 190	14 801	2485

---

① 资料来源:海关总署,国家经贸委,《原油炼制产品加工贸易单耗标准》(HDB/SH006-2002)。其中根据含硫量的不同,原油产品的总收率在 82%~84% 之间,此处取平均值 83%。

(续表)

项目	2014年数据	不同替代率				
		5%	10%	20%	50%	100%
消费量(万吨)	51 814.4	50 471.35	49 128.3	46 442.2	38 383.9	24 953.4
依存度(%)	59.19	58.89	57.77	55.33	45.95	16.85
电动汽车数量(万辆)	—	770	1540	3080	7700	15 400

资料来源:国家统计局,中国统计年鉴2016。因为库存不可能每一年都大幅增加,在计算对外依存度时将净进口量减去了库存差额。此外,为了保持数据年份的一致,汽车数量计算的基数按照公安部交管局公布的2014年底汽车保有量1.54亿辆。

5.3.2 实例研究:电动汽车参与需求侧管理

根据电力需求发展的一般规律,随着工业化的完成,经济社会将进行后工业化时代,一个典型的特性就是第二产业用电的占比下降以及第三产业和居民消费用电占比的上升。而第三产业和居民消费的负荷特性是要差于第二产业的。直观来考虑,负荷特性很有可能随着经济社会的发展呈现恶化的趋势。为了应对负荷特性变化可能带来的挑战,电网企业在未来需要借助智能电网技术与需求侧管理,基于目前的技术现状以及对未来的技术预期,电动汽车参与需求侧管理将是一种重要的实施方案。

高度智能是全球能源互联网的重要特征,提高电网智能化水平是构建全球能源互联网的重要内容。全球能源互联网是以特高压电网为骨干网架(通道),以输送清洁能源为主导,全球互联泛在的坚强智能电网。这其中,智能电网技术的发展是实现全球能源互联网的先决条件之一。

智能电网的发展,为电力需求侧管理提供了技术条件。能源需求侧管理(Demand Side Management,DSM)的概念最早出现于20世纪70年代的石油危机。20世纪80年代,美国专门从事电力行业研究的非营利机构美国电力研究院(Electric Power Research Institute,EPRI)将需求管理的理念介绍给公众,并将其引入电力需求管理。

广义的需求侧管理主要包含以下几个方面:① 负荷管理,即减少或改变负荷大小或负荷时序;② 能源效率的提升与节能;③ 能源替代,即改变能源使用结构;④ 负荷建立,即在特定情况下,战略性地开发和建设某种负荷,使整个系统优化运行。

而通常讨论的电力行业需求侧管理,则主要关注于负荷管理。具体包括负荷管理和需求响应。负荷管理的目标是改变负荷形状以减少在负荷高峰期的需求,从而减少调峰能力的投资,以提升设备的利用率,减少生产与运行成本。负荷管理常见的方法如削峰、填谷与负荷转移。

一般而言,需求侧管理手段主要有下述三类:

(1) 直接负荷控制(Direct Load Control,DLC),即能源供应企业采取直接用户、重新连接用户或调整终端设备等方式,对负荷进行控制。在目前的技术手段与市场条件下,直接负荷控制还局限于简单的"拉闸限电"。未来随着全球能源互联网的建设与发展,电力网与用户的交互性增强,将可能出现更多的直接负荷控制手段。

(2) 间接负荷控制,即利用价格信号诱导消费者改变消费行为。目前中国广泛采取的分时电价政策,就是间接负荷控制的重要方法。但是由于各种原因,中国目前还没有能够实现实时电价。而实时电价能够更有效地改变用户的使用习惯,但同时也会给电力公司的价格机制设计带来更高的要求。

(3) 利用抽水蓄能、电池储能等储能技术,进行削峰填谷。但是,储能技术的应用,主要还是受电力市场价格机制以及市场准入机制等多方面因素的制约。

结合目前的技术发展现状与预期,未来负荷需求侧管理,较有潜力的主要有三个方向:第一,利用竞争性的价格机制,调节需求侧的负荷;第二,借助储能技术的部署,对负荷进行转移;第三,利用远景电动汽车的发展,促进电动汽车广泛参与到负荷的需求侧管理中。在这三个方向中,第一点需要电力市场化的改革进行配合。由于市场化改革问题的敏感性以及争议性,故在本章的讨论中不进行分析。储能技术的应用在其他文章中已有较详细的分析。因此,本节主要侧重于对电动汽车参与需求侧管理的潜力进行探讨。

电动汽车被认为是对石油需求进行替代最有潜力的技术手段。经过多年的发展,电动汽车的成本已经下降到与传统化石能源汽车差距不大的水平。同时由于政府的大力扶持,中国市场近两年电动汽车的销量呈现出井喷式的增加。2013年,中国纯电动汽车的销量仅为1.46万辆。而2015年的销量已经增长到24.7万辆,且快速增长的势头还未停止。在可以预见的未来,电动汽车的发展将对能源结构产生深刻的影响。本小节就针对浙江省道路交通部门的石油消耗情况,分析未来电动汽车对石油需求的替代。

电动汽车的发展,对于电网企业而言有着十分重要的意义。一方面,随着电动汽车数量的增多,电网企业的电力需求量将有较大幅度的增加。另一方面,绝大多数电动汽车都是家用的,大多会选择夜间充电。也就是说电动汽车可以参与到需求侧管理中来,提升电网的利用水平。

这里以中部某省全年8760小时负荷数据为基础,采取静态替代分析。图5-9给出了该区域内的全年整点负荷分布的概率密度和累积概率密度。从图5-9中可以看出,电力负荷总体虽然呈现出接近于正态分布的分布特性,但是右侧也表现出长尾分布的特性。电网的最大负荷其实只是在满足少数时间高峰负荷的需要,在大部分时间电网的负载能力都是处于闲置状态。

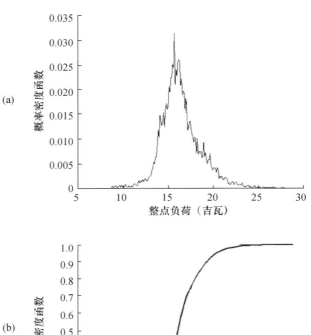

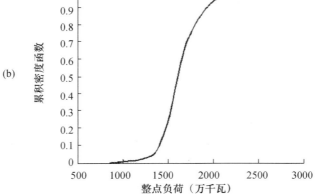

图 5-9 电动汽车购买意愿的影响因素

假设未来电动汽车能够参与到智能电网的需求侧管理中,主要在夜间参与调峰。同时假设电动汽车的用电需求在四季不发生变化。在模型中,参与需求侧管理的电动汽车的充电会优先选择电网负荷率最低的时间段进行。

调峰问题描述如下,其中,优化问题由 365 个子优化问题组成。每一个子优化问题的目标是使当天的最小负荷量最大:

$$\max_{L_{cj}}[\min(L_j)], \quad j=1,2,\cdots,365 \tag{5-3}$$

式中,$L_j = [l_{1j}, l_{2j}, \cdots, l_{24,j}]$ 表示每天的负荷向量,$\min(L_j)$ 表示取负荷向量中的最小值,其计算方法为用初始的负荷加电动汽车带来的负荷增量

$$l_{ij} = l_{ij}^o + lc_{ij} \tag{5-4}$$

每个子优化问题都有 24 个决策变量,分别对应当天每个小时的电动汽车用电量。这里用 $Lc_j = [lc_{1j}, lc_{2j}, \cdots, lc_{24,j}]$ 表示电动汽车给每个小时带来的负荷增量。

负荷增量应满足以下的约束条件,即每天由于电动汽车应用带来的负荷增量的总和,要等于总的电动汽车电力需求量

$$Lc_T = \sum_{i=1}^{24} lc_{ij}, \quad j = 1, 2, \cdots, 365 \tag{5-5}$$

表 5-27 给出了不同替代率下平均日负荷率与平均最小负荷率的变化。通过表中的数据可知,电动汽车参与到需求侧管理中,能够有效地改变电网的负荷特性,提升电网的运行效率。特别是对于最小负荷率,只需要有 1% 的汽车转变为电动汽车,并参与到需求侧管理中,就能够有效地提升平均最小负荷率。但是,由于电动汽车的用电量占全社会用电量的比例并不大,所以电动汽车替代率提升对于年平均负荷率的影响并不是十分明显。上述结论有着很强的政策启示:对于电网企业而言,需要研究如何制定更为灵活的电力定价策略,以吸引电动汽车参与到需求侧管理中。而对于政府而言,在政策制定时也需要对电动汽车参与需求侧管理给予更多的政策支持。

表 5-27　不同替代率下全年平均日负荷率与平均最小负荷率变化

	电动汽车替代率					
	0%	1%	10%	30%	50%	100%
平均日负荷率	0.8864	0.8873	0.8951	0.9119	0.9254	0.9358
平均最小负荷率	0.7725	0.7842	0.8253	0.8759	0.9023	0.9207
年平均负荷率	0.5707	0.5713	0.5763	0.5874	0.5986	

虽然这里的模型只是给出基于 2014 年的电动汽车保有量进行的静态替代分析,但是相同的方法与结论可以应用于未来电动汽车的发展对电网影响的远景分析。

第6章 能源热点问题之——居民电力消费与电价

6.1 中国居民电力消费

随着经济不断发展,人类社会对能源的需求也不断攀升。人类已进入"能源时代"的说法屡见不鲜。与此同时,当今世界各国对能源的重视,也使得能源相关问题成为了热点焦点议题。与欧美等发达国家相比,我国目前仍处在工业化阶段,虽然已努力利用各种行政和财政政策,提升对能源的利用率,减小投入,促进产出,降低剩余产能,但综合而言,我国对能源的需求仍在不断上升,要到达类似发达国家当下能源需求总量开始下行的情景,在时间和空间上都需要一个过渡期。因此,我国能源发展面临的主要问题是如何节约能源、发展低碳经济。我国在"十一五"发展规划中明确指出,建设资源节约型、环境友好型社会是践行科学发展观的重要内容,也是国家近年发展的关键战略目标之一。

电力是经济发展的血液,也是工业生产和居民日常生活不可或缺的要素。中国社会的经济增长,不可避免地提升了国家对能源投入的需求。随着经济发展水平的提升、城市化进程的推进以及人民生活水平的提高,中国居民部门电力消费持续增加,2001—2015 年居民生活电力消费从 1609 亿千瓦时增加至 7276 亿千瓦时。即使在近几年,中国经济增速持续放缓的情况下,居民生活能源消费仍保持强劲增长(2012—2014 年居民生活能源消费平均增长速度为 5.6%,同期中国一次能源消费平均增长速度为 3.5%;2012—2014 年居民电力消费增长速度 7.4%,同期全社会电力消费增长速度为 5.6%)。

在中国,居民用电量仅占全社会用电量的 12% 左右(如图 6-1 所示),而在欧美等发达国家,居民生活用电量通常占全社会用电量的 30% 左右。例如,2014 年美国居民用电量占全社会用电量的 37.68%,即使是在城市化、工业化进程时期,美国居民用电量占比仍超过 20%(Lin 和 Liu,2016)。虽然,当下我国居民部门的能源消费占全国消费总量仅 12% 左右,但考虑到现今家用电器越来越高的普及率以及民用电动汽车的大力发展,居民电力消费有望快速增长。根据国家统计局 2015 年发布的报告,我国居民部门用电量在 2014 年已达 7180 亿千万时,这个量是 1990 年的 15 倍之多。在学界,有众多学者对中国未来居民部门电力消费总量进行了预估,Hu 等(2014)预测我国居民部门电力消费总量在 2030 年底将超过现在消费量的 3 倍之多。

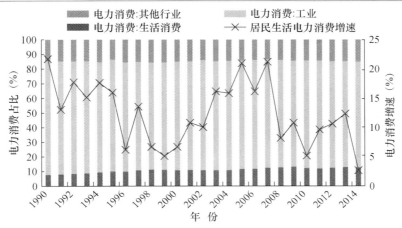

图 6-1 中国电力消费状况(1990—2014 年)

数据来源:CEIC 数据库.

自改革开放以来,我国人均用电水平一直呈现加速发展的态势。在短短 30 年间,我国的人均用电量已实现 3 次翻番,翻番的时间节点分别为 1989 年、2000 年和 2006 年。其中,第三次翻番仅用时 6 年,比很多发达国家如日本[①]的翻番速度都要快。另外,从我国人均用电量与人均 GDP 的对比来看,两者的变化趋势呈现统一性,即当人均 GDP 增加时,人均用电量也呈现增长趋势。这再一次表明经济增长对电力需求度的增加有一个正向作用。此外,与国外主要发达国家如美国、英国、日本等国的人均用电水平相比,我国因为人口基数巨大,且尚处于社会主义发展的初级阶段,人均用电量较低,2014 年中国人均生活用电量仅为 526 千瓦时,不到美国人均生活用电量的 1/8,也远低于日本(2200 千瓦时)和韩国(1236 千瓦时)(见图 6-2)。

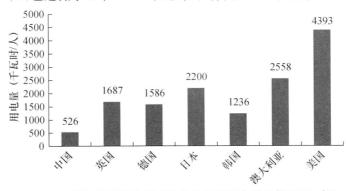

图 6-2 中国与主要发达国家人均年生活用电量比较(2014 年)

资料来源:https://www.wec-indicators.enerdata.eu/electricity-use-per-capita.html.

① 日本最近的一次翻番在 1959 到 1967 年,耗时 8 年。

近年来,我国用电结构也产生了些许的变化。其中,第一产业和第二产业的比重略有下降,而第三产业和居民部门的用电比例则逐年上升。其中,居民生活用电增长最快,从1991年开始,已经超过了第三产业的用电总量。由于经济的发展,收入的增加,人民生活水平得到大幅度改善,居民部门的用电消费,也从过去以基本照明、电视、洗衣机等小家电,逐步扩张到卫浴、空调(取暖制冷),甚至电动汽车的使用上。

至2015年末,我国居民部门能源消费总量已达接近1兆千瓦时。其占国民能源总消费的比值也在不断攀升。从1985年的5%左右,经过30年的时间,占比增加到2015年的将近14%。这一比重,相比于其他发达国家,如美国2015年居民部门能源消费总量已达全国能源消费量的35%,也许仍显得偏低;但如果考虑我国居民部门能源消费占比的增速,从1985到2015年份额增加约3倍,我国居民部门能源消费的潜力仍是不可忽视的。毫无疑问,随着经济发展水平的不断提升和人民生活水平的提高,中国居民部门的电力消费还将持续增加。

6.2 节能减排背景下的居民用电行为与节电意识①

我国居民部门的节电行为研究属于当下能源议题的一个热点焦点,亟待解决。因此,本节从我国居民电力消费现状为出发点,以现有国内外研究文献为参考对象,针对居民节电行为、意识、态度及影响因素等众多有意义的问题开展研究。使用的主要方法为问卷调查,从实际出发,为我国居民部门进行电力消费改革提供有现实意义的政策建议和意见,并力图弥补我国在这类研究上的空白。

6.2.1 研究对象及研究数据

本研究的调查对象选取我国广东省为例。选取的原因主要有以下两个方面:

第一,从经济角度而言,自1989年起,广东省的地区生产总值在全国持续占据首位,成为中国第一经济大省,经济总量占全国的12%之多,已达到中等发达国家水平。此外,广东省的经济综合竞争力也一直位于全国之首。2016年广东省的地区生产总值已达79 512.05亿元,占全国的10.7%,经济总量连续28年稳居全国首位。同时,广东省2016年的人均GDP已达72 787元,是全国人均GDP的1.3倍。如果将广东省当作单一独立经济体,其年创GDP已经可以在世界排到第16位。与全国相比,广东主要的经济指标大部分高于全国平均水平,多年来持续发挥对全国经济增长的重要贡献和支撑作用。

第二,从地理位置和气候特征角度来看,广东省位于我国大陆南端沿海,属东

---

① 本节在参考"张珊珊,林伯强.居民用电行为与节电意识——来自广东省的证据[J].厦门大学中国能源政策研究院工作论文,2017."的基础上修改完成。

亚季风区,夏季平均气温常年在27～29摄氏度,冬季年平均气温则为16～19摄氏度。由于广东省所在的地理位置,冬季无类似中国北方城市的集中供暖设备。这样特殊的地理气候环境,使得广东省居民无论在夏季还是冬季,家庭用电需求很大,尤其是在制冷和取暖方面的用电。

为了保证此次调查问卷的质量,笔者特别委托了广东省凯迪数据研究中心进行调查问卷的投放、数据的收集和初步数据整理工作。出于对调查问卷回收的时效性和调查问卷发放及填写的便利性的考量,笔者最终决定将问卷投放于网络平台。所有拥有手机的用户均可以在手机终端参与调查,填写问卷。

此研究的调查问卷于2016年7月在广东省进行投放,至2016年8月,回收1000份问卷,其中有效问卷705份,调查有效率达70%以上。调查问卷的受访者来自全省21个城市,包括市区和郊区居民。其中约30%(205个)和约15%(98个)受访者居住在广州和深圳,这两个城市是广东省比较发达的地区。

本次研究所使用的调查问卷包含26个问题,大约需要10～15分钟的作答时间。整个问卷的问题设计分为三大板块:第一个板块包含13个问题,主要询问受访者的社会特征属性,包括其性别、年龄、受教育程度、收入等;第二个板块有8个问题,主要目的是尝试了解居民的节电态度和意识;第三个板块是本研究的核心部分,即询问调查者节电行为相关问题。这一板块问题的回答,也将作为之后计量回归模型的因变量。有关此次调查问卷三个板块的回答的数据描述性统计分别列在下列表6-1、表6-2和表6-3中。

表6-1 描述性统计之一——居民社会属性特征

	观测数量	均值	标准差	最小值	最大值
被调查者社会属性特征变量					
性别					
男(人数)	450				
女(人数)	255				
年龄(岁)	705	28.17	7.88	18	70
教育程度	705	1.67	0.58	1	4
本科及以上	435				
收入	705	11.52	13.24	0.1	100
居民居住环境特征变量					
年电费账单	705	0.25	0.44	0.04	10
居住位置					
市区(人数)	462				
郊区(人数)	243				

（续表）

	观测数量	均值	标准差	最小值	最大值
高效节能电器					
已安装(台)	618				
未安装(台)	87				
家庭成员人数	705	4.18	1.32	1	10
居住面积(平方米)	705	113.33	67.16	15	500
电视数量(台)	705	1.61	0.73	1	4
空调数量(台)	705	2.11	1.14	1	5
洗衣机数量(台)	705	1.19	0.45	1	3
电热水器数量(台)	370	1.34	0.59	1	3

　　从表6-1中不难观察到，有关调查者的性别，有近63.8%（450人）的受访者是男性，而仅有36.2%（255人）的受访者是女性。总体而言，男性调查者所占比例略高。受调查问卷发放方式的影响（投放于手机平台），调查对象的平均年龄在28岁左右，表明绝大多数参与调查者属年轻一族。考虑到年轻一族是我国未来电力能源消费的主要群体，笔者相信我们的调查问卷受访者样本是有较强代表性的，从而使用此数据进行的分析及据此得出的研究结论，也是有较强的现实指导意义的。在设计调查问卷时，笔者将受教育程度分为四类：1＝高中学历及以下，2＝本科学历，3＝研究生学历，4＝博士学历及以上。从受访者受教育的程度来看，有超过60%（435人）的受访者拥有本科及本科以上教育背景。对于受访者的收入而言，年均家庭收入约为10万人民币。据国家统计局2015年数据显示，我国年均家庭收入约为6万人民币。因为我们的调查问卷发放在经济较好的广东省，调查样本所呈现的家庭年均收入高于全国范围的家庭年均收入应属正常现象。此外，由于超过一半以上的受访者来自市区，整体样本的年均家庭收入高于全国平均水平也并非异常。

　　从受访者的家庭居住环境调查结果来看，平均每个家庭年缴垫付电费约为2500元，大约占到年均家庭收入的2%。这个比例从历史数据上来看属合理，也再次表明了本次调查问卷数据的可信赖度较高。本次问卷调查的受访者中，有462人来自市区，243人居住在郊区，市区受访者比例较高。此外，本次调查中，有接近90%的家庭已经安装了高效节能家电产品，表明此次问卷样本中节能高效电器安装的普及率较高。调查结果显示，平均每个家庭约有4个家庭成员，属于中国城市家庭较为正常的结构。受访者的平均居住面积为113平方米。被调查对象的家庭，平均而言，约有1台电视、1台空调、1台洗衣机以及1台电热水器。

表6-2列出了此次调查问卷的第二个板块的问题以及其答案的描述性统计。问题1询问了受访者对于平时精确测量节电量方面的问题。我们给出5个答案等级以供选择，从1＝觉得平时对节电量进行精确测量非常容易，到5＝觉得平时对节电量进行精确测量特别困难。超过一半的受访者(459人,65.1%)表明，在日常生活中对节电量进行准确的测量是有难度的。第二个问题对受访者自己所拥有的节电方面的常识进行了调查。我们仍提供给受访者5个选项供选择，从1＝一点节电的知识都没有，到5＝有非常丰富的节电知识。接近半数受访者(298人,42%)认为自己有较多和非常丰富的节电方面的知识。第三个问题调查了受访者是否容易通过各种渠道接触到有关节电方面的信息。提供给受访者的选项仍分为五类，从1＝获得节电信息很困难，到5＝很容易获得各种节电信息。有将近一半的受访者(328,47%)觉得，在日常生活中，通过各种渠道了解节电方面的信息还是比较容易的。第四个问题调查了受访者在其所具备的节电意识的前提下所拥有的节电的意愿。供回答的选项仍为5个，从1＝非常不愿意进行节电行为，到5＝非常愿意进行节电行为。调查数据结果统计显示，接近60%(418人)的受访者展示出了他们愿意节电的信心，表明当受访者有较多的节电常识时，其节电意愿也较强。第五个问题调查了受访者对于节电行为所对应的环保议题的认可程度。我们同样提供了5种作答的可选项，从1＝不同意节约用电对环境保护有贡献，到5＝非常同意节约用电对环境保护有贡献。调查结果显示，有超过68%(484人)的受访者认为，节约用电有利于环境保护。在第六个问题中，我们调查了受访者对其周围的亲戚、朋友、同事等人的节电行为的认识。答案仍旧分为五类，从1＝我觉得我周围的人根本没有尝试节约用电，到5＝我认为我周围的人都在尝试节约用电。超过半数的受访者(418人,59.3%)认可自己周围的人都或多或少地在尝试节约用电。第七个问题调查受访者对于节约大功率还是小功率家电用电的想法。所提供的五个答案，从1＝以节约用电的整体效果而言，节约大功率家电，相对于节约小功率家电，根本不重要，到5＝以节约用电的整体效果而言，节约大功率家电，相对于节约小功率家电，非常重要。结果显示，超过75%(536人)的受访者表示，节约大功率家电的用电，对于节电整体效果是很重要的。最后一个问题询问了受访者对于广东省现行阶梯电价有效性的看法。我们提供了两个选项以供作答，其中1＝阶梯电价的实施并没有明显改变我们家的用电情况(家庭电费开支减小)，2＝阶梯电价的实施非常明显促进了我们家的节电行为(家庭电费开支减小)。调查数据结果显示，超过60%(443人)的受访者表示自己家庭的电费开支，在实施阶梯电价政策之后有明显的降低。

表 6-2 描述性统计之二——受访者节电态度和意识

	均值	标准差	最小值	最大值
问题1：您觉得日常生活中，进行精确的节电测量有多大难度？	2.67	0.85	1	5
问题2：我对节电的概念、好处以及方法非常了解。	3.34	0.71	1	5
问题3：我可以轻松地从各种渠道（如网络、媒体、报纸等）得到关于节电主题的信息。	3.35	0.81	1	5
问题4：对节电方面的各种知识了解得越多越全面，越会促使我节约用电。	3.59	0.78	1	5
问题5：我认为节能行为对环境保护很重要。	3.80	0.79	1	5
问题6：我觉得我周围的邻居、朋友、同事都在尝试节约用电。	3.37	0.76	1	5
问题7：考虑到节电行为的整体综合效果（如减少电费、有利环境等），您认为节省大功率家电（如空调、洗衣机、电热水器等）的电力使用比减少小功率家电（如电灯、小电扇等）的电力使用更重要吗？	2.68	0.62	1	3
问题8：您同意以下说法吗？广东省实施阶梯电价政策有效地激励我节约用电。	1.37	0.48	1	2

在这份调查问卷里，受访者也被问及了有关节约家用电器用电的节电态度方面的问题。家用电器包括了小功率家电，如电灯、电视等以及大功率大家电，如空调、洗衣机和电热水器等。我们提供了从1＝非常不愿意节约家电的用电，到5＝非常愿意节约家电的用电这5个分等级的选项，供受访者选择。调查数据结果的描述性统计列于表 6-3。

表 6-3 描述性统计之三——受访者节电态度

	观测数量	均值	标准差	最小值	最大值
照明	705	2.97	0.81	1	5
电视	705	2.88	0.95	1	5
空调	705	2.95	1.02	1	5
洗衣机	705	2.66	1.03	1	5
电热水器*	370	2.70	1.02	1	5

* 此部门仅包括家里有电热水器的受访对象，剩余受访对象家庭使用燃气热水器。

表 6-3 中结果显示的一个比较重要的信息是，整体而言，受访者表现出了一个偏向于不节电的意愿。更具体地说，只有19%（134人）的受访者选择了愿意节约照明用电；少于四分之一受访者（22.8%，161人）展现出了愿意减少电视用电的意愿；约27%（188人）的受访者表明愿意减少空调用电；而少于20%（133人）的受访

者表示愿意减少洗衣机用电;仅有17%(63人)的受访者愿意减少电热水器的用电。浅显地说,笔者认为造成这种不愿意节电行为的一个重要因素很有可能是较低的电价水平。回顾之前在表6-1中展示的平均家庭年缴电费统计,其只占平均家庭年收入约2%。去除这些因素,由于广东省夏季常年高温,也可能导致受访者表现出对于节约空调、洗衣机和电热水器用电的不积极性。

6.2.2 研究方法

为了估计如调查者社会特征属性、节电意识、节电态度和阶梯电价效果等因素对受访者节电行为的影响,我们选择进行回归分析。考虑到调查问卷数据的特殊性,此类研究多采用有序对数模型(Ordered Logit Model)开展回归分析。在这个模型中,因变量 y 为有序类别变量(即调查问卷结果),它被视为一个隐性变量 y^*。模型可写为

$$y_i^* = \alpha_0 + \alpha_1 x_{i1} + \cdots + \alpha_m x_{im} + \sigma_i \varepsilon_i \tag{6-1}$$

但如 Williams(2006,2009)所指出的,普通的有序对数模型并不能处理异质性的问题。考虑到我们的数据样本来自广东省21个城市,异质性的问题是应该得到重视的。因此本研究采用了广义有序对数模型(Generalized Ordered Logit Model,以下简称 GOLM)进行研究分析。根据 Williams(2009)的研究,有 L 个有序类别变量 y 的 GOLM 模型可以写为

$$P(y_i > l) = \frac{\exp\left(\sum_m x_{im}\beta_m - \kappa_l/\sigma_i\right)}{1 + \exp\left(\sum_m x_{im}\beta_m - \kappa_l/\sigma_i\right)}, \kappa_0 = -\infty, \kappa_L = \infty \tag{6-2}$$

其中 κ_i 是隐形变量的截点。

6.2.3 回归结果

GOLM的回归结果展示在表6-4中。总的来看,回归结果表明,受访者的社会属性特征,比如性别、受教育程度、收入等及受访者家庭环境特征,如家庭年电费账单、居住位置、家庭有否安装节能高效电器产品、家庭成员数量、居住面积等都未对节电态度产生显著的影响。

表6-4 GMOL模型回归结果

	照明	电视	空调	洗衣机	电热水器
性别(男性)	0.298	0.278	0.182	0.054	0.071
年龄	0.031*	−0.020	0.023**	0.006	0.037
受教育程度	0.075	−0.216	−0.116	−0.174	−0.098
收入	0.178	0.142	0.317	−0.293	−1.193
家庭年缴电费	0.002	0.139	−0.008	0.008	0.017
居住位置(市区)	0.202	0.366	0.948	0.077	0.144

(续表)

	照明	电视	空调	洗衣机	电热水器
家庭安装节能电器(已安装)	-0.337	0.524	0.008	-0.745	0.182
家庭成员数量	-0.083	0.059	0.020	0.009	0.032
居住面积	0.739	3.476**	1.105	-0.656	0.441
电视数量		-0.002			
空调数量			-0.069		
洗衣机数量				-0.065	
电热水器数量					-0.556*
问题1	0.406**	0.245*	0.227***	0.395***	0.636***
问题2	0.590***	0.977***	0.197*	0.371***	0.882***
问题3	0.570***	0.214	0.058	0.017	0.078
问题4	0.158	0.308*	0.432***	0.394***	0.592**
问题5	0.200	0.251	0.138	0.005	0.007
问题6	0.491***	0.167	0.084	0.049	-0.032
问题7	-0.007	0.028	0.253**	0.118	0.658**
问题8	0.614**	0.782***	0.673***	0.897***	0.997**
异质性模型					
年龄		0.014***			0.019***
居住位置(市区)			-0.161**		
问题4	0.010*				
问题8				0.072	
似然估计	-737.208	-866.765	-908.146	-917.710	-459.671
观测数量	705	705	705	705	370

注：***，**，* 表示显著性在1％、5％和10％水平。

结果显示，年龄变量①在照明和电视节电的模型回归结果显著且为正，表明年纪大的受访者对这两种家用电器，相对于年轻的受访者，有较为强烈的节电意愿。Wang et al.(2011)在对北京地区居民节电意愿进行的研究也发现，年纪较大的受访者更倾向于节约用电。这个结果的一个可能的解释是，此次调研的年纪较长的受访对象，受到我国在50年代和60年代大力提倡的节约用电活动的影响，已经在其日常生活中习惯于节约用电行为。回归结果还显示，年龄变量的作用在洗衣机和电热水器的节电模型上并未产生实质影响，这大概是由于年纪较大的受访者已经很少使用洗衣机和电热水器这类家电设备，因此也不会对这两类家电表现出强烈的节电意愿。

---

① 笔者在进行回归时，使用的年龄变量为持续变量。

另外，我们预期受访者家庭所拥有的家用电器数量和其对应的节电意愿之间会呈现出一个正向关系。但结果显示却恰恰相反。这可能意味着，拥有更多数量的家用电器的受访者，可能对电价更加不敏感。而这一结果也在此暗示，我国（至少在此次调研的广东省范围内），电力零售价格较低且有待进一步提高。

与受访者的社会属性特征变量不同，受访者的节电意识和知识均对受访者的节电态度产生了显著的影响。例如，表6-4的回归结果显示，当受访者觉得很难精确测量日常节电量时，会对节电有一个比较积极的意愿。再比如，当受访者有比较多的节电常识时，也会比较主动地节约用电。但是，回归结果也显示，是否能够轻松地得到有关节电的信息，并不会对节电意愿产生明显的影响。此外，回归结果也再次体现了表6-2中的一个结果，即当受访者拥有较多的节电常识时，会有较强烈的节电意愿。回归结果还显示，受访者较强烈的环保意识，并未能够显著的刺激他们的节电意愿。这也许是一个令人惊讶的结果，又或者在情理之中。一个可能的解释是，即便受访者有较为强烈的环保意识，但在低廉的电力售价大环境下，居民的电力消费行为仍以价格为主要导向。虽然调查问卷的结果显示，有多数受访者表示他们周围的亲戚、朋友和同事都在努力尝试节电，但这似乎并未对受访者本身的节电意愿产生显著的促进作用。此外，约有半数受访者在回答调查问卷时表示对节省大功率家电的意愿。在这种前提下，回归结果显示，受访者的确对空调和电热水器表现出了节电意愿。最后但并非最不重要，回归结果显示，阶梯电价的实施的确对节电意愿产生了显著且正面的影响，表明在此次调查研究开展的范围内，广东省的阶梯电价政策还是比较有效的。

有关于异质性模型部分，结果显示，对于照明、电视、空调和电热水器回归模型，问题4（对节电方面的各种知识了解得越多越全面，越会促使我节约用电）、居住位置以及受访者年龄均是重要的异质性因素。更为具体地说，那些认为当自己拥有较多节电知识后会更愿意节电的受访者，在节约照明用电这件事情上有较大的异质性，但其原因未明。在节约电视用电事宜上，异质性随年纪增加而增大。另外，相对于居住在郊区的受访者，居住在市区的受访者在节省空调用电方面，有较小的差异性。原因可能是居住在市区的居民的收入相对高于居住在郊区的居民，因而在空调用电方面体现出了较小的差异性。

6.2.4　结论及政策建议

居民部门的节能行为能够为我国实现节能减排目标提供巨大的机会。因此，了解居民的节电态度和节电行为及其影响因素是十分重要且必要的。这也是本研究的核心。

本研究以调查问卷的形式展开。整体而言，调查问卷的结果揭示了一个并不积极的节电意愿。这一结果非常有可能是因为当下我国零售电价较低导致。换句话说,这样低廉的价格,很难对居民的节电行为产生积极的刺激作用。类似的结论可以在如 Yu and Guo(2016)等的研究中看到。他们的研究就指出,我国现行电力零售价格过低,致使居民有很低节电意愿,也无法刺激他们对节能高效家电产品的购买欲望。另外,Khanna et al.(2016)在对一个全国范围的居民用电调查问卷数据进行分析后,曾指出,平均而言,我国居民的电力消费水平相对于我国现行电力零售价格,是非常没有弹性的,即价格的变化很难引起消费水平的显著变化。

笔者在使用一个 GOLM 进行回归分析后,发现广东省实施的阶梯电价政策的确有效地促进了受访者的节电行为,且对受访者的节电意愿产生了正向积极的影响。回归结果也表明,受访者的节电意识也是影响其节电态度的重要因素。然而,受访者的社会特征属性(如性别、年龄、受教育程度、收入等)、受访者的家庭居住环境(如居住面积、家庭人口数量、居住位置等)以及受访者的环保意识,均未对其节电态度产生显著的影响。

本研究的发现预期对中国居民部门的电力政策改革提供一些经验证据。首先,也是最重要的政策建议是,我国的现行零售电价有待调整。为了能够利用零售电价有效刺激居民的节约用电行为,笔者建议现行电价应考虑上调。这一说法也与中央 9 号文件中关于政府有意愿对居民部门电力价格进行整改一致。我们通过回归发现了阶梯电价对节电意愿的有效性,这也可以作为政府促进居民节电行为可使用的有效且可实现的一个手段。

本研究得出的另一个政策建议,是与能源效率议题相关的。提高能源效率而带来的益处已经被许多能源和气候政策所强调,即推进能源使用效率是成本最小的降低能源消费的方法。然而,依据本次调查问卷的结果和回归分析的结果,能源效率是否能成为促进居民节电行为的王牌,仍有待商榷。调查问卷的结果显示,节能高效产品在受访者家庭的普及率已经较高,但回归的结果却指出,家庭是否安装节能高效家电并不会对受访者的节电行为产生显著影响。据此得到的一个政策建议是,政策规划者应着眼将提高能源效率政策项目做到实际有效。此外,在执行相关政策时,不可忽视由于提高能效而带来的反弹效应。

最后,目睹着我国不断加速的城市化进程以及持续增长的电力消费需求,本研究的结果明确了一些重要的影响居民节电行为的因素,并提出了一些政策规划和执行上的建议与意见。尤其是本研究的结果发现受访者有较高的节电意识,但却没有很积极的节电意愿。政策规划者在制定政策时,应特别注意这一点。此外,本研究还发现受访者的环保意识并未能促使他们有较强的节电意愿。这一结果与 Ohler and Billger(2014)一致。这一点体现在政策层面上的含义是,在制定居民部门有关节电减排政策时,更应注重如定价、征税等方面的内容。当然,笔者相信,推进可再生能源系统以及技术进步都是开展节能减排的可选路径。

6.3 中国居民电价与阶梯电价政策

6.3.1 中国居民电价情况

进入 21 世纪以来,中国的能源供需矛盾及环境问题日益凸显,煤炭、石油、天然气等一次能源价格不断提高,电力价格也随之上涨。从理论上讲,居民用电处于电网供电末端,供电成本较高,其用电价格理应高于其他行业。在大多数欧美发达国家,居民部门用电价格普遍为工业部门用电价格的 1.5～2 倍。近十几年,中国居民生活电力消费快速增长,居民用电价格却长期维持较低水平——一直低于其他行业用电价格。在电价调整时,其调整幅度和频率也长期滞后于其他行业。例如,在 2001—2014 年,中国普通工业电价从 0.50 元/千瓦时上涨至 0.79 元/千瓦时,上涨幅度达 56%。而居民部门平均销售电价则从 0.46 元/千瓦时上涨至 0.53 元/千瓦时,上涨幅度仅为 16%(见图 6-3)。

中国居民电力长期边际成本约为 1.0～1.2 元/千瓦时,边际成本大于用电价格,这意味着政府对居民用电采取低价交叉补贴的政策。在发展中国家,考虑到居民收入水平,对居民生活用电实施过渡性的电价补贴是合理和必须的。但是,人为地降低居民电价,将使用电量越多的居民(收入水平越高通常用电量越多)享受越多的补贴,这种"一刀切"的低价补贴方式造成了电力资源的浪费,既无法合理体现能源价值,也无法体现公平负担的原则。

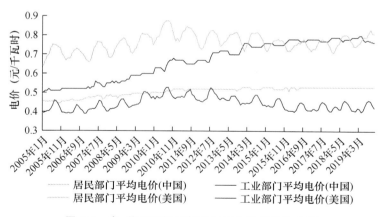

图 6-3 中、美两国居民部门与工业部门电价比较

资料来源:中国电力价格数据来源于 CEIC 数据库,美国电力价格数据来源于美国能源信息署(EIA),美国电力价格按照每月即期汇率换算。

6.3.2 阶梯电价政策回顾

作为一种非线性的定价方式,递增阶梯式定价能够较好地实现收入再分配、经济效率、节约能源等多个政策目标。通常认为这是一种优化的补贴机制,并在世界各国的公共事业中(特别是供水和供电)得以广泛运用。阶梯电价是将用户的用电量分设为若干个档位(即称阶梯),对每一档制定不同的价格标准,档位越高,电价越高。

为推进居民电力价格改革,逐步减少电价交叉补贴,理顺电价关系,引导居民合理、节约用电,中国政府一直将阶梯电价作为重要的补贴政策工具。2004—2006年福建省、浙江省和四川省陆续实施阶梯电价试点工作;2009年11月,国家发改委在《关于加快推进电价改革的若干意见(征求意见稿)》中首次提出在全国推行阶梯电价政策;2010年10月,国家发改委公布《关于居民生活用电试行阶梯电价的指导意见(征求意见稿)》,提出将城乡居民每月用电量按照基本、正常、较高生活质量用电需求划分为三档,电价实行分档递增,并提出了两个可供选择的指导方案;2011年11月,国家发改委制定了《关于居民生活用电试行阶梯电价的指导意见》(下称《指导意见》),明确了居民阶梯电价的电量分档和电价确定原则。2012年7月,居民阶梯电价在全国范围内(除新疆和西藏地区)正式施行,各省市陆续公布了阶梯电价实施方案。2013年底,国家发改委出台了《关于完善居民阶梯电价制度的通知》,全面推行居民用电峰谷电价,要求尚未出台居民用电峰谷电价的地区在2015年底前出台政策,由居民用户选择执行。鉴于各地区居民收入与电力消费习惯有所不同,国家发改委规定各地区阶梯电价实施方案由地方政府自主确定。表6-5整合了各省市公布的阶梯电价政策,从中可以看出:

第一,各地区根据居民生活情况对分档电量的划分有所差异,但所有地区对电价加价水平均遵循了指导意见,均采取第二档电量电价加价0.05元/千瓦时,第三档电价加价0.30元/千瓦时。

第二,考虑到季节性用电差异,大部分省市对居民阶梯电价采取按年计量方式。南方地区如广东、广西、海南、湖南则针对不同季节,制定了不同的分档电量。

第三,部分省市在阶梯电价实施一段时间后进行了政策调整。例如,湖北省、重庆市在2015年考虑到季节因素将阶梯电价由"按月计量"改为"按年计量";福建省、湖南省、贵州省在2015—2016年上调了分档电量。

第四,在配套政策方面,绝大部分省份在政策方案中对低收入群体的用电优惠做出明确要求,即对城乡"低保户"和农村"五保户"家庭每户每月设置10千瓦时免费用电基数。部分省份对多人口用户电价问题也进行了相关规定,例如,宁夏回族自治区对户籍人口为5人及以上的家庭,具备分户条件的,尽量分户分表;不具备分户条件的,在调整后的第二方案基础上,每户每月再增加40千瓦时的阶梯电量基数。

作为政府在居民部门推行电力价格改革的主要政策,阶梯电价因涉及民生,受到政府、学界和普通大众的广泛关注。特别是设计方案中如"首档电量的确定""季节不同电量浮动"等问题备受争议,阶梯电价在设计和推行过程中面临着诸多的细节问题。作为一种新的制度,阶梯电价在开始实施时会比较粗糙,还需要逐步完善。阶梯式电价的设计对实施效果至关重要,因此对已试点地区的阶梯电价实施方案进行政策评价将有助于优化现有居民阶梯电价方案,保证阶梯电价方案的合理性和有效性。同时,对现行阶梯电价实施情况和实施效果的评估也对进一步完善阶梯电价政策具有重要意义。因此,本文接下来将分别从宏观和微观两个不同视角对阶梯电价政策进行评估。

表 6-5 各省市阶梯电价方案

省 市	计量方式	第一档		第二档		第三档	
		用电量[千瓦时/(户·月)]	电价(元/千瓦时)	用电量[千瓦时/(户·月)]	电价(元/千瓦时)	用电量[千瓦时/(户·月)]	电价(元/千瓦时)
北京	年	0~240	0.4883	241~400	0.5383	>400	0.7883
天津	年	0~220	0.49	221~400	0.54	>400	0.79
河北	年	0~180	0.52	181~280	0.57	>280	0.82
山西	月	0~170	0.477	171~260	0.527	>260	0.777
内蒙古	月	0~170	0.43	171~260	0.48	>260	0.73
辽宁	年	0~180	0.5	181~280	0.55	>280	0.8
吉林	年	0~170	0.525	171~260	0.575	>260	0.825
黑龙江	年	0~170	0.51	171~260	0.56	>260	0.81
上海	年	0~260	0.617	261~400	0.667	>400	0.917
江苏	年	0~230	0.5283	231~400	0.5783	>400	0.8283
浙江	年	0~230	0.538	231~400	0.588	>400	0.838
安徽	年	0~180	0.5653	181~350	0.6153	>350	0.8653
福建①	月	0~200	0.4983	201~400	0.5483	>400	0.7983
江西	年	0~180	0.6	181~350	0.65	>350	0.9
山东	年	0~210	0.5469	211~400	0.5969	>400	0.8469
河南	年	0~180	0.56	181~260	0.61	>260	0.86
湖北	月②	0~180	0.57	181~400	0.62	>400	0.87

① 福建省居民阶梯电价自 2016 年 11 月起第一档电量由 200 千瓦时上调至 230 千瓦时,第二档电量由 400 千瓦时上调至 420 千瓦时。

② 湖北省居民阶梯电价自 2015 年 4 月起,改为按年计量。

（续表）

省 市	计量方式	第一档		第二档		第三档	
		用电量[千瓦时/(户·月)]	电价(元/千瓦时)	用电量[千瓦时/(户·月)]	电价(元/千瓦时)	用电量[千瓦时/(户·月)]	电价(元/千瓦时)
湖南①	冬夏季	0～180	0.588	181～450	0.618	＞450	0.91
	春秋季	0～180	0.588	181～350	0.618	＞350	0.91
广东	夏季	0～260	0.61	261～600	0.66	＞600	0.91
	非夏季	0～200	0.61	201～400	0.66	＞400	0.91
广西②	高峰期	0～190	0.5283	191～290	0.5783	＞290	0.8283
	非高峰期	0～150	0.5283	151～250	0.5783	＞250	0.8283
海南	夏季	0～220	0.6083	221～360	0.6583	＞360	0.9083
	非夏季	0～160	0.6083	161～290	0.6583	＞290	0.9083
重庆③	月	0～200	0.52	201～400	0.57	＞400	0.82
四川	月	0～180	0.5224	181～280	0.6224	＞280	0.8224
贵州④	年	0～183	0.4556	184～333	0.5056	＞333	0.7556
云南⑤	月	0～170	0.45	171～260	0.5	＞260	0.8
陕西	年	0～180	0.4983	181～280	0.5483	＞350	0.7983
甘肃	月	0～160	0.51	161～240	0.56	＞240	0.81
青海	月	0～150	0.3771	150～230	0.4271	＞230	0.6771
宁夏	年	0～170	0.4486	171～260	0.4986	＞260	0.7486

数据来源：本表根据各省市公布的阶梯电价方案整理所得。其中各省市居民电价均为不满1千伏用户电价，内蒙古居民电价为西部电网电价，广东居民电价以广州为参考，陕西居民电价为陕西电网价格。

6.4 阶梯电价政策目标实现⑥

阶梯电价作为一项重要的公共政策，已在全国范围内实施了近四年，其具体实施情况如何？居民对政策的了解程度和认知情况怎样？目前鲜少有学者进行研究。在上一节中，笔者对全国各省市阶梯电价进行梳理后，发现（见表6-5）各省

---

① 湖南省居民阶梯电价第一档电量自2015年12月起从180千瓦时上调为200千瓦时。
② 广西自2015年7月起阶梯电价转为"按年执行"，第一、二档电量分别调整为170千瓦时、270千瓦时。
③ 重庆市居民阶梯电价自2015年11月起，改为按年计量。
④ 贵州省居民阶梯电价自2016年9月起第一档年电量由2200千瓦时上调为3000千瓦时，第二档年电量由4000千瓦时上调至4700千瓦时。
⑤ 云南省仅在枯水期（1—4月和12月）执行阶梯电价，丰水期（5—11月）不分档。
⑥ 本节在参考"刘畅，林伯强. 阶梯电价的政策目标实现——基于微观数据的实证研究[J]. 厦门大学中国能源政策研究院工作论文，2017."的基础上修改完成。

市实施的阶梯电价方案在细节上存在较大差异。因此,本节将选取典型城市以力求反映出阶梯电价的具体实施情况。

北京、上海、深圳、广州四市是中国经济水平最为发达、人口最为稠密的四座一线城市,城市居民用电量远大于其他城市。而其中的上海市和深圳市人均年可支配收入均超过 4 万元[①],人均年生活用电量均超过 700 千瓦时,远大于全国平均水平。两市的阶梯电价方案中阶梯电量、电价水平相近,且均允许居民同时执行阶梯电价和峰谷电价(详见表 6-6)。从引导居民节约用电的政策目标角度出发,对上海市、深圳市阶梯电价方案的考察具有典型意义。

接下来,本文将采用 2016 年上海市、深圳市居民调查数据,对居民阶梯电价具体实施情况进行研究,并利用离散选择模型考察家庭对阶梯电价政策产生节电反馈的微观影响因素。本部分的主要目的在于:第一,详细刻画中国典型城市——上海市、深圳市阶梯电价政策实施的具体情况,特别是居民对阶梯电价政策的认知和节电反馈情况;第二,分析家庭对政策激励的节电反馈存在差异的原因,并提出相应的政策建议以完善阶梯电价。

表 6-6 上海市、深圳市阶梯电价结构(未分时)比较

	上海市	深圳市
阶梯电量	第一档:0~3120 千瓦时 （月均 0~260 千瓦时） 第二档:3120~4800 千瓦时 （月均 261~400 千瓦时） 第三档:4800 千瓦时以上 （月均 400 千瓦时以上）	夏季(5~10 月) 第一档:0~260 千瓦时 第二档:261~600 千瓦时 第三档:600 千瓦时以上 非夏季(11—4 月) 第一档:0~200 千瓦时 第二档:201~400 千瓦时 第三档:400 千瓦时以上
电价水平	上海市、深圳市电价分别为:第一档 0.617 元/千瓦时、0.68 元/千瓦时;第二、三档均分别加价 0.05 元/千瓦时、0.3 元/千瓦时	
季节问题	按年计量	按月计量(分夏季、非夏季标准)

注:同时申请执行峰谷分时电价居民,电价水平另作规定.

6.4.1 数据样本、变量选取和模型设定

1. 样本来源

为了获得上海市、深圳市居民家庭用电消费行为以及居民阶梯电价实施情况

---

① 2015 年上海市人均可支配收入 4.9 万元,深圳市人均可支配收入为 4.5 万元.

的详细资料,笔者委托凯迪数据研究中心①在2016年8月向上海市、深圳市市民随机发放《上海市、深圳市居民阶梯电价实施效果调查问卷》,调查问卷的内容包括居民用户的家庭基本情况、家庭用电行为、对电价相关政策信息的了解情况等。2016年9月,本文收回凯迪数据研究中心发放的问卷共计1100份(其中上海市、深圳市各550份)。剔除明显不符合逻辑的数据(例如对阶梯电价的态度为不知道阶梯电价,却对阶梯电价具体信息了解情况进行作答),本文共得到有效调查问卷733份(其中上海市378份、深圳市355份),占回收问卷总数的66%。

2. 变量选取

本文最主要的目的是考察阶梯电价是否实现引导居民合理节约用电的政策目标,因此本文以家庭对阶梯电价的节电反馈情况作为解释变量(ibp),该变量为虚拟变量。家庭若不知道阶梯电价,则取-1;家庭在知道阶梯电价政策的前提下,认为阶梯电价促使了家庭用电量减少,取1,否则取0。

进一步地,本文将影响家庭对阶梯电价产生节电反馈的微观因素分为两类:

第一类是家庭基础特征,主要包括家庭人口、居住面积、收入。已有文献表明以上家庭特征与用电量存在密切关系,因此本文有理由认为这些因素或将影响家庭对阶梯电价产生节电反馈(Wiesmann等,2011;Zhou和Teng,2013;Sun,2015)。其中,家庭人口(familysize)为调查样本的家庭常住人口数;家庭居住面积(livingarea)划分为7个等级②;家庭收入(income)是指家庭一年的可支配收入③。在问卷调查中,本文参考刘自敏等(2015)、张昕竹等(2015)的做法,将家庭收入划分为低(家庭年可支配收入在9万以下)、中(家庭年可支配收入在9~12万)、高(家庭年可支配收入在12万以上)三个区间类型④。除此之外,考虑到上海市、深圳市的地理位置、气候及阶梯电价政策差异,本文还增加了区域控制变量(location),家庭在上海取1,在深圳取0。

第二类是家庭的信息关注、节能态度和政策认知特征,这是本文的研究重点。

首先,信息对增强消费者的需求响应有明显作用(Wang等,2011)。本文主要考虑两个信息因素:第一,居民对电量、电费信息的了解程度(inform-price)。家庭可以查阅电费账单,通过网络、电话、营业厅主动了解,关注每月(双月)电费、电量信息。为简化问题,本文将调查对象分为两类,经常查看电费账单及主动了解电

---

① 凯迪数据研究中心是一家专业数据研究机构,其采用技术结合问卷调查的模式,为政府、科研机构提供多维数据采集和分析服务。详见:http://www.kcis.cn/about。

② 50平方米以下,取1;50~75平方米,取2;75~100平方米,取3;100~130平方米,取4;130~160平方米,取5;160~200平方米,取6;200平方米以上,取7。

③ 问卷中,本文询问家庭的年可支配收入,即家庭拿到手的、可以自由支配的收入。

④ 根据《上海市统计年鉴2015》的统计数据,2014年上海市中等收入户居民人均年可支配收入为40799元,按照户均3人换算,本文的收入区间划分是相对合理的。

费信息的用户取 1,否则取 0;第二,家庭对节能知识的了解程度(inform-saving)。家庭对"了解节电的概念、好处及方法"同意程度依次为非常不同意、不同意、中立、同意、非常同意,取值为 1~5。

其次,家庭的节能态度越强化,将更容易对阶梯电价政策产生节能反馈。本文主要考虑两个方面的态度:第一,家庭是否购买节电产品(attitude-appliance)。由于不同家庭拥有的家电产品是多样化的,此处本文利用家庭是否购买 LED 灯具用作照明作为考量标准[①]。第二,家庭对电费的敏感度(attitude-price)。在居民电价长期保持较低水平的情况下,难以反映居民真实的需求价格弹性。本文依据家庭对"电费在多少钱时,会更注意电费支出,节约用电"的看法设定家电的电费敏感程度(1.1 元/千瓦时以上、1.1 元/千瓦时、1.0 元/千瓦时、0.9 元/千瓦时、0.8 元/千瓦时、0.7 元/千瓦时,依次取 1~6)。

再次,居民对电价政策的了解,可以增加其对阶梯电价机制的感知和认同感,可能更易理解改革的意图并产生节电行为(孙传旺,2015)。同时,居民对政策的认知程度,可以很好地反映阶梯电价政策的推行情况。本文主要考虑三个政策认知因素:第一,居民对阶梯电价政策信息的了解程度(ibpknow)。阶梯电价政策细则可分为四项——各档电量、第一档电价、第二、三档电价加价水平、阶梯电费计算方法。若均不知道,取 0;知道一项,取 1,依次类推。第二,居民对电价补贴的认知(knowsubsidy)。阶梯电价政策的主要目的之一即是理顺电价补贴,家庭对电价补贴的正确认知,或将有助于其对政策产生反馈。家庭对"居民电价低于供电成本,居民用电收到政府补贴"这一说法同意程度依次为非常不同意、不同意、中立、同意、非常同意,取值为 1~5。第三,家庭是否申请峰谷分时电价(tou)。深圳市、上海市在出台阶梯电价政策时均给出了相应的峰谷分时电价政策方案,由居民自由选择是否执行。本文认为,选择执行峰谷分时电价的居民,对电价政策更为关注和了解,或将更易对阶梯电价机制产生节能反馈。

3. 变量描述性统计

表 6-7 显示了家庭基本信息的统计特征,可以看到:在调查样本中,家庭户均人口为 3.7 人,而《上海市统计年鉴 2015》《深圳市统计年鉴 2015》调查数据显示,上海市、深圳市家庭户均人口分别为 2.7 人、3.7 人,这表明本文的调查数据是相对可靠的;家庭居住面积主要集中在 50~75 平方米(19.24%)、75~100 平方米(34.79%)、100~130 平方米(24.83%)三个区域;样本中,低收入(9 万元以下)、中等收入(9~12 万)以及高收入(12 万以上)家庭占比分别为 32.20%、31.92%、

---

① LED 灯具具有高效节能的特点,但价格相对昂贵。通常来说,居民购置 LED 灯具的费用与其长期节约的电费基本相当。因此,家庭的购买决策可以很好地反馈其节能行为态度。

35.88%。除此之外,调查样本中上海市、深圳市居民分别占51.57%、48.43%。

此外,本文对样本家庭的夏季月用电量(consumption-s)、非夏季月用电量(consumption-nons)进行统计分析。结果表明:样本中,上海市家庭夏季平均用电量为215.8千瓦时/月,冬季平均用电量为127.3千瓦时/月,家庭夏季用电量最大值为1200千瓦时/月①。深圳市家庭用电水平略高于上海市,家庭夏季平均用电量为219.7千瓦时/月,冬季平均用电量为145.3千瓦时/月,家庭夏季用电量最大值为1500千瓦时/月。参考上海市、深圳市阶梯电价政策,本文利用家庭用电量信息进行了粗略的计算,对样本家庭所处阶梯电价档位进行了划分,结果显示上海市第一档、第二档电量分别覆盖了85%、96%的居民,深圳市第一档、第二档电量分别覆盖了74%、94%的居民。这表明上海、深圳市阶梯电价政策基本达到了《指导意见》规定的居民各档用电量覆盖范围②。

表6-7 家庭基本信息和用电信息的描述统计

	观察值	均值	标准差	最小值	最大值
家庭特征					
家庭人口(familysize)	733	3.7203	1.3024	1	9
居住面积(livingarea)	733	3.2497	1.3597	1	7
收入(income)	733	2.0368	0.8248	1	3
地理位置(location)	733	0.5157	0.5001	0	1
家庭用电信息					
夏季用电量(consumption-s)	733	217.7462	192.4494	25	1500
非夏季用电量(consumption-nons)	733	136.0355	133.7555	20	1300

表6-8给出了本文关键变量的统计特征。在信息关注方面:77%的居民会查看电费账单及通过其他方式主动了解每月电费、电量信息,其中55%的居民通过电力公司发送的短信或寄送电费账单,及时了解家庭的电费、电量信息。66%的居民了解节约用电的概念、好处和方法(同意=4,52%;非常同意=5,14%)。在节能态度方面,65%的家庭购置了LED灯,这表明半数以上的家庭倾向于使用节能产品。

值得说明的是,55%的居民认为电价高于1元/千瓦时及以上时(attitude-

---

① 即使通过调查问卷,所反馈的居民用电量信息无法做到与电网公司数据同样精确。但与张欣竹等(2015)利用国家电网公司数据所调查的2009—2011年杭州市、上海市居民用电数据相比(平均用电量为245.9千瓦时/月,最大值为1258千瓦时/月),本文与实际数据是接近的。

② 《指导意见》要求,居民阶梯电价第一档电量原则上覆盖本区域内80%居民用户,第二档电量覆盖本区域内95%居民用户。

price=1,2,3)才会更注意电费支出,节约用电。而目前居民用电价格偏低,上海市、深圳市基础电价均不超过 0.7 元/千瓦时,即使是第三档电价也不超过 1 元/千瓦时,可以说,目前的低电价政策是不利于引导居民节约用电的。

在政策认知方面:44% 的居民仅知道一项阶梯电价的具体细则(ibpknow=1),仅有 7% 的居民清楚阶梯电价的各档电量、电价水平及电费计算方法(ibpknow=4)。而 27% 的居民对阶梯电价的具体细则并不清楚(ibpknow=0)。居民对阶梯电价政策的了解相对模糊,更多的只是理解"电价随用电量增加而逐级递增"的政策导向。居民用电长期以来受到政府补贴,而本文的样本显示,38% 的居民对"居民电价低于供电成本,居民用电受到政府补贴"这一说法保持中立态度,仅有 42% 的居民认同这一说法(knowsubsidy=4,5)。在居民自由选择是否执行峰谷电价的前提下,60% 的上海市家庭选择执行峰谷分时电价,而深圳市仅有 39% 的家庭选择执行,这一差距可能源于两方面的原因:一是上海市居民峰谷分时电价推广较早,二是深圳市峰谷分时电价政策更为复杂[①]。

表 6-8 家庭的信息关注、节能态度和政策认知特征

	均值	标准差	最小值	最大值
信息关注				
Q1: 对电量、电费信息的了解程度(inform-price)	0.7735	0.4188	0	1
Q2: 对节能知识的了解程度(inform-saving)	3.7340	0.8040	1	5
节能态度				
Q3: 是否购买节电产品(attitude-appliance)	0.6548	0.4757	0	1
Q4: 对电费的敏感度(attitude-price)	3.4011	1.7258	1	6
政策认知				
Q5: 对阶梯电价政策信息的了解程度(ibpknow)	1.2183	1.1132	0	4
Q6: 对电价补贴的认知(knowsubsidy)	3.2497	1.0104	1	5
Q7: 是否申请峰谷分时电价(tou)	0.4993	0.5003	0	1

尽管阶梯电价政策已实施近 4 年,在本文的 733 户被调查家庭中,仍有 15.55% 的家庭不知道阶梯电价,61.66% 的家庭知道阶梯电价政策,但认为政策并未对家庭用电造成影响,仅有 22.78% 的家庭知道阶梯电价政策,且认为阶梯电价促使了家庭用电量的减少。

---

① 深圳市分时电价分为高峰时段(14:00—17:00;19:00—22:00)、平时段(8:00—14:00;17:00—19:00;22:00—24:00)、低谷时段(0:00—8:00),而上海市峰谷分时电价仅分为峰段(6:00—22:00)、谷段(22:00—次日 06:00)。

表 6-9 列出了不同家庭特征群体对阶梯电价政策的节电反馈情况。从表中可以看出,样本中,低收入家庭(9万以下)中不知道阶梯电价的居民占比(24.58%)明显高于中等收入家庭(13.68%)和高收入家庭(9.13%)。也即是说,在知道阶梯电价的居民中,中等收入人群产生节电反馈的概率要高于低收入人群和高收入人群。这也表明,收入对居民节电反馈的影响很可能是非线性:低收入人群的用电量相对较少,大部分集中在第一档电量之内,阶梯电价对其影响并不大;高收入人群对低电价更不敏感,不易对阶梯电价产生节电反馈;而中等收入人群则是相对最有可能对阶梯电价产生节电反馈的。因此,在接下来的计量分析中,本文将收入因素进行调整,将家庭收入划分为两类,分为中等收入人群(middleincome=1)、其他收入人群(middleincome=0),作为解释变量进行考察。

此外,从表 6-9 可见,家庭人口为 3 人及以上的群体对阶梯电价产生节电反馈的比例明显比家庭人口在 3 人以下的更高。而从区域比较,上海市阶梯电价政策的普及程度明显强于深圳市(不知道阶梯电价政策的家庭仅占 9.79%)。在知道阶梯电价政策的群体中,上海市民对阶梯电价产生节电反馈的比例高于深圳市民。

表 6-9　家庭对阶梯电价政策的节电反馈特征

家庭特征	节电反馈	不知道阶梯电价		知道阶梯电价无节电反馈		知道阶梯电价有节电反馈	
		家庭数	占比(%)	家庭数	占比(%)	家庭数	占比(%)
整体		114	15.55	452	61.66	167	22.78
收入	9万以下	58	24.58	148	62.71	30	12.71
	9~12万	32	13.68	140	59.83	62	26.50
	12万以上	24	9.13	164	62.36	75	28.52
家庭人口	3人以下	18	17.48	76	73.79	9	8.74
	3~4人	63	14.45	263	60.32	110	25.23
	4人以上	33	17.01	113	58.25	48	24.74
居住面积	75平方米以下	37	18.23	126	62.07	40	19.70
	75~130平方米	62	14.19	276	63.16	99	22.65
	130平方米以上	15	16.13	50	53.76	28	30.11
区域位置	上海市	37	9.79	237	62.70	104	27.51
	深圳市	77	21.69	215	60.56	63	17.75

4. 模型设定

本文考察的因变量为阶梯电价是否实现引导居民合理节约用电的政策目标,

其前提是居民知道阶梯电价政策。因此,在实证检验时,本文将不知道阶梯电价的家庭样本(ibp=-1)进行剔除。基于因变量是定性的(ibp=0,1),本文采用离散选择模型(Logit 模型和 Probit 模型)进行实证检验。

假设第 i 个家庭面对阶梯电价时,选择节约用电可以带来效用 U_i^1,且

$$U_i^1 = x'\beta_i^1 + \varepsilon_i^1$$

不选择节约用电可以带来效用 U_i^0,即

$$U_i^0 = x'\beta_i^0 + \varepsilon_i^0$$

如果对第 i 个家庭而言,$U_i^1 > U_i^0$,则家庭表现为对阶梯电价产生节电反馈(ibp$_i$=1)。家庭选择的规则如下:

$$\text{ibp}_i = \begin{cases} 1, & \text{如果 } U_i^1 > U_i^0 \\ 0, & \text{如果 } U_i^1 \leqslant U_i^0 \end{cases} \quad (6-3)$$

相应的,ibp$_i$ 取值的概率可表示为

$$\begin{cases} \Pr(\text{ibp}_i = 1) = \Pr(U_i^1 > U_i^0) = \Pr[x'(\beta_i^1 - \beta_i^0) + (\varepsilon_i^1 - \varepsilon_i^0) > 0] \\ \Pr(\text{ibp}_i = 0) = \Pr(U_i^1 \leqslant U_i^0) = \Pr[x'(\beta_i^1 - \beta_i^0) + (\varepsilon_i^1 - \varepsilon_i^0) \leqslant 0] \end{cases} \quad (6-4)$$

本文定义 $\beta_i = \beta_i^1 - \beta_i^0$,$\varepsilon_i = \varepsilon_i^1 - \varepsilon_i^0$,则 $U_i = x'\beta_i + \varepsilon_i$。公式(6-4)可变形为

$$\begin{cases} \Pr(\text{ibp}_i = 1) = \Pr(U_i > 0) \\ \Pr(\text{ibp}_i = 0) = \Pr(U_i \leqslant 0) \end{cases} \quad (6-5)$$

这表明,本文样本中家庭是否对阶梯电价产生节电反馈内在的基于潜变量 U_i。因此,本文实际需要估计的方程为

$$U_i = x'\beta_i + \varepsilon_i \quad (6-6)$$

其中 x' 包含家庭的若干特征变量:一类为家庭基础特征,包括家庭人口(familysize)、居住面积(livingarea)、家庭是否属于中等收入群体(middleincome)、区域位置(location);另一类是家庭的信息关注、节能态度和政策认知特征,包括家庭对电量、电费信息的了解程度(inform-price)、对节能知识的了解程度(inform-saving)、是否购买节电产品(attitude-appliance)、对电费的敏感度(attitude-price)、对阶梯电价政策信息的了解程度(ibpknow)、对电价补贴的认知(knowsubsidy)、是否申请峰谷分时电价(tou)。

6.4.2 实证分析

本文检验了家庭特征因素和家庭信息关注、节能态度及政策认知特征因素是否影响居民对阶梯电价产生节电反馈,检验时,本文同时选用 Logit 和 Probit 模型进行回归以保证检验结果的稳健性。表6-10给出了回归分析结果。

表 6-10　家庭是否产生节电反馈的回归分析结果

	被解释变量:ibp=0,1					
	Logit 模型			Probit 模型		
	系数	Z 值	边际效应	系数	Z 值	边际效应
familysize	0.1682**	1.98	0.0292	0.1046**	2.12	0.0310
livingarea	0.0091	0.11	0.0016	0.0058	0.12	0.0017
middleincome	0.3434*	1.66	0.0596	0.2197*	1.81	0.0651
location	0.3501*	1.72	0.0608	0.2078*	1.74	0.0615
inform-price	0.3241	1.26	0.0563	0.1933	1.32	0.0573
inform-saving	0.3875**	2.37	0.0673	0.2134**	2.33	0.0633
attitude-appliance	0.7468***	3.10	0.1297	0.4062***	3.06	0.1204
attitude-price	0.0231	0.40	0.0040	0.0082	0.25	0.0024
ibpknow	0.1794**	1.96	0.0312	0.1093**	2.01	0.0324
knowsubsidy	0.2440**	2.19	0.0424	0.1394**	2.21	0.0413
tou	0.6779***	3.10	0.1177	0.3887***	3.12	0.1152
Pseudo R^2	0.1033			0.1017		
Wald 检验值	58.92			62.23		
Log-likelihood	−323.63			−324.21		
样本数	619			619		

注:***,**,* 分别表示在 1%,5%,10% 的显著性水平上显著。

结果显示:家庭人口越多越有可能对阶梯电价产生节能反馈,家庭常住人口每增加 1 名,家庭受阶梯电价政策影响,选择节约用电的概率上升 3%,这一结论与孙传旺(2015)的研究结论相吻合;而家庭居住面积大小对居民的节电反馈不具有显著影响;处于中等收入家庭,相对于低收入、高收入人群对阶梯电价政策也更容易产生节电反馈,这与表 6-9 描述的完全相同。中等收入家庭对电价更加敏感(相对高收入家庭)且用电量水平更高(相对低收入家庭),其对阶梯电价产生节能反馈的概率比其他收入群体增加 6%。

从地理因素看,面对阶梯电价政策,上海市居民比深圳市居民更容易选择节约用电的生活方式。结合表 6-9 的统计分析,本文发现,上海市阶梯电价政策的普及程度更高,政策对居民节约用电的引导作用也更强。从这个角度看,本文认为上海市阶梯电价的政策执行情况优于深圳市。这可能出于两方面的原因:一是上海市阶梯电价政策的宣传普及度更高;二是上海市阶梯电价细则比深圳市阶梯电价更为简单,居民更易理解政策内容[①]。

---

① 深圳市阶梯电价按月计量,分为冬季、夏季价格,且峰谷电价为峰段、平段、谷段价格,而上海市阶梯电价按年计量,峰谷电价仅分为峰段和谷段,定价机制更为简化。

从家庭的信息关注程度看,对节能用电概念、好处和方法了解得越多的家庭往往对阶梯电价产生节能反馈的可能性越大。居民对节电知识的了解程度每提高1个单位,其对阶梯电价政策产生节能反馈的概率上升6%。而家庭是否关注电费、电量信息对其节电行为不具有显著影响。这表明,家庭的节能知识越丰富,越能理解阶梯电价的政策意图,并且在实际行动中选择节电行为。

在节能态度方面,使用LED照明的家庭比未使用LED照明的家庭选择节电方式的概率上升,其边际效应高达12%。使用LED照明的家庭通常具有较强的节能意识,这些家庭在面对阶梯电价时,将更愿意付出实际行动,购置节能家电产品、选择更节能的生活方式。此外,家庭对电价的敏感程度与其对阶梯电价政策的节电反馈呈正相关关系,但这一关系并不显著。

在政策认知方面:首先,家庭对阶梯电价政策细则越了解,其产生节电反馈的概率越大;其次,家庭对居民用电受到政府补贴这一观点越认同,其对阶梯电价产生节电反馈的可能性越大。这表明,如果居民对电价交叉补贴有正确的认识,将更能理解阶梯电价实施的目的,对政策做出积极响应;此外,选择执行峰谷电价的家庭,比未选择执行的家庭对阶梯电价更容易产生节电反馈,其边际效应高达12%。执行峰谷电价是由居民自由选择的,选择执行峰谷电价的家庭,在做出决策时,将对分时阶梯电价和未分时阶梯电价的电价、分档电量进行对比和判断,这将进一步强化其对政策信息的了解。同时,选择执行峰谷电价的居民,相对而言,对家庭的用电行为也更为关注。

6.4.3 主要结论

本文利用上海市、深圳市居民阶梯电价问卷调查数据,刻画了中国典型城市阶梯电价的具体实施情况,特别是居民对政策的认知和节电反馈情况。整体而言,阶梯电价在一定程度上促进了居民节约用电,样本中有22.78%的居民对阶梯电价做出了节能反馈。两市阶梯电价政策基本达到了《指导意见》规定的居民各档用电量覆盖范围,其中上海市阶梯电价政策普及程度明显强于深圳市(上海市仅有9.79%的市民不知道阶梯电价,而深圳市这一比例为21.69%),且上海市民对阶梯电价产生节电反馈的比例高于深圳市民。但是,大部分居民对阶梯电价了解相对模糊,对阶梯电价的具体政策了解程度并不高,同时仅有42%的居民认识到居民用电受到政府补贴。

此外,本文利用离散变量模型,考察了家庭对阶梯电价政策的节电反馈的微观影响因素。分析表明:中等收入家庭相较于低收入、高收入家庭对阶梯电价政策更容易产生节电反馈;家庭人口越多、节电知识信息越丰富、对阶梯电价政策了解程度越高、对电价补贴认知越准确,对阶梯电价产生节能反馈的概率越高;选择购置高效节能产品的家庭、执行峰谷电价的家庭,对阶梯电价更容易产生节电反馈,其边际效应均达到 12%。

基于以上结论,笔者提出如下政策建议:各地的阶梯电价方案设计在一开始可能会存在缺陷,通过展开微观调研了解居民对政策的态度与反馈情况,可以使地方政府对阶梯电价方案有更清楚的认识,并制定相应的改进方案,使阶梯电价真正提高效率。具体来说,可以着力在如下几个方面:

1. 加强阶梯电价政策的宣传

尽管阶梯电价政策已实施近 4 年,本文的调查研究结果显示仍有部分居民并不知道阶梯电价,且居民对阶梯电价政策细则的了解程度普遍不高。对此,政府可以通过多种手段,强化居民对政策的认知,譬如,电力公司向居民寄送电费账单的同时告知居民阶梯电价政策的相关信息。

2. 优化分档电量和电价,探索更为合理的电价价差模式

阶梯电价的设计对实施效果至关重要,只有对第一档电量设定合理并在不同档次之间的电价打开一定差距,让居民感受到价格差异带来的区别,才能使阶梯电价真正发挥作用。目前,全国绝大部分地区对电价加价水平均采取第二档电量电价加价 0.05 元/千瓦时,第三档电价加价 0.30 元/千瓦时的做法。事实上,《指导意见》的第二档电价确定原则为,逐步调整到弥补电力企业正常合理成本并获得合理收益水平。即使是在电价水平最高的上海及广东地区,第二档电价仍远低于居民电力长期边际成本(约为 1.0～1.2 元/千瓦时)。因此,未来可以进一步研究不同地域、不同群体居民对电价的敏感程度,探索更为合理化的阶梯电价价差。

3. 引导居民对中国电价补贴的正确认识

近年来,中国的化石能源补贴已大幅度削减,但居民部门的电力交叉补贴现象仍然严重。目前,半数以上的居民并未认识到中国的居民电价低于供电成本,居民用电长期受到政府补贴这一现实状况。未来,中国要逐渐取消电力补贴,或将难以避免居民电价的上涨,如果居民对补贴没有正确的认识,改革必然受到更大的阻力。如果大家理解政府"涨价"行为的意图,将有利于减小补贴改革的阻力。而当前的低能源价格背景,正是解决居民交叉补贴的好时机。

4. 在完善阶梯电价的同时,推广节能家电及峰谷电价

研究结果表明,倾向于购置高效节能家电产品及执行峰谷电价的家庭,对阶梯电价产生节能反馈的概率相对较高。面对阶梯电价政策,居民做出节电反馈行为主要有两个方面,一是购置更多的节能家电产品,二是牺牲一定程度的舒适度,表现出节约用电的行为习惯。因此,政府对节能产品的推广,如实施节能产品惠民工程等措施将促进居民的节电反馈行为。

第 7 章 能源热点问题之——碳交易市场

7.1 中国碳交易市场的发展

7.1.1 中国碳交易市场发展的背景

人类社会活动对地球生态环境的破坏日益严重,而气候问题成为当前国际社会关注的重要问题,减少全球温室气体排放,抑制全球变暖已成为国际社会的关注焦点。国际社会通过国际气候谈判初步对全球变暖问题达成共识,并签署了《联合国气候合作框架公约》(United Nations Framework Convention on Climate Change,UNFCCC)(简称《公约》),提出了温室气体减排的全球行动计划。在第三次公约缔约方会议上,与会各国通过了旨在限制发达国家温室气体排放量的《京都议定书》,确立了第一承诺期内(2005—2012 年)温室气体的减排目标。同时,《京都议定书》提出通过灵活减排机制(也称为京都机制)来促使发达国家实现减排目标。

在《京都议定书》的框架下,发展中国家当前主要通过清洁发展机制(Clean Development Mechanism,CDM)参与国际碳排放交易。由于中国 CDM 项目运行模式比较单一,市场影响力比较弱,交易行为也不规范,且国内金融机构尚无法提供相应的服务。中国没有一个规范的统一公开交易平台,导致 CDM 项目在交易中出现信息不透明的情况,于是中国在国际的碳市场交易中处于提供廉价碳交易资源的状态,处于国际碳交易市场和价值链的低端环节。

除了履行来自国际的职责,国内的空气质量变差,也存在碳减排的需求。为落实"十二五"规划关于逐步建立国内碳排放交易市场的要求,推动运用市场机制,使之在较低的成本下完成 2020 年中国控制温室气体排放的总体目标,加快经济发展方式转变和产业结构升级,2011 年国家发改委办公厅发布《关于开展碳排放权交易试点工作的通知》,正式批准上海、北京、广东、深圳、天津、湖北、重庆等七省市开展碳交易试点工作。试点工作的开展为中国的碳排放市场发展提供了支持和保障。

7.1.2 中国 CDM 项目管理机制

1. 管理机构

1990 年 2 月,国务院专门成立"国家气候变化协调小组",负责协调、制定与气候变化有关的政策和措施。2005年政府机构改革后,调整为国家气候变化对策协调小组,作为政府协调气候变化领域重大活动和对象的领导机构,每年定期召开一次协调小组全体成员会议,同时根据需要就气候变化领域的重大问题随时召集协调小组成员单位进行商议。

根据《清洁发展机制项目运行管理办法》,国家气候变化对策协调小组下设的国家CDM项目审核理事会,负责审核CDM项目;向对策协调小组报告CDM项目执行情况和实施过程中的问题和建议;提出和修订国家CDM项目活动的运行规则和程序建议。

国家发展和改革委员会是中国政府开展CDM项目活动的主管机构,其主要职责是受理项目申请,审核和批准CDM项目,代表中国政府出具项目批准文件并实施监督管理等其他涉外相关事务。

2. CDM项目流程

中国开发、实施、审批CDM项目的程序基本和京都体制一致,仅仅是多了国家CDM项目审核理事会的国内报告、复核阶段(图7-1)。

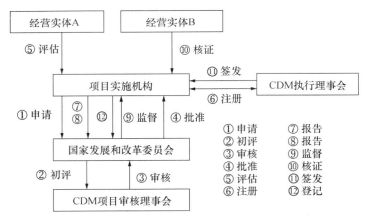

图 7-1　中国 CDM 项目流程

图片来源:林伯强,黄光晓.能源金融(第2版)[M].清华大学出版社,2014.

3. 中国清洁发展机制基金

2007年3月开始正式运营的中国清洁发展机制基金(China Clean Development Mechanism Fund,CDMF)是根据《清洁发展机制项目运行管理办法》组建的,其资金来源为CDM项目收益以及国际金融组织赠款、个人赠款、国务院批准的其他收入组成,由设在财政部的清洁发展机制基金管理中心管理,由国家发改委、财政部、科技部、外交部等部委组成的"基金审核理事会"审核基金支持的项目。基金主要为国家应对气候变化的活动提供持续和稳定的资金支持。基金采取赠款、优惠贷款和其他工具相结合的方式,以项目为业务的主要载体,配合国家主渠道,在四个主要领域(能力建设和提高公众意识、减缓气候变化、适应气候变化、开展可持续发展业务运行的金融活动)开展基金业务活动,支持《中国应对气候变化国家方案》的实施。

4. 中国 CDM 项目的交易

在 7 个试点地区的碳排放权交易所建立之前,中国主要进行 CDM 项目的交易。经济转型中的中国被视为最具潜力的 CDM 项目市场。随着经济的快速增长,中国的能源生产和消费也迅速增长,而中国的能源利用率低,温室气体排放量大,技术又较发达国家落后,具有很大的减排空间。传统高耗能企业不再适应中国发展而国际市场恰恰在这时给了中国减排的额外驱动力。

表 7-1 和图 7-2 分别给出了截止到 2016 年 8 月 23 日中国批准 CDM 项目数按省区市的分布表和图。表 7-1 和图 7-2 中显示,截至 2016 年 8 月 23 日,中国批准 CDM 项目的总数为 5074 项。各地区的 CDM 项目数相差较大,其中四川省最大,有 565 项,占比 11.14%;西藏自治区最少,没有批准 CDM 项目。

表 7-1 中国批准 CDM 项目数按省区市分布表(截至 2016.8.23)

省区市	项目数	省区市	项目数	省区市	项目数	省区市	项目数
四川	565	云南	483	内蒙古	381	甘肃	269
河北	258	山东	249	新疆	201	湖南	200
山西	187	贵州	175	河南省	174	宁夏	162
辽宁	158	吉林	155	黑龙江	141	湖北	136
江苏	131	广西	128	广东	125	福建	123
陕西	122	浙江	121	安徽	96	江西	85
重庆	80	青海	72	北京	29	上海	25
海南	25	天津	18	西藏	0	合计	5074

数据来源:中国清洁发展机制网——CDM 项目数据库.

表 7-2 和图 7-3 分别给出了中国批准 CDM 项目估计年减排量按减排类型分布表和图。从表 7-2 和图 7-3 中可以看出,中国批准 CDM 项目估计年减排量总计 782 052 999 吨二氧化碳当量。减排类型中,新能源和可再生能源占比最高,高达 58.74%;其次是节能和提高能效,占比为 12.42%;接下来为甲烷回收利用,占比 10.50%,但其余的减排类型都没有超过 10%。

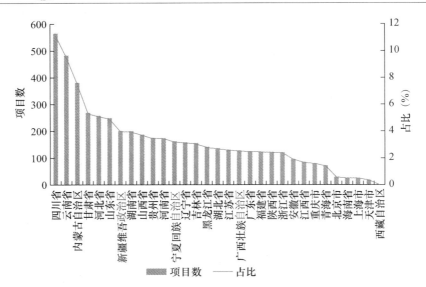

图 7-2 中国批准 CDM 项目数按省区市分布图(截止到 2016 年 8 月 23 日)

数据来源:中国清洁发展机制网——CDM 项目数据库.

表 7-2 中国批准 CDM 项目估计年减排量按减排类型分布表

(单位:吨二氧化碳当量)

减排类型	估计年减排量	减排类型	估计年减排量
节能和提高能效	97 157 825	新能源和可再生能源	459 401 583
甲烷回收利用	82 123 012	N_2O 分解消除	28 181 743
垃圾焚烧发电	8 227 315	造林和再造林	157 610
燃料替代	28 334 167	HFC-23 分解	66 798 446
其 他	11 671 298	总计	782 052 999

数据来源:中国清洁发展机制网——CDM 项目数据库.

7.1.3 中国碳排放试点地区交易平台的成立

2008 年 8 月 5 日,北京产权交易所率先成立全国性的碳交易市场——北京环境交易所;同一天,上海环境能源交易所也同时宣布成立。2008 年 9 月 25 日,美国芝加哥气候交易所(Chicago Climate Exchange ,CCX)参股的天津排放权交易所也宣告成立,初期主要致力于开发二氧化硫、化学需氧量等主要污染物交易和能效管理。2009 年 3 月,上海环境能源交易所宣称将在国内率先建立环境能源权益交易平台,并在合同能源管理及排污权交易方面与境外机构及企业展开合作。2009 年 6 月 18 日,北京环境交易所与 BlueNext 交易所建立战略合作关系,并且携手共同推出了针对农林生态项目的中国第一个自愿减排标准——"熊猫标准"

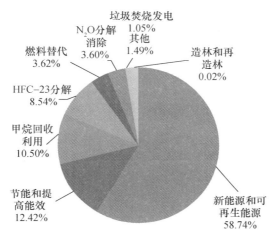

图 7-3 中国批准 CDM 项目估计年减排量按减排类型分布图
数据来源:中国清洁发展机制网——CDM 项目数据库.

(Panda Standard),这标志着中国在向构建碳排放交易体系的建设上迈出了第一步。2010年10月,国家发改委应对气候变化司有关官员在联合国气候变化谈判天津会议上透露,《中国温室气体自愿减排交易活动管理办法(暂行)》已经过反复修改,目前基本成熟,将"争取尽快出台"。如果该法规正式出台,将对中国的碳交易市场建设的规范化、透明化起到非常重要的作用。

除了北京、上海和天津外,深圳、广东、湖北和重庆等四地区的区域性排放权交易所也正在紧锣密鼓推进之中。2010年9月30日,经深圳市人民政府批准,深圳排放权交易所成立,是深圳市范围内唯一指定从事排放权交易的专业化平台和服务性机构。2012年9月,由广东省政府和广州市政府合作共建,广州碳排放权交易所正式挂牌成立,是国家级碳交易试点交易所和广东省政府唯一指定的碳排放配额有偿发放及交易平台。同月,湖北省政府正式批复,由武汉光谷联合产权交易所作为发起单位,设立湖北碳排放权交易中心。该中心将以市场机制控制温室气体排放,进一步推进湖北低碳经济发展。后来,重庆市政府成立重庆碳排放权交易中心,为重庆市唯一指定的碳排放配额有偿发放及交易平台。

2015年9月,习近平主席和美国前总统奥巴马联合发布《中美元首气候变化联合声明》,明确提出中国计划于2017年启动覆盖钢铁、电力、化工、建材、造纸和有色金属等重点工业行业的全国碳排放交易体系。在该背景下,中国建立全国碳交易市场的步伐进一步加快。作为中国应对气候变化的政策与行动的一部分,碳排放权交易试点工作已平稳运行将近四年,取得显著成果,为全国碳交易市场的建设积累了丰富经验,奠定了扎实基础。随着全国碳排放交易体系的建立,2017年将成为全国碳市场元年。

7.2 中国碳交易试点地区运行概况

7.2.1 深圳碳交易试点地区运行概况

1. 基本情况

2013年6月18日,深圳市正式启动碳排放权交易,也是中国7个试点省市中最早启动碳排放权交易的地区。其交易品种主要包括碳排放配额、核证自愿减排量和相关主管部门批准的其他碳排放权交易品种,交易平台为深圳排放权交易所。深圳排放权交易所[①]经深圳市人民政府批准,于2010年9月30日成立。深圳排放权交易所成立以来,始终致力于服务低碳发展,以建设低碳试点城市、筹备深圳市碳排放权交易试点为核心,努力建设制度健全、运营规范、开放公平、合作共赢的排放权交易平台;并致力于将交易所建设成为全国排放权交易中心、低碳产业核心枢纽和低碳金融创新平台。深圳排放权交易所为包括温室气体、节能量及其相关指标、主要污染物、能源权益化产品等能源及环境权益现货及其衍生品合约交易提供交易场所及相关配套服务;为碳抵消项目、节能减排项目、污染物减排项目、合同能源管理项目以及能源类项目和能源及环境权益投资项目提供咨询、设计、交易、投融资等配套服务;为环境资源、节能环保及能源等领域股权、物权、知识产权(技术)、债权等各类权益交易提供专业化的资本市场平台服务;同时提供信息咨询、技术咨询及培训等等。

深圳市规定控制排放的范围包括:任意一年的碳排放量达到3000吨二氧化碳当量以上的企业;大型公共建筑和建筑面积达到10 000平方米以上的国家机关办公建筑的业主;自愿加入并经主管部门批准纳入碳排放控制管理的碳排放单位;市政府指定的其他碳排放单位。配额分配按各行业历史排放水平确定,采取无偿分配和有偿分配两种方式,无偿分配不得低于配额总量的90%,有偿分配可采用固定价格、拍卖(该方式出售配额数量不得高于当年年度配额总量的3%)或其他有偿方式。另外,还规定管控单位可以使用中国核证自愿减排量(China Certified Emission Reduction,CCER)抵消年度碳排放量,最高抵消比例不高于管控单位年度碳排放量的10%。管控单位在本市碳排放量核查边界范围内产生的CCER不得用于本市配额履约义务。

2. 碳排放权交易分析

自2013年正式启动碳交易试点以来,中国碳排放交易主要集中在7个试点省市,交易产品主要包括碳配额和CCER。鉴于数据的可得性,本章中分析的碳排放

[①] 深圳排放权交易所的简介资料来源于其官方网站,下文中上海、北京、广东、天津、湖北和重庆碳交易试点所在交易所的介绍也源于其交易所官方网站。

权交易都为基于配额的碳排放权交易。图 7-4 为深圳排放权交易所中碳排放权配额交易的日均价格。从图 7-4 中可以看出,深圳碳排放权自 2013 年 6 月 18 日进行交易以来,其日均价格变化较大。在交易初期,碳排放权每吨的价格从 30 元左右,经历不到半年时间,涨到 120 元以上,涨幅高达 300%;随后,交易价格逐渐下降,在 2015—2016 年大多数交易日其日均价格都在 20~40 元之间;特别是 2016 年的最后几个月,日均价格都在 20 元附近小幅波动。另外,图中的曲线存在一些间隔,说明一些交易日没有产生碳排放权的交易。

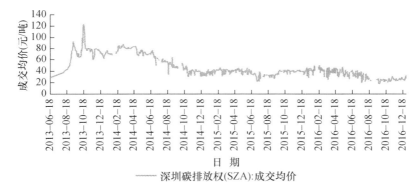

图 7-4 深圳碳排放权(SZA)的日成交均价

数据来源:Wind 资讯经济数据库.

图 7-5 给出了 2013 年 6 月至 2016 年 12 月深圳碳排放权(SZA)的当月成交量和成交金额。由图 7-5 可知,不同月份碳排放权的成交量和交易金额都差异较大,但大部分月份的成交量和交易金额都处于低位,仅个别月份的成交量和交易金额较大,其中 2016 年 3 月和 2016 年 6 月的成交量和交易金额明显大于其他的月份。图 7-6 为深圳碳排放权(SZA)自 2013 年 6 月交易以来的累计成交量和成交金额,除了 2014 年 6 月、2016 年 3 月和 2016 年 6 月的累计成交量和交易金额相比其前一月有显著的提高外,其他月份累计成交量和交易金额的增加幅度较小。另外,还可以发现,截至 2016 年 12 月,深圳排放权交易所交易的碳排放权超过了 1600 万吨,交易金额将近 6 亿元。

7.2.2 上海碳交易试点地区运行概况

1. 基本情况

2013 年 11 月 26 日,上海市正式启动碳排放权交易,其交易品种包括碳配额和 CCER 两类,交易平台为上海环境能源交易所。上海环境能源交易所是上海市人民政府批准设立的服务全国、面向世界的国际化综合性的环境能源权益交易市场平台,是集环境能源领域的物权、债权、股权、知识产权等权益交易服务于一体

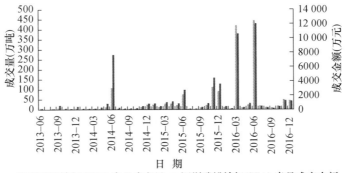

图 7-5　深圳碳排放权(SZA)的当月成交量和成交金额

数据来源：Wind 资讯经济数据库.

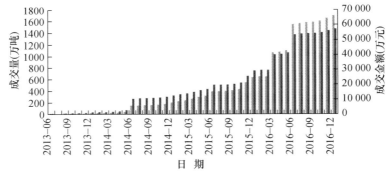

图 7-6　深圳碳排放权(SZA)的累计成交量和成交金额

数据来源：Wind 资讯经济数据库.

的专业化权益性资本市场服务平台。它主要从事组织节能减排、环境保护与能源领域中的各类技术产权、减排权益、环境保护和节能及能源利用权益等综合性交易以及履行政府批准的环境能源领域的其他交易项目和各类权益交易鉴证等。它为环境能源领域各类权益人、节能减排集成商、投资机构和科研机构，提供节能减排咨询、项目设计、项目价值评价、经营策划、项目包装、基金运行、项目投融资以及技术支撑等各类资本、经营、信息与技术服务。上海环境能源交易所实行会员制，集聚各类会员，全力构筑以市场化方法推动节能减排运行的新机制，共同打造节能减排和环境保护领域各类技术、资本及权益交易的完整的产业链。

上海市规定控制排放的范围包括：钢铁、石化、化工、有色、电力、建材、纺织、造纸、橡胶、化纤等行业年碳排放量 2 万吨及以上的企业和航空、港口、机场、铁路、商业、宾馆、金融等非工业行业年碳排放量1万吨及以上的企业。上海采取历史排放法和基准线法开展2013—2015年碳排放配额分配;基于2009—2011年试点企业二氧化碳排放水平,按各行业配额分配方法,一次性分配试点企业2013—2015年各年度碳排放配额;对部分有条件的行业,按行业基准线法则进行配额分配。试点期间,碳排放初始配额实行免费发放,并适时推行拍卖等有偿方式。另外,还规定可将CCER用于配额清缴,使用比例最高不得超过该年度通过分配取得的配额量的5%。试点企业持有的未来各年度的配额不得低于其通过分配取得的对应年度配额量的50%,本市纳入配额管理的单位在其排放边界范围内的CCER不得用于本市的配额清缴。

2. 碳排放权交易分析

图7-7给出了2013年11月26日到2016年12月30日上海环境能源交易所中基于配额的碳排放权的日成交均价。图中显示,整体而言,上海碳排放权(SHEA)的日成交均价处于下降趋势。在2014年初上海碳排放权(SHEA)的日成交均价达到45元/吨左右,而进入2016年其绝大多数日成交均价在10元/吨以下。另外,从图中还可以发现,存在很多交易日上海环境能源交易所中没有发生碳排放权的交易。

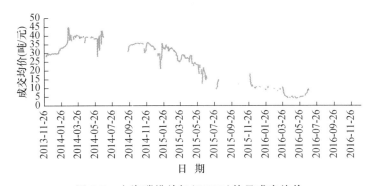

图 7-7　上海碳排放权(SHEA)的日成交均价
数据来源:Wind资讯经济数据库.

图7-8为2013年11月至2016年12月上海环境能源交易所中上海碳排放权(SHEA)的当月成交量和成交金额。从图中可以看出,上海碳排放权(SHEA)仅仅在2014年2月至2014年6月、2014年12月至2015年7月以及2016年4月至2016年6月交易比较活跃,其他时间段几乎没有进行交易。其中,明显可以看出,在2014年6月和2016年6月的成交量和成交金额较大,明显高于其他月份的成交量和成交金额。图7-9为2013年11月至2016年12月上海碳排放权(SHEA)的累计成交量和成交金额。由图7-9可知,在2014年6月至2015年6月上海碳排放权(SHEA)的累计成交量和成交金额在逐步上升,另外在2016年6月有一个

较大幅度的提高,其他月份变化较小。该图还显示,从上海碳排放权(SHEA)上市交易至2016年12月,其成交量为600多万吨,成交金额不到1.3亿元。

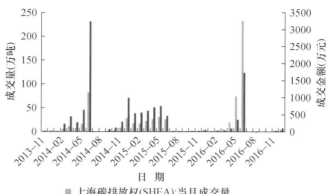

图7-8 上海碳排放权(SHEA)的当月成交量和成交金额

数据来源:Wind资讯经济数据库.

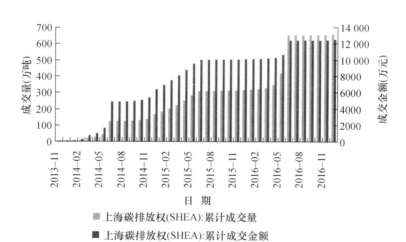

图7-9 上海碳排放权(SHEA)的累计成交量和成交金额

数据来源:Wind资讯经济数据库.

7.2.3 北京碳交易试点地区运行概况

1. 基本情况

2013年11月28日,北京市正式启动碳排放权交易,交易品种主要包括碳排放配额、经审定的碳减排量,可使用的经审定的碳减排量包括CCER、节能项目碳减排量、林业碳汇项目碳减排量,交易平台为北京环境交易所。北京环境交易所是经北京市人民政府批准设立的特许经营实体,是集各类环境权益交易服务于一体的专业化市场平台。自2008年8月5日挂牌成立以来,环交所不断探索用市场机制推进节能减排的创新途径,相继成立了碳交易、排污权交易、节能量交易和低碳转型服务等业务中心,形成了完整齐备的业务线条,在交易服务、融资服务、绿色公共服务和低碳转型服务等方面开展了卓有成效的市场创新。目前,环交所作为国家发改委备案的首批中国自愿减排交易机构、北京市政府指定的北京市碳排放权交易试点交易平台以及北京市老旧机动车淘汰更新办理服务平台,已经发展成为国内最具影响力的环境权益交易市场之一。

北京市规定控制排放的范围包括:行政区域内的固定设施年二氧化碳直接排放与间接排放总量1万吨(含)以上,且在中国境内注册的企业、事业单位、国家机关及其他单位。关于配额分配方法,制造业、其他工业和服务业企业(单位)按照基于历史排放总量的配额核定方法分配配额;供热企业(单位)和火力发电企业按照基于历史排放强度的配额核定方法分配配额。另外,还规定重点排放单位可以用经过审定的碳减排量抵消其部分碳排放量,使用比例不得高于当年排放配额数量的5%。市辖区内项目获得的CCER必须达到50%以上,京外项目产生的CCER不得超过其当年核发配额量的2.5%。优先使用河北省、天津市等与本市签署应对气候变化、生态建设、大气污染治理等相关合作协议地区的CCER;重点排放单位可使用的经审定的碳减排量包括CCER、节能项目碳减排量、林业碳汇项目碳减排量。

2. 碳排放权交易分析

图7-10给出了北京环境交易所中碳排放权配额交易的日均价格。从图中可以看出,北京碳排放权(BEA)在2013年11月28日至2016年12月30日的日均价格走势比较平稳,变化较小,其最低价大于30元/吨,且最高价没有超过80元/吨。另外,日均价格走势图的断点比较多,说明存在较多的交易日没有进行碳排放权的交易。

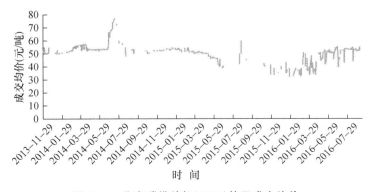

图7-10 北京碳排放权(BEA)的日成交均价

数据来源:Wind资讯经济数据库.

图 7-11 为北京环境交易所中碳排放权的当月成交量和成交金额。图中显示，仅在 2014 年 6—7 月、2015 年 5—6 月以及 2016 年 5—6 月有较大的成交量和成交金额，其中 2016 年 6 月的成交量为将近 130 万吨、交易金额超过 6000 万元，而其他月份的成交量和成交金额相对较小。图 7-12 为北京碳排放权(BEA)2013 年 11 月至 2016 年 12 月的累计成交量和成交金额。图 7-12 显示，仅 2014 年 6—7 月、2015 年 5—6 月以及 2016 年 5—6 月的累计成交量和成交金额与前一个月相比有明显的提升，其他月份累计成交量和成交金额的变化较小。另外，通过该图还可以发现，2013 年 11 月至 2016 年 12 月的累计成交量超过 450 万吨，累计成交金额将近 2.5 亿元。

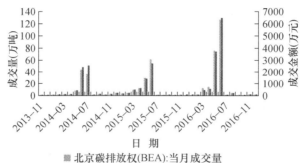

图 7-11　北京碳排放权(BEA)的当月成交量和成交金额
数据来源：Wind 资讯经济数据库.

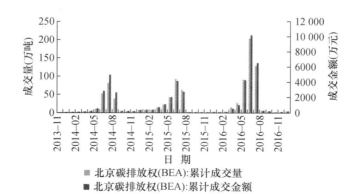

图 7-12　北京碳排放权(BEA)的累计成交量和成交金额
数据来源：Wind 资讯经济数据库.

7.2.4 广东碳交易试点地区运行概况

1. 基本情况

2013年12月19日，广东省正式启动碳排放权交易，交易品种主要包括：广东省碳排放权配额（GDEA）、经交易主管部门批准的其他交易品种，交易平台为广州碳排放权交易所。广州碳排放权交易所的前身为广州环境资源交易所，于2009年4月完成工商注册。广州碳排放权交易所由广东省政府和广州市政府合作共建，正式挂牌成立于2012年9月，是国家级碳交易试点交易所和广东省政府唯一指定的碳排放配额有偿发放及交易平台。2013年1月成为国家发改委首批认定的CCER交易机构之一。2013年12月16日，广州碳排放权交易所成功举行广东省首次碳排放配额有偿发放，成为至今全国唯一一个采用碳排放配额有偿分配的试点。2015年3月9日，广州碳排放权交易所率先实现CCER线上交易，为碳排放配额履约构建多元化的补充机制。在严格遵循有关法律法规，按照省、市政府和发改委的管理和指导下，它陆续推出碳排放权抵押融资、法人账户透支、配额回购、配额托管、远期交易等创新型碳金融业务，为企业碳资产管理提供灵活丰富的途径。2016年4月，广州碳排放权交易所上线了全国唯一一个为绿色低碳行业提供全方位金融服务的平台——"广碳绿金"，有效整合了与绿色金融相关的信贷、债券、股权交易、基金、融资租赁和资产证券化等产品，打造出多层次绿色金融产品体系。目前，作为国内首个总成交量突破5000万吨、总成交额超过10亿元的交易所，广州碳排放权交易所正全力建设环境能源综合交易服务平台，涵盖环境股权、可再生能源交易平台、泛珠"9+2"区域碳交易平台、生态补偿和生态文明建设平台、碳金融综合服务平台、绿色金融普惠制试点平台等多个重要平台，为"加快转型升级，建设幸福广东"以及广州打造国家碳金融中心城市提供支撑与动力。

广东省规定控制排放的范围包括本省行政区域内电力、钢铁、石化和水泥4个行业年排放2万吨二氧化碳（或年综合能源消费量1万吨标准煤）及以上的企业。企业配额分配主要采用基准线法和历史排放法；实行部分免费发放和部分有偿发放，其中，电力企业的免费配额比例为95%，钢铁、石化和水泥企业的免费配额比例为97%；配额有偿发放以竞价形式发放，企业可自主决定是否购买。另外，还规定可使用CCER作为清缴配额，抵消本企业实际碳排放量；不得超过上年度实际碳排放量的10%，且其中70%以上应当是本省温室气体自愿减排项目产生。在排放边界范围内产生的CCER，不得用于抵消本省控排企业和单位的碳排放。

2. 碳排放权交易分析

图7-13为广东碳排放权（GDEA）开始交易到2016年12月30日的日成交均价。从图中可以看出，广东碳排放权（GDEA）的日成交均价在2014年初到2015年上半年有明显的下降趋势，从最高时的70多元/吨，下降到20元/吨以下；而在2015年下半年至2016年末其日成交均价变化较小，维持在20元/吨以下。从图

中还可以发现,广东碳排放权(GDEA)日成交均价走势图的断点较多,也说明广州碳排放权交易所中存在较大的交易日没有进行碳排放权交易。

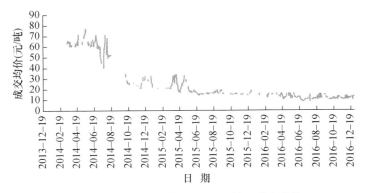

图 7-13　广东碳排放权(GDEA)的日成交均价

数据来源:Wind 资讯经济数据库.

图 7-14 为 2013 年 12 月至 2016 年 12 月广州碳排放权交易所中碳排放权的当月成交量和成交金额。从图中可以看出,在 2015 年 6 月以后的广东碳排放权(GDEA)当月成交量和成交金额明显高于 2015 年 5 月以前的当月成交量和成交金额;其中单月成交量和成交金额最高的月份为 2016 年 12 月,成交量将近 600 万吨,成交金额超过 7000 万元。

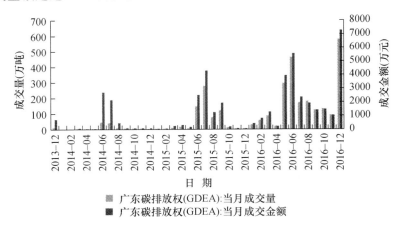

图 7-14　广东碳排放权(GDEA)的当月成交量和成交金额

数据来源:Wind 资讯经济数据库.

图 7-15 为广东碳排放权(GDEA)的累计成交量和成交金额。由图可知,2013 年 12 月至 2014 年 5 月的广东碳排放权(GDEA)累计成交量和成交金额非常小,随后有一定的提升;而在 2015 年 6 月以后,其累计成交量和成交金额在逐步明显

的提升。另外,还可以发现,2016年12月广东碳排放权(GDEA)的累计成交量超过了3000万吨,累计成交金额超过了4.5亿元。

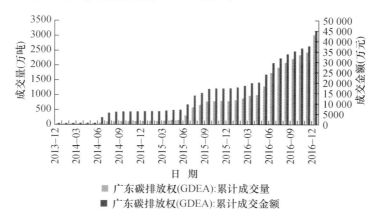

图 7-15　广东碳排放权(GDEA)的累计成交量和成交金额
数据来源:Wind 资讯经济数据库.

7.2.5　天津碳交易试点地区运行概况

1. 基本情况

2013年12月26日,天津市正式启动碳排放权交易,交易品种为配额和CCER,交易平台为天津排放权交易所。天津排放权交易所是按照《国务院关于天津滨海新区综合配套改革试验总体方案的批复》中关于"在天津滨海新区建立清洁发展机制和排放权交易市场"的要求设立的中国首家综合性环境能源交易平台,是利用市场化手段和金融创新方式促进节能减排的国际化交易平台。2008年9月25日,交易所在天津经济技术开发区挂牌成立。同日,国家财政部和环境保护部通过《关于同意天津市开展排放权交易综合试点的复函》。天津排放权交易所为温室气体、主要污染物和能效产品提供安全高效的电子竞价和交易平台,为合同能源管理项目及节能服务公司提供推介、融资、咨询等综合服务,为 CDM 项目以及区域、行业、项目的低碳解决方案提供咨询服务。

天津市规定控制排放的范围包括钢铁、化工、电力、热力、石化、油气开采等重点排放行业和民用建筑领域年碳排放量2万吨以上的企业。配额发放按各行业历史排放水平确定,配额分配以免费发放为主、以拍卖或固定价格出售等有偿发放为辅。另外,还规定 CCER 抵消量不得超出其当年实际碳排放量的10%,CCER 仅来自二氧化碳气体项目,且不包括水电项目的减排量;优先使用京津冀地区自愿减排项目产生的减排量,本市及其他碳交易试点省市纳入企业排放边界范围内的 CCER 不得用于本市的碳排放量抵消。

2. 碳排放权交易分析

图 7-16 表示天津排放权交易所中碳排放权(TJEA)的日成交均价。从图中可以看出,天津碳排放权(TJEA)的日成交均价在 2014 年上半年、2015 年 5—7 月以及 2016 年 6 月有较大的变化,其他月份其价格变化较小。其日成交均价的最高价出现在 2014 年 3 月份,超过了 50 元/吨,其最低价出现在 2016 年 6 月份,低于 10 元/吨。另外,还可以发现存在一些交易日没有进行天津碳排放权(TJEA)的交易,尤其是在 2016 年 7 月至 2016 年 12 月几乎没有进行交易。

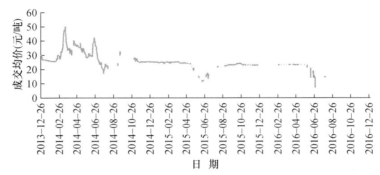

图 7-16　天津碳排放权(TJEA)的日成交均价

数据来源:Wind 资讯经济数据库.

图 7-17 为 2013 年 12 月至 2016 年 12 月天津排放权交易所中碳排放权的当月成交量和成交金额。从图中可以看出,天津碳排放权(TJEA)在 2014 年 7 月、2015 年 7 月以及 2016 年 6 月的成交量和成交金额较大。其中 2015 年 7 月的成交量最大,超过了 90 万吨;2014 年 7 月的成交金额最大,超过了 1500 万元。图 7-18 为 2013 年 12 月至 2016 年 12 月天津碳排放权(TJEA)的累计成交量和成交金额。

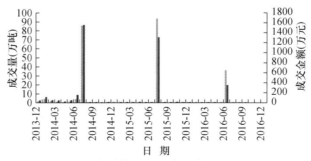

图 7-17　天津碳排放权(TJEA)的当月成交量和成交金额

数据来源:Wind 资讯经济数据库.

图 7-18 显示,在 2014 年 1—6 月其累计成交量和成交金额相对于前一个月都有小幅提高,在 2014 年 7 月、2015 年 7 月以及 2016 年 6 月其累计成交量和成交金额相对于前一个月有较大幅度的提高,而其他月份相对于前一个月几乎没有变化。截至 2016 年 12 月,天津碳排放权(TJEA)的累计成交量超过 200 万吨,累计成交金额将近 4000 万元。

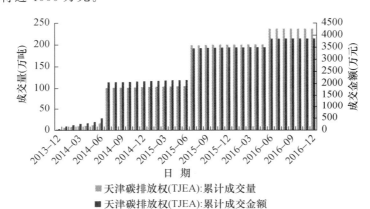

图 7-18　天津碳排放权(TJEA)的累计成交量和成交金额
数据来源:Wind 资讯经济数据库.

7.2.6　湖北碳交易试点地区运行概况

1. 基本情况

2014 年 4 月 2 日,湖北省正式启动碳排放权交易,交易品种主要包括:碳排放权配额,省行政区域内产生的 CCER(含森林碳汇),交易平台为湖北省碳排放权交易中心。湖北碳排放权交易中心是为了应对气候变化、发展低碳经济、促进产业结构升级、推进环保机制创新,以建设湖北为低碳大省的目标下应运而生的。湖北碳排放权交易中心是经国家发改委备案、湖北省政府批准组建的专业碳排放权交易机构。湖北碳排放权交易中心主营业务包括碳排放权交易、能效市场产品交易、新能源及节能减排综合服务、碳金融创新产品开发及碳交易投融资服务、碳交易市场咨询和培训等。湖北碳排放权交易中心的成立旨在通过标准化的交易程序保证碳交易市场的公信力;为低成本高效率地控制碳排放积累经验及建设健全机制;为市场参与方提供透明的交易价格;协助国家制定更加完善的碳排放权交易政策和目标;协助企业以最低成本获得最高能源效率;设计一流的碳排放权交易市场和金融创新产品;为碳排放权交易市场利益相关方提供有关排放权交易的高质量的信息、培训和相关服务。

湖北省规定控制排放的范围包括 2010、2011 年中任一年综合能耗 6 万吨及以上的工业企业,涉及电力、钢铁、水泥、化工等 12 个行业。湖北省在试点期间,配额免费发放给纳入碳排放权交易试点企业,并表示根据试点情况,适时探索配额有偿分配方式。碳市场合作协议的省市(山西、湖南、江西、河南、安徽、广东),经国家发改委备案的减排量可以用于抵消,年度用于抵消的减排量不高于5万吨。

2. 碳排放权交易分析

图7-19为湖北碳排放权交易中心中碳排放权开始交易到2016年12月30日的日成交均价。从图中可以看出,湖北碳排放权(HBEA)的日成交均价整体上变化幅度较小,尤其是在2014年4月至2016年3月其日成交均价都保持在20~30元/吨之间。在2016年4月至2016年12月间湖北碳排放权(HBEA)日成交均价有相对较大的变化,其价格从20元/吨左右,下跌到10元/吨以下,后来又回到了20元/吨左右。另外,图中的断点很少,说明湖北碳排放权交易中没有进行碳排放权交易的交易日较少。

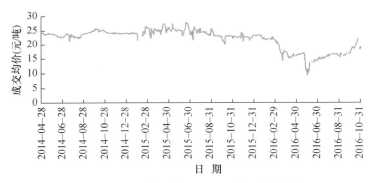

图7-19 湖北碳排放权(HBEA)的日成交均价

数据来源:Wind资讯经济数据库.

图7-20为湖北碳排放权(HBEA)的当月成交量和成交金额。图中显示,2014

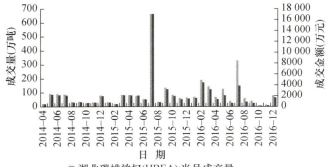

图7-20 湖北碳排放权(HBEA)的当月成交量和成交金额

数据来源:Wind资讯经济数据库.

年 4 月至 2016 年 12 月的成交量和成交金额都比较明显,其中 2015 年 7 月最大,其成交量 600 万吨,成交金额超过 1.7 亿元。图 7-21 为湖北碳排放权(HBEA)在 2014 年 4 月至 2016 年 12 月的累计成交量和成交金额。图中显示,在该交易时段湖北碳排放权(HBEA)的累计成交量和成交金额都在不断提升,其中 2015 年 7 月提升幅度最大。截至 2016 年 12 月,湖北碳排放权(HBEA)的累计成交量高达 3000 万吨,累计成交金额接近 7 亿元。

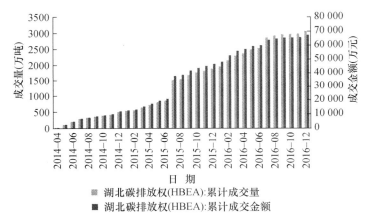

图 7-21　湖北碳排放权(HBEA)的累计成交量和成交金额
数据来源:Wind 资讯经济数据库.

7.2.7　重庆碳交易试点地区运行概况

1. 基本情况

2014 年 6 月 19 日,重庆市正式启动碳排放权交易,交易品种主要包括:配额、CCER 及其他依法批准的交易产品,交易平台为重庆碳排放交易中心。重庆碳排放交易中心以重庆成为国家首批低碳试点城市为契机,经重庆市人民政府批准成立。重庆碳排放交易中心在全国 7 个试点交易所中,从成立至今交易的额度最小。虽然重庆碳排放交易中心在 2016 年 8 月份和 12 月份碳排放权的交易较为活跃,但大部分交易日都未产生碳排放权的交易。

重庆市规定控制排放的范围包括 2007—2012 年任一年度排放量达到 2 万吨二氧化碳当量的工业企业,自愿加入并经主管部门批准纳入碳排放控制管理的碳排放单位,市政府指定的其他碳排放单位。企业配额分配根据企业历史排放水平和产业减排潜力等因素确定,通过登记簿向配额管理单位发放配额。另外,还规定每个履约期 CCER 使用数量不得超过审定排放量的 8%,减排项目应当于 2010 年 12 月 31 日后投入运行(碳汇项目不受此限),且属于以下类型之一:节约能源和提高能效、清洁能源和非水可再生能源、碳汇、能源活动、工业生产过程、农业、废弃物处理等领域减排。

2. 碳排放权交易分析

图 7-22 为 2014 年 6 月至 2016 年 12 月重庆碳排放交易中心碳排放权的日成交均价。图中显示,在 2014 年 6 月至 2016 年 12 月期间,重庆碳排放权(CQEA)进行交易的交易日很少,但是其交易的日成交均价差异较大。重庆碳排放交易中心碳排放权的最低价和最高价都出现在 2016 年下半年,每吨碳排放权的最高价将近 40 元,最低价小于 5 元。

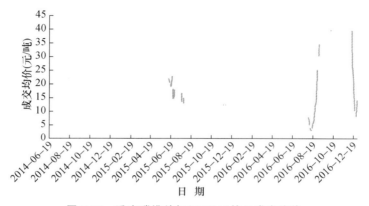

图 7-22　重庆碳排放权(CQEA)的日成交均价

数据来源:Wind 资讯经济数据库.

图 7-23 给出了 2014 年 6 月至 2016 年 12 月重庆碳排放权(CQEA)的当月成

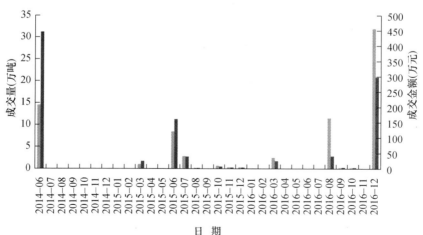

图 7-23　重庆碳排放权(CQEA)的当月成交量和成交金额

数据来源:Wind 资讯经济数据库.

交量和成交金额。从图 7-23 可以看出,仅有零星的几个月进行了交易。其中,重庆碳排放权(CQEA)的最大当月成交量出现在 2016 年 12 月,为 30 多万吨;最大当月成交金额出现在 2014 年 6 月,为 400 多万元。图 7-24 为重庆碳排放权(CQEA)自 2014 年 6 月交易以来的累计成交量和成交金额。图中显示,在该交易时间段重庆碳排放权的累计成交量和成交金额变化较小,仅在 2015 年 6 月和 2016 年 12 月有较明显的变化。另外,从图中还可以发现,截止到 2016 年 12 月,重庆碳排放交易中心交易的碳排放权为 70 多万吨,交易金额超过 1000 万元。

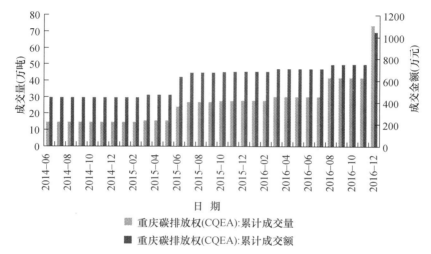

图 7-24 重庆碳排放权(CQEA)的累计成交量和成交金额
数据来源:Wind 资讯经济数据库.

7.2.8 碳交易试点地区运行情况对比

表 7-3 给出了深圳、上海、北京、广东、天津、湖北和重庆 7 个碳交易试点地区碳排放权日成交均价的描述性统计结果。比较各交易试点碳排放权日成交均价的均值发现,7 个试点地区的碳排放权日成交均价差别较大,其中深圳和北京较高,分别为 47.42 和 50.61 元/吨;而成交均价最低的重庆为 16.83 元/吨。观察这 7 个试点地区碳排放权日成交均价的最小值和最大值发现,每一个试点地区的最低日成交均价和最高日成交均价相差都比较大,其中上海、广东和重庆的最高日成交均价是它们最低日成交均价的十多倍。再比较各试点地区碳排放权日成交均价的标准差,发现深圳和广东明显比其他地区的标准差大,说明这两个地区碳排放权日成交均价的波动更大。最后,从各试点地区碳排放权的交易日数量可以看出,深圳排放权交易所进行碳排放权交易的交易日数量最多,而重庆碳排放交易中心进行碳排放权交易的交易日数量最少。

表 7-3　7 个碳交易试点地区碳排放权日成交均价的描述性统计

	深圳	上海	北京	广东	天津	湖北	重庆
均　　值	47.42	25.53	50.61	24.62	25.57	21.94	16.83
中位数	40.75	28.75	52.00	16.20	24.75	23.24	14.63
最小值	17.83	4.21	32.40	7.57	7.00	9.38	3.28
最大值	122.97	44.91	77.00	77.00	50.11	28.01	39.60
标准差	18.96	11.53	6.75	18.15	5.78	3.58	9.40
交易日数量	784	429	523	495	451	644	65

数据来源：Wind 资讯经济数据库.

　　图 7-4、7-7、7-10、7-13、7-16、7-19 和 7-22 显示，7 个碳交易试点地区有很多交易日未进行碳排放权交易，表 7-3 也说明交易日数量相差很大。此处进一步深入探索各年 7 个碳交易试点地区未进行碳排放权交易的交易日天数，其结果如表 7-4 所示。不同的碳交易试点地区未进行碳排放权交易的交易日天数差别较大，其中重庆碳排放交易中心高达 558 个交易日，湖北碳排放权交易中心仅有 14 个交易日，深圳排放权交易所也只有 40 个交易日，其他 4 个地区都超过了 200 个交易日。就年度来看，2015—2016 年 7 个碳交易试点地区未进行碳排放权交易的交易日天数较多，2013—2014 年相对较少。

表 7-4　7 个碳交易试点地区未进行碳排放权交易的交易日天数

年　份	深圳	上海	北京	广东	天津	湖北	重庆
2013	0	1	6	7	0	0	0
2014	10	74	59	119	47	1	133
2015	8	96	100	67	61	5	217
2016	22	153	60	59	179	8	208
共计	40	324	225	252	287	14	558

数据来源：Wind 资讯经济数据库.

　　表 7-5 和 7-6 为深圳、上海、北京、广东、天津、湖北和重庆 7 个碳交易试点地区碳排放权的年度成交量和成交金额。另外，图 7-25、7-26、7-27、7-28 和 7-29 分别给出了 7 个碳交易试点地区碳排放权在 2013 年、2014 年、2015 年、2016 年以及整体的成交量和成交金额。表 7-5 和 7-6 以及图 7-25、7-26、7-27、7-28 和 7-29 显示，7 个碳交易试点地区碳排放权的年度成交量和成交金额差别非常大。

　　观察表 7-5 和 7-6 的第二行和图 7-25 可以发现，2013 年深圳排放权交易所进行的碳排放权成交量和交易金额最高，都超过了 50％。这主要是由于深圳排放权交易所的碳排放权在当年 6 月最先开始交易，而上海环境能源交易所、北京环境交易所、广州碳排放权交易所和天津排放权交易所在当年 11 月或 12 月才开始交易,湖北碳排放权交易中心和重庆碳排放权交易中心还未进行交易。湖北碳排放权交易中心和重庆碳排放权交易中心的碳排放权成交量和交易金额占比都为0,这是因为它们还没有进行碳排放权的交易。

表 7-5　7个碳交易试点地区碳排放权的成交量　　　　　　　　　　(单位:元)

年 份	深圳	上海	北京	广东	天津	湖北	重庆
2013	197 328	14 570	2600	120 129	17 200	0	0
2014	1 816 381	1 665 724	1 068 905	1 055 517	1 011 340	5 006 873	145 000
2015	4 326 048	1 476 108	1 243 046	6 756 520	975 713	13 904 100	132 099
2016	10 643 885	3 419 599	2 426 412	22 232 995	367 796	11 722 793	459 846
共计	16 983 642	6 576 001	4 740 963	30 165 161	2 372 049	30 633 766	736 945

数据来源:Wind 资讯经济数据库.

表 7-6　7个碳交易试点地区碳排放权的成交金额　　　　　　　　(单位:元)

年 份	深圳	上海	北京	广东	天津	湖北	重庆
2013	13 138 332	413 060	133 200	7 227 740	491 048	0	0
2014	112 486 291	63 289 595	63 607 218	56 230 633	20 461 300	119 160 382	4 457 500
2015	164 768 660	37 505 275	57 968 843	110 576 884	13 950 751	347 411 778	2 342 842
2016	281 567 671	23 776 908	118 329 344	276 847 821	3 658 916	207 193 162	3 660 380
共计	571 960 954	124 984 838	240 038 605	450 883 077	38 562 015	673 765 321	10 460 722

数据来源:Wind 资讯经济数据库.

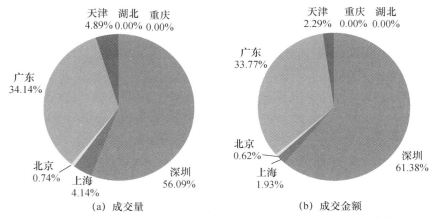

图 7-25　2013 年 7 个碳交易试点地区碳排放权成交量和成交金额的占比

数据来源:Wind 资讯经济数据库.

从表 7-5 和 7-6 的第三行和图 7-26 可以看出,2014 年与 2013 年相比有明显的变化。其中,湖北碳排放权交易中心的碳排放权成交量和交易金额占比最高,分别为 42.54% 和 27.10%。重庆碳排放权交易中心的碳排放权成交量和交易金额占比最低,分别为 1.23% 和 1.01%。另外,比较同一个碳交易试点地区的成交量和交易金额占比,可以发现存在较大的差别。如湖北碳排放权交易中心的碳排放权成交量占比高达 42.54%,而成交金额占比为 27.10%;深圳排放权交易所的碳排放权成交量占比为 15.43%,而成交金额占比为 25.58%,这主要是因为它们的成交金额不同所引起的。

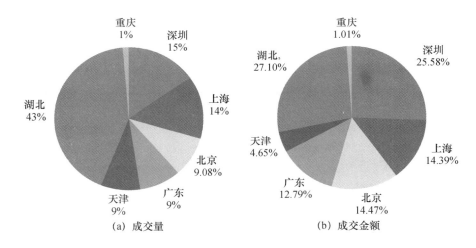

图 7-26 2014 年 7 个碳交易试点地区碳排放权成交量和成交金额的占比

数据来源:Wind 资讯经济数据库.

由表 7-5 和 7-6 的第四行和图 7-27 可以看出,2015 年湖北碳排放权交易中心的碳排放权成交量和交易金额占比仍然是最高的,其成交量和交易金额占比都接近 50%。其次是广州碳排放权交易所和深圳排放权交易所,它们的成交量和交易金额占比都超过了 15%。然而,上海环境能源交易所、北京环境交易所、天津排放权交易所和重庆碳排放交易中心的成交量和交易金额占比都不到 10%,特别是重庆碳排放交易中心,其成交量和交易金额占比不足 1%。

由表 7-5 和 7-6 的第五行和图 7-28 可知,2016 年各碳交易试点地区碳排放权的成交量和成交金额占比与 2015 年有较大的变化。其中,广州碳排放权交易所的碳排放权成交量和成交金额占比有大幅的提升,分别为 43.36% 和 30.26%,分别居第一位和第二位。而湖北碳排放权交易中心的碳排放权成交量和交易金额占比有明显的下降,其中成交量占比为 22.86%,排名第二,成交金额占比为

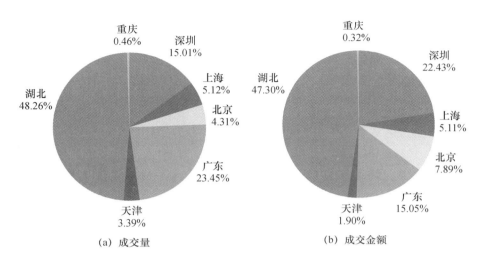

图 7-27 2015 年 7 个碳交易试点地区碳排放权成交量和成交金额的占比
数据来源:Wind 资讯经济数据库.

22.64%,排名第三。另外,还发现天津排放权交易所和重庆碳排放交易中心的碳排放权成交量和交易金额占比都非常小,都不足 1%。

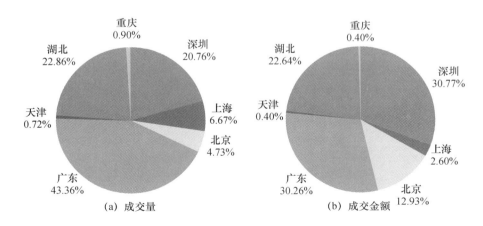

图 7-28 2016 年 7 个碳交易试点地区碳排放权成交量和成交金额的占比
数据来源:Wind 资讯经济数据库.

表 7-5 和 7-6 的第六行和图 7-29 显示,总体而言,截至 2016 年 12 月,湖北碳排放权交易中心的碳排放权累计成交量和金额占比都最高,都超过了 30%;其次是广州碳排放权交易所和深圳排放权交易所,其中广州碳排放权交易所的碳

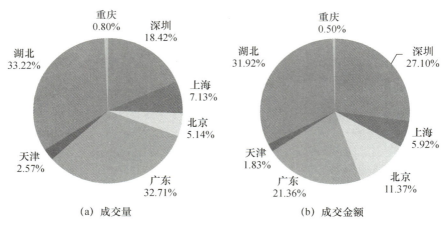

图 7-29　7 个碳交易试点地区碳排放权累计成交量和成交金额的占比

数据来源：Wind 资讯经济数据库。

排放权累计成交量超过了 30%，累计成交金额超过 20%；深圳排放权交易所的碳排放权累计成交量和成交金额分别将近 20% 和 30%；接下来是上海环境能源交易所、北京环境交易所和天津排放权交易所的碳排放权累计交易量和交易金额，占比在 1%～12% 之间；最小的为重庆碳排放交易中心，其碳排放权累计成交量和交易金额占比都不足 1%。

第 8 章 能源热点问题之——其他问题

8.1 中国能源消费和环境污染[①]

8.1.1 中国能源消费现状

改革开放以来,中国经济快速发展,工业化和城市化的进程持续推进。当前中国正处于工业化中后期阶段,2015 年,中国第二产业占比 40.5%。同时中国城市化进程不断加快,1978 年,中国城市化率只有 17.92%,2015 年,中国城市化率已经达到 56.10%。高度的工业化和城市化消费了大量的能源。如图 8-1 所示,1978 年,中国能源消费总量是 57 144 万吨标准煤;2007 年,中国能源消费总量首次突破 300 000 万吨,达到 311 442 万吨标准煤;2012 年,中国能源消费总量首次突破 400 000 万吨标准煤,达到 402 138 万吨标准煤。至 2015 年,能源消费总量达到 430 000 万吨标准煤,是 1978 年的 7.5 倍,35 年间年均增长 7.68%。同时据《BP 统计年鉴 2016》,2015 年,中国一次能源消费量占全球总消费量比例为 22.9%,中国成为全球能源消费第一大国。

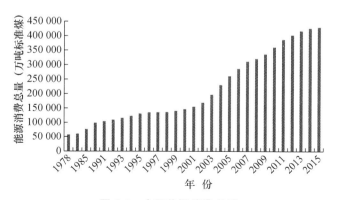

图 8-1 中国能源消费总量

数据来源:中国统计年鉴 2016.

再来看能源消费结构,图 8-2 是 2015 年中国能源消费结构构成:2015 年中国能源消费结构中,煤炭消费占比 64%,石油消费 18%,天然气消费 6%,一次电力

---

① 由于数据缺失,本部分只包括中国大陆地区(西藏地区为部分分析),不包括中国香港、澳门以及中国台湾地区。

和其他能源消费占比12%。中国当前能源消费仍然以煤炭为主,这和中国的能源禀赋——"富煤缺油少气"有关。2015年,中国煤炭全国产量37.5亿吨,占比全世界的47%;中国煤炭消费量39.65亿吨,约占全世界煤炭消费量的一半,煤炭在中国消费占比达64%,远高于30%的世界平均水平。而对于石油消费来说,2015年,中国石油消费对外依存度首次超过60%,达到60.6%,中国对石油的对外需求不断增大。

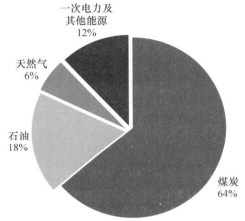

图8-2　2015年中国能源消费构成

数据来源:中国统计年鉴2016.

图8-3是2015年中国各省能源消费总量。由图可知,2015年,能源消费总量最低的是海南省,消费了1938万吨标准煤;而能源消费总量最多的是山东省,这是唯一能源消费量超过35 000万吨标准煤的省份,能源消费总量高达37 945万吨标准煤,与海南省相差19倍之多。2015年,中国有三个省份能源消费总量超过30 000万吨标准煤,分别是广东省、江苏省以及山东省。2015年,中国大部分省或

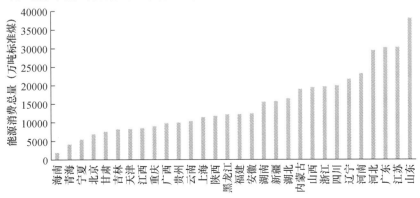

图8-3　2015年中国部分省市能源消费总量

数据来源:中国能源统计年鉴2016.

直辖市能源消费控制在 20 000 万吨标准煤之下,超过 20 000 万吨的除了广东省、江苏省和山东省外,还有辽宁省、河南省和河北省三个省份。

城市化和工业化进程带来了不断增长的能源消费量,鉴于中国的能源结构以煤炭为主,而燃煤过程中会排放大量的污染物,加之高度的工业化,城市建设排放的废气废水和汽车燃油排放的尾气等,给当前中国带来了严峻的环境污染问题,引起了人民的极大关注。当前中国面临着严重的空气污染和水环境污染,因此本小节将对中国当前面临的主要环境污染进行详细介绍。

8.1.2 中国环境污染现状

1. 废气污染

废气主要来源于人类的生产生活活动。废气的主要来源是工业生产过程中燃料燃烧排放的,如化工厂、制药厂以及炼油厂等,同时汽车尾气也是废气的主要来源之一。废气污染物主要包括二氧化硫、氮氧化物和烟尘。图 8-4 所示为中国二氧化硫排放总量:2015 年,中国二氧化硫排放总量为 1859.12 万吨,比 2014 年下降 5.8%。从 1997 年到 2015 年,中国二氧化硫排放总量并不规律。但是从 1999 年开始,二氧化硫排放有上升的趋势,2006 年二氧化硫排放总量最多,高达 2588.8 万吨。自 2006 年之后,除了 2011 年突然增加之外,其余年份都呈现出下降的趋势,2015 年排放量是 20 世纪以来的最低值。

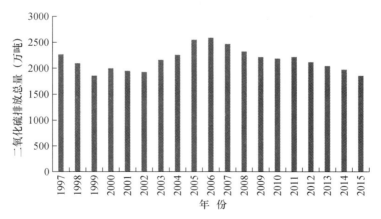

图 8-4 中国二氧化硫排放总量

数据来源:CEIC 中国经济数据库.

图 8-5 为中国历年烟尘排放总量。2015 年中国烟尘排放总量是 1538.01 万吨,比 2014 年下降 11.6%。但相对于 2000—2010 年以来,最近 5 年的烟尘排放量都超过了 1200 万吨,尤其是 2014 年为 20 世纪以来最高值,高达 1740.8 万吨。近年来,中国大部分城市雾霾天气频发,而雾霾的主要元凶之一就是烟尘。近年

来的高烟尘排放量很好地解释了中国严重的雾霾天气。

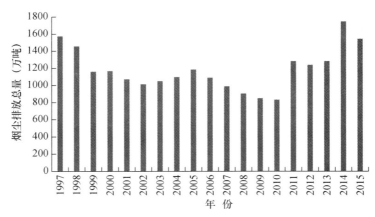

图 8-5 中国烟尘排放总量

数据来源:CEIC 中国经济数据库.

图 8-6 是中国 2015 年废气污染物构成。废气污染物中,总量最高的是二氧化硫,高达 1859.12 万吨;其次是氮氧化物,高达 1851.02 万吨。二氧化硫、氮氧化物以及烟尘排放,是导致空气污染的最主要来源。

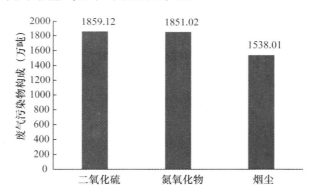

图 8-6 2015 年中国废气污染物构成

数据来源:中国国家环境保护部.

图 8-7 是 2015 年中国分地区二氧化硫排放量。从图可以看出,二氧化硫排放量最低的是西藏自治区,只排放了 0.54 万吨二氧化硫,这可能和西藏的地理位置以及经济环境有关。二氧化硫排放总量超过 100 万吨的 5 个省份分别是河北、山西、河南、内蒙古以及山东省。排放量最高的是山东省,排放了 152.57 万吨二氧化硫,与西藏相差 280 倍之多。

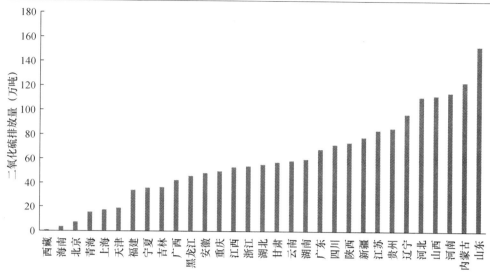

图 8-7　2015 年分地区二氧化硫排放量

数据来源：中国统计年鉴 2016.

图 8-8 是 2015 年中国分地区氮氧化物排放量。由图可知，氮氧化物排放物最低的仍然是西藏自治区，排放了 5.27 万吨氮氧化物；排放量最高的仍然是山东省，高达 142.39 万吨，是西藏的 27 倍。排放量最高的 5 个省份分别是江苏、内蒙古、河南、河北以及山东。山西省排放量也接近 100 万吨，高达 99.69 万吨。

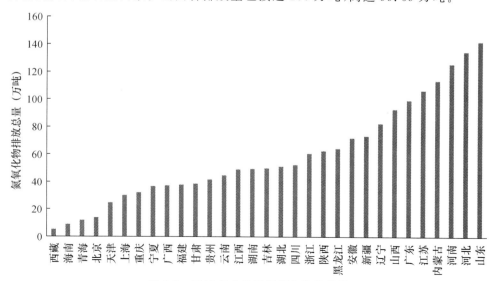

图 8-8　2015 年分地区氮氧化物排放量

数据来源：中国统计年鉴 2016.

图 8-9 是 2015 年中国分地区烟尘排放量。可以看出,烟尘排放量最低的是西藏,排放了 1.71 万吨烟尘;其次是海南,排放了 2.04 万吨烟尘。排放量超过 100 万吨的省份有 4 个,分别是辽宁、山东、山西以及河北。河北省排放量最高,高达 157.54 万吨。

从图 8-7、8-8 以及 8-9 可以看出,分地区中,废气污染物排放最高的是山东、河南、河北、山西、内蒙古、江苏等几个省份。大量的废气污染物很好地解释了这几个省份当前面临的严重的大气污染问题。

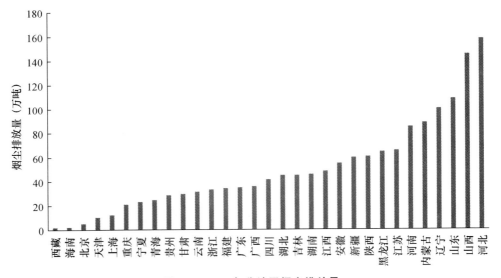

图 8-9　2015 年分地区烟尘排放量

数据来源:中国统计年鉴 2016.

2. 水环境污染

除了废气污染,当前中国还面临着严重的水环境污染问题。水环境污染根本来源是废水排放,包括工业废水和生活废水。水环境污染直接影响饮用水源的水质,同时也会对工业和农业生产过程造成严重影响。图 8-10 是中国历年废水排放量。从图可知,中国废水排放量呈现出逐年递增的趋势。2005 年排放量首次超过 50 000 百万吨,2010 年排放量首次超过 60 000 百万吨,2014 年排放量首次超过 70 000 百万吨,2015 年排放量高达 73 532.27 百万吨。

图 8-11 是 2015 年中国废水主要污染物构成。由图可以看出,废水中主要污染物是化学需氧量,高达 2223.5 万吨;其次是总氮 461.33 万吨,氨氮 229.91 万吨,总磷 54.68 万吨。废水中除了这些污染物,还包括石油类、挥发酚、铅、汞、镉等污染物。它们都会对水环境造成严重的污染。

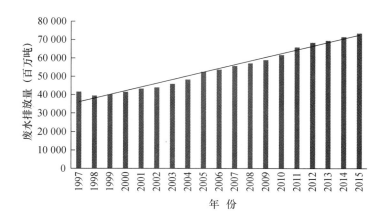

图 8-10　中国废水排放量

数据来源:CEIC 中国经济数据库.

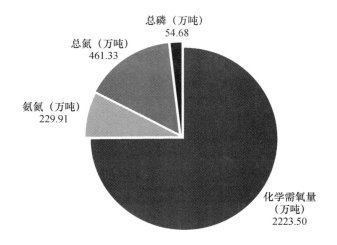

图 8-11　2015 年废水主要污染物构成

数据来源:中国统计年鉴 2016.

图 8-12 是 2015 年分地区废水排放量。由图可知,废水排放量最低的是西藏自治区,为 5883 万吨;而排放量最高的广东省,高达 911 523 万吨,是西藏自治区的 155 倍,与排放量第二名的江苏省相差近 300 000 万吨。还有一个排放量超过 50 000 万吨的山东省,排放总量为 559 907 万吨。

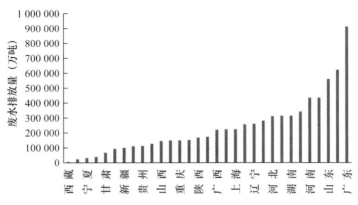

图 8-12　2015 年分地区废水排放量

数据来源：中国统计年鉴 2016。

3. 城市空气污染

随着城市化率的不断提高，城镇居民不断增加。城镇居民的增加对消费和城市基础设施如交通运输业的需求刚性上升。目前中国处于工业化中后期，城市工业和交通运输业的迅速发展消耗了大量的化石燃料，排放了大量的二氧化硫、二氧化氮、可吸入颗粒等污染物，使得城市空气质量恶化。当前中国面临着严重的城市空气污染问题。据中国环保部发布的《2015 中国环境状况公报》显示，中国 338 个地级以上城市中，只有 73 座城市环境空气质量达标，占比 21.6％；265 个城市环境空气质量超标，占 78.4％。图 8-13 是中国 2015 年 338 座城市空气污染物浓度范围示意图，根据中国环境空气质量标准，中国有 65％ 的城市未达到 PM10 年均浓度二级标准，有 79％ 的城市未达到二氧化氮年均浓度二级标准，有 53.9％ 的城市未达到二氧化硫年均浓度二级标准。

表 8-1 是 2015 年 74 个新标准第一阶段检测实施城市空气质量综合指数。空气质量综合指数越大，说明空气综合污染程度越高。从表中可以看出，有两个城市综合指数超过 10，分别是邢台市 10.01 和保定市 10.41。空气质量综合指数最高的 4 个城市除了邢台市和保定市，其他两个是唐山市和衡水市，都地处河北省，这也很好地解释了近年来河北省出现的大规模雾霾天气。从表 8-1 中还可以看出，污染较轻的城市（如海口、厦门、惠州等）大部分都是东南沿海城市；而污染较重的北京、沈阳、郑州等以及河北的大部分城市都是北方城市，这也反映出空气污染分布地域差距比较明显。

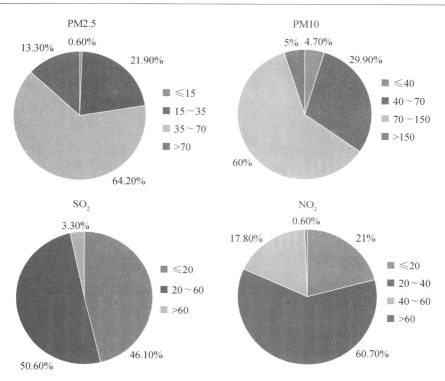

图 8-13 2015 年中国 338 个地级以上城市各指标不同浓度区间城市比例
数据来源：2015 中国环境质量公报.

表 8-1 2015 年 74 个新标准第一阶段监测实施城市空气质量综合指数

城市	空气综合质量指数	城市	空气综合质量指数	城市	空气综合质量指数
海口	2.49	大连	5.21	常州	6.25
厦门	3.28	上海	5.32	兰州	6.5
惠州	3.31	金华	5.35	银川	6.51
舟山	3.35	淮安	5.37	长春	6.53
拉萨	3.44	长沙	5.38	哈尔滨	6.53
福州	3.54	合肥	5.42	成都	6.56
深圳	3.63	重庆	5.43	武汉	6.6
昆明	3.73	连云港	5.46	西安	6.72
珠海	3.78	承德	5.48	徐州	6.75
丽水	3.86	嘉兴	5.49	天津	6.87
中山	3.92	湖州	5.5	乌鲁木齐	7

（续表）

城市	空气综合质量指数	城市	空气综合质量指数	城市	空气综合质量指数
贵阳	3.99	绍兴	5.61	太原	7.13
江门	4.02	青岛	5.62	沧州	7.28
台州	4.02	扬州	5.64	北京	7.42
东莞	4.22	南通	5.73	沈阳	7.52
南宁	4.29	杭州	5.77	廊坊	7.89
肇庆	4.32	泰州	5.82	石家庄	8.7
佛山	4.47	西宁	5.87	邯郸	8.73
南昌	4.57	镇江	5.91	济南	8.78
广州	4.61	宿迁	5.92	郑州	8.8
张家口	4.64	苏州	5.93	唐山	8.97
衢州	4.68	呼和浩特	5.96	衡水	9.08
盐城	4.89	无锡	6.02	邢台	10.01
宁波	4.91	南京	6.08	保定	10.41
温州	4.93	秦皇岛	6.1		

数据来源：2015中国环境统计公报。

4. 二氧化碳排放

温室气体排放和气候变暖已经成为当前全球面临的最严重的气候问题，节能减排已经成为当下研究的热点问题之一。中国作为全世界人口第一大国，二氧化碳排放量已经超过美国，成为全球二氧化碳排放第一大国。2014年中国化石能源二氧化碳排放量为9087百万吨，占世界化石能源二氧化碳排放总量的28.06%[1]。作为负责任的发展中大国，中国一直致力于节能减排工作，2014年，中国单位国内生产总值的二氧化碳排放比2005年下降了33.8%。同时据国际能源署数据显示，2015年中国二氧化碳排放量下降1.5%，减排效果较为显著。中国已经制定了应对气候变化的方案，将加大控制温室气体排放力度，争取在2020年，碳强度在2005的基础上下降40%～45%。

图8-14是中国大陆地区历年化石燃料燃烧二氧化碳排放量以及全球占比，如图可以看出，近年来中国的化石能源二氧化碳排放量和全球占比都处于比较快的上升水平，化石燃料二氧化碳排放由1971年的780.17百万吨增加到2014年的9086.96百万吨，同时全球占比从1971年的5.6%上升到2014年的28.06%。

---

[1] Key World Energy Statistics 2016，不包括港澳台地区。

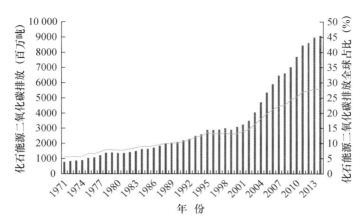

图 8-14　中国大陆地区历年化石燃料燃烧二氧化碳排放量以及全球占比
数据来源：EIA(CO_2 Highlight 2016).

如图 8-15 是 2015 年中国各省市化石燃料二氧化碳排放总量。2015 年，山东省化石能源二氧化碳排放量最高，高达 1112.48 百万吨；海南省化石能源二氧化碳排放量最低，排放了 38.46 百万吨，两者相差近 28 倍。其他几个省份，如内蒙古、山西、河北三省，由于它们一次能源消费中煤炭消费占比非常大，而燃煤会排放大量的二氧化碳，因此这三省的二氧化碳排放也非常高。可以看出，中国各省之间二氧化碳排放量差距很大。

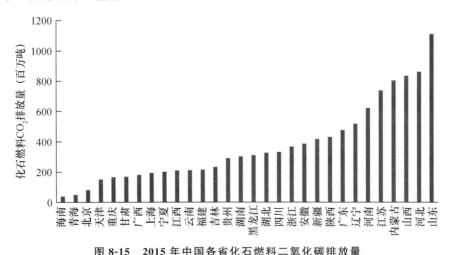

图 8-15　2015 年中国各省化石燃料二氧化碳排放量
数据来源：中国统计年鉴，根据各省化石燃料燃烧数据，作者计算获得二氧化碳排放量。

8.1.3 中国环境污染问题研究[①]

自改革开放以来,中国经济高速发展,但中国环境污染问题也日趋严重,目前中国面临着严重的大气污染、水污染等环境污染问题。而在 2016 年,最让群众关心的还是大气雾霾污染问题,2016 年的冬天,中国绝大部分城市被雾霾笼罩,这不仅严重影响居民的健康,同时也带来了不良的社会影响。基于此,本小节利用 2006—2015 年中国 30 个省份(由于西藏部分数据缺失,所以本小节分析不包括西藏自治区)大气污染数据,研究环境污染、经济增长以及能源消费之间的关系。在本小节中,首先我们对所选数据进行了说明;其次验证了三种大气污染物是否具有环境库兹涅茨曲线特征;最后,基于环境库兹涅茨曲线,探讨了经济增长、能源消费以及城市化对三种污染物排放的影响。

1. 数据说明

大气污染数据包括二氧化硫排放量、氮氧化物排放量以及烟尘排放量。二氧化硫、氮氧化物以及烟尘是导致空气污染最主要的三种污染物,其中烟尘是导致雾霾的最主要元凶,二氧化硫和氮氧化物会导致酸雨,污染河流水质,对动植物和建筑物造成伤害。表 8-2 描述了中国 30 个省份三种污染物排放的统计分析。可以看出,在近十年的面板数据中,三种污染物的人均平均排放量分别为二氧化硫 19.38 吨/千人,氮氧化物 16.64 吨/千人,烟尘 13.18 吨/千人。

表 8-2 数据描述统计

变量	观察值	均值	标准差	最小值	最大值
人均二氧化硫排放(吨/千人)	300	19.38	12.96	2.54	64.47
人均氮氧化物(吨/千人)	300	16.64	11.14	4.06	71.65
人均烟尘(吨/千人)	300	13.18	9.85	1.69	50.49
实际人均 GDP(元/人)	300	30 766.3	17 969.19	6338.7	95 199.95
人均能源消费总量(吨/人)	300	3.25	1.49	1.07	8.09
第二产业占比(%)	300	47.52	7.79	19.74	59.05
人均汽车拥有量(辆/千人)	300	71.22	46.41	13.38	246.72
城市化率(%)	300	52.11	13.47	27.96	89.60

影响大气污染物的因素很多。根据以往研究文献,选取以下几个解释变量:

(1) 实际人均 GDP。关于环境污染和收入水平的关系,最有影响力的研究是环境库兹涅茨曲线,环境库兹涅茨理论指出环境质量开始随着收入增加而恶化,

---

[①] 本节在参考"林伯强,朱俊鹏.城市化阶段中国环境污染问题研究[J].厦门大学中国能源政策研究院工作论文,2017."的基础上修改完成。

在收入水平到达一定程度后会随着收入的增加而得到改善,即环境质量和收入水平呈现"倒U型"关系。本文将在以往研究的基础上,依据EKC理论,采用人均收入水平二次方程来探讨三种污染物的环境库兹涅茨曲线关系。

(2) 城市化率。本文以城镇人口占总人口比例作为城市化率。城市化是通过人口的聚集、产业结构的变化以及消费模式的转变等对污染物排放产生影响。城市化进程对能源的需求增长快,并且刚性很大,对于中国这样的人口大国,城市化发展阶段和能源需求存在着紧密的关系。随着城市化率的不断提高,城镇人口的聚集导致能源消费不断增加,对于基础设施的需求也将不断上升,而能源消费和大量的基础设施建设无疑会带来大量污染物的排放。

(3) 第二产业占比。本小节以第二产业产值占总产值的比例表示第二产业占比。中国目前处于工业化中后期,第二产业占比仍然非常大。而不同省份由于产业结构的差异,第二产业占比差距也非常大。工业化过程会消耗大量的能源,并排放大量的污染物。产业结构变迁假说认为,人类社会将从以农业为主的低污染型社会向以工业为主的高污染型社会转变,最后再向以服务业为主的低污染型社会转变。中国"十三五"提倡产业结构优化升级,通过产业结构不断合理化和高级化,实现资源配置的最优化,在达到经济增长目的的同时,实现环境污染最小化。

(4) 能源消费量。本小节使用的能源消费量指的是各省的人均能源消费,单位是吨标准煤/人,其中包括了煤炭消费、石油消费以及清洁能源消费等。经济的快速增长伴随着巨大的能源消费,所以近年来中国能源消费总量也不断上升。过去的一段时间内,中国的经济是粗放式的发展,可以概括为"高污染,高耗能",伴随着快速的经济增长背后的是严重的环境污染。化石能源消耗会排放大量的污染气体,而中国能源禀赋"富煤贫油少气",因此,随着能源消费的增加,污染物排放也高居不下。

(5) 汽车拥有量。本小节采用的汽车拥有量为人均汽车拥有量,单位为辆/千人。随着经济的增长和城市化进程的加快,城市人口上升导致对交通需求的上升,当前我国人均汽车拥有量不断上升。而汽车尾气是空气污染物的主要来源之一,汽车尾气含有固体悬浮微粒、一氧化碳、二氧化碳、碳氢化合物、氮氧化合物、铅及硫氧化合物等。汽车拥有量的上升会增加空气污染物的排放。

2. 环境库兹涅茨曲线分析

对环境污染和经济增长之间的关系讨论最著名的理论是环境库兹涅茨曲线。环境库兹涅茨曲线是美国学者Grossman和Krueger(1991)提出来的,他们发现经济增长和环境污染出现"倒U型"关系,即随着经济的发展,环境污染由低到高,环境质量随着经济的增长而恶化,但当经济发展到一定阶段,即达到某个临界点之后,随着人均收入的进一步增加,环境质量逐渐改善。简单的环境库兹涅茨曲线可如下表示：

$$\ln(\text{pollution}_{it}) = \alpha_i + \gamma_t + \beta_1 \ln(\text{pgdp}_{it}) + \beta_2 [\ln(\text{pgdp}_{it})]^2 + \varepsilon_t \quad (8\text{-}1)$$

其中，pollution_{it} 分别表示环境污染物的排放量，α_i 表示每个地区的不变特征，γ_t 是时间虚拟变量，$\ln(\text{pgdp}_{it})$ 表示人均收入水平，$[\ln(\text{pgdp}_{it})]^2$ 表示人均收入水平的二次方。当 $\beta_1 > 0, \beta_2 < 0$ 时，可以判定环境污染出现了环境库兹涅茨曲线的特征。

参考以往的研究文献，本文构造包含影响环境污染影响因素的环境库兹涅茨曲线，模型的表达式如下：

$$\begin{aligned}\ln(\text{pollution}_{it}) = & \alpha_i + \gamma_t + \beta_1 \ln(\text{pgdp}_{it}) + \beta_2 [\ln(\text{pgdp}_{it})]^2 \\ & + \beta_3 \ln(\text{urb}_{it}) + \beta_4 \ln(\text{sip}_{it}) + \beta_5 \ln(\text{pcec}_{it}) \\ & + \beta_6 \ln(\text{pcar}_{it}) + \varepsilon_t \end{aligned} \quad (8\text{-}2)$$

本文中：pollution_{it} 分别表示人均二氧化硫、氮氧化物以及烟尘的排放量，urb_{it} 表示省份 i 在第 t 年的城市化率，sip_{it} 表示省份 i 在第 t 年的第二产业占比，pcec_{it} 表示省份 i 在第 t 年的人均能源消费量，pcar_{it} 表示省份 i 在第 t 年的千人汽车拥有量。

我们对模型(8-2)进行估计。在面板数据模型中，首先进行 F 检验，以判断是否运用混合回归模型，然后再通过 Hausman 检验，以判断是采用固定效应模型还是随机效应模型，F 检验和 Hausman 检验结果表明，本文应该采用固定效应模型。因此，通过采用固定效应模型，回归结果示于表 8-3 中。

表 8-3 固定效应模型估计结果

	人均二氧化硫排放	人均氮氧化物排放	人均烟尘排放
$\ln(\text{pgdp}_{it})$	2.012**	3.834***	−4.067***
	(2.57)	(3.51)	(−3.19)
$[\ln(\text{pgdp}_{it})]^2$	−0.157***	−0.212***	0.123**
	(−4.47)	(−4.31)	(2.13)
$\ln(\text{urb}_{it})$	−1.050***	−0.804*	0.270
	(−3.52)	(−1.93)	(0.55)
$\ln(\text{sip}_{it})$	−0.0455	0.640***	−1.049***
	(−0.35)	(3.53)	(−4.95)
$\ln(\text{pcec}_{it})$	0.898***	0.877***	0.431**
	(7.41)	(5.18)	(2.18)

（续表）

	人均二氧化硫排放	人均氮氧化物排放	人均烟尘排放
$\ln(pcar_{it})$	0.401***	0.431***	0.594***
	(3.46)	(2.66)	(3.14)
常数项	0.359	−16.34***	31.07***
	(0.09)	(−3.03)	(4.93)
观察值	300	300	300
调整 R^2	0.523	0.517	0.212

括号中为 t 值，* p 值小于 0.1，** p 值小于 0.05，*** p 值小于 0.01。

表 8-3 显示了基于环境库兹涅茨曲线模型对二氧化硫、氮氧化物以及烟尘的估计结果。从估计结果中可以看出，二氧化硫和氮氧化物污染物排放量都符合"倒 U 型"的曲线特征。除了烟尘外，城市化率与另外两种环境污染物呈现出负相关关系，说明新型城市化进程有利于减少污染物排放。能源消费量和三种污染物正相关，说明能源消费量越大的省份，环境污染物排放量越多。人均能源消费每增加 1%，使得二氧化硫排放、氮氧化物排放以及烟尘排放分别增长 0.615%、0.696% 和 0.405%。人均汽车拥有量和三种污染物都呈现出正相关关系，人均汽车拥有量每增加 1%，使得二氧化硫排放、氮氧化物排放以及烟尘排放分别增长 0.401%、0.431% 和 0.594%。

8.1.4 结论和相关建议

本小节分析了中国经济增长、能源消费以及环境污染之间的关系。

1. 分析了中国能源消费现状以及各省的能源消费现状

可以看出，中国目前能源消费非常高，2015 年，中国一次能源消费量占全球总消费量比例为 22.9%，成为世界第一能源消费大国。从能源消费结构来看，中国目前仍然以煤炭消费为主，而根据中国的能源禀赋，未来一段时间，中国依旧将以煤炭消费为主。从各省的能源消费来看，省级之间的能源消费总量差别比较大，能源消费总量最多的山东省与能源消费总量最低的海南省相差 19 倍之多。

2. 分析了中国目前环境污染现状

当前中国面临着严峻的环境污染问题。从废气污染来看，三种主要废气污染物（二氧化硫、氮氧化物、烟尘）居高不下。2015 年，二氧化硫排放高达 1859.12 万吨，氮氧化物排放高达 1851.02 万吨，烟尘排放高达 1538.01 万吨，这是导致空气污染的最主要原因。从分省数据来看，各省污染物排放差别比较大，二氧化硫排放量最高的山东省与二氧化硫排放最低的西藏自治区相差 280 倍之多；氮氧化物排放物最低的仍然是西藏自治区,排放了5.27万吨氮氧化物,排放量最高的仍然是山东省,高达142.39万吨;烟尘排放量最低的是西藏,排放了1.71万吨烟尘,河北排放量最高,高达157.54万吨。从废水污染来看,中国废水排放量呈现出逐年递增的趋势。2005年排放量首次超过50 000百万吨,2015年排放量高达73 532.27百万吨。从城市空气污染数据来看,当前中国面临着严重的城市空气污染问题。从二氧化碳排放来看,中国化石燃料二氧化碳排放量逐年上升,且在全世界的占比目前也最大,同时中国各省间二氧化碳排放量差距也非常大。

3. 基于面板数据模型和环境库兹涅茨曲线,实证分析了城市化、环境污染以及经济增长之间的关系

通过分析加入了影响因素的库兹涅茨曲线得出,二氧化硫和氮氧化物表现出了"倒U型"的曲线特征。除了烟尘外,城市化率与另外两种环境污染物呈现出负相关关系,说明城市化率越高的地区,倾向于有更低的污染物排放。能源消费量和汽车拥有量与三种污染物正相关,说明能源消费量越大或者汽车拥有量越多的省份,环境污染物排放量越多。

基于此,本文提出以下政策建议:

(1) 加快新型城市化建设。城市人口将随着城市人口的增长而聚集,新型城市化必须以中心城市向周边小城镇辐射发展,促进大城市和小城镇的协调发展,保障城市人口的住房问题,将中心城市人口向周边转移,降低中心城区的人口密度,推动形成具有绿色、低碳、低污染的生产生活方式和新型城市化模式。同时要不断推进城市轨道交通等基础设施建设,城市人口的上升使得对城市基础设施以及公共交通刚性上升,城市交通拥堵以及汽车尾气带来的环境污染问题是中国经济发展迫切需要解决的问题。城市轨道交通是将分散的出行方式集中化,提高了运输量和运行速度,在缓解交通拥堵的同时,可以有效减少石油消费以及汽车尾气排放造成的污染。

(2) 推动产业结构优化升级。改革开放以来,中国大力发展重工业,加快工业化进程,可以说过去几十年是"高污染,高耗能"经济发展模式,第二产业的快速发展导致了严重的环境污染问题,当前中国各大城市不仅面临着严重的空气污染,还面临着水环境污染问题。推动产业结构优化升级,首先要转变发展观念,由传统的发展理念转变为可持续发展理念。要适应需求结构的变化,着力发展现代产业体系,提升产业技术水平,促进三次产业的协同发展。

(3) 调整能源消费结构,提高清洁能源比重,减少化石能源的使用,促进经济和环境的协调发展。当前中国能源消费主要以煤炭为主,然而煤炭消费会排放大量的污染气体,基于当前中国的能源禀赋,短期内大规模替代煤炭消费非常困难。但是在当前情况下,增加清洁能源的使用,提高清洁能源的比重可以在一定程度

上减少废气排放,减缓环境污染。清洁能源转型不存在"免费的午餐",德国高可再生能源比例的直接代价是电价大幅度提高。中国计划在2020年非化石能源占一次能源消费比重达15%,煤炭消费比重控制在62%以内;到2030年非化石能源占一次能源消费比重提高到20%左右,这一目标对于中国来说任重道远。因此制定一条最适合中国发展的清洁能源转型之路,不仅关系到中国经济的可持续发展,也关系到社会的和谐稳定。

(4)完善环保立法,加大污染问责力度。由于很多污染企业只关注企业收益,而忽视环境保护,虽然能够带动本省GDP的发展,却对环境造成了污染。完善环保立法,加大对环境污染企业的问责力度,同时政府要实行严格的总量控制,采取一系列严格的污染治理措施,减少污染物排放,促进经济的可持续发展。

8.2 产业结构升级与能源转型

纵观改革开放后中国发展的轨迹,产业结构不合理和升级缓慢,导致长期以来我国在经济全球化浪潮中相对西方发达国家处于相对劣势地位,高耗能高污染产业的盲目扩张既带来非常严峻的环境问题又造成了严重产能过剩和资源浪费,成为制约经济进一步发展的长期顽疾。尤其是进入新世纪以后,严重的产能过剩和三大产业结构的失调成为制约中国经济与社会发展的最突出矛盾之一,并被写入了《中共中央关于制定国民经济和社会发展第十个五年计划的建议》。

与此同时,中国的资源环境已经难以继续承受传统的粗放式的经济增长方式,各种突出的环境问题层出不穷,无论是早已肆虐北方的沙尘暴和最近几年出现的PM2.5严重超标,都在预示着继续传统的能源消费结构和方式对内是不可持续的。另一方面,中国已经成长成为世界第二大经济体并仍然保持着中高速的经济增长,作为一个和平崛起的负责任大国,中国在全球环境问题中也不得不担负起更为重要的角色。中国在2014年编制的《国家应对气候变化规划》明确提出,到2020年单位GDP碳排放同比2005年下降40%~45%的目标。这是中国作为一个负责任的大国为了应对全球气候变化所主动承担的国际义务。为了实现这一目标,中国也需要改变产业结构实现能源消费和生产的转型,从而提高能源的利用效率减少碳总量的排放。发展新型的绿色低碳经济,减少化石能源的消费,发展清洁能源技术从而实现降低单位GDP碳排放的目标。从担负起国际义务实现长期碳减排的角度而言,产业结构的调整和能源消费的转型刻不容缓。

在传统的产业结构和能源消费模式下,先天禀赋的不足又导致了我国不得不严重依赖于化石能源进口,其中对海外原油的依赖尤为突出。根据海关数据,仅2017年一季度我国原油进口量就达到1.05亿吨,同比增长15%,原油进口依存度已经突破65%,这对我国的能源安全乃至于国家安全造成了巨大的威胁。就我国经济发展的现状而言,未来原油进口量和需求量仍将进一步放大,如不能抓住机遇实现能源消费的转型和产业结构的升级优化,我国将难以掌控自己的能源乃至经济命脉,对实现中华民族伟大复兴形成了阻碍。

因此,无论从经济发展、环境约束还是国家安全的角度而言,抓住时机实行产业升级和能源结构转型都是迫切的。

8.2.1 产业结构升级与调整

新中国成立以后我国开始从农业国向工业国转变,大致经历了改革开放前的初步工业化和改革开放后的加速工业化两个阶段。

由图8-16中可以看到,自1956年到2016年的60年间,第二产业在我国经济中长期处于主导地位;直到2012年,第三产业在GDP中所占比例才首次超过第二产业位居第一[①]。

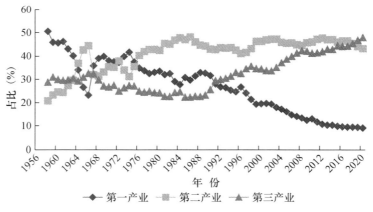

图8-16 三大产业在GDP中所占比重

资料来源:国家统计局,笔者整理制图。

根据经济发展的相关规律与历史经验,这是工业化经济发展到相应阶段经济自身结构化调整的必然结果。一方面说明中国经济经历了长期的发展正在进入新的阶段,面临着新机遇与挑战;另一方面又需要看到第二产业在GDP中所占比例与历史上相同发展时期的西方发达国家相比仍然严重偏大,反映了中国的经济和产业结构并不能完全适应发展新阶段的要求,因此产业结构的升级和调整刻不容缓。其原因主要有三点:

首先,从宏观经济的角度而言产业升级迫在眉睫。在经济一体化的今天,中

---

① 2012年第二产业在GDP中占比为45.27%,第三产业占比为45.31%。

国虽有着"世界工厂"的称号,但在全球价值链中我国仍然处于相对劣势的地位,更多时候中国的产业是通过相对廉价的劳动力参与全球的社会化生产分工中。虽然贸易总量巨大但附加值不高,在产业链中影响力不大,在国际市场的竞争中缺乏具备核心竞争力的企业与行业,无论是在国际贸易还是生产中都处于被动地位。虽然这种模式在改革开放早期有助于为中国完成原始的资本积累,但是伴随着国内经济发展和人力成本的增加,未来这种以廉价劳动力换取经济价值的模式难以长期为继。根据传统的国际贸易理论,国家应当通过专业化的分工和生产充分发挥出比较优势,进而带动科技的进步和禀赋要素的最优配置,最终实现产业升级和经济的发展。继续演进当前这种重量而不重质的模式,难以实现这样的发展目标。因此如果不能抓住时机推动和完成产业结构的转型,实现产业由劳动密集型向资本与技术密集型的转变,那么未来中国有被挤出全球价值链的风险。

其次,从产业结构内部来看,由于长期以来"唯GDP论"的影响,产业发展一味地追求规模与速度,各地区之间缺乏统一合理的长期规划,导致很多产业盲目扩张、无序发展。一方面难以淘汰落后产能,另一方面又存在着大规模的超前建设,两者叠加造成了严重的产能过剩问题。以煤炭为例,根据国务院印发《关于煤炭行业化解过剩产能实现脱困发展的意见》,从2016年开始的3~5年内,煤炭行业需要退出的产能就达到5亿吨左右,另有约5亿吨左右产能需要减量重组,总体削减产能规模在10亿吨左右。根据2017年2月28日国家统计局发布的《2016年国民经济和社会发展统计公报》数据显示,2016年全国原煤产量完成34.1亿吨,仅煤炭行业产能过剩比例就超过30%,形势十分严峻。由于种种原因,这些过剩的产能往往不能通过市场化的手段消化,需要通过政府的政策和行政手段加以引导和处理。一方面,过剩的产能造成了资源的严重浪费,扭曲市场错配了资源,从而拖累了经济发展的步伐。另一方面,在处理这些产能过剩的行业企业的过程中政府又背上了额外财政负担,浪费了有限的财力,难以充分发挥出社会主义市场经济制度的优势。与此同时又造就了大量的"僵尸企业",形成了新的社会经济问题。如不抓紧时机推进产业升级,淘汰落后行业、落后产能,那么未来可能出现更为严峻的问题,从而阻碍未来经济和社会的发展。

其三,长期以来我国经济发展一直走"先污染,后治理"的道路,传统的产业结构和发展模式给环境造成了沉重的负担。产业结构偏向于重工业,导致了资源的快速消耗和大量工业污染物质的肆意排放,造成了环境的快速恶化,并引发一系列的公共环境问题。通过历史经验可以发现,这在一定程度上是经济发展过程中一个必然的过程,西方发达国家都经历过相似的阶段。如何从根本上解决这个问题,历史上也有两个思路:一条路是通过产业转移将高污染高耗能的行业生产转移到不发达的国家,通过"以买代产"转移污染。这一方面需要高度发达的国内经济作为购买力的支撑,另一方面要求国家需求相对于国际市场供给而言比较小,通过国际贸易能够安全地满足国内需求。这套方案显然是治标不治本,仅仅是将污染从国内转移到了国外,在环境问题认识尚不充分的过去勉强可行,现如今随着世界对全球变暖和环境危机的严重性达成充分共识,这种污染产业的转移面临着巨大的阻力。另外,对中国的市场规模和经济体量而言,完全通过贸易而不是生产来满足自身的需求显然是难以实现的。那么未来摆在中国面前的只能是另一条路——通过产业转型和升级,走绿色经济、低碳经济的发展道路,只有通过自身的产业升级向环境友好型的经济转变,从而从根本上解决污染问题。因此,在环境问题进一步恶化之前推动产业升级与转型是一条必由之路。

需要认识到的是,产业升级与调整作为解决中国经济和社会发展中众多问题的一个重要方法,其在具体实施中也需要结合中国国情对症下药,才能取得较好的效果。

"去产能"是政府最重要的产业政策之一。但是,相对于中国中长期经济社会发展,目前的产能过剩到底是多少? 产能是暂时过剩(在产业周期的底部),还是永久性过剩? 至今缺乏相关的研究和判断。而在这一部分过剩产能中,有相当大的一部分是由于超前建设造成的,实际而言这部分产能并不是需要淘汰的落后产能,相反却是利用了当前最先进技术的先进产能。由于行业的整体过剩,难以得到充分利用从而造成了极大的浪费。相当一部分重工业行业便是如此,比如钢铁、水泥、建材、冶金、机械等,而这些行业往往都与基础设施建设高度关联。需要看到,虽然我国经济进入了新常态,但是如果没有积极的基础设施建设,即使保持 6.5% 的经济增长,也难以阻挡重工业持续下行。因此中国的产业结构和能源结构一定会转型,但若重工业下行太快,则会导致产能极大浪费。因此去产能、调结构不能只关注于"堵",更应当着眼于"疏",政府应当通过政策规划充分利用好这些产能。

中国依然处于城市化进程中,今后进入中高收入国家行列,基础设施建设依然存在巨大空间。乡村基础设施是一个长期选择,是经济社会发展的必要选择。短期而言,城市轨道交通就是可选择的。它将分散的出行方式集中化,提高了运输量和运行速度,完善的轨道交通系统可以有效减少人们的汽车使用频率,并且电力是城市轨道交通的唯一能源,与汽车交通方式相比,可以减少石油消费,减少尾气排放。良好的轨道交通还可缓解城市中心的多种压力。在目前部分行业产能过剩背景下,进行城市轨道交通基础设施建设,可以提高能源和电力需求。以煤炭为例,在需求下降和价格走低时,煤炭企业除了可以维持生产,还能获得必需的现金流。由于重工业与基础设施建设高度关联,对能源电力消费贡献最大,因此政府可以通过大规模建设城市地铁和其他轨道交通的基础设施,来增加对重工业和能源电力需求,在解决交通拥堵和雾霾治理的同时,又可以有效地进行石油替代。产能过剩是相对于需求而言的,增加需求也是去产能。

由于难以把握中国经济长期增长所需要的产能规模,短期通过行政措施去产能的最大风险是矫枉过正。那么,现阶段应该有选择地增加基础设施建设,除了减少浪费,也为国内"去产能"和国际上"产能走出去"赢得时间。"一带一路"建设增加了国际市场的产能空间和机会,对于火电、钢铁、石化、玻璃、电解铝等高耗能产业的过剩产能,政府的"一带一路"战略是解决中长期消化过剩产能的重要举措,积极的"一带一路"措施可以提高行业景气预期。由于目前大规模过剩产能多为高耗能、基础设施改建行业,"一带一路"建设的西部和南部地区多为经济发展程度不高的国家,基础设施往往薄弱,可以实现多个基础设施相关的过剩产业进行横向联合,走向国际市场。因此中国的产能空间应该还包括国际市场。

宏观经济中产业升级的关键在于第二产业,而第二产业中产业升级的关键在制造业。一方面,制造业往往处于全产业链的下游,它的发展和变革能够通过产业链的传导,深刻影响到整个上游产业,通过自身的产业结构升级能够带动上游产业的配套升级,从而实现产业结构的整体升级。另一方面,制造业往往是资本和科技密集型行业,代表了一个国家工业发展的最高科技水平。掌握制造业的核心技术,就能够在国际化的竞争中处于优势地位,可以快速提升在国际价值链中的地位,又能够促进资本和资源的良性配置,优化经济结构。

因此产业结构升级的重中之重在于制造业的转型与升级。2015年5月8日,国务院下发了《中国制造2025》,作为未来10年制造业发展纲领性的文件,明确提出了通过"三步走"实现制造强国的战略目标:第一步,到2025年迈入制造强国行列;第二步,到2035年中国制造业整体达到世界制造强国阵营中等水平;第三步,到新中国成立一百年时,综合实力进入世界制造强国前列。同时提出了大力推动新一代信息技术产业、高档数控机床和机器人、航空航天装备、海洋工程装备及高技术船舶、先进轨道交通装备、节能与新能源汽车、电力装备、农机装备、新材料、生物医药及高性能医疗器械等十个行业的发展。

国家站在全球战略发展与布局的角度提出了大力发展这十大产业,并为之配套了系列扶持措施与政策,为未来产业升级和发展指明了道路。以下游产业转型促进上游产业配套转型,以高新科技产业作为龙头产业带动整体,也是未来我国产业转型的主要模式。

8.2.2 能源消费结构转型

根据《中华人民共和国国民经济和社会发展统计公报》,2016年全年中国能源消费总量43.6亿吨标准煤,比上年增长1.4%。煤炭消费量下降4.7%,原油消费量增长5.5%,天然气消费量增长8.0%,电力消费量增长5.0%。煤炭消费量占能源消费总量的62.0%,比上年下降2.0个百分点;水电、风电、核电、天然气等清洁能源消费量占能源消费总量的19.7%,上升1.7个百分点。2017年仅一季度我国原油进口量就达到1.05亿吨,同比增长15%,原油进口依存度已经突破65%(图8-17)。

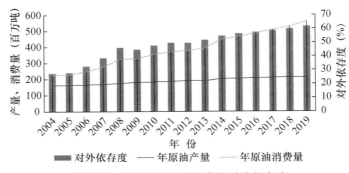

图8-17 中国原油生产消费及对外依存度

资料来源:国家统计局,笔者整理制图。

可以看到受制于先天禀赋等原因,长期以来中国的能源消费,一方面相对单一,仍然以煤炭消费为主;另一方面在能源消费中占据重要地位的原油等其他化石能源又极度依赖进口。与西方发达国家相比,清洁能源在能源总体消费中所占比例也偏低。总体而言,中国能源消费在结构上存在着不少问题。

针对这些问题,中国政府也出台了一系列有针对性的长期规划。根据《能源发展战略行动计划(2014—2020年)》中所设立的目标,到2020年,非化石能源占一次能源消费比重要达到15%,天然气比重达到10%以上,煤炭消费比重控制在62%以内。能源自给能力保持在85%左右,石油储采比提高到14~15,能源储备应急体系基本建成。

根据相关规划,"十三五"期间能源结构中可能起比较大变化的是煤炭的减少和清洁能源的增加,这基本上是一个此消彼长的过程。目前非化石能源在能源结构中比重只有12%,所以需要增长3个百分点。在建的核电可以再贡献约1个百分点,即从目前1.4%增加到2020年的2.5%;风电和太阳能需要从目前的2.1%翻1倍到4%;加上水电稳定在8.5%,凑成15%的非化石能源比重。我们估计,"十三五"期间天然气在能源结构中的比例应该可以再增加2个百分点,从目前的5.9%增加到8%。这样,2%的天然气增长和3%的非化石能源增长,可以使煤炭占能源结构的比例减少5个百分点,从2015年的64%下降为2020年的59%。因此,直观地从数字上看,满足到2020年非化石能源在能源结构中比例为15%不是没有可能,但绝非易事,任何预测煤炭在2020年的能源结构比例低于59%的,都是过于乐观的。

根据西方发达国家经验,未来中国的能源需求总量还是增加,就美国非常成熟的发达经济产业结构而言,90年代美国平均能源需求还有平均1.58%的增长。因为目前清洁能源的比例太小,难以在满足能源需求快速增长的同时还替代煤炭。

如果短期中国能源需求增长反弹超过2%,那么煤炭消费的绝对量还可能上升。整体而言,虽然煤炭在今后中国能源结构中的比重一定会下降,随着能源需求增长速度的变化,下降速度将有很大差异。但是,无论中国清洁能源如何发展,煤炭在相当长时间内仍然是主体能源,那么实现煤炭的清洁低碳发展将始终是中国未来能源消费转型的重要命题。

能源消费转型也要兼顾国家安全战略,作为全球最大的石油进口国,石油安全是中国能源安全的关键所在。伴随着中国的经济转型和目前国内市场汽车增量(每年超过2500万辆),交通领域是中国今后能源消费增长最快的领域,石油进口对外依存度未来还将大幅度上升。要真正能够回避国际油价大幅波动影响中国能源安全,除了加快石油战略储备、促进石油进口多元化,还需要对石油消费进行替代。新能源汽车的发展虽然有助于雾霾治理和石油替代,但不是短中期的选择,也无法解决目前日益严重的城市交通拥堵。而发展城市轨道交通是短中期石油替代的重要方面。电力是城市轨道交通的主要能源,可以减少石油消费,并减少尾气排放。

随着中国经济的不断发展,国内的天然气消费需求也不断提高,国内产量增长逐渐跟不上需求增长,自2006年起中国成为天然气净进口国,此后进口量持续攀升。2016年全年中国天然气进口量733亿立方米,同比增长19.0%,较上年同期增加15.5个百分点,天然气对外依存度快速升至36.6%,而2020年对外依存度则可能超过40%。目前,国内的天然气需求主要从三个方面来满足:第一是自产天然气;第二是从中亚和俄罗斯等通过长输管网进口的天然气;第三是从东南沿海进口的LNG。由于天然气主要依靠管道进口,受区域分布的影响,天然气管道进口基本上局限在周边几个国家,受地缘政治和地区安全的影响很大。天然气对外依存度对能源安全和国计民生的影响将更甚于石油。

因此对于中国而言,非常规天然气(主要包括煤层气和页岩气)的发展非常重要。一方面,中国页岩气资源非常丰富。根据国家能源局印发的《页岩气发展规划(2016—2020年)》,到2020年中国将力争实现页岩气产量300亿立方米。根据美国能源信息署(Energy Information Administration,EIA)2011年的调查结果,中国页岩气技术可采储量达31.6万亿立方米,为世界第一,占全球14.3%,是中国常规天然气储量的近10倍。而另一方面,目前中国仍处于页岩气开采的初级

阶段,很多勘探信息还不明朗,加上技术薄弱、水资源不足、基础建设滞后和体制机制制约以及近年来国际油气价格低迷、页岩气初始投资庞大等原因,2016年我国页岩气产量仅78.6亿立方米,离2020年300亿立方米的目标仍有相当大的距离。

因此未来在借鉴美国页岩气开采成功经验的同时,中国需要探索自己的页岩气开发之路。目前页岩气技术可能主要来自美国,中国需要通过技术进步和适合的商业模式来降低成本。政府需要从政策上鼓励页岩气投资,还需要通过体制和价格改革配合投资鼓励政策以实现长期的能源消费转型目标。

具体将能源消费细分到行业中,可以发现重工业在我国能源消费中所占比重最大,2014年重工业消费了62.8%的能源,却仅仅贡献了25.5%的GDP。直观上看,优化我国的能源消费结构就在于减少重工业的能源消费,限制高耗能产业的产能,更进一步地压缩重工业的产业规模。但实际情况远比此复杂。

中国是处于城市化、工业化进程中的制造业大国,能源消费之所以高度集中在工业尤其是重工业,主要是因为重工业行业在产业链中多为上游行业,主要为整体经济系统运行提供能源和原材料。重工业产能和消耗很大程度上又通过其生产的中间产品转移给了中下游的其他行业,这就是说,重工业实际上"代替"其他行业消耗了基础材料。按照这个思路,重工业行业的能源消费要扣除通过中间产品转移走的部分,而处在整个产业链中下游的行业则要加上从上游行业生产的中间产品转移而来的这部分能源;由于重工业的主要作用是为下游行业提供能源和原材料,那么如果不从使用终端入手,仅限制高耗能产业的产能,这种做法能否真正行得通也有待商榷。事实上,与中国现代化生活水平提高相关的中下游行业所需的大量能源和原材料需要重工业来提供,中国目前的经济实力和庞大的消费量决定了我们无法像其他国家一样通过进口来满足中下游行业所需的能源和原材料。因此能源消费的转型并不是简单地针对某些高耗能行业限制产能那么简单,需要政府在错综复杂的宏观经济层面上理清头绪,采取更有效率的能源消费改革。

长期以来,中国的能源价格实行的是政府成本加成定价,能源产品的市场化属性偏弱。在能源消费转型过程中,应该进一步利用市场的力量促进中国的能源消费转型。2015年中国政府提出推动能源生产和消费革命,强调需要还原能源商品属性,将能源价格交由市场决定。一方面,无论未来清洁低碳能源以何种方式发展,都将会在一定程度上提高能源成本,通过能源价格改革有效的分摊能源成本能够影响清洁低碳发展程度和速度;另一方面,长期的政府定价扭曲了能源要素价格,导致市场失灵无法达到最优的资源配置,导致一系列外部性问题。这也是现阶段我国能源消费所引发环境问题的根本症结之一。

8.2.3 产业转型与能源消费实证分析及政策建议

在产业升级和能源转型过程中需要充分考虑到各个行业之间相互的动态影响,而能源价格,尤其是原油和煤炭价格作为外部冲击又对整个系统产生了至关重要的影响。我国政府结合国情制定的规划和政策在转型过程中发挥了重要的作用,因此我们使用全局向量自回归模型(GVAR)[1]对中国的部分产业进行系统地动态分析。

首先,以国务院于 2015 年 5 月 8 日公布的强化高端制造业的《中国制造 2025》国家战略规划中提出的十大产业为基础结合《国民经济行业分类与代码》(GB/T 4754-2011)的行业分类标准,将文件中的十大产业整合为可以获得观测数据的七大行业[2]作为模型的中的优先发展行业组。

与此同时,根据《国务院关于进一步加强淘汰落后产能工作的通知》《节能减排"十二五"规划》《"十三五"节能减排综合工作方案》等中国政府的纲领性文件,将政府所规划的抑制发展去产能的行业整合为七大抑制发展行业组[3]。

而后,利用投入产出表的直接消耗矩阵构建各个行业之间的关联权重矩阵,将孤立的各个行业整合进一个统一的系统中来。再引入煤炭价格和国际原油价格作为可以观测的外生能源价格冲击,从而构建出一个合适的宏观模型。

由于中国煤炭价格的政府管制,煤炭价格的变动更多地受到政府对于煤炭行业生产能力调控的影响,能够更为直观地通过煤炭行业的资产规模来反映。利用模型的冲击响应机制,首先我们给予煤炭行业资产规模一个标准差的负面冲击,在冲击稳定[4]后可以发现对于抑制发展组而言仅对与直接相关的钢铁行业利润总额造成了-8.27%的负面冲击比较显著,对其他行业利润总额并没有产生明显的冲击。而对于优先发展组而言,其对汽车行业的利润总额造成了 3.07%的正向影响,对于航空航天铁路船舶制造业造成了 3.39%的负面冲击,对其他行业影响不显著。

因此可以看到,首先煤炭行业确实存在着产能过剩,其产能的缩小对整个宏观经济体的影响并不大,未来进一步降低煤炭生产以完成 2020 年煤炭消费比重控制在 62%以内的目标是可以实现的。

同时可以发现航空航天铁路船舶制造业的产品主要以煤炭或者电力作为直

---

[1] 全局向量自回归(GVAR)模型是在经典的自回归(VAR)方法的基础上通过权重矩阵扩展而来的新模型,可以用于分析各地区或者各产业之间相互的经济联系。
[2] 七大优先发展行业组为新一代信息技术产业、数控机床、航空航天铁路船舶、汽车、电力设备制造、农机制造、生物医药。
[3] 七大抑制发展行业组为煤炭、钢铁、水泥、有色金属、焦炭、造纸、纺织。
[4] 受时滞的影响对各行业的冲击约在 3 个季度后趋于平稳。

接消耗的能源来源,煤炭行业的产能缩减通过价格机制和产业间的传导对其造成了负面影响。与之相对应的原油作为煤炭的替代产品,当煤炭产量下降时原油的需求上升也就拉动了以其为直接能源来源的汽车行业的发展。同理,在给予航空、航天、铁路、船舶制造业正向的资本冲击时,也给煤炭行业带来显著的利润正向冲击。换言之,产能过剩是相对于需求而言的,增加需求也是去产能。如果未来这些新兴行业实现发展的突破,造成了能源需求的上升,煤炭未来在能源消费占比虽然会下降但是需求总量仍然可能上升,那么实现煤炭的清洁低碳发展也就显得十分重要。而在目前部分行业产能过剩背景下,进行城市轨道交通的公共交通基础设施建设,也可以提高能源和电力需求,帮助煤炭企业提高利润维持生产,从而化解一部分过剩产能,在解决交通拥堵和雾霾治理的同时,又进行了有效的石油替代。

因此长期来看,我国通过长期规划优化产业结构进行产业升级和能源转型过程中应该注意到,处理中国的产能过剩问题有其特殊性,相当一部分是超前建设造成过剩的先进产能,不能够一味地采取"堵",增加需求也是去产能一种方式。无论是长期的通过"一带一路"建设走出去的模式,还是短期的加大城市轨道交通公共设施的建设,都有助于中国在产业结构升级过程中解决产能过剩问题。其次,中国的经济规模决定了我国产业升级不能够采取"去工业化"的模式,产业结构升级的重中之重仍然在于制造业由人力密集型向技术、资本密集型转型与升级,采取优先扶持先进制造业的发展策略是未来我国产业升级的主要方向。

而在能源消费转型过程中还应当注意到,在未来相当长的一段时间内无论中国清洁能源如何发展,煤炭仍然是主体能源,在能源消费升级转型的过程中不能够一味地追求去煤炭化,实现煤炭的清洁低碳发展将始终是中国未来能源消费转型的重要命题。其次,对于中国而言,促进非常规天然气尤其是页岩气的发展非常重要,未来可能成为解决中国能源安全问题的主要途径之一。再次,虽然重工业在中国能源消费中占比最高,但其主要作用是为下游行业提供能源和原材料,如果不从使用终端入手,仅限制高耗能产业的产能,这种做法能否真正可行也有待商榷。因此在能源消费升级过程中应该更加强调从宏观层面把握问题,不能片面地将问题归结到部分高耗能行业。

参 考 文 献

[1] Abdullah S, Jeanty P W. Willingness to pay for renewable energy: Evidence from a contingent valuation survey in Kenya[J]. Renewable and Sustainable Energy Reviews, 2011, 15(6): 2974—2983.

[2] Akamatsu K. A historicalpatternofeconomicgrowthindevelopingcountries [J]. The Developing Economies, 1962, 1(Supplement): 3—25.

[3] Allen R G D. Mathematical analysis for economists[J]. Journal of Political Economy, 1939.

[4] Alves M R, Moutinho V. Decomposition analysis and Innovative Accounting Approach for energy-related CO_2 (carbon dioxide) emissions intensity over 1996—2009 in Portugal[J]. Energy, 2013, 57(3): 775—787.

[5] Asian Development Bank. Resource optimization in the road sector in the People's Republic of China: green transport [M]. Economic Press China, 2009.

[6] Berndt E R, Christensen L R. The translog function and the substitution of equipment, structures, and labor in US manufacturing 1929—1968[J]. Journal of econometrics, 1973, 1(1): 81—113.

[7] Bentzen J. Estimating the rebound effect in US manufacturing energy consumption [J]. Energy Economics, 2004, 26(1): 123—134.

[8] Caves D W, Christensen L R, Diewert W E. The economic theory of index numbers and the measurement of input, output, and productivity [J]. Econometrica, 1982, 50(6): 1393—1414.

[9] Chang K P. Capital-energy substitution and the multi-level CES production function[J]. Energy Economics, 1994, 16(1): 22—26.

[10] Chung Y H, Färe R, Grosskopf S. Productivity and undesirable outputs: A directional distance function approach[J]. Journal of Environmental Management, 1995, 51(3): 229—240.

[11] Färe R, Grosskopf S, Jr C A P. Environmental production functions and environmental directional distance functions[J]. Ssrn Electronic Journal, 2007, 32(7): 1055—1066.

[12] Färe R, Grosskopf S, Norris M. Productivity Growth, Technical Progress, and Efficiency Change in Industrialized Countries: Reply[J]. American Economic Review, 1994, 84(5): 1033—1039.

[13] Filatova T, Voinov A A. The influence of structural change on energy consumption

[J]. 2014.

[14] Geiger F, Schiereck D. The influence of industry concentration on merger motives—empirical evidence from machinery industry mergers[J]. Journal of Economics and Finance, 2014, 38(1): 27—52.

[15] Gilles Notton, Importance of islands in renewable energy production and storage: The situation of the French islands[J]. Renewable and Sustainable Energy Reviews, 2015, 47: 260—269.

[16] Grossman G M, Krueger A B. Environmental impacts of a North American free trade agreement[J]. Social Science Electronic Publishing, 1992, 8(2):223—250.

[17] Greening L A, Davis W B, Schipper L, et al. Comparison of six decomposition methods: application to aggregate energy intensity for manufacturing in 10 OECD countries [J]. Energy Economics, 1997, 19(3):375—390.

[18] Guo X, Liu H, Mao X, et al. Willingness to pay for renewable electricity: A contingent valuation study in Beijing, China[J]. Energy Policy, 2014, 68: 340—347.

[19] Henderson J V, Storeygard A, Weil D N. Measuring economic growth from outer space [J]. American Economic Review, 2012, 102(2):994.

[20] Hicks J R, Sir. The theory of wages[M]. Macmillan, 1932.

[21] Hoover E M. The location of economic activity[M]. NewYork:McGraw-Hill,1963.

[22] Hoerl, A. E.. Application of ridge analysis to regression problems[M]. Chemical Engineering Progress, 1962.

[23] Hu, Z. G., Tan, X. D., Xu, Z. Y.. Chapter 6, Scenario analysis of China's electricity demand in the year 2030, pp. 141—160; Chapter 7, China's economy and electricity demand outlook for 2050, pp. 161—178. In: An exploration into China's economic development and electricity demand by the year 2050[M]. China Electric Power Press,2014.

[24] Hu Z, Tan O. An Exploration into China's economic development and electricity demand by the year 2050[J]. 2013.

[25] Huo H, Wang M, Johnson L, et al. Projection of Chinese Motor Vehicle Growth, Oil Demand, and CO_2 Emissions Through 2050[J]. Transportation Research Record Journal of the Transportation Research Board, 2007, 2038(-1):69—77.

[26] Inglesi-Lotz R, Pouris A. Energy efficiency in South Africa: A decomposition exercise[J]. Energy, 2012, 42(1):113—120.

[27] Jiang Z, Lin B. China's energy demand and its characteristics in the industrialization and urbanization process[J]. Energy Policy, 2012, 49: 608—615.

[28] Jiang Z, Tan J. How the removal of energy subsidy affects general price in China: a study based on input-output model[J]. Energy Policy, 2013, 63(3):599—606.

[29] Keshari P K. FDI and firm level export competitiveness in the Indian machinery industry [J]. 2012.

[30] Khanna N Z, Guo J, Zheng X. Effects of demand side management on Chinese household electricity consumption: Empirical findings from Chinese household survey[J]. Energy Policy, 2016, 95:113—125.

[31] Kole S. R., Mulherin J. H., 1997. The Government as a shareholder: A Case from the United States. Journal of Law & Economics. 40(1):1—22.

[32] Kumbaroglu G. A sectoral decomposition analysis of Turkish CO_2, emissions over 1990—2007[J]. Energy, 2011, 36(5):2419—2433.

[33] Lerner A P. II.-The Diagrammatical Representation[J]. The Review of Economic Studies, 1933, 1(1): 68—71.

[34] Lévay, P. Z., Drossinos, Y., & Thiel, C. The effect of fiscal incentives on market penetration of electric vehicles: A pairwise comparison of total cost of ownership[J]. Energy Policy, 2017, 105, 524—533.

[35] Lin B, Du Z. Can urban rail transit curb automobile energy consumption? [J]. Energy Policy, 2017, 105:120—127.

[36] Lin B, Du Z. How China's urbanization impacts transport energy consumption in the face of income disparity[J]. Renewable & Sustainable Energy Reviews, 2015, 52:1693—1701.

[37] Lin B, Li J. Analyzing cost of grid-connection of renewable energy development in China [J]. Renewable and Sustainable Energy Reviews, 2015, 50: 1373—1382.

[38] Lin B, Li J. The rebound effect for heavy industry: Empirical evidence from China[J]. Energy Policy, 2014, 74(C):589—599.

[39] Lin B, Liu C. Why is electricity consumption inconsistent with economic growth in China? [J]. Energy Policy, 2016, 88:310—316.

[40] Lin B, Liu K. How Efficient Is China's Heavy Industry? A Perspective of Input-Output Analysis[J]. Emerging Markets Finance & Trade, 2016, 52(11).

[41] Lin B, Tan R. Sustainable development of China's energy intensive industries: From the aspect of carbon dioxide emissions reduction[J]. Renewable & Sustainable Energy Reviews, 2017, 77:386—394.

[42] Lin B, Wesseh P K, Jr. Estimates of inter-fuel substitution possibilities in Chinese chemical industry[J]. Energy Economics, 2013, 40: 560—568.

[43] Lin B, Wang A. Estimating energy conservation potential in China's commercial sector[J]. Energy, 2015, 82: 147—156.

[44] Lin B Q, Xie C P. Reduction potential of CO_2 emissions in China's transport industry. Renewable and Sustainable Energy Reviews 2014;33: 689—700.

[45] Lin, B., & Wu, W. Economic viability of battery energy storage and grid strategy: A special case of China electricity market[J]. Energy, 2017, 124, 423—434.

[46] Lin H L, Li H Y, Yang C H. Agglomeration and productivity: Firm-level evidence from China's textile industry[J]. China Economic Review, 2011, 22(3):313—329.

[47] Liu CY, Wang Y, Zhu R. Assessment of the economic potential of China's onshore wind electricity[J]. Resources, Conservation and Recycling, 2017, 121: 33—39.

[48] Liu LW, Sun XR, Chen CX, Zhao ED. How will auctioning impact on the carbon emission abatement cost of electric power generation sector in China? [J]. Applid Energy, 2016, 168: 594—609.

[49] Liu N, Ang B W. Factors shaping aggregate energy intensity trend for industry: Energy intensity versus product mix[J]. Energy Economics, 2007, 29(4):609—635.

[50] Ma C, Stern D I. China's changing energy intensity trend: A decomposition analysis[J]. Energy Economics, 2008, 30(3):1037—1053.

[51] Ma H, Oxley L, Gibson J, et al. China's energy economy: Technical change, factor demand and interfactor/interfuel substitution [J]. Energy Economics, 2008, 30 (5): 2167—2183.

[52] Ma T, Yang H et al. Development of hybrid battery-supercapacitor energy storage for remote area renewable energy system[J]. Applied Energy, 2015, 153:56—62.

[53] Malmquist S. Index numbers and indifference surfaces[J]. Trabajos de Estadistica Y de Investigacion Operativa, 1953, 4(2):209—242.

[54] Metcalf G E. An Empirical Analysis of Energy Intensity and Its Determinants at the State Level[J]. Energy Journal-Cambridge Ma then Cleveland Oh-, 2008, 29(29):1—26.

[55] Melitz M J. The Impact of Trade on intra-industry reallocations and aggregate industryproductivity[J]. Econometrica, 2003, 71(6):1695—1725.

[56] Ohler A M, Billger S M. Does environmental concern change the tragedy of the commons? Factors affecting energy saving behaviors and electricity usage[J]. Ecological Economics, 2014, 107:1—12.

[57] Paul E. Brockway, Julia K. Steinberger et al. Understanding China's past and future energy demand: An exergy efficiency and decomposition analysis[J]. Applied Energy, 2015, 155: 892—903.

[58] Røpke I. The dynamics of willingness to consume[J]. Ecological Economics, 1999, 28 (3):399—420.

[59] Rogelj J, Den Elzen M, Höhne N, et al. Paris Agreement climate proposals need a boost to keep warming well below 2℃[J]. Nature, 2016, 534(7609): 631—639.

[60] Smyth R, Narayan P K, Shi H. Substitution between energy and classical factor inputs in the Chinese steel sector[J]. Applied Energy, 2011, 88(1): 361—367.

[61] Stern D I. Elasticities of substitution and complementarity[J]. Journal of Productivity Analysis, 2011, 36(1): 79—89.

[62] Suh S. Reply: Downstream cut-offs in integrated hybrid life-cycle assessment[J]. Ecological Economics, 2006, 59(1):7—12.

[63] Sun C. An empirical case study about the reform of tiered pricing for household electricity

in China[J]. Applied Energy, 2015, 160:383—389.

[64] Wang Z, Zhang B, Yin J, et al. Determinants and policy implications for household electricity-saving behaviour: Evidence from Beijing, China[J]. Energy Policy, 2010, 39(6): 3550—3557.

[65] Williams R A. Generalized ordered logit/partial proportional odds models for ordinal dependent variables[J]. Stata Journal, 2006, 6(1):58—82.

[66] Williams, R.. Using heterogenous choice models to compare Logit and Probit coefficients across groups[J]. Sociological Methods & Research, 2009, 37, 531—559.

[67] Wiesmann D, Azevedo I L, Ferrão P, et al. Residential electricity consumption in Portugal: Findings from top-down and bottom-up models[J]. Energy Policy, 2011, 39(5): 2772—2779.

[68] Yu Y, Guo J. Identifying electricity-saving potential in rural China: Empirical evidence from a household survey[J]. Energy Policy, 2016, 94:1—9.

[69] Zhou D Q, Wang Q, Su B, et al. Industrial energy conservation and emission reduction performance in China: a city-level nonparametric analysis[J]. Applied Energy, 2016, 166: 201—209.

[70] Zhou P, Ang B W, Han J Y. Total factor carbon emission performance: a Malmquist index analysis[J]. Energy Economics, 2010, 32(1):194—201.

[71] Zheng Q. Y., Lin B. Q., 2017. Industrial polices and improved energy efficiency in China's paper industry. Journal of Cleaner Production, accepted.

[72] Zhou S, Teng F. Estimation of urban residential electricity demand in China using household survey data[J]. Energy Policy, 2013, 61(8):394—402.

[73] 陈诗一. 中国工业分行业统计数据估算:1980—2008[J]. 经济学(季刊), 2011(2): 735—776.

[74] 陈诗一. 中国各地区低碳经济转型进程评估[J]. 经济研究, 2012(8):32—44.

[75] 陈锡康. 完全综合能耗分析[J]. 系统科学与数学, 1981(1):71—78.

[76] 曹朴芳. 新中国造纸工业六十年的回顾与展望[J]. 中华纸业, 2009, 30(19):6—19.

[77] 范子英, 田彬彬. 出口退税政策与中国加工贸易的发展[J]. 世界经济, 2014(4):49—68.

[78] 高大伟, 周德群. 国际贸易与中国全要素能源效率的实证研究[J]. 统计与决策, 2010(8): 110—112.

[79] 葛扬, 陈锐. 第三产业价值创造的理论分析[J]. 南京社会科学, 2004, (5):8—11.

[80] 耿鹏, 赵昕东. 基于GVAR模型的产业内生联系与外生冲击分析[J]. 数量经济技术经济研究, 2009, (12):32—45.

[81] 龚炳林. 浅谈我国的能源效率与节能潜力[J]. 农村电工, 2006, 14(4):47—47.

[82] 何北海. 造纸工业清洁生产原理与技术[M]. 中国轻工业出版社, 2007.

[83] 胡鞍钢, 郑云峰, 高宇宁. 中国高耗能行业真实全要素生产率研究(1995—2010)——基于投入产出的视角[J]. 中国工业经济, 2015(5):44—56.

[84] 贾顺平,毛保华,刘爽等.中国交通运输能源消耗水平测算与分析[J].交通运输系统工程与信息,2010,10(1):22—27.

[85] 金碚.工业的使命和价值——中国产业转型升级的理论逻辑[J].中国工业经济,2014,(9):51—64.

[86] 蒋艳梅,赵文平.Logistic模型在我国私人汽车保有量预测中的应用研究[J].工业技术经济,2010(11):99—104.

[87] 李坤望,陈维涛,王永进.对外贸易、劳动力市场分割与中国人力资本投资[J].世界经济,2014(3):56—79.

[88] 林伯强.大力发展城市轨道交通,有效满足多目标需求.中国证券报[N],2016-09-19.

[89] 林伯强.能源转型没有"免费午餐".环球时报[N],2016-07-14.

[90] 林伯强.清洁能源的世界[M].北京:科学出版社,2016.

[91] 林伯强."弃风弃光"严重,如何走出电力过剩困局.南方都市报[N],2016-04-08.

[92] 林伯强.解决"弃风弃光"问题刻不容缓.中国证券报[N],2017-02-15.

[93] 林伯强.以配额制扭转弃风弃光现象.中国证券报[N],2016-03-09.

[94] 林伯强,陈宇芳.中国风电的经济效益和节能减排效益分析[J].厦门大学中国能源政策研究院工作论文,2017.

[95] 林伯强,陈宇芳.中国碳价:风电二氧化碳减排成本的视角[J].厦门大学中国能源政策研究院工作论文,2017.

[96] 林伯强,陈星.中国有色金属工业在技术进步视角下能源与非能源要素的有效替代[J].厦门大学中国能源政策研究院工作论文,2016.

[97] 林伯强,陈星.中国有色金属工业全要素碳排放效率与碳排放绩效研究[J].厦门大学中国能源政策研究院工作论文,2017.

[98] 林伯强,杜克锐.理解中国能源强度的变化:一个综合的分解框架[J].世界经济,2014(4):69—87.

[99] 林伯强,杜之利.环境与能源安全约束下新能源汽车的发展路径[J].厦门大学中国能源政策研究院工作论文,2017.

[100] 林伯强,黄光晓.能源金融(第2版)[M].北京:清华大学出版社,2014.

[101] 林伯强,李江龙.环境治理约束下的中国能源结构转变——基于煤炭和二氧化碳峰值的分析[J].中国社会科学,2015(9):84—107.

[102] 林伯强,凌楚雄.产业结构变化及能源价格冲击的影响[J],厦门大学中国能源政策研究院工作论文,2017.

[103] 林伯强,刘奎.中国重工业的能源替代问题——基于超越对数生产函数和岭回归[J].厦门大学能源经济和能源政策协同创新中心工作论文,2017.

[104] 林伯强,刘泓汛.对外贸易是否有利于提高能源环境效率——以中国工业行业为例[J].经济研究,2015(9):127—141.

[105] 林伯强,田鹏.促进中国工业出口的"绿色"增长:基于混合投入产出模型[J].厦门大学能源经济与能源政策协同创新中心工作论文,2017.

[106] 林伯强,谭睿鹏.中国高耗能行业能源强度下降的因素探究——基于分解分析的角度[J].厦门大学能源经济与能源政策协同创新中心工作论文,2017.

[107] 林伯强,王锋.能源价格上涨对中国一般价格水平的影响[J].经济研究,2009(12):66—79.

[108] 林伯强,张广璐.产业结构调整能否大幅减少能源消费?[J].厦门大学中国能源政策研究院工作论文,2016.

[109] 林伯强,张广璐.中国服务业节能潜力[J].厦门大学中国能源政策研究院工作论文,2017.

[110] 林伯强,朱俊鹏.城市化阶段中国环境污染问题研究[J].厦门大学中国能源政策研究院工作论文,2017.

[111] 林伯强,朱俊鹏.城市化阶段中国能源强度、产业结构和碳强度关系分析——基于面板向量自回归模型[J].厦门大学中国能源政策研究院工作论文,2017.

[112] 林永生.能源价格对经济主体的影响及其传导机制——理论和中国的经验[J].北京师范大学学报(社会科学版).2008,(1):127—132.

[113] 刘畅,林伯强.阶梯电价的政策目标实现——基于微观数据的实证研究[J].厦门大学中国能源政策研究院工作论文,2017.

[114] 刘自敏,张昕竹,方燕等.递增阶梯定价、收入再分配效应和效率成本估算[J].经济学动态,2015(3):31—43.

[115] 牛东晓,劳咏昶.国内外能效水平分析研究[J].上海节能,2014(1):38—40.

[116] 史丹.我国经济增长过程中能源利用效率的改进[J].经济研究,2002(9):36—43.

[117] 盛斌.中国对外贸易政策的政治经济分析/当代经济学文库[M].上海人民出版社,2002.

[118] 孙小羽,臧新.中国出口贸易的能耗效应和环境效应的实证分析——基于混合单位投入产出模型[J].数量经济技术经济研究,2009(4):33—44.

[119] 孙广生,黄祎,田海峰等.全要素生产率、投入替代与地区间的能源效率[J].经济研究,2012(9):99—112.

[120] 孙传旺.阶梯电价改革是否实现了效率与公平的双重目标?[J].经济管理,2014(8):156—167.

[121] 虞义华,郑新业,张莉.经济发展水平、产业结构与碳排放强度——中国省级面板数据分析[J].经济理论与经济管理,2011,(3):72—81.

[122] 王昕.高耗能行业节能降耗势在必行[J].产经评论,2008(1):50—52.

[123] 吴晓怡,邵军.经济集聚与制造业工资不平等:基于历史工具变量的研究[J].世界经济,2016,39(4):120—144.

[124] 谢建国,周露昭.进口贸易、吸收能力与国际R&D技术溢出:中国省区面板数据的研究[J].世界经济,2009(9):68—81.

[125] 张金声.造纸术的演变(造纸卷)[M].济南:山东科技出版社,2007.

[126] 张龙,王文博,曹培慎.计量经济学[M].北京:清华大学出版社,2010.

[127] 赵红丽,林伯强.中国纺织业产业集聚和能源效率分析[J].厦门大学能源经济与能源政

策协同创新中心工作论文,2017.

[128] 赵红丽,林伯强.中国纺织业对外贸易和能源效率分析[J].厦门大学能源经济与能源政策协同创新中心工作论文,2017.

[129] 张珊珊,林伯强.居民用电行为与节电意识——来自广东省的证据[J].厦门大学中国能源政策研究院工作论文,2017.

[130] 张昕竹,刘自敏.分时与阶梯混合定价下的居民电力需求——基于DCC模型的分析[J].经济研究,2015(3):146—158.

[131] 郑清英,林伯强.技术进步对造纸及纸制品行业能源和环境目标的影响[J].厦门大学能源经济与能源政策协同创新中心工作论文,2017.

[132] 郑凌玲.低碳经济背景下化工技术的发展趋势[J].河南科技,2015(15):133—135.

[133] 朱柯丁,宋艺航,谭忠富,张慧娟.中国风电并网现状及风电节能减排效益分析[J].中国电力,2011,44(06):67—77.

[134] "中国碳排放衍生品专题"系列六:我国碳交易试点地区运行概况[R].上清所大宗商品清算资讯,2016.

[135] 中国城市轨道交通协会.城市轨道交通2015年统计和分析[J].都市快轨交通,2016,29(4):6—11.

附录1 中国能源领域相关数据

1. 碳排放

表1 中、美、印二氧化碳排放总量

年 份	中国(百万吨)	美国(百万吨)	印度(百万吨)
2000	3352.671	5976.013	965.410
2001	3514.958	5863.577	973.307
2002	3834.211	5897.142	1025.215
2003	4522.606	5968.585	1065.831
2004	5323.306	6071.054	1120.803
2005	6083.598	6108.159	1209.260
2006	6661.573	6029.180	1257.310
2007	7223.889	6132.420	1370.681
2008	7362.312	5954.086	1472.228
2009	7692.532	5529.795	1601.675
2010	8118.674	5754.630	1667.234
2011	8806.716	5617.271	1741.237
2012	8979.380	5405.986	1872.783
2013	9218.752	5544.294	1933.144
2014	9224.102	5599.852	2085.858
2015	9164.453	5445.019	2157.398
2016	9123.049	5350.365	2271.110

资料来源:BP Statistical Review of World Energy 2017.

表2 2015年中国各省二氧化碳排放量

省 份	碳排放(百万吨)	省 份	碳排放(百万吨)
北京	80.96	湖北	326.86
天津	151.37	湖南	302.55
河北	862.39	广东	476.75
山西	835.97	广西	181.56
内蒙古	805.36	海南	38.46

（续表）

省 份	碳排放（百万吨）	省 份	碳排放（百万吨）
辽宁	518.93	重庆	165.49
吉林	232.11	四川	331.78
黑龙江	310.79	贵州	291.35
上海	193.86	云南	212.12
江苏	738.64	西藏	N/A
浙江	367.52	陕西	431.74
安徽	386.77	甘肃	168.86
福建	215.43	青海	48.99
江西	209.35	宁夏	201.99
山东	1112.48	新疆	418.45
河南	621.80	—	—

资料来源：笔者根据各省统计年鉴与中国能源统计年鉴相关数据计算.

表3　2015年中国各省碳强度排名

省 份	碳强度（吨/万元）
山西	13.96
湖南	9.72
宁夏	6.9
浙江	6.55
辽宁	5.28
甘肃	4.05
重庆	3.85
内蒙古	3.43
新疆	3.41
天津	2.6
河南	2.5
吉林	2.47
上海	2.33
河北	2.33
江苏	2.29
江西	2.27
云南	1.97
安徽	1.78
青海	1.69

(续表)

省份	碳强度(吨/万元)
山东	1.65
四川	1.58
陕西	1.57
黑龙江	1.53
贵州	1.49
湖北	1.25
广东	1.22
广西	1.08
福建	0.95
海南	0.88
北京	0.59

资料来源:笔者根据各省统计年鉴与中国能源统计年鉴相关数据计算.

2. 一次能源

表4 中国一次能源消费

年份	能源消费量(百万吨油当量)
2000	1007.908
2001	1064.643
2002	1160.951
2003	1353.485
2004	1583.787
2005	1800.430
2006	1974.734
2007	2147.849
2008	2228.990
2009	2328.137
2010	2491.080
2011	2690.330
2012	2797.408
2013	2905.299
2014	2970.603
2015	3005.947
2016	3052.983

资料来源:BP Statistical Review of World Energy 2017.

表 5　中、美、日、印、俄一次能源消费量比较　（单位：百万吨油当量）

年　份	中国	美国	印度	日本	俄罗斯
2000	1007.908	2309.938	315.977	512.143	620.296
2001	1064.643	2256.382	318.009	508.477	630.703
2002	1160.951	2290.923	332.036	507.945	628.520
2003	1353.485	2299.032	345.363	506.530	641.611
2004	1583.787	2345.849	365.856	513.143	648.025
2005	1800.430	2348.706	393.610	521.337	647.215
2006	1974.734	2331.642	413.958	520.424	676.105
2007	2147.849	2370.248	450.235	516.009	680.502
2008	2228.990	2318.845	475.715	509.320	683.503
2009	2328.137	2205.071	513.221	467.249	647.998
2010	2491.080	2284.069	537.071	496.026	673.285
2011	2690.330	2264.549	568.691	470.405	694.907
2012	2797.408	2209.262	611.602	467.747	695.227
2013	2905.299	2270.628	621.487	464.012	686.802
2014	2970.603	2296.538	663.585	452.297	689.175
2015	3005.947	2275.908	685.094	445.796	681.686
2016	3052.983	2272.680	723.902	445.265	673.942

资料来源：BP Statistical Review of World Energy 2017.

表 6　中国历年一次能源消费结构变化　（单位：百万吨油当量）

年　份	石油	煤炭	天然气	核能	水力发电
2000	223.6	667.4	22.1	3.8	50.3
2001	227.9	681.3	24.7	4.0	62.8
2002	247.4	713.8	26.3	5.7	65.2
2003	271.7	853.1	30.5	9.8	64.2
2004	318.9	983.0	35.7	11.4	80.0
2005	327.8	1100.5	42.1	12.0	89.8
2006	347.7	1215.0	50.5	12.4	98.6
2007	364.4	1313.0	62.6	14.1	109.8
2008	380.3	1406.1	73.2	15.5	132.4
2009	404.6	1537.4	79.8	15.9	139.3
2010	437.7	1676.2	96.8	16.7	163.4
2011	461.8	1839.4	117.6	19.5	157.0
2012	483.7	1873.3	129.5	22.0	194.8
2013	503.5	1961.2	153.7	25.3	208.2
2014	526.8	1949.3	169.6	30.0	242.8
2015	561.8	1913.6	175.3	38.6	252.2
2016	578.7	1887.6	189.3	48.2	263.1

资料来源：笔者根据 BP 历年相关数据制表.

表7　2016年中、美、印、日、俄一次能源结构对比

	中国	美国	印度	日本	俄罗斯
总量(百万吨油当量)	3053.0	2272.7	723.9	445.3	673.9
石油(百万吨油当量)	578.7	863.1	212.7	184.3	148.0
所占比重(%)	18.96	37.98	29.38	41.39	21.96
天然气(百万吨油当量)	189.3	716.3	45.1	100.1	351.8
所占比重(%)	6.20	31.52	6.23	22.48	52.20
煤(百万吨油当量)	1887.6	358.4	411.9	119.9	87.3
所占比重(%)	61.83	15.77	56.90	26.93	12.95
核能(百万吨油当量)	48.2	191.8	8.6	4.0	44.5
所占比重(%)	1.58	8.44	1.19	0.90	6.60
水力发电(百万吨油当量)	263.1	59.2	29.1	18.1	42.2
所占比重(%)	8.62	2.60	4.02	4.06	6.26

资料来源：BP Statistical Review of World Energy 2017.

表8　中国各省能源消费量　　　　　　　　　　（单位：万吨标准煤）

省、市、区	2000	2005	2010	2011	2012	2013	2014	2015
北京	4144	5522	6954	6995	7178	6723	6831	6853
天津	2794	4085	6818	7598	8208	7882	8145	8260
河北	11196	19836	27531	29498	30250	29664	29320	29395
山西	6728	12750	16808	18315	19336	19761	19862	19384
内蒙古	3549	9666	16820	18737	19786	17681	18309	18927
辽宁	10656	13611	20947	22712	23526	21721	21803	21667
吉林	3766	5315	8297	9103	9443	8645	8560	8142
黑龙江	6166	8050	11234	12119	12758	11853	11955	12126
上海	5499	8225	11201	11270	11362	11346	11085	11387
江苏	8612	17167	25774	27589	28850	29205	29863	30235
浙江	6560	12032	16865	17827	18076	18640	18826	19610
安徽	4879	6506	9707	10570	11358	11695	12011	12332
福建	3463	6142	9809	10653	11185	11190	12110	12180
江西	2505	4286	6355	6928	7233	7583	8055	8440
山东	11362	24162	34808	37132	38899	35358	36511	37945
河南	7919	14625	21438	23062	23647	21909	22890	23161
湖北	6269	10082	15138	16579	17675	15703	16320	16404
湖南	4071	9709	14880	16161	16744	14918	15317	15469
广东	9448	17921	26908	28480	29144	28480	29593	30145

（续表）

省、市、区	2000	2005	2010	2011	2012	2013	2014	2015
广西	2669	4869	7919	8591	9155	9100	9515	9761
海南	480	822	1359	1601	1688	1720	1820	1938
重庆	2428	4943	7856	8792	9278	8049	8593	8934
四川	6518	11 816	17 892	19 696	20 575	19 212	19 879	19 888
贵州	4279	5641	8175	9068	9878	9299	9709	9948
云南	3468	6024	8674	9540	10 434	10 072	10 455	10 357
陕西	2731	5571	8882	9760	10 626	10 611	11 222	11 716
甘肃	3012	4368	5923	6496	7007	7287	7521	7523
青海	897	1670	2568	3189	3524	3768	3991	4134
宁夏	1179	2536	3681	4316	4562	4781	4946	5405
新疆	3328	5506	8290	9927	11 831	13 632	14 926	15 651

注：CEIC 中国经济数据库．

表 9　中国分行业能源消费总量　　（单位：万吨标准煤）

年份	农、林、牧、渔、水利业	工业	建筑业	交通运输、仓储和邮政业	批发、零售业和住宿餐饮业	其他行业	生活消费
2000	3913.8	103 773.9	2178.5	11 241.6	3047.6	5761.6	15 613.9
2001	4115.2	107 137.6	2255.0	11 613.1	3170.2	5931.6	16 183.1
2002	4331.2	113 600.4	2409.6	12 313.2	3373.2	6240.9	17 162.5
2003	4954.6	131 167.9	2720.7	14 116.2	3914.9	7152.8	19 764.7
2004	5697.4	152 506.5	3114.6	16 642.2	4484.1	8242.8	22 768.4
2005	6071.1	168 723.5	3403.3	18 391.0	4847.8	9254.6	25 305.4
2006	6330.7	184 945.5	3760.7	20 284.2	5314.0	10 276.0	27 765.2
2007	6228.4	200 531.4	4127.5	21 959.2	5689.4	11 158.2	30 813.9
2008	6013.1	209 302.2	3812.5	22 917.3	5733.6	11 771.3	31 898.3
2009	6251.2	219 200.0	4562.0	23 692.0	6412.3	12 690.0	33 843.0
2010	6477.3	231 100.0	6226.3	26 068.0	6826.8	13 680.0	34 558.0
2011	6758.6	246 440.0	5872.2	28 536.0	7795.4	15 189.0	37 410.0
2012	6784.4	252 460.0	6167.4	31 525.0	8545.9	16 581.0	39 666.0
2013	8054.8	291 130.6	7017.0	34 819.0	10 598.2	19 762.6	45 530.8
2014	8094.3	295 686.4	7519.6	36 336.5	10 873.6	20 084.5	47 212.3
2015	8231.7	292 276.0	7696.4	38 317.7	11 403.7	21 880.8	50 099.0

资料来源：CEIC 中国经济数据库．

表10　中国石油储量变化

年　份	石油储量（万亿桶）
2000	15.2
2001	15.4
2002	15.5
2003	15.5
2004	15.5
2005	15.6
2006	20.2
2007	20.7
2008	21.2
2009	21.6
2010	23.2
2011	23.7
2012	24.4
2013	24.7
2014	25.1
2015	25.7
2016	25.7

资料来源：BP Statistical Review of World Energy 2017.

表11　世界主要国家和地区（年末）石油储量比较　　（单位：万亿桶）

年　末	2011	2012	2013	2014	2015	2016	占比（%）
中国	23.7	24.4	24.7	25.1	25.7	25.7	1.51
美国	39.8	44.2	48.5	55.0	48.0	48.0	2.81
俄罗斯	105.7	105.5	105.0	103.2	102.4	109.5	6.42
北美	225.3	229.3	232.6	237.9	227.5	227.5	13.33
非洲	125.2	130.6	130.1	129.2	128.2	128.0	7.50
中美洲和拉丁美洲	326.9	328.8	329.8	331.7	329.0	327.9	19.21
欧洲	158.0	158.2	157.2	154.6	154.9	161.5	9.46
中东地区	797.9	799.3	803.0	803.8	803.0	813.5	47.67
全球储量	1681.3	1694.6	1701.8	1706.5	1691.5	1706.7	100

资料来源：BP Statistical Review of World Energy 2017.

表 12　中国石油消费增长趋势

年　份	石油消费量（千桶/日）
2000	4697
2001	4810
2002	5205
2003	5795
2004	6755
2005	6900
2006	7432
2007	7808
2008	7941
2009	8278
2010	9436
2011	9796
2012	10 230
2013	10 734
2014	11 209
2015	11 986
2016	12 381

资料来源：BP Statistical Review of World Energy 2017.

表 13　世界主要国家和地区石油消费　　　　　　　　　　（单位：千桶/日）

年　份	中国	美国	日本	印度	欧洲
2000	4697	19 701	5542	2259	19 443
2001	4810	19 649	5392	2285	19 769
2002	5205	19 761	5312	2413	19 661
2003	5795	20 033	5418	2485	19 948
2004	6755	20 732	5270	2556	20 064
2005	6900	20 802	5354	2606	20 229
2006	7432	20 687	5174	2737	20 452
2007	7808	20 680	5013	2941	20 202
2008	7941	19 490	4846	3077	20 110
2009	8278	18 771	4387	3237	19 300
2010	9436	19 180	4442	3319	19 244
2011	9796	18 882	4442	3488	19 064
2012	10 230	18 490	4702	3685	18 594
2013	10 734	18 961	4516	3727	18 370
2014	11 209	19 106	4303	3849	18 287
2015	11 986	19 531	4139	4164	18 450
2016	12 381	19 631	4037	4489	18 793

资料来源：BP Statistical Review of World Energy 2017.

表 14　2016 年世界主要国家原油进出口情况　　（单位：百万吨）

国家及地区	原油 进口	原油 出口	总消费量	进口依存度(%)
美国	393.3	24.4	863.1	45.6
中国	382.6	2.9	578.7	66.1
印度	212.3	0.0046	212.7	99.8

资料来源：BP Statistical Review of World Energy 2017.

表 15　中国历年石油进出口量　　（单位：百万吨）

年份	进口量	出口量	贸易差额
2000	97.485	21.72	75.764
2001	91.182	20.47	70.715
2002	102.69	21.39	81.302
2003	131.9	25.41	106.49
2004	172.91	22.41	150.51
2005	171.63	28.88	142.75
2006	194.53	26.26	168.27
2007	211.39	26.64	184.75
2008	230.15	29.46	200.70
2009	203.49	4.69	198.80
2010	234.56	2.03	232.52
2011	252.94	1.48	251.46
2012	271.3	1.3	270.00
2013	282.6	0.9	281.7
2014	308.4	0.06	308.3
2015	332.6	2.86	329.7
2016	382.6	2.89	379.7

资料来源：BP Statistical Review of World Energy 2017.

表 16　中国煤炭消费增长趋势

年份	生产量（百万吨油当量）	消费量（百万吨油当量）
2000	707.318	706.054
2001	749.375	742.541
2002	800.286	814.055
2003	945.340	970.168

（续表）

年　份	生产量（百万吨油当量）	消费量（百万吨油当量）
2004	1106.942	1131.150
2005	1241.702	1324.601
2006	1328.423	1454.719
2007	1439.283	1584.171
2008	1491.770	1609.280
2009	1537.863	1685.778
2010	1665.284	1748.949
2011	1851.682	1903.853
2012	1873.543	1927.793
2013	1894.595	1969.073
2014	1864.210	1954.484
2015	1825.563	1913.617
2016	1685.712	1887.551

资料来源：BP Statistical Review of World Energy 2017.

表17　中国煤炭进出口量

年　份	进口量（万吨）	出口量（万吨）	净出口量（万吨）
2002	1081	8384	7303
2003	1110	9403	8293
2004	1861	8666	6805
2005	2617	7172	4555
2006	3811	6327	2517
2007	5102	5317	215
2008	4034	4543	509
2009	12 583	2240	−10 343
2010	16 478	1903	−14 575
2011	18 210	1466	−16 744
2012	28 841	928	−27 914
2013	32 706	751	−31 955
2014	29 100	574	−28 526

资料来源：《中国能源统计年鉴2015》.

表 18 中国煤炭基础储量

年 份	煤炭基础储量(百万吨)
2002	331 760
2003	334 203
2004	337 343
2005	332 635
2006	333 480
2007	326 126
2008	326 144
2009	318 960
2010	279 393
2011	215 790
2012	229 886
2013	236 290
2014	239 993
2015	244 010

资料来源:CEIC 中国经济数据库及中国统计年鉴 2016.

表 19 中国天然气消费增长趋势

年 份	生产量(十亿立方米)	消费量(十亿立方米)
2000	25.3	22.8
2001	28.2	25.5
2002	30.4	27.2
2003	32.6	31.6
2004	38.6	36.9
2005	45.9	43.4
2006	54.5	53.4
2007	64.5	65.7
2008	74.8	75.7
2009	79.4	83.3
2010	89.2	100.1
2011	98.1	123.4
2012	100.7	135.8
2013	110.0	154.7
2014	118.4	169.6
2015	122.5	175.3
2016	124.6	189.3

资料来源:BP Statistical Review of World Energy 2017.

表 20　中国历年天然气贸易量

年　份	生产量(百万立方米)	消费量(百万立方米)	净进口量(百万立方米)
2000	27 200	24 503	－2697
2001	30 329	27 430	－2899
2002	32 661	29 184	－3477
2003	35 015	33 908	－1107
2004	41 460	39 672	－1788
2005	49 320	46 763	－2557
2006	58 553	56 141	－2412
2007	69 240	70 523	1283
2008	80 300	81 293	993
2009	85 269	89 520	4251
2010	94 848	107 576	12 728
2011	102 530	130 710	28 180
2012	107 220	143 844	133 122
2013	122 200	171 900	49 700
2014	131 600	188 400	56 800
2015	136 100	194 800	58 700
2016	138 400	210 300	71 900

资料来源：BP Statistical Review of World Energy 2017.

表 21　中国天然气探明储量

年　份	探明储量(万亿立方米)
2000	1.4
2001	1.4
2002	1.3
2003	1.4
2004	1.5
2005	1.6
2006	1.7
2007	2.3
2008	2.8
2009	2.9
2010	2.8
2011	3.0
2012	3.2
2013	3.5
2014	3.7
2015	4.8
2016	5.4

资料来源：BP Statistical Review of World Energy 2017.

表 22　主要国家和地区天然气(年末)探明储量变化情况

（单位：万亿立方米）

国家和地区/时间	2000	2010	2011	2012	2013	2014	2015	2016
中东地区	58.99	78.63	79.66	79.68	79.99	80.06	79.41	79.38
俄罗斯	30.60	31.49	31.81	31.98	32.26	32.36	32.27	32.27
非洲	12.46	14.61	14.66	14.45	14.18	14.36	14.24	14.25
中美洲和拉丁美洲	6.88	7.53	7.55	7.68	7.65	7.63	7.67	7.59
美国	5.02	8.63	9.46	8.72	9.58	10.44	8.71	8.71
中国	1.41	2.82	3.00	3.22	3.46	3.67	4.80	5.37
全球储量	139.31	176.25	185.39	184.35	185.82	187.18	185.42	186.57

资料来源：BP Statistical Review of World Energy 2017.

3. 电力

表 23　中国历年发电量变化

年　份	发电量(十亿千瓦时)
2000	1355.6
2001	1480.8
2002	1654.0
2003	1910.6
2004	2203.3
2005	2500.3
2006	2865.7
2007	3281.6
2008	3495.8
2009	3714.7
2010	4207.2
2011	4713.0
2012	4987.6
2013	5431.6
2014	5649.6
2015	5814.6
2016	6142.5

资料来源：BP Statistical Review of World Energy 2017.

表24 2016年中国发电装机构成

	装机容量(万千瓦)	占比(%)	较上年增长(%)
火电	105 388	64.04	6.43
水电	33 211	20.18	3.99
风电	14 864	9.03	14.92
核电	3364	2.04	−87.12
太阳能及其他	7742	4.70	79.30
全部	164 569	100.00	9.11

资料来源:CEIC中国经济数据库.

表25 2016年中国全口径发电量构成

	发电量(十亿千瓦时)	占比(%)	较上年增长(%)
火电	4437.07	72.24	6.31
水电	1051.84	17.12	5.61
核电	213.29	3.47	24.41
风电	211.32	3.44	30.18
全部	6142.49	100	11.62

资料来源:CEIC中国经济数据库.

表26 2016年分行业全社会用电量

	用电量(亿千瓦时)	增长率(%)
第一产业	1075	5.3
第二产业	42 108	2.9
其中:工业	41 383	2.9
轻工业	7016	4.4
重工业	34 367	2.6
第三产业	7961	11.2
居民用电量	8054	10.8
用电总量	59 198	5.0

资料来源:国家能源局.

表27 电力投资 (单位:亿元)

年 份	2010	2011	2012	2013	2014	2015	2016
电源工程投资	3969	3927	3732	3872	3686	4091	3429
水电	819	971	1239	1223	943	782	612
火电	1426	1133	1002	1016	1145	1396	1174
核电	648	764	784	660	533	560	506
风电	1038	902	607	650	915	0	1200
电网投资	3448	3687	3661	3856	4119	4603	5426

资料来源:CEIC中国经济数据库.

表 28　火电发电设备利用小时数

年份	设备利用小时数（小时）
2000	4848
2001	4899
2002	5272
2003	5767
2004	5991
2005	5865
2006	5612
2007	5344
2008	4885
2009	4865
2010	5031
2011	5305
2012	4982
2013	5020
2014	4739
2015	4329
2016	4165

资料来源：CEIC 中国经济数据库.

表 29　中国火电装机容量

年份	装机容量（万千瓦）
2000	23 754.02
2001	25 301
2002	26 554.67
2003	28 977.09
2004	32 948.3
2005	39 138
2006	48 382.21
2007	55 607.42
2008	60 285.8356
2009	65 107.6274
2010	70 967.2058
2011	76 833.9663
2012	81 968.4517
2013	87 009.0756
2014	92 362.611
2015	99 021
2016	105 388

资料来源：CEIC 中国经济数据库.

表30 中国水电装机容量

年份	装机容量(万千瓦)
2000	7935.22
2001	8300.64
2002	8607.46
2003	9489.62
2004	10 524.16
2005	11 739
2006	13 029.22
2007	14 823.21
2008	17 260.3919
2009	19 629.0188
2010	21 605.7181
2011	23 297.8808
2012	24 947.0476
2013	28 044.0715
2014	30 485.6844
2015	31 937
2016	33 211

资料来源:CEIC 中国经济数据库.

表31 中国风电装机容量

年份	装机容量(万千瓦)
2004	81.97
2005	105.83
2006	207.25
2007	419.89
2008	838.7728
2009	1759.9408
2010	2957.5478
2011	4623.3138
2012	6142.3343
2013	7651.6835
2014	9656.65
2015	12 934
2016	14 864

资料来源:CEIC 中国经济数据库.

表 32　中国及主要国家历年核电发电量　　（单位：十亿千瓦时）

年 份	中国	美国	法国	日本
2000	16.7	793.6	415.2	319.7
2001	17.5	809.3	421.1	321.1
2002	25.1	821.1	436.8	314.9
2003	43.3	803.9	441.1	230.4
2004	50.5	830.0	448.2	285.9
2005	53.1	823.1	451.5	293.0
2006	54.8	828.7	450.2	305.0
2007	62.1	848.9	439.7	279.0
2008	68.4	848.6	439.4	251.7
2009	70.1	840.9	409.7	287.4
2010	73.9	849.4	428.3	292.4
2011	86.4	831.8	442.1	162.9
2012	97.4	809.8	425.4	18.0
2013	111.6	830.5	423.7	14.6
2014	132.5	839.1	436.5	0.0
2015	170.8	839.1	437.4	4.5
2016	213.2	847.7	403.2	17.7

资料来源：BP Statistical Review of World Energy 2017.

表 33　中国核电装机容量

年 份	装机容量(万千瓦)
2000	210
2001	210
2002	446.8
2003	618.6
2004	696
2005	696
2006	696
2007	908
2008	907.82
2009	907.82
2010	1082.4
2011	1257.02
2012	1257.02
2013	1465.9
2014	2007.8
2015	2608
2016	3364

资料来源：CEIC 中国经济数据库.

表 34　中国各省电力消费量　　　　　　　（单位：亿千瓦时）

省　份	2010	2011	2012	2013	2014	2015
北京	830.9	853.7	911.94	908.70	933.41	952.72
天津	675.4	727.0	767.13	794.48	823.94	800.60
河北	2691.5	2984.9	3077.8	3251.19	3314.11	3175.66
山西	1460.0	1650.4	1765.8	1832.34	1826.86	1797.20
内蒙古	1536.8	1833.6	2016.8	2181.91	2416.74	2542.87
辽宁	1715.3	1861.6	1899.9	2008.46	2038.73	1984.89
吉林	577.0	630.6	787.05	659.52	667.81	651.96
黑龙江	762.6	816.8	827.91	840.19	832.87	868.97
上海	1295.9	1339.6	1353.4	1410.61	1369.02	1405.55
江苏	3864.4	4281.6	4580.9	4871.77	5012.54	5114.70
浙江	2820.9	3116.9	3210.6	3453.05	3506.39	3873.00
安徽	1077.9	1221.2	1361.1	1528.07	1585.18	1795.00
福建	1315.1	1520.2	1579.5	1772.55	1859.21	1851.86
江西	700.5	835.1	867.67	947.11	1018.52	1087.26
山东	3298.5	3635.3	3794.6	4083.12	4223.49	5117.05
河南	2463.5	2822.6	2926.2	3085.88	3160.95	2879.62
湖北	1417.8	1572.6	1642.7	1814.43	1853.67	1665.16
湖南	1353.3	1545.0	1582.3	1500.48	1513.65	1495.65
广东	4060.1	4399.0	4619.4	4830.13	5235.23	5310.69
广西	993.2	1112.2	1153.8	1237.75	1307.51	1334.32
海南	158.2	185.1	210.31	232.02	251.88	272.36
重庆	625.0	717.0	723.03	813.27	867.21	875.37
四川	1549.0	1962.5	2009.6	1984.61	2055.16	1992.40
贵州	835.5	944.1	1046.7	1128.02	1173.73	1174.21
云南	1004.1	1204.2	1313.6	1305.03	1529.48	1438.61
陕西	859.2	982.1	1066.7	1152.22	1226.01	1221.73
甘肃	804.4	923.5	994.56	1073.25	1095.48	1098.72
青海	465.2	560.7	602.22	676.29	723.21	637.51
宁夏	546.8	724.5	741.79	795.04	848.75	878.33
新疆	662.0	839.1	1151.5	1602.50	1915.73	2160.34

资料来源：CEIC 中国经济数据库.

表35　中国各省发电量　　　　　　　　　　　　　　（单位：亿千瓦时）

省　份	2010	2012	2013	2014	2015
北京	268.8	290.8	335.62	336.26	396.34
天津	589.08	589.7	624.07	618.12	615.34
河北	1993.1	2370.9	2487.6	2473.86	2464.85
山西	2151	2454.8	2603.7	2623.55	2410.62
内蒙古	2489.3	3116.9	3475.8	3623.13	3646.15
辽宁	1295.1	1414.7	1516	1589.87	1625.95
吉林	604.56	684.4	751.31	748.42	710.88
黑龙江	777.43	843.1	826.39	837.56	866.58
上海	876.19	886.2	959.51	791.71	792.70
江苏	3359.2	3928.4	4288.9	4293.52	4317.64
浙江	2568.4	2710	2883.6	2797.35	2888.92
安徽	1443.8	1767.5	1958.4	1991.88	2013.26
福建	1356.3	1622.6	1643.2	1736.64	1738.80
江西	664.45	664.7	788.07	780.25	833.89
山东	3042.7	3195.2	3500	3659.42	4635.16
河南	2191.8	2626.9	2853.3	2720.35	2578.59
湖北	2043	2174.1	2118.8	2323.44	2280.44
湖南	1226.3	1260.1	1277.2	1228.25	1205.82
广东	3236.9	3593.2	3796.2	3836.22	3877.37
广西	1032.2	1133	1199.1	1242.97	1219.30
海南	152.66	192	215.24	229.20	244.13
重庆	504.29	536.5	583.49	638.16	632.39
四川	1794.6	2002.4	2448.3	2925.17	2942.44
贵州	1385.6	1548.4	1620.1	1680.30	1724.91
云南	1365	1533.9	1954.6	2339.61	2331.07
西藏	21.02	19.6	22.01	20.05	30.51
陕西	1112.3	1330.5	1493	1579.22	1578.94
甘肃	791.53	1083.2	1141.7	1124.04	1122.12
青海	468.26	556.3	565.74	545.51	530.15
宁夏	587.16	1005.9	1074.5	1121.93	1062.89
新疆	679.32	1051.6	1445.6	1865.08	2328.03

资料来源：CEIC中国经济数据库.

表36 2016年中国各省发电设备利用小时数

省　份	火电(小时/年)	水电(小时/年)	平均(小时/年)
北京	4158	664	3983
天津	4519	—	4141
河北	4846	563	4157
山西	4100	1245	3485
内蒙古	4979	1756	3656
辽宁	4343	1082	3857
吉林	3326	1400	2756
黑龙江	4081	1864	3411
上海	3716	—	3564
江苏	5125	1011	4806
浙江	3950	2137	4010
安徽	4541	1444	4161
福建	3872	3368	3917
江西	4927	3276	4165
山东	4924	698	4788
河南	4025	2655	3674
湖北	4024	3620	3819
湖南	3452	3363	3325
广东	4028	1762	3836
广西	3193	4380	3494
海南	5586	1489	4102
重庆	3708	3520	3379
四川	2682	4286	3786
贵州	4304	3840	3602
云南	1879	4276	3357
西藏	74	3118	2378
陕西	4690	3063	4105
甘肃	3778	3854	2554
青海	4958	3257	2458
宁夏	5422	3693	3575
新疆	4730	3617	3112

资料来源:CEIC中国经济数据库.

附录 2 2016 年国内能源大事记

1. 我国首次实现大规模通过跨区输电通道直接交易

2016 年 1 月 29 日,北京电力交易中心组织山东 30 家电力用户与陕西、甘肃、青海、宁夏 824 家发电企业通过银东直流开展了直接交易,达成交易电量 90 亿千瓦时,这是北京电力交易中心组建后开展的首次市场化跨区跨省交易,也是我国电力用户首次大规模通过跨区输电通道与发电企业达成的电力直接交易,是促进形成市场化跨区跨省交易机制的重要探索。

2. 中国引领全球"清洁革命"

2016 年 3 月 2 日,国际非营利机构气候组织发布"可再生能源项目 RE100 技术和融资工具包",目的是助力企业和地方政府深入理解能源革命带来的契机,更加便捷地获得可再生能源电力,拥有更多样化的清洁电力购买组合和选择,在担当企业可持续发展责任的同时,获得更加经济、安全和清洁的能源。

3. 四川省首只石墨烯产业基金设立

2016 年 3 月 10 日,旌阳区政府与东旭光电签署战略合作协议,双方将共同设立一支规模 2 亿元的石墨烯产业基金,推进四川石墨烯产业发展。这是四川省首只专门针对石墨烯产业设立的基金。

4. 洋浦成我国最大商业石油储备基地

洋浦的油气储备能力突破 1000 万立方米,成为当前我国最大的商业石油储备基地,洋浦"双轮驱动"战略又获得一股强劲动力。

5. 国家电网接入新能源规模全球第一

《国家电网公司促进新能源发展白皮书(2016)》显示,我国新能源发展走在世界前列。截至 2015 年,我国风电、太阳能发电累计装机容量 1.7 亿千瓦,超过全球的 1/4。国家电网调度范围内风电、太阳能发电累计装机容量分别达到 11 664 万千瓦、3973 万千瓦,成为全球接入新能源规模最大的电网。

6. 中海油大同 40 亿方煤制天然气正式批复

2016 年 3 月 15 日,国家环保部正式公布《关于中国海洋石油总公司山西大同低变质烟煤清洁利用示范项目环境影响报告书的批复》。

7. 输配电价改革试点扩容

国家发展改革委下发《关于扩大输配电价改革试点范围有关事项的通知》。

《通知》提出,2016年将北京、天津、冀南、冀北、山西、陕西、江西、湖南、四川、重庆、广东、广西等12个省级电网以及国家电力体制改革综合试点省份的电网和华北区域电网列入输配电价改革试点范围。

8. 充电网、车联网、互联网"三网融合"

2016年3月16日,科技部表示将推动充电网、车联网、互联网的"三网融合",新能源汽车充电盈利难一直是困扰产业发展的瓶颈之一,该举措将有助于解决这一问题。

9. 国家电网计划建立超高压全球电网

国家电网计划到2050年或将投入50万亿美元建立一个超高压全球电网,在国与国、大陆与大陆之间进行电力传输。

10. 国家发改委与尼泊尔签署应对气候变化谅解备忘录

2016年3月21日,在李克强总理和尼泊尔奥利总理的共同见证下,国家发展和改革委员会徐绍史主任与尼方部长签署了《关于应对气候变化物资赠送的谅解备忘录》。根据该谅解备忘录,中方将向尼泊尔人口环境部赠送32 000余套太阳能户用发电系统,用于帮助其提高国内应对气候变化能力。

11. 售电量实现13个月来首次正增长

2016年3月份国网武威供电公司售电量完成29 442万千瓦时,较去年同期增加4237万千瓦时,增长率为16.81%,自2015年2月份起连续13个月负增长后首次实现正增长。

12. 中国深海水下采油装备走向国产化

2016年3月31日,中海油与民营企业美钻公司合作,将深海水下采油装备逐步国产化,打破西方国家长期垄断的局面,填补了国家空白。目前,美钻公司已独立为中海油完成7套水下采油树的修造工作,其中6套已成功下水,第七套已通过验收,待发运。

13. 扬子石化起草碳九行业标准正式实施

2016年4月9日,由工业和信息化部授权、扬子石化公司起草、全国化学标准化技术委员会石油化学分技术委员会审定的工业用裂解碳九行业标准日前正式实施,结束了该产品没有统一标准的历史,为该产品标准化生产和深度加工利用创造了条件。

14. 石化行业"十三五"瞄准新材料领域

2016年4月12日举行的2016年石化行业发展大会上,中国石油化工联合会发布《石油和化学工业"十三五"发展指南》。"十三五"期间,行业年均增速将转变为个位数,调结构取得重大进展,化工新材料等战略性新兴产业占比将明显提高。

15. 中煤蒙大 60 万吨煤制烯烃项目投产

2016 年 4 月 15 日,中煤蒙大 60 万吨煤制烯烃项目 DMTO 装置投料运行,4 月 16 日产出合格丙烯产品、乙烯产品。其中项目甲醇制烯烃装置为国内已投产的第十套采用 DMTO 技术装置。

16. 国电电力转让 30 亿项目

2016 年 5 月 3 日,国电电力普兰店热电有限公司 51% 股权及 9160 万元债权挂牌 1.52 亿元转让,债权中 7830 万元为购买国电电力朝阳发电厂"上大压小"容量指标的费用。

17. 中国葛洲坝集团与国家开发银行签署合作协议

2016 年 6 月 8 日,中国葛洲坝集团与国家开发银行在京举行开发性金融合作协议签约仪式,双方约定,将本着市场化、国际化的原则,建立新型的产业集团与金融集团全方位深度合作的新型战略合作伙伴关系。

18. 国家发展改革委调整云南、贵州、安徽三省输配电价

2016 年 6 月 24 日,国家发展改革委批复云南、贵州、安徽三省 2016—2018 年输配电价。要求按照核定的输配电价水平,调整终端用户目录销售电价,并报国家发展改革委备案。

19. 遵义发现千亿立方米级高产大气田

2016 年 7 月 10 日,我国在贵州遵义实施的安页 1 井取得页岩气、油气重大突破性成果,估算天然气资源量达千亿立方米。

20. 国家统计局首次将光伏发电量纳入统计范畴

2016 年 7 月 15 日,国家统计局发布《2016 年 6 月份规模以上工业生产主要数据及上半年统计数据》报告显示,6 月国内太阳能发电 33 亿千瓦时,2016 年前 6 个月太阳能发电 175 亿千瓦时,同比增长 28.1%。这是国家统计局首次将太阳能发电量纳入公开统计数据。

21. 天津开出首单地热资源税

资源税改革在全国全面推行后,地热、矿泉水、石灰石、黏土成为天津新开征的四个税目。2016 年 8 月 8 日上午,天津市河东区地税局开出了第一张地热资源税《税收完税证明》。

22. 中国首条单体规模最大的高性能碳纤维生产线建成投产

2016 年 8 月 8 日,"中安信碳纤维项目投产座谈会暨中安信碳纤维一期项目投产启动仪式"在河北廊坊举行。作为我国首条单体规模最大的高性能碳纤维生产线,该项目的建成投产将打破多年来的国际垄断,为我国碳纤维行业赶超国际先进水平奠定坚实基础。

23. 中国石化与俄石油深化一体化合作

2016年9月2日,在俄罗斯远东经济论坛上,中国石化与俄罗斯石油公司(俄石油)签署一份具有约束力的协议,共同开展俄罗斯东西伯利亚天然气加工和石化综合设施项目的预可行性研究工作。

24. 国家能源局明令"三桶油"公开油气管网信息

2016年9月7日,国家能源局公布了《关于做好油气管网设施开放相关信息公开工作的通知》,明确要求中石油、中石化、中海油及各省(自治区、直辖市)内运营承担运输功能油气管网设施的地方企业做好管网信息公开工作,违者将责令其改正,并视情况通报批评。

25. 首批20个太阳能热发电示范项目装机量达134.9万千瓦

2016年9月19日,为推动我国太阳能热发电技术产业化发展,国家能源局确定了首批20个太阳能热发电示范项目,总计装机容量134.9万千瓦,分别分布在青海、甘肃、河北、内蒙古和新疆。

26. 《中国矿产资源报告(2016)》发布

2016年9月22日,《中国矿产资源报告(2016)》发布,"十二五"期间,煤炭、天然气、锰矿、铝土矿、镍矿、钨矿、钼矿、金矿和磷矿等重要矿产查明资源储量增长明显。自2011年国务院批准页岩气为新矿种以来,已累计探明地质储量5441亿立方米。23种重要矿产资源潜力评价结果表明,中国找矿潜力巨大。

27. 吐哈油田红台23块产能建设项目竣工

2016年10月15日,吐哈油田组织相关部门对红台23块产能建设项目进行了完工验收。

28. 国家能源局下发首批光伏扶贫项目

2016年10月17日,国家能源局、国务院扶贫办两部委联合下发了《关于下达第一批光伏扶贫项目的通知》,由此打响了国内光伏电站扶贫攻坚战役。通知指出,本批光伏扶贫项目总规模516万千瓦,其中,村级光伏电站(含户用)共计218万千瓦,集中式地面电站共计298万千瓦。

29. 中国9月从纽港进口煤炭量环比增44.6%

2016年9月份,中国从瓦拉塔港务集团运营的两个煤码头共进口煤炭79.41万吨,环比增加44.6%。

30. 长宁页岩气勘探开发区被列为重点建产区

国家能源局印发"十三五"我国页岩气发展规划,进一步加强长宁—威远、昭通、涪陵和延安四个国家级示范区建设,将长宁和昭通勘探开发区列为重点建产区。

31. 新能源首超火电跃升为甘肃第一大电源

截至 2016 年 9 月末,甘肃电网总装机 4747 万千瓦,其中风电和太阳能总装机达 1956 万千瓦,占电网总装机的 41.2%,以风电和太阳能为主的新能源首次超过火电成为甘肃第一大电源。

32. 中国石油伊朗项目首船原油发运中国

2016 年 10 月 24 日,Herby 号巨型油轮装载着 200 万桶原油从伊朗最大油港哈尔克港起航,从波斯湾进入霍尔木兹海峡,途经阿拉伯海,驶往中国。这表明中国石油在伊朗合作项目首船投资回收原油发运,开启中伊能源合作共赢新纪元。

33. 国网海西供电公司月售电量创历史新高

2016 年 10 月 27 日,国网海西供电公司 10 月份完成售电量 5.33 亿千瓦时,环比 9 月份 4.64 亿千瓦时增长 14.87%,同比 2015 年 10 月份 4.5 亿千瓦时增长 18.44%,当月售电量创海西公司历史新高。

34. OGCI 苏州发布报告,称天然气为全球优先能源选择

2016 年 11 月,于苏州举行的"2016 年国际能源变革论坛"上,油气行业气候倡议组织(OGCI)发布《天然气与煤炭全生命周期温室效应比较》报告,称天然气是更为低碳清洁的能源,应成为全球应对气候变化的优先能源选择。

35. 中国首台飞轮储能新型能源石油钻机投运

2016 年 11 月 27 日,中国石化中原石油工程公司与清华大学联合研制的我国首台 MW 级飞轮储能新型能源石油钻机在中原钻井三公司投用,填补了我国钻井行业绿色储能的一项空白。据测算,钻机月节约柴油 40 吨左右,节能效果 30% 以上,减少二氧化碳等排污 40%。

36. 新疆新发现 96 处大型超大型矿床

新疆地质找矿实现重大突破,煤、铁等主要矿种查明资源储量是近 60 年累计查明资源储量的 2～10 倍,新发现 96 处大型超大型矿床。

37. 西北电网新能源发电量首次突破 700 亿千瓦时

截至 2016 年 11 月 20 日,西北新能源年累计发电量首次突破 700 亿千瓦时大关,新能源作为西北电网的主力电源,在满足电网供需平衡、促进节能减排、带动经济社会发展等方面起着不可替代的重要作用。

38. 全球首套工程直流输电断路器投运

2016 年 12 月 9 日,由我国自主研制的 200 千伏直流断路器在舟山投运。该断路器是全球首个投入工程应用的直流断路器,能在 3 毫秒内断开故障电流,将有效弥补我国在直流输电领域的相关空白,推动直流输电由"线"到"网"的质变。

39. "十三五"中国可再生能源新增投资达 2.5 万亿元

2016 年 12 月 16 日,国家发改委公布的《可再生能源发展"十三五"规划》,从

2016年开始的五年内,中国在可再生能源领域的新增投资将达到2.5万亿元。这一投资规模比起该领域上一份五年发展规划增长了近39%,"十二五"期间可再生能源投资需求估算总计约1.8万亿元。

40. "十三五"太阳能发电装机达1.1亿千瓦

2016年12月16日,国家能源局印发《太阳能发展"十三五"规划》,明确提出到2020年底,太阳能发电装机达到1.1亿千瓦以上。其中,光伏发电装机1.05亿千瓦以上,太阳能热发电装机达到500万千瓦。

41. 国务院再次大幅提升新能源车比例要求

2016年12月19日,国务院正式发布《"十三五"国家战略性新兴产业发展规划》,在这份规划中再一次明确了新能源汽车、新能源和节能环保等绿色低碳产业的战略地位。要求大幅提升新能源汽车和新能源的应用比例,全面推进高效节能、先进环保和资源循环利用产业体系建设,推动新能源汽车、新能源和节能环保等绿色低碳产业成为支柱产业,到2020年,产值规模达到10万亿元以上。

42. 中国发布世界首个商用高温气冷堆核电站技术方案

2016年12月21日,60万千瓦高温气冷堆核电站技术方案在清华大学发布。该项目标志着我国高温气冷堆技术从"863"时期的"跟跑"位置,到示范工程阶段的"领跑"位置,正式跨入商用阶段。建成后将成为国际首个商用高温气冷堆核电站。

43. 新能源汽车补贴政策大调整

2016年12月21日,工信部对外发布了新能源汽车的调整方案,未来将调整财政补贴政策,包括设置中央和地方补贴上限,并调整资金发放方式,由事前拨付改为事后清算,加强对各地资金申请报告审核和推广情况核查,同时提高补贴车型的准入门槛等等。

44. "十三五"电力供应宽松将常态化

国家发展和改革委员会、国家能源局近日联合印发了《电力发展"十三五"规划》。"十三五"期间,我国电力供应将进入持续宽松的新阶段。明确了"十三五"期间我国将积极发展水电,大力发展新能源、加快煤电转型升级、实施电能替代、加快充电设施建设、深化电力体制改革等18项重点任务,以实现能源清洁利用、优化能源消费结构的目标。

45. 内蒙古特高压建设提速

2016年12月22日,备受瞩目的蒙西至天津南1000千伏特高压配套——500千伏魏鄂双回线成功送电。按计划,两天后华能魏家峁煤电厂将正式并网并开始168小时试运营。

46. 国家能源局调整2016年光伏发电建设规模

国家能源局下发《关于调整2016年光伏发电建设规模有关问题的通知》，通知称目前部分地区超过国家能源局下达规模开展建设光伏项目，导致一定程度失衡。为解决部分地区超规模建设光伏电站问题，按照总量可控和倒逼电价下降原则，全面采取竞争分配项目，超过规模建设，一律不得纳入国家补贴，有关地方政府自行解决补贴问题。有追加2016年度指标的地区，可提前使用，并从2017年指标中扣除。

47. 新建光伏电站标杆上网电价确定

2016年12月26日，发改委官网发布了《国家发展改革委适当降低光伏电站陆上风电标杆上网电价》，指出2017年1月1日之后，一类至三类资源区新建光伏电站的标杆上网电价分别调整为每千瓦时0.65元、0.75元、0.85元。为了继续鼓励分布式光伏和海上风电发展，分布式光伏发电补贴标准和海上风电标杆电价不作调整。

48. "中国标准化协会太阳能应用分会"成立

2016年12月27日，我国太阳能领域首个标准组织——"中国标准化协会太阳能应用分会"在北京宣布成立，这填补了我国太阳能领域的标准化工作空白，成为促进中国太阳能行业迅速高质量发展的重要平台，在推动我国太阳能行业标准化、规范化发展中具有里程碑式意义。

49. 西气东输储气库建设超计划运行

截至2016年12月25日，西气东输管道公司储气库项目部累计完成造腔109万立方米，超额完成年度计划。5口新井腔完成建造并投入注采气运行，库容增加2.1亿立方米、工作气量增加1.3亿立方米。其中，金坛储气库整体库容达到7.7亿立方米，工作气规模达4.6亿立方米。

50. 山西将组建世界一流特大型煤炭集团公司

《山西省"十三五"综合能源发展规划》出台，"十三五"期间，山西省将重点推进煤炭基地、煤电基地、现代煤化工及煤层气、新能源等基地建设。研究探索分基地、分煤种组建世界一流、国内引领的特大型煤炭集团公司，到2020年，全省煤矿数量控制在900座以内，平均单井规模力争达到180万吨/年。

51. 国际氢能产业城项目落户浙江

2016年12月29日，由浙江省台州市、淳华氢能科技股份有限公司联合上海淳大集团等单位共同参与的台州氢能小镇项目暨国际氢能产业城项目在台州举行了隆重的签约仪式。

52. 环保电价专项检查

2016年下半年国家发改委会同环保部在全国组织开展了环保电价专项检查。

据统计,各地价格主管部门检查燃煤发电企业759家,对2015年度违法违规燃煤发电企业605家实施经济制裁金额共计3.28亿元,其中脱硫电价1.67亿元、脱硝电价1.43亿元、除尘电价0.18亿元,检查取得了积极成效。

53. 中国石化开售京六标准油品

2016年12月30日,中国石化在北京十里河加油站召开京六标准油品上市发布会,正式宣布:中国石化在京油库油品已全部完成置换,十里河加油站即日起开售京六标准油品,北京地区562座加油站置换工作已全面铺开,预计2017年2月中旬将提前半月全部完成置换并供应京六标准油品。

54. 中国地炼行业第一起海外并购成功交割

2016年12月,山东恒源石油化工股份有限公司在马来西亚吉隆坡举行股权交割仪式,正式完成对荷兰皇家壳牌集团所持Shell Refining Company(Federation of Malaya)Berhad 51%股权的收购。这是中国地炼行业第一起海外并购成功。

附录3 2016年国际能源大事记

1. 阿塞拜疆投资11.6亿美元建"南部天然气走廊"

阿塞拜疆国际石油基金2016年拟投资18亿马纳特(约合11.6亿美元)建设"南部天然气走廊"项目。该项目预计总投资450~470亿美元,其中阿方投资约140亿美元。

2. 沙特宣布与伊朗断交引发国际原油市场震动

2016年1月3日,因沙特驻伊朗大使馆遭到冲击,沙特外交大臣朱拜尔宣布断绝与伊朗的外交关系。沙特和伊朗这两个中东地区重要产油国关系紧张的消息,引发国际原油市场震动。

3. 挪威竞争局称国家电网应保持垄断地位

2016年1月6日,挪威竞争局表示挪威国家电网公司Statnett应保持对建设和运营国际电力互连的垄断地位。

4. 美国安局协助乌克兰调查电网网络攻击事件

2016年1月12日,美国国土安全局表示,国土安全局将协助乌克兰有关方面调查12月发生的电网遭遇网络攻击事件。

5. 美国第二大煤企申请破产保护

2016年1月12日,美国第二大煤炭公司Arch Coal向法院申请破产保护,这是美国近年来申请破产保护规模最大的煤企。

6. 印度政府批准505亿卢比资助5吉瓦太阳能发电项目

2016年1月20日,印度政府批准一项总额为505亿卢比(约合人民币49亿元)的"生存能力差距资助"(VGF),建设超过5吉瓦的并网太阳能发电项目。

7. 澳大利亚155兆瓦光伏电站竣工

2016年1月20日美国大型太阳能电池板厂商第一太阳能宣布,在澳大利亚建设的最大规模百万光伏电站项目已经竣工。

8. 日本正在千叶县建造全球最大水上太阳能电站

2016年1月21日,日本京瓷公司宣布正在千叶县市原市山仓水坝开建全球最大的水上大型太阳能发电站。输出功率约1.37万千瓦,年发电量相当于约4970户普通家庭的用电量。

9. 日本放宽新建煤炭火力发电站

2016年2月9日,日本环境相丸川珠代正式表明,关于二氧化碳排放量多,反对新建煤炭火力发电站一事,日本经济产业省和电力行业将在强化二氧化碳排放量减少等应对策略的前提下,允许建设煤炭火力发电站。

10. 四大产油国就冻结产能达成协议

2016年2月16日,沙特、卡塔尔、委内瑞拉及俄罗斯石油部长在多哈召开闭门"石油会议"后达成共识,四国同意将石油产量冻结在今年1月水平,这意味着全球就石油产量限制迈出了第一步,但未来联合减产时机仍未成熟。

11. 壳牌收购BG成全球最大天然气公司

2016年2月荷兰皇家壳牌集团完成了约530亿美元收购英国天然气集团(BG)的交易,成为全球最大液化天然气公司。

12. 全球三分之一油企面临破产风险

2016年2月16日,全球知名会计师事务所德勤发布的一项调查结果显示,受油价下跌影响,不少石油企业出现资产流动性吃紧和削减债务能力下降等问题,今年全球约三分之一石油生产商面临资金链断裂的威胁。

13. 英国泰晤士河沿岸蓄水池将建成欧洲最大水上光伏电站

2016年2月15日,英国的可再生能源开发及发电运营商Lightsource Renewable Energy Holdings公司宣布,正在英国伦敦的蓄水池上建设欧洲最大规模的水上百万光伏电站。

14. 克罗地亚液化气设施项目获欧盟支持

2016年2月欧盟委员会做出决定,欧盟基金将出资260万欧元以支持克罗地亚克尔克建设液化天然气码头项目和克尔克到斯拉沃尼亚布罗德输气管道铺设项目。

15. 法国道达尔石油公司将继续在科特迪瓦投资

2016年2月23日,科特迪瓦总统瓦塔拉会见了到访的法国道达尔石油勘探与开采公司非洲区总裁莫里斯。莫里斯表示,道达尔集团对科特迪瓦未来的经济发展趋势抱有极大信心,尽管国际原油市场持续低迷,公司仍将继续在科投资。

16. 中国和加拿大签署清洁技术合作声明

2016年2月29日,中国科技部副部长王志刚与加拿大自然资源部长吉姆卡尔共同签署了中加清洁技术合作联合声明,两国将分享旨在确立清洁技术政策的最佳实践,通过清洁技术解决经济和社会挑战,探索清洁能源技术示范的可能性及促进两国中小型企业之间的合作。吉姆卡尔表示,"就清洁技术、政策实践和推广清洁能源方面与中国展开合作,能为加拿大带来就业机会,具有为两个国家创造真正的经济、环境和社会效益的潜力。"

17. 非洲首座太阳能机场在南非启用

2016年3月南非西开普省乔治太阳能机场正式启用。这是目前非洲首个、也是全球第二个真正依靠太阳能供电的机场。据悉,自去年3月份启动乔治机场光伏发电项目以来,南非交通部先后投入1600万兰特升级改造发电设施,目前初期发电能力已经达到750兆瓦,能够满足机场部分日常用电需要。

18. 欧盟批准中法合建英国核电站

2016年3月10日,欧盟委员会批准法国电力集团和中国广核集团合资建设英国欣克利角C核电站项目。

19. 美放弃在大西洋海岸开展近海油气钻探

2016年3月15日,美国内政部长萨莉·朱厄尔在华盛顿表示,综合考虑军事、渔业、旅游活动等多种因素,政府决定放弃此前建议的在大西洋海岸开展近海油气钻探的租约销售。

20. 洲际油气82亿元并购海外油气资产

2016年3月20日,停牌半年的洲际油气发布了定增方案,公司拟以6.83元/股的价格非公开发行12亿股,用于购买上海泷洲鑫科能源投资有限公司99.99%股权。并向包括公司实际控制人许玲控制的企业深圳中石丝路投资管理合伙企业(有限合伙)在内的不超过10名对募集配套资金不超过70亿元,主要用于收购标的的建设。

21. 伊拉克首次出口天然气

2016年3月20日,伊拉克历史上首次对外出口的天然气发货,对这个正在一面打击极端组织"伊斯兰国"、一面克服经济困难的欧佩克成员国是一个颇有意义的利好消息。

22. 中俄日韩将推电力联网合作

2016年3月30日,中国国家电网公司、韩国电力公社、日本软银集团、俄罗斯电网公司在北京签署了《东北亚电力联网合作备忘录》,这标志着国家电网力推的全球能源互联网将率先在东北亚开花结果。

23. 英国将建世界最大风力发电站

2016年4月,英国决定建造世界上最大的离岸风力发电站,生产能供100多万户家庭使用的电力。

24. 美国进口尼日利亚原油创三年新高

2016年4月,来自美国能源信息管理局(EIA)的数据显示,尼日利亚已经取代墨西哥成为美国第四大原油供给国。

25. 沙特拟出售国有石油公司股份

2016年4月2日,沙特副王储穆罕默德·本·萨勒曼表示,沙特计划在一次

IPO 中出售国有石油公司沙特阿美（Saudi Aramco）不到 5% 的股份。

26. 苹果、谷歌等科技巨头联名支持奥巴马的清洁能源计划

2016 年 4 月 3 日，美国科技巨头苹果、谷歌、微软以及亚马逊联名发出一封法庭短讯，支持奥巴马政府关于美国国家环境保护局的清洁能源计划。

27. 英国风电月发电量首次超过煤电

2016 年 4 月，根据英国国家电网的统计数据，风电的发电量为 22.90 亿千瓦时，而煤炭则提供了 17.55 亿千瓦时的发电量。天然气的发电量最高，其次是核电，然后是风电交易电量（interconnectors）和煤电。

28. 全球两大油田服务公司宣布取消"世纪合并"

2016 年 5 月 1 日，全球最大的两家油田服务公司——哈里伯顿（Halliburton）和贝克休斯（Baker Hughes）宣布，终止双方原定 280 亿美元的合并计划，此前双方的合并遭到了欧洲和美国反垄断监管机构的反对。

29. 国际太阳能联盟宣布 1 万亿美元投资太阳能

国际太阳能联盟（ISA）的 25 个国家已承诺采取行动，启动高达 1 万亿美元投资太阳能资产。参与行动的国家包括印度、美国和法国。倡议的目标是更好地协调和集合太阳能融资、成熟及未来太阳能技术的需求。

30. 澳大利亚设立可再生能源技术投资基金

2016 年 5 月，澳大利亚政府设立了一个 7.62 亿美元的清洁能源创新基金（CEIF），用以投资清洁能源和可再生能源技术的商业推广。该基金将由清洁能源金融公司（CEFC）和澳大利亚可再生能源局（ARENA）共同管理。

31. 2016 年年中南非实现 7000 兆瓦可再生能源并网

2016 年 5 月 11 日，南非能源部长 TinaJoemat-Pettersson 表示，2016 年年中随着首批 47 个项目全面运营，南非将实现 7000 兆瓦可再生能源电力并网。

32. 韩国与伊朗签署环境合作谅解备忘录

2016 年 5 月 17 日，韩国环境部与伊朗环境部在首尔举行环境合作谅解备忘录（MOU）签约仪式，积极开展环境合作。

33. 美国 EIA 原油库存巨幅减少 422.6 万桶

2016 年 5 月 25 日，美国能源信息署（EIA）公布的当周库存数据显示，当周 EIA 原油库存巨幅减少 422.6 万桶，为 4 月 1 日以来最大降幅，预期减少 166.36 万桶。

34. 《修订可再生能源特别措施法》成立

2016 年 5 月 25 日，日本调整可再生能源固定价格收购制度（FIT）的《修订可再生能源特别措施法》在参议院全体会议上通过而成立，将从 2017 年 4 月开始施行。

35. 印度成为各国核电争夺主战场

2016年6月7日,美国总统奥巴马和印度总理莫迪举行首脑会谈,就东芝旗下的美国西屋电气(WH)在印度建造核电站一事达成了协议。印度由于经济高速增长导致电力短缺问题日益严峻,核能发电将成为今后电力开发的重心。随着印度不断推进核电站国产化和开放市场,美国、日本和法国等国家在印度的核电市场争夺战将更加激烈。

36. 澳大利亚发展清洁能源

2016年6月15日,澳大利亚维州政府宣布了一份雄心勃勃的清洁能源政策声明,表示计划投入25亿澳元发展清洁能源,包括兴建更多风力与太阳能发电站,目标是在2025年前将清洁电力占比提升至当前水平的3倍,达到40%。

37. 丹麦DONG能源建设德国第四个海上风电场

2016年6月,DONG能源公司宣布将要建设德国第四个海上风电场——450兆瓦的Borkum iffgrund 2号海上风电场。

38. 世界银行提供10亿美元贷款助印度发展太阳能

2016年6月30日,世界银行宣布将为"国际太阳能协会"提供10亿美元的贷款资金,协助印度发展太阳能发电。这是世界银行至今最大笔的太阳能投资。

39. 美孚公司在圭亚那近海发现大储量油田

2016年7月,美国石油巨头埃克森美孚公司发布公告,该公司在南美洲国家圭亚那附近海域发现大储量油田。

40. 波兰总统签署可再生能源法案

波兰总统杜达签署修改后的可再生能源法案,新法案将在2016年7月1日开始实施。根据该法案,到2020年可再生能源在波兰能源结构中的比重要提高到15%。政府支持将主要用于可再生能源的持续生产,对风能及太阳能的扶持将减少。

41. 尼日利亚将暂停对加纳天然气供应

2016年7月,西非天然气管道公司(WAGPCo.)发言人表示,因加纳政府长期拖欠天然气费用,将暂停对加天然气供应。

42. 拉丁美洲最大太阳能电厂开建

2016年7月,意大利国家电力绿色电力公司已开始建设巴西的292兆瓦Nova Olinda太阳能电厂。这是拉丁美洲最大的太阳能电站。

43. BP因漏油事故进一步被罚25亿美元

2016年7月15日,BP因其"深水地平线"钻探平台爆炸及漏油事故进一步遭到18.7亿英镑(约合25亿美元)的处罚,这意味着这场环境灾难给该公司带来的总费用将会达到近620亿美元。

44. 石油巨头壳牌季度获利骤降逾70%

2016年7月28日,国际石油巨头皇家荷兰壳牌石油集团(Royal Dutch Shell)公布的财报显示,2016年二季度的获利下降逾70%,因油气价格疲弱进一步打压其营收。

45. 印度尼西亚推出光伏上网电价补贴

2016年7月,印度尼西亚能源和矿产资源部(MEMR)部长发布了国内首轮光伏上网电价补贴政策,以支持250兆瓦太阳能发电容量的开发。

46. 波兰政府计划组建波兰煤炭控股公司

2016年8月,波兰能源部副部长格热戈日·托比绍夫斯基表示,政府将在对卡托维兹煤炭控股公司进行重组并引入三家投资者的基础上,组建波兰煤炭控股公司。

47. 中国葛洲坝集团投资老挝水电站项目建设

2016年8月,中国葛洲坝集团股份有限公司同老挝政府正式签署色拉龙2号水电站项目开发协议,这是葛洲坝集团在老挝投资的首个水电项目。

48. 墨西哥国油首次深水对外合作持股不低于45%

2016年8月,墨西哥石油管理部门表示于12月举行的海上区块招标一事,要求墨西哥国家石油公司开发墨西哥湾深水区块时在与私营企业成立的合资公司中持股比例不得低于45%。

49. 吴忠市在哈纳斯建全球陆上最大天然气液化工厂

2016年8月26日,吴忠市与哈纳斯集团签订战略合作框架协议签约暨宁夏哈纳斯500万吨液化天然气一体化基地揭牌仪式在吴忠市正式举办,哈纳斯集团与吴忠市人民政府达成战略合作协议,签约500万吨液化天然气一体化基地。

50. 新加坡亚洲最大BIPV二期光伏项目完工

2016年8月31日,德国有机薄膜太阳能电池厂商Heliatek宣布其新加坡大型实验项目二期工程已经完工。

51. 沙特取代美国成为世界最大产油国

2016年8月,沙特日产原油1258万桶,而同期美国产量降至1220万桶,沙特取代美国成为世界最大产油国。

52. 荷兰皇家壳牌公司出售墨西哥湾业务

2016年9月,荷兰皇家壳牌公司已经同意以4.25亿美元的价格出售旗下位于墨西哥湾的Brutus/Glider业务。

53. 美石油公司在得州发现大型油气田

2016年9月7日,美国大型油气勘探和开发公司阿帕奇石油公司宣布,该公司在得克萨斯州西部的二叠纪盆地发现一个大型油气田,估计石油储量为30亿桶,天然气储量为 75 万亿立方英尺。

54. 澳大利亚可再生能源机构大力支持太阳能项目

2016 年 9 月,澳大利亚可再生能源机构公布 12 个太阳能项目获得最新一轮融资,总金额高达 9200 万美元。

55. 芬兰建首个 LNG 进口码头

2016 年 9 月 12 日,芬兰首个 LNG 进口码头——Pori LNG 码头建立。同日,面向客户的 LNG 运输也开启。该码头可以将 LNG 运输给工业、海上和天然气管道网络以外的重型道路运输客户,以多样化芬兰的能源市场。

56. 韩国公布钢铁和石化产业提升竞争力方案

2016 年 10 月,韩国政府公布"钢铁和石化产业提升竞争力方案",重点促进通用材料领域实现尖端化、高附加值化。韩计划于 2023 年前完成"氢还原制铁工艺"技术研发,并应用于高炉,未来将温室气体排放量缩减到 15%;提高石化石脑油裂解中心运营效率,推动供过于求的合成橡胶和聚氯乙烯提高附加值。

57. 杜克能源将巴西业务出售给中国公司

2016 年 10 月 11 日,杜克能源同意以大约 12 亿美元把旗下巴西业务出售给中国长江三峡集团公司。

58. 巴基斯坦国家石油公司面临财务困境

2016 年 10 月 12 日,由于电力行业循环债务尚未得到根本解决,电力企业严重拖欠油气费用,截至 10 月初,巴国家石油公司的应收账款达到创纪录的 2480 亿卢比,超过 2013 年 5 月 2220 亿卢比的峰值,其中 87% 来自电力企业的欠缴,54% 来自政府部门和国有企事业单位,公司面临严重的现金流压力。

59. 美加州州府签署四大法案助推储能发展应用

2016 年 10 月,加州州政府签署了 4 个新的法案,预期将对加州的储能产生直接的影响。这些法案将推动用户侧储能和电网储能市场的发展,减少分布式能源互联障碍,确保大规模储能成为加州可再生能源远景的一部分。

60. 白俄罗斯决定不提高俄石油过境税

2016 年 10 月,白俄罗斯反垄断监管和贸易部撤消了提高俄罗斯石油过境税的决定,过境税标准仍维持在 2016 年 2 月 1 日规定的标准。此前,因白俄罗斯同俄罗斯在油气价格方面的分歧,白政府曾决定将俄石油过境税平均提高 50%。

61. 哈萨克斯坦卡沙甘油田出口首批原油

2016 年 10 月 14 日,哈萨克斯坦能源部发表声明称,卡沙甘油田已经恢复生产,首批原油已经投放市场。这一消息将抑制欧佩克减产协议导致的油价上涨势头。

62. 美国 20 年来第一座新反应堆投入运行

2016 年 10 月 20 日，美国田纳西流域管理局（TVA）宣布，美国 20 年来的第一座新反应堆沃茨巴 2 号机组在昨天投入运行。

63. 俄罗斯天然气石油公司在俄北部发现 6 个独立油田

2016 年 10 月 28 日，俄罗斯第 3 大石油生产公司俄罗斯天然气工业石油公司在莫斯科宣布，该公司在位于俄罗斯北部亚马尔—涅涅茨自治区的扎帕德诺—恰特尔金斯克许可证区块内部署的 3 口勘探井先后发现了 6 个"独立油田"。

64. 通用电气并购贝克休斯

2016 年 10 月 31 日，为了协同应对全球油价下跌，通用电气宣布并购全球第三大油服公司贝克休斯，共同缔造新的油服巨头。

65. 英国首座海底波浪能发电场诞生

2016 年 11 月 7 日，英国首座波浪能发电场预计在 2018 年有望开始提供电力。

66. 哈萨克斯坦最大油田恢复商业开采

2016 年 11 月 21 日，哈萨克斯坦能源部长阿达别格诺维奇表示，哈境内最大油田卡沙甘油田已恢复商业开采。

67. 印度建成全球最大太阳能光伏电站

2016 年 11 月，印度建成全球最大太阳能光伏电站，这座电站选址于印度泰米尔纳德邦的 Kamuthi，整个工程建设仅用了八个月，未来该电站的新增电力将能够满足印度 15 万户家庭的电力所需。

68. 伊朗与斯伦贝谢签署合作协议

2016 年 11 月 28 日，全球市值最大的石油钻探公司斯伦贝谢称，其与伊朗国家石油公司签署了一份合作谅解备忘录，以对伊朗胡泽斯坦省 Shadegan、Parsi 和 Rag-eSefid 油田的开发前景进行技术评估。

69. 欧佩克八年来首次达成减产协议

2016 年 11 月 30 日，欧佩克 8 年来首次达成减产协议：从 2017 年 1 月起，持续 6 个月减产原油约 120 万桶/日，成员国综合减产后目标产量为 3250 万桶/日。该协议旨在解决全球原油过剩问题，终结低油价给生产国带来的危机，提振全球经济。

70. 肯尼亚将暂停发放境内石油勘探许可

2016 年 12 月，肯尼亚能源部称，受当前石油产业低迷影响，肯政府将不再就新划定的 17 个石油区块发放石油勘探许可，而是等到全球石油产业复苏、石油公司对石油勘探投资力度增加之后，再公开拍卖上述石油区块的勘探权。肯政府此举有望使投机倒卖勘探权的投机商逐渐退出肯石油勘探领域。

71. 印度国家电力集团建设第一座风力发电厂

2016年12月,印度国家电力集团(NTPC)宣布其董事会决定在古吉拉特邦Rojmal建立该公司第一个风力发电厂。预计总成本将达32.335亿卢比。

72. 埃太阳能项目获得联合国开发计划署350万美元赠款资助

2016年12月,埃国合部部长萨哈尔·纳斯尔和贸工部部长塔里克·卡比勒与联合国开发计划署(UNDP)签署350万美元赠款合同,用于支持埃太阳能项目,以增加埃清洁能源比例。

73. 俄气建造445千米"西伯利亚力量"天然气管线

2016年12月,俄气总裁米勒表示,该公司目前已经修建445千米"西伯利亚力量"天然气管线。

74. 全球首段"太阳能公路"在法国投入使用

2016年12月22日,全球首段"太阳能公路"在法国西北部图鲁夫尔欧佩尔什镇正式投入使用。这是目前世界上第一段真正可供机动车行驶的"太阳能公路",能将太阳能转化为电能,为城市供电。